21世纪经济管理新形态教材·营销学系列

市场营销学

焦胜利　朱李明 ◎ 主　编
刘宇伟　高云龙　袁党梅　范庆基 ◎ 副主编

清华大学出版社
北　京

内 容 简 介

本书致力于服务好各专业市场营销学课程的本专科生、MBA 及对营销感兴趣的营销学习者这个目标市场，围绕建设一本易教易学、有趣好用的市场营销学教材这个定位，不仅吸引了国内外营销学理论的前沿成果，而且试图浸入到数字时代教师与学生的学习与讲授的场景，以营销管理实务的五个模块与十步流程为逻辑框架设计了十章，以问题导向来设置章节的导学内容和目录体系，大量引进鲜活性和时代感强的中国营销案例，力求更实用、更精简、有趣化、中国化地反映数字时代的中国营销场景，并通过教材内容与配套的丰富资源支持，来赋能教师与学生的教与学。

本书封面贴有清华大学出版社防伪标签，无标签者不得销售。
版权所有，侵权必究。举报：010-62782989，beiqinquan@tup.tsinghua.edu.cn。

图书在版编目（CIP）数据

市场营销学/焦胜利，朱李明主编. —北京：清华大学出版社，2021.2（2024.7重印）
21 世纪经济管理新形态教材·营销学系列
ISBN 978-7-302-54941-3

Ⅰ. ①市… Ⅱ. ①焦… ②朱… Ⅲ. ①市场营销学 Ⅳ. ①F713.50

中国版本图书馆 CIP 数据核字(2020)第 031137 号

责任编辑：杜　星
封面设计：汉风唐韵
责任校对：王荣静
责任印制：刘　菲

出版发行：清华大学出版社
网　　址：https://www.tup.com.cn，https://www.wqxuetang.com
地　　址：北京清华大学学研大厦 A 座
邮　　编：100084
社 总 机：010-83470000
邮　　购：010-62786544
投稿与读者服务：010-62776969，c-service@tup.tsinghua.edu.cn
质 量 反 馈：010-62772015，zhiliang@tup.tsinghua.edu.cn
课 件 下 载：https://www.tup.com.cn，010-83470332

印 装 者：大厂回族自治县彩虹印刷有限公司
经　　销：全国新华书店
开　　本：185mm×260mm　　印 张：21.25　　字　数：460 千字
版　　次：2021 年 2 月第 1 版　　印　次：2024 年 7 月第 4 次印刷
定　　价：59.80 元

产品编号：080124-01

　　如何在竞争越发激烈的市场营销学教材市场中脱颖而出？有料是关键。即所编写的教材及配套体系要尽量赋能教师与学生的营销课程的教与学，努力给他们创造更大的价值，让他们都喜欢上该教材的内容及教学服务体系。这是王道。因此，撰写一本易教易学、有趣好用的市场营销学教材是编著小组的最大追求。这当然应该用市场营销的理念与方法来指导。因为，处处需营销，无营销不得法。具体的实现思路如下。

　　一是洞悉目标市场的需求。服务于本科生和经济管理类的专科生及对营销感兴趣的营销学习者这个目标市场，努力站在教师与学生的角度，试图浸入数字时代教师与学生的学习与讲授的场景，结合营销专业人才培养的一般要求和市场营销实践性与应用性强的课程特点，去思考市场营销学课程教与学中的需求痛点与需求痒点，在此基础上研究策划与组织教材的撰写。

　　二是恰当定位明晰目标。围绕编著一本易教易学、有趣好用的市场营销学教材这个目标定位，在教材内容上力求更实用、更精简、有趣化、中国化地反映数字时代的中国营销场景，并通过教材内容与配套的丰富资源支持，来赋能教师和学生的教与学。

　　三是差异化战略。紧扣数字时代的中国营销场景，努力实现理念理论方法先进，基本理论知识够用，案例丰富有趣，章后思考题和实训题实用，拓展学习与引导适度，配套资源质优量足。倡导研究性教学，更多地为教师与学生的教与学赋能。

　　在以上营销理念与思路的指导下，编著小组对市场营销学教材内容构成与教学服务体系支持方面进行卓有成效地设计与探索，形成本书的特色与价值，总结如下。

　　（1）实践应用导向。一是体现在以营销管理实务的五个模块与十步流程为逻辑框架编排的内容上。五模块分别为营销理念树立模块、营销环境分析模块、营销战略制定模块、营销策略制定模块、营销管理实施模块。二是体现在营销案例内容上和精练的教材内容上。全书每个章节都至少精选了1个案例，通过精选的50篇案例让营销理论知识在实践中鲜活，让学生在营销实践中感受理论的价值与魅力，以利于对理论知识更好地领悟与升华。案例以成功营销为主，兼顾选择成效不太好甚至失败的案例，形成对比，以增加理解效果。精练的内容体现在以五个模块与十步流程为逻辑框架编排的十章内容上，章节总体精练、篇幅适中。三是练习上注重实用、实战。每章除思考题外，还设计了2～3个实训题。思考题可以训练学生分析解决营销问题的能力；实训题选择性地实施，可以让学生在实践中锻炼营销技能、领悟营销精髓。

　　（2）研究性教学导向。一是体现在每章都设置问题导向的导学内容上。启发学生带着问题来学习章节主要内容。二是体现在所提供的研究性教学课程设计方案与教学建议和章后便于教师组织研究性教学的练习题上。让学生在自主学习、合作学习、探索性学习中锻炼营销技能，提升综合素养。三是体现在每章都安排有拓展学习的内容上。通过拓展学习，让学生提升对营销理论及实践的广度与深度的理解，拓展对营销前沿理论的探究。

（3）数字时代的中国营销场景导向。一是体现在内容编写上，努力探索数字时代的营销理念、策略和技能，尝试以互联网应用的中国营销场景语境来阐释市场营销学的理论知识；二是侧重使用读者在生活中熟悉的本土营销案例，其中互联网营销案例占有一定比重；三是提倡中国式营销，介绍中国式关系营销、面子文化与消费等内容，提醒读者重视中国特殊的营销环境和传统的儒商精神；四是拓展学习内容，以二维码作为链接入口，应用互联网手段为市场营销教学服务，让线上线下学习协同化。

（4）教学的整体服务解决方案导向，赋能老师与学生。不仅提供配套的 PPT 课件，而且还提供配套的营销故事 PPT 和营销案例 PPT；不仅提供每章的思考题以及包含各种题型的分章测试题和综合测试题，而且还提供参考解答，以便于任课教师平时考核与期末考试命题；不仅提供教学资源，而且还提供研究性教学的课程设计方案与教学建议。

本教材 2018 年被审批为扬州大学重点教材建设项目，是扬州大学从专业整体层面推进研究性教学改革的成果之一，是扬州大学本科专业品牌化建设与提升工程资助项目的成果之一。扬州大学商学院的市场营销专业从 2005 年开始"营销企划"课程的研究性教学尝试探索，然后逐步推广到其他专业课程，2014 年被评选为扬州大学研究性教学改革试点专业，按照学校教务处和学院的有关规范，积极推进专业整体层面的研究性教学改革的探索，在人才培养方案、课程理论教学与实践教学等方面不断优化设计，持续改进，获得了宝贵的经验，取得了一系列的成果。编著小组作为市场营销学课程研究性教学改革的教学团队骨干成员，力图将市场营销学课程的研究性教学的有益探索成果反映在教材内容和教学服务体系上。本教材的内容特色与整体教学服务体系作了集中反映。

在教材编著中，焦胜利、朱李明负责全书的整体内容设计与分工安排，其中焦胜利负责统稿和第一章、第八章和第九章的编写，朱李明负责第二章和第五章的编写；刘宇伟、高云龙、范庆基、袁党梅分别负责第六章、第四章、第三章、第十章的编写，裴艳丽和高洁合作编写第七章。潘成云、顾建强、柯浚、徐静、方玲、杨军等老师，张璞、陈文、费倩等研究生为本书的编写提供了宝贵建议和材料的支持，扬州大学教务处吴锋副处长和商学院徐金海副院长给本教材的出版提供了宝贵指导，扬州大学出版基金提供了资金资助，在出版过程得到了清华大学出版社的大力支持，尤其是杜星责任编辑亲自的指导。在此表示衷心的感谢。

另外，本教材借鉴并引用了国内营销书籍、杂志和网站一些同仁编写的部分内容与案例，也对他们表示诚挚的谢意。同时，希望广大读者不吝赐教，以便本书再版时修订。可联系的电子邮箱是：0514jsl@163.com。

焦胜利
2019 年 2 月

第一模块 理解营销：树立科学的营销观念

第一章 导论：市场营销的内涵与观念 ... 3

第一节 认识市场和市场营销 ... 3
一、什么是市场 ... 3
二、什么是市场营销 ... 8
三、市场营销的相关概念 ... 9
四、如何开展市场营销 ... 13
五、市场营销职业能做什么 ... 16
六、如何学好市场营销 ... 18

第二节 市场营销的基本任务：获得并留住顾客 ... 19
一、如何创造更大的顾客价值 ... 19
二、如何监测并提升顾客满意度 ... 22
三、如何吸引与维系顾客 ... 29

第三节 市场营销观念的传统与现代 ... 33
一、为何强调市场营销观念的重要性 ... 33
二、传统市场营销观念有何局限 ... 33
三、现代市场营销观念为何先进 ... 36

第四节 迈向数字化的中国营销 ... 38
一、什么是数字时代 ... 38
二、企业为何要转型数字营销 ... 39
三、中国化的营销场景 ... 41
四、营销战略的数字化 ... 45
五、数字营销的实施框架 ... 48
六、数字营销与传统营销的关系 ... 50

关键概念 ... 51
本章内容小结 ... 51
思考题 ... 52
实训题 ... 53
拓展学习 ... 53

参考文献 ... 53
客观题 ... 54

第二模块　分析环境：理解顾客价值

第二章　调研市场营销环境：洞悉机会 ... 57

第一节　市场营销环境分析的意义 ... 57
一、市场营销环境及其构成 ... 57
二、市场营销环境的特点 ... 58
三、分析市场营销环境的意义 ... 59

第二节　微观市场营销环境 ... 61
一、营销企业内部的因素 ... 61
二、供应商 ... 61
三、营销中介机构 ... 61
四、目标顾客 ... 62
五、公众 ... 62

第三节　宏观市场营销环境 ... 63
一、人口环境 ... 63
二、经济环境 ... 64
三、自然环境 ... 66
四、技术环境 ... 66
五、政治与法律环境 ... 67
六、社会文化环境 ... 68

第四节　营销调研 ... 68
一、企业营销调研的必要性 ... 68
二、市场调查 ... 69

关键概念 ... 76
本章内容小结 ... 76
思考题 ... 76
实训题 ... 77
参考文献 ... 77
客观题 ... 77

第三章　如何分析购买者市场 ... 78

第一节　消费者市场购买行为分析 ... 78
一、消费者市场及其特征 ... 78

二、消费者的行为模式 ·· 80
　　三、消费者的购买行为类型 ·· 81
　　四、如何识别影响消费者购买行为的因素 ··· 82
　　五、消费者怎样进行购买决策 ·· 87
第二节　组织市场购买行为分析 ·· 90
　　一、什么是组织市场 ·· 90
　　二、组织市场的特征 ·· 91
　　三、影响组织市场购买的因素 ·· 92
　　四、组织购买行为类型 ·· 93
　　五、组织购买者决策过程 ··· 94
关键概念 ·· 95
本章内容小结 ··· 95
思考题 ·· 97
实训题 ·· 97
参考文献 ·· 98
客观题 ·· 98

第三模块　制定战略：谋划顾客价值的战略蓝图

第四章　如何制定总体战略与业务战略：布局未来 ··· 101
第一节　战略计划概述 ·· 101
　　一、战略与战术 ··· 101
　　二、企业战略的层次结构 ··· 102
　　三、制定企业战略的重要意义 ·· 103
　　四、战略计划的过程 ·· 104
第二节　如何开展企业总体战略规划 ··· 104
　　一、确定企业使命与目标 ··· 104
　　二、明确战略业务单位 ·· 108
　　三、规划业务投资组合 ·· 109
　　四、设计增长战略 ·· 114
第三节　如何规划业务战略计划 ·· 117
　　一、业务描述（业务单位使命书） ·· 118
　　二、环境分析（SWOT 矩阵） ··· 118
　　三、目标设定 ··· 121
　　四、战略措施的选择 ·· 121
　　五、计划制订 ··· 125

　　　　六、反馈与控制 …………………………………………………………………… 126

　关键概念 ……………………………………………………………………………… 127

　本章内容小结 ………………………………………………………………………… 127

　思考题 ………………………………………………………………………………… 127

　实训题 ………………………………………………………………………………… 128

　参考文献 ……………………………………………………………………………… 128

　客观题 ………………………………………………………………………………… 128

第五章　制定目标市场营销战略：选择价值 …………………………………… 129

　第一节　市场细分 …………………………………………………………………… 129

　　　一、市场细分的概念 …………………………………………………………… 129

　　　二、市场细分的必要性 ………………………………………………………… 130

　　　三、市场细分变量 ……………………………………………………………… 131

　　　四、市场细分的过程 …………………………………………………………… 133

　第二节　选择目标市场 ……………………………………………………………… 134

　　　一、目标市场的概念与目标市场应该具备的条件 …………………………… 134

　　　二、目标市场的范围选择策略 ………………………………………………… 135

　　　三、目标市场策略 ……………………………………………………………… 136

　　　四、目标市场策略的选择 ……………………………………………………… 138

　第三节　定位策略 …………………………………………………………………… 138

　　　一、定位及其重要性 …………………………………………………………… 139

　　　二、定位分类 …………………………………………………………………… 140

　　　三、定位的步骤 ………………………………………………………………… 140

　　　四、定位的方法 ………………………………………………………………… 143

　　　五、定位的内容与定位点的分布 ……………………………………………… 145

　关键概念 ……………………………………………………………………………… 146

　本章内容小结 ………………………………………………………………………… 146

　思考题 ………………………………………………………………………………… 146

　实训题 ………………………………………………………………………………… 147

　参考文献 ……………………………………………………………………………… 147

　客观题 ………………………………………………………………………………… 147

第四模块　设计营销策略：顾客驱动的营销组合

第六章　如何制定产品策略：提供价值 …………………………………………… 151

　第一节　产品组合策略 ……………………………………………………………… 151

一、产品的整体概念 151
　　　二、产品的分类 153
　　　三、产品组合基本概念 156
　　　四、产品组合策略类型 158
　　　五、产品组合分析 160
　　　六、产品组合调整策略 161
　　第二节　服务营销策略 163
　　　一、服务的概念与特性 163
　　　二、基于 7Ps 营销理论和服务质量差距模型的服务营销策略 164
　　第三节　如何塑造品牌 169
　　　一、认识品牌 169
　　　二、战略品牌 169
　　　三、品牌策略 173
　　第四节　制定新产品开发策略 183
　　　一、新产品概念及其分类 183
　　　二、新产品开发的基本原则 184
　　　三、新产品开发的程序 185
　　　四、新产品开发的趋势 189
　　第五节　产品生命周期理论 190
　　　一、产品（市场）生命周期概念 190
　　　二、产品生命周期各阶段的特点及其营销对策 192
　　　三、产品生命周期的应用价值 195
　关键概念 197
　本章内容小结 197
　思考题 198
　实训题 198
　参考文献 198
　客观题 199

第七章　如何制定价格策略：明确价值 200

　第一节　定价要考虑的因素 200
　　一、企业外部因素对定价的影响 201
　　二、企业内部因素对定价的影响 202
　第二节　定价的方法 204
　　一、成本导向定价法 204

　　　　二、需求导向定价法 ··· 206
　　　　三、竞争导向定价法 ··· 207
　　第三节　定价的策略 ··· 208
　　　　一、两种常见的定价策略 ··· 208
　　　　二、新产品定价策略 ··· 210
　　第四节　如何应对价格调整 ·· 210
　　　　一、价格调整的目的 ··· 210
　　　　二、价格调整的形式 ··· 211
　　　　三、市场对价格调整的反应 ··· 212
　　　　四、价格战 ··· 213
　关键概念 ··· 215
　本章内容小结 ··· 215
　思考题 ··· 215
　实训题 ··· 215
　参考文献 ··· 216
　客观题 ··· 216

第八章　如何制定渠道策略：交付价值 ···································· 217

　第一节　如何理解分销渠道 ·· 217
　　　　一、分销渠道的概念 ··· 217
　　　　二、分销渠道的职能 ··· 218
　　　　三、分销渠道的类型 ··· 218
　第二节　分销渠道设计策略 ·· 220
　　　　一、影响分销渠道设计的因素 ···································· 220
　　　　二、分销渠道设计 ··· 222
　　　　三、对中间商类型的选择 ··· 223
　　　　四、对渠道联合形式的选择 ··· 224
　第三节　电子商务渠道 ·· 226
　　　　一、电子商务渠道的含义 ··· 226
　　　　二、电子商务渠道的功能 ··· 226
　　　　三、电子商务渠道的类型 ··· 227
　第四节　如何管理分销渠道 ·· 228
　　　　一、确定渠道成员的条件和责任 ································ 229
　　　　二、选择、激励和评价渠道成员 ································ 229
　　　　三、渠道冲突管理 ··· 230
　关键概念 ··· 233

思考题 ·· 233
实训题 ·· 234
参考文献 ·· 234
客观题 ·· 234

第九章 如何制定整合营销传播策略：沟通价值 ·········· 235
第一节 如何制订整合营销传播方案 ·· 235
一、营销传播的概念与作用 ·· 235
二、如何进行整合营销传播设计 ·· 237
第二节 如何进行广告营销 ·· 245
一、如何理解广告 ·· 245
二、如何进行广告决策 ·· 246
第三节 如何进行营业推广 ·· 254
一、如何认识营业推广 ·· 254
二、营业推广方式 ·· 255
三、如何进行营业推广决策 ·· 257
第四节 如何进行人员推销 ·· 259
一、如何理解人员推销 ·· 259
二、人员推销的基本过程 ·· 260
三、人员推销决策 ·· 262
第五节 如何进行公共关系 ·· 265
一、如何理解公共关系 ·· 265
二、公共关系的职能 ·· 267
三、公共关系的工作程序 ·· 268
四、危机公关 ·· 271
第六节 事件营销与体验营销 ·· 272
一、事件营销的概念 ·· 272
二、事件营销的基本模式 ·· 273
三、事件营销的步骤 ·· 274
四、体验营销的概念 ·· 276
五、体验营销的特点 ·· 278
六、体验营销的实施要点 ·· 279
第七节 直复营销与网络传播 ·· 280
一、直复营销的概念 ·· 280
二、直复营销的特点 ·· 281

三、直复营销的类型 ·· 281
　　四、直复营销的决策 ·· 283
　　五、网络传播的概念与类型 ·· 284
　　六、社交媒体营销 ·· 284
关键概念 ·· 289
思考题 ·· 289
实训题 ·· 289
参考文献 ·· 290
客观题 ·· 290

第五模块　管理营销：管理顾客价值

第十章　如何进行营销管理 ·· 293

第一节　市场营销计划 ·· 293
　　一、什么是市场营销计划 ·· 293
　　二、营销计划的主要内容 ·· 295
　　三、市场营销计划编制的思路与方法 ·· 298

第二节　市场营销组织 ·· 307
　　一、市场营销组织的发展与演变 ·· 308
　　二、市场营销组织的设计 ·· 309
　　三、市场营销组织的形式 ·· 313
　　四、营销部门与其他部门的关系 ·· 315

第三节　市场营销计划的执行 ·· 316
　　一、市场营销计划执行的基本环节 ·· 316
　　二、营销计划执行主要内容 ·· 316
　　三、营销计划执行中存在的问题及原因 ·· 317

第四节　市场营销计划的控制 ·· 318
　　一、营销控制 ·· 319
　　二、营销控制的模式与适用条件 ·· 321
　　三、营销计划执行中常用的控制措施 ·· 322

关键概念 ·· 324
本章内容小结 ·· 324
思考题 ·· 324
实训题 ·· 325
参考文献 ·· 325
客观题 ·· 325

第一模块
理解营销：树立科学的营销观念

为何强调要确立科学的营销观念？这是因为任何营销活动都是在一定的营销观念指导下进行的。营销观念如果有问题或不甚正确，那营销活动的成效往往就会不理想。因此，树立科学的营销观念是营销工作流程的第一步。

如何才能树立科学的营销观念？弄清市场营销的内涵、本质与重要性是基本，弄懂营销观念的适用边界是关键，弄透现代市场营销观念的科学性是根本，明晰市场营销流程是保证，认清市场营销新场景是与时俱进。本模块安排一章的内容来帮助学习者树立科学的营销观念。

第一章

导论：市场营销的内涵与观念

本章重点探讨的问题

- 市场营销是什么？
- 市场营销基本任务是什么？
- 为何要树立现代市场营销观念？
- 如何理解数字时代的中国营销？

为何要重视市场营销？因为市场营销是现代组织与个人的一项基本活动，是关系到企业生死存亡的大事，不可不察。好的市场营销绝非偶然，而是在科学的营销观念指导下经过精心规划并采用先进工具和适宜技术实施的结果，它既是一门科学也是一门艺术。正确认识市场，准确把握市场营销的内涵，深刻领会市场营销观念的精髓，树立科学的营销观念，是做对营销的必修基础功课，是学习课程后续内容的基石。

第一节 认识市场和市场营销

一、什么是市场

（一）市场的概念

1. 市场的本义

"市"是买卖，"场"是场所，因此"市场"的本义是指买卖双方在一定的时间聚集在一起进行商品交换的场所。它是社会生产和社会分工的产物，是商品经济的产物。今天的人们在日常生活中仍然经常将市场指称为买卖双方交换产品的聚集场所，如义乌小商品市场、无锡朝阳农贸市场等。场所的概念为企业开展营销活动强调了地域界限。

现在的零售所强调的"人、货、场"，在提示我们营销时要注重统筹分析市场的三个方面：一是交换的主体——买卖双方；二是交换的客体——产品；三是交换的时空——场景。如图 1-1 所示。因此，基于市

图 1-1 市场三个方面

场本义的阐释，在今天仍具有现实意义。

由于信息技术的发展，企业可以更便利地利用技术和数据来捕捉与再现顾客购买和使用商品的场景，研究特定场景下的顾客购买与使用商品的频次、条件与缘由，挖掘理解顾客需求的功能痛点和情感痛点及可能痒点，以改进企业的产品，努力创造并获取顾客更大的价值，提升营销的有效性。场景的概念为企业营销强调了需求的时空观。

随着商品经济的发展，"市场"的含义，基于"买卖双方进行商品交换"这个基础语义，逐渐泛化，成为一个具有多重意义的概念。语境不同，市场所指的侧重点会有所不同。

2. 经济学角度的市场含义

经济学里的市场，是指在一定时空条件下商品供求关系的总和。它侧重讨论买卖之间的交换关系，即在价格机制和竞争机制作用下的供求关系。在提及市场经济、市场体系、市场结构或市场规律等时，此时的"市场"词语是经济学语境下的。

买卖之间的供求状况及竞争力量对比和变化的趋势，对于企业作出正确的经营决策是十分重要的，且引导买卖之间的资源配置决策，由此，市场也成了与计划（指令）方式相对应的资源配置的方式。在市场经济条件下，市场在社会经济资源配置中起决定性作用。亚当·斯密将市场称为"一只看不见的手"，它在无形之中调节着经济的运行。

任何企业的营销活动都会受到市场环境的影响和制约，因此，企业在经营时，都需要研究市场，都应该按照市场导向配置各种生产要素，从而进行企业的营销活动。

3. 市场营销学角度的市场含义

市场营销学里的市场，主要是指买方的集合，即对某种产品既有购买欲望又有购买能力的买者集合。而卖方的集合则构成行业。

（二）解析市场概念

市场营销学里的市场概念包含三个要素，如图 1-2 所示。用公式表示就是：市场 = 人口 + 购买力 + 购买欲望。

1. 人口

人口是构成市场的基本因素。有人，就有消费，就有形成市场的可能。消费人口的多少，决定着市场的规模和容量的大小，而且人口的构成及其变化影响着市场需求的构成和变化。正由于中国有 13 多亿人口，消费潜力大，许多世界知名的跨国公司早已纷纷进入中国，且越发重视中国市场。

图 1-2　市场三要素

2. 购买力

购买力是指人们支付货币购买产品的能力。它也是构成市场的必备因素。人们的消费需求是通过利用手中的货币购买商品实现的，因此，在人口状况既定的条件下,购买力就成为决定市场容量的重要因素之一。购买者收入的多少决定了其购买力的高低。近些年来,随着我国经济的快速发展,人们的收入水平日益提高,可支配的收入越来越多,中国已成为世界上重要的消费市场。如汽车在中国正逐渐家庭普及化就是一个明显的例证,今天的中国已从20世纪80年代的自行车王国转变为汽车产销量全球第一的国家。

3. 购买欲望

购买欲望是指顾客购买某产品的动机、愿望和要求。它是顾客把潜在的购买愿望变为现实购买行为的重要条件,因而也是构成市场的基本要素。人们的购买欲望受多方面因素的影响,营销者需要研究如何通过各种营销手段有效地刺激、提高顾客的购买欲望。

上述三个要素都具备的市场,称为现实市场,否则只能称为潜在市场。在评估与预测某种产品的市场需求规模与前景时,对这三个要素的分析是基本,在此基础上可综合其他要素通过建模来评估预测市场。

深刻地洞悉市场,是卓有成效开展营销工作的起点。分析市场时,既要分析有购买力和购买欲望的现实购买者,也要分析暂时没有购买力或暂时没有购买欲望的潜在购买者;既要关注潜在市场转化为现实有效市场的时机与条件,还要考虑促进转化的办法及其效益。

案例 1-1

一个市场的三种考察

美国一家制鞋公司欲开拓国外市场,公司总裁让财务经理趁出差之余到非洲一个岛国上调查市场。这位经理回来报告说:"那里的人不穿鞋,没有市场。"

总裁思索良久后派出了销售经理,他发回信息说:"这里人不穿鞋,市场巨大。"

总裁为弄清情况,再派他的营销副总经理去考察。一个星期后,这位营销副总发回信息说:"这里的人不穿鞋,但是他们的脚大多有脚疾,穿鞋对他们的脚会有好处的。他们的脚比较大,所以我们必须重新设计我们的鞋子,而且我们必须在教育他们懂得穿鞋有益方面花一定的钱。这里的部落首领不让我们做买卖,除非我们搞大市场营销,向他的金库里进贡1.5万美元。这里的人没有什么钱,但是他们有我所尝过的最甜菠萝。该地共有50万左右的人口,只要我们教育引导做得好,至少可以让70%的人愿意穿鞋,一年每人平均需要3双鞋,我们每年能卖大约105万双鞋,每双鞋平均卖30美元,因此每年估计有3 150万元的销售额。扣除推销菠萝给连锁超市的费用及其他费用,在这里卖鞋是可以赚钱的,投资收益率约为25%。我认为,我们应该毫不迟疑地去干。"

思考题:销售经理为何说这里的市场巨大?你认为营销副总将潜在需求转换为现实需求的关键是什么?你如何评判案例中三种不同的市场分析观点呢?

(三)市场体系及其类型

现实经济中,构成市场的各种要素以各种方式组合在一起,形成若干不同功能意义上的相对独立的市场。不同产品的生产者之间存在各类交换活动，这样各个市场之间通过相互连接与相互制约形成了功能较为齐全、复杂多样的现代市场体系。图 1-3 展示了五个基本的市场和它们的交换联结流程。每个国家的经济和全球经济都是由通过交换过程连接的互动市场构成的。现代市场体系的实质是各种经济关系的具体体现和综合反映。

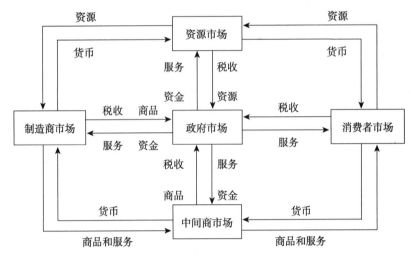

图 1-3　市场经济的交换联结流程

要了解现代市场体系，先要了解市场分类。

1. 按照交换主体的购买目的分类

市场按照交换主体的购买目的不同可分为消费者市场、制造商市场、中间商市场与政府市场，如图 1-4 所示。

图 1-4　市场按交换主体的购买目的分

（1）消费者市场。消费者市场是指为满足生活消费需要而购买生活资料的一切个人或家庭构成的市场。消费者市场又称最终消费者市场、消费品市场或生活资料市场。

（2）制造商市场。制造商市场是指由那些购买货物和服务并用来生产产成品和服务，以出售、出租给其他人的个人或组织构成的市场。制造商市场又称生产者市场、产业市场、生产资料市场或工业市场。

（3）中间商市场。中间商市场是指那些采购货物或服务以转卖或出租而获利的个人和组织所构成的市场。中间商市场也称转卖者市场或再售者市场。

（4）政府市场。政府市场是指那些为执行政府的主要职能而采购或租用产品和服务的各级政府单位所构成的市场。

以上四种市场,由于购买目的不同,购买行为上就有明显的不同,市场表现出不同的特征。营销者需要去深刻地洞察与认真地应对。

2. 按照交换主体在交易中所处地位分类

市场按照交换主体在交易中所处地位的不同可分为卖方市场、买方市场,如图1-5所示。

(1)卖方市场。卖方在交换中总体处于主导地位,即市场在具有压倒优势的卖方力量主导下运行。形成原因是市场上商品供给量少于需求量。此时价格有上升倾向,交易条件有利于卖方,买方形成竞相购买的态势。

图1-5 市场按交换主体在交易中所处地位分

(2)买方市场。买方在交换中总体处于主导地位,即市场在具有压倒优势的买方力量主导下运行。形成原因是市场上商品供应量超过需求量。此时价格有下降趋势,买方有更大的挑选商品的范围和机会,卖方则成为积极的营销者并由此展开竞争。

在买方市场条件下,企业开展市场营销的迫切性、重要性相对更加突显。由于现在的大多数商品(服务)都处于买方市场,买方在交易中占据主导地位,因此,今天的企业都应该好好研究买方的需求,围绕顾客的需求努力为顾客创造、提供、交付与传播更大的价值,围绕顾客的需求去发展与顾客持久的关系。

3. 按照交换的竞争程度分类

市场按照交换主体间的竞争程度不同可分为完全竞争市场、垄断竞争市场、寡头垄断市场、完全垄断市场,如图1-6所示。

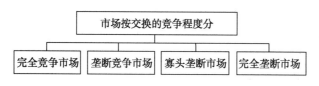

图1-6 市场按交换的竞争程度分

(1)完全竞争市场。完全竞争市场是指一个行业中有众多的卖方和买方,卖方的产品同质,进出市场很容易,卖方和买方对于商品的价格均不能控制。产品价格只能由供求关系决定。

(2)垄断竞争市场。垄断竞争市场是指一个行业中卖方数目较多,产品之间有差别,能对市场及价格施加一定程度的影响。进出市场较容易。卖方之间无法通过串谋来控制市场。对于买方,情况是类似的。

(3)寡头垄断市场。寡头垄断市场是指一个行业中卖方只有一个以上的少数几个,进出市场不易,每个卖方在市场中都具有举足轻重的地位,对其产品价格具有相当的影响力。

(4)完全垄断市场。完全垄断市场是指在市场上只存在一个卖方或买方,而另一方众多的市场结构，该卖方的商品没有替代品，其他卖方难以进入该行业，所以垄断厂商可以控制和操纵市场价格。

企业所处市场的结构不同，竞争反应的策略往往有很大不同，因此，营销时要充分考虑市场结构这个因素。

除了以上三种划分外，也可以按照交换客体——商品的形态分为一般商品、资金、技术、信息、房地产、服务、文化、旅游等市场；也可以按照交换场所的地理空间范围分为国内市场和国际市场；还可以按照商品的交换形式分为现货市场、期货市场、批发市场、零售市场，等等。

二、什么是市场营销

"市场营销"源于英文"marketing"一词，于20世纪80年代引入我国，曾有"市场学""行销学""市场经营学"等不同的译法，后经国内理论界反复研讨，最终将其译成"市场营销"，简称"营销"。

对市场营销的概念界定，是表达对营销本质的理解。在众多界定中，辨析选择最值得推崇的概念，以便于人们把握营销精髓的钥匙，无疑是很重要的。

本书认同"现代营销之父"菲利普·科特勒（Philip Kotler）教授给市场营销下的定义。他分别从社会角度与管理角度给出了定义。

（1）社会角度的市场营销定义："个人和集体通过创造、提供、自由交换有价值的产品与服务以获得自己所需所求的社会过程"。社会角度的营销定义强调了营销的关键是要创造、提供有价值的产品与服务，这关系到交换能否顺利、高效与理想。该角度的定义表达了市场营销扮演着促进供给与需求平衡以合理配置资源的社会角色。因此有人认为，市场营销的任务就是"传达更高的生活水平"。好的营销，确实能够帮助创造更加美好的生活，促进繁荣和谐社会的实现。

（2）管理角度的市场营销定义："选择目标市场，并通过创造、交付和传播优质的顾客价值来获得顾客、挽留顾客和提升顾客的科学与艺术"。管理角度的市场营销定义强调了企业营销的两个关键：顾客价值与顾客关系。营销必须通过各种努力给予更大的顾客价值，只有这样，交换才能顺利理想。顾客价值高，才能顺利地获得顾客，也才能挽留顾客和提升顾客的满意度；在获得顾客的基础上，营销必须注重发展与增强和顾客的关系。只有这样，交换才更有可能自然、持续、稳定、健康。

对上述两个界定，可通过对简单的营销活动的分析，来更好地理解。如图1-7所示，买卖双方由四种流程相连，卖方通过促销沟通信息把产品（服务）传送到市场，获得了买方的货币及信息（通过调研）。

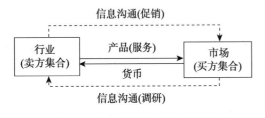

图1-7　简单的营销活动示意图

由图 1-7 可知，交换顺利与否的关键是卖方的产品（服务）对买方的价值高低、满足顾客需求的程度，这在买方市场下尤其如此。这要求卖方经营时要遵循顾客导向，通过调研收集买方需求的信息来指导顾客价值的设计、提供与交付、传播工作。同时在买方市场条件下，卖方当然希望买方持续地购买自己的产品或服务，这就要求卖方在注重顾客价值的同时，也要注重发展与顾客的关系。

为让交换顺利从而促进繁荣和谐社会的发展，需要大量的营销努力和过硬技能，去创造顾客需求，更好地满足顾客需求。因此，菲利普·科特勒对营销所作最简明的定义是"有盈利地满足需求"。

根据上述定义，可以将市场营销概念归纳为下列要点。

（1）交换是市场营销的核心：设法顺利实现市场交换，是市场营销职能的核心工作。市场营销职能就是为实现市场交换而生的。

（2）**市场营销的目的**：让交换顺利、高效、理想并获利。

（3）**市场营销的根本之道**：给顾客创造、交付和传播更大价值以更好地满足顾客需求。这是交换顺利高效理想的关键，是实现市场营销目的的根本途径。

（4）**市场营销的基本任务**：获得并留住顾客。

（5）**市场营销的职能活动**：主要包括市场调研、细分市场和确定目标市场、产品开发和产品定价、分销渠道设计与管理、促销等一系列活动。

三、市场营销的相关概念

（一）需要、欲望和需求

1. 需要

市场营销的前提是人类具有需要。所谓需要（needs），是指人们感到缺乏的一种状态。例如，饿、渴等生理需要，以及安全、社会归属感、尊重和自我实现等方面的需要。需要是人类所固有的，是一种与生俱来的基本要求，它不是营销人员创造出来的。当某种需要还未实现时，人们往往会尽力寻找目标满足它。

2. 欲望

欲望（wants）是指想得到上述需要的具体满足品的愿望，是个人受不同文化及社会环境影响表现出来的对需要的特定追求。如为满足"解渴"的生理需要，人们可能选择喝开水、茶、汽水、果汁或者矿泉水。市场营销者虽然无法创造需要，但可以影响欲望，并通过创造、开发及销售特定的产品或服务来满足欲望。

3. 需求

需求（demand）是指人们有支付能力并愿意购买某种具体产品的欲望。可见，消费者的欲望在有购买力做后盾时就变成为需求。许多人想购买保时捷、劳力士、LV、香奈尔等奢侈品，但只有具有支付能力的人才能购买。因此，市场营销者不仅要了解有多少消费者欲求其产品，还要了解他们是否有能力购买。更好地满足顾客需求是企业营销工作的主要任务。

需求意味着现实的市场营销机会。市场营销者应努力洞悉顾客需求的一切，区分需求的性质，理解顾客需求的痛点，揣摩可能的需求痒点，从而为公司的产品和服务的开发、营销决策、计划的制订提供重要依据。尽力研究需求并更好地满足需求，是有效营销的基石。

企业的营销应当始终围绕顾客的需求，这是不二法则。但顾客的某些需要、欲望与需求，并不是一目了然的。因此，对市场进行调查研究就成了营销的必要功课。不过，有时顾客也并不清楚自己的确切需求，企业难以通过市场调研的常规手段理解顾客的真实需求状况。高科技产品、全新产品的市场尤其如此。这时企业可以借助眼球追踪、脑电波探测、人工智能、大数据等技术来帮助研究消费者的喜好与行为习惯，可以通过研究人们的价值观、审美、生活方式的变化，通过观察竞争对手的行为和行业发展的态势，通过研究科技与社会的发展趋势，通过研发多种新产品来试销等，来试图理解并逼近顾客的真实需求，有时要引领并创造顾客的需求。

案例1-2

大公司的以心为本：比顾客更懂顾客

许多公司日益设法借助各种途径、技术与工具，主动收集用户的数据，积极提升数据的分析与理解能力，对用户完整画像分析，以理解用户洞悉需求。他们能知道用户都是谁、需求内容清单是什么，能指出许多用户自己都不知道的事情。

沃尔玛公司经过零售数据的挖掘分析，决定将尿布与啤酒这两种看似不相关的商品邻近陈列，居然使两者的销量大幅增加了；当季节性风暴来临时，把蛋挞和飓风用品靠近卖，也增加了销量。

可口可乐公司知道美国人平均在每一个杯子里放3.2个冰块，一年看到该公司69次广告，在气温39℃时喜欢喝自动售货机里的定装可乐，有100万美国人每天早餐都要喝可口可乐。

京东依靠自己的大数据库，建立了用户洞察模型体系，用以实现识别、发掘、认知用户，让营销信息推送更加精准化，服务更加个性化，挖掘激发了更多的需求，提升了用户黏性与企业效益。

海尔通过天猫大数据发现，发现大容量洗衣机存在市场空白，清洗窗帘、家居四件套等大件物品将成为洗涤新需求，10 kg 大容量+变频+滚筒的洗衣机有机会成为爆款。2016年"双11"，天猫定制款10 kg变频滚筒全自动洗衣机上市，2万多台洗衣机销售一空，并位列天猫"双11"洗衣机行业TOP 5单品。

洞悉了顾客需求，营销就成功了一半。

（二）产品

人们利用产品来满足需求和欲望。在营销学中，产品特指能够满足人的需要和欲望的任何事物，包括有形的与无形的。无形产品（服务）是通过有形产品或其他载体，诸如人、地、信息、活动、事件、组织、观念和产权等，或它们的综合等来提供的。当我们感到疲劳时，可以接受专业的足疗或按摩服务（人），可以到旅游景点去游玩（地），可以看一场电影（信息），可以到室外散步（活动），可以参加某组织的100周年庆（事件），可以加入俱乐部（组织）去认识更多的朋友，或者接受一种新的意识（观念）。

市场营销者必须清醒地认识到，其创造的产品是为了满足顾客需求，如果只注意产品而忽视顾客需求，就会产生"市场营销近视症"，容易导致企业走向失败。

有时，人们喜欢说产品与服务，以将无形产品与有形产品区别来讲。此时的产品可以理解为狭义上的产品，特指有形产品。本书后续的内容，一般是将产品理解为包括有形的产品与无形的产品（服务）。

（三）价值、满意和质量

1. 价值

针对某种特定的欲望，可以用来满足的产品和服务很多，顾客通常是如何从中选择的呢？答案是理性的顾客通常根据其对产品价值的感知来选择。

价值通常是感知到的功能利益、情感利益与所支付成本之间的比较，主要是质量、服务和价格的组合，价值认知与质量和服务成正比，与价格成反比。

我们可以将市场营销看成对顾客价值的识别、创造、传播、传递和监控的过程。

2. 满意

满意反映了一个人将产品满足其需要的感知效果与其期望的进行比较所形成的感觉状态。当实际感知低于期望，顾客会不满意的。如果相当，顾客往往是满意的。如果超出期望，顾客会很满意的。满意既是顾客本人再购买的基础，也是影响其他顾客购买的重要因素。因此，使顾客满意，是企业吸引顾客、留住顾客的关键。

3. 质量

质量是反映产品满足顾客需要的能力与程度，它是通过产品的一系列质量特性及相应的特征指标来评价的。质量是顾客感知产品价值的主要部分。更高的产品质量，会让顾客感知到的价值更大，会带来更高的顾客满意、顾客忠诚，同时也能支撑较高的价格并因销量增加带来更低的成本。

国内消费者对高质量产品的需求日益旺盛，由于供应不足来就出现了"海淘热"，从奶粉到尿不湿再到智能马桶盖，等等，每年有上万亿人民币的消费外溢。因此，我国当下企业更要重视质量管理工作，发扬工匠精神，专注于提升产品的质量，以实现顾客的全面满意。

（四）交换、交易、关系

1. 交换

交换是指从他人处取得想要的物品，同时以某种物品作为回报的行为。交换是现代社会中人们取得物品最普遍的形式。交换后参与方都认为比交换前好，双方的利益都增加了。这是推动交换行为持续出现的内在动力。因此，交换对于双方是一种"双赢"。现代市场营销推崇用"双赢"观念来审视和指导企业的经营。

交换是市场营销的核心概念，营销的全部内容都包括在交换概念之中。交换状态如何，是影响企业生存与发展的大事。交换是否顺利、自然与理想，在买方主导的市场情境下，关键点是交换对象——产品的价值高低，以及卖方对交换过程的管理水平。

2. 交易

交易是一种量化的双方价值交换行为。例如，用我的打火机换你的领带夹是交换；我用两个打火机换你的一条领带夹则是交易。要达成一项具体的交易，需要双方的投入，如合适的交易对象的寻找与挑选，交易对象的价值确认，双方的接洽与谈判，合同的签订，履约过程中的纠纷与争执，等等。这些投入构成了"交易成本"，也称为"交易费用"。在交换中，如果交易成本能够减少，则交易带来的利益就更大。因此，企业要重视从交易成本角度来思考如何开展更有效的营销。

3. 关系与关系营销

关系是指有关对象之间的联系。精明能干的营销者都会重视发展与顾客、分销商及供应商等相关方的长期互信互利的关系，这样能大大减少"交易成本"。因此，关系在营销的重要性突显，关系营销就成了现代营销的一种重要观念与策略方式。

所谓关系营销是指营销者注重与顾客、分销商、供应商等建立、保持并加强长期满意的合作关系的一种观念与实践。与顾客建立长期合作关系是关系营销的核心。古往今来的智慧营销者，往往都会重视关系营销，通过长期不懈的各种努力，触达顾客，建立顾客的档案（数据库），理解顾客的心，制定好关系营销策略并精心实施，黏住顾客。良好的关系所构建的营销网络是公司的战略性资产。要让这种战略性资产日益增值，为经营效益提升作出更大的贡献，就需要企业长期精心经营关系网络，做好营销关系网络的设计、选择、实施与评估优化，与利益相关方协作多赢，合奏"关系营销"的天籁之音，需要不断承诺及为对方提供高质量产品、良好服务及公平价格，需要加强经济、技术及社会联系。

如果企业在营销活动中没有关系营销的意识与策略，只注意吸引顾客来创造交易关系，不注重关系的维护与发展，那就是交易营销。这无疑被当今的主流营销界所抛弃的。

当今的互联网、物联网、人工智能、大数据和云计算等方面的技术推广应用，让企业实践关系营销的难度逐渐降低，成本日益减少，效益越发明显。

（五）市场营销者

在交换双方中，如果一方比另一方更主动、更积极地寻求交换，我们就将前者称为市场营销者,后者称为潜在顾客。市场营销者可以是卖方,也可以是买方。当买卖双方都表现积极时,我们就把双方都称为市场营销者,并将这种情况称为相互市场营销者。

案例1-3

传音:真正读懂用户是成就非洲之王的关键

深圳传音控股股份有限公司(下称"传音")从事以手机为核心的智能终端的设计、研发、生产、销售和品牌运营,拥有TECNO、ITEL和Infinix三大手机品牌。通过真正读懂用户进行本土化创新,品牌发展得如火如荼。根据IDC数据显示,该公司2018年出货量1.24亿部,全球市场占有率7.04%,排名仅次于华为,位列全球厂商第四;在非洲市场,其占比更是高达到48.71%,稳居行业第一,是当之无愧的"非洲之王"。传音其销售区域主要覆盖非洲、南亚、东南亚、中东和南美等新兴市场。据招股书中财务数据显示,2018年传音旗下智能手机带来的收入154.78亿元,占总营收的69.81%,功能手机营收59.50亿元,占比26.84%。

真正读懂用户,是传音征服消费者的关键。依据这样的理念,传音的研发团队在非洲当地进行了大量的实地考察与调研。告别急功近利的增长模式,传音基于扎实的前期调查,通过本土化创新的产品满足当地消费者多元化的需求。比如,非洲国家因不同运营商网络的资费差别较大,跨网络的电话费相对较贵,一般非洲用户会拥有多张SIM卡,因此,基于这个痛点,传音推出了双卡双待的手机甚至四卡四待的手机;再比如,针对非洲人的肤色肤质特点,传音与芯片公司、研发公司共同研究,有针对性的提升手机的夜间拍照质量,推出了具有针对性的美颜功能手机。

同样,2016年传音进军印度,本土化运营模式成功复制到当地市场。为了更了解当地特色,传音光是前期调研便花费一年时间,其中调研人员中本地人占绝大多数。经过一番苦功之后,传音找到了直击痛点的解决方案。比如,由于生活方式的不同,印度人喜欢用手吃饭,手指便会沾有油污,为了解决手机解锁的问题,传音开发出了防油污指纹识别功能的手机;另外,不同于非洲,印度人吃饭和睡觉的时间较晚,因此在黄昏时分拍照的人最多,为了解决这一时段弱光线的曝光问题,传音专门开发出了更高成像质量的拍照功能,以便还原色彩鲜明的画面。

"不管我们去哪一个市场,我们都要做到本地化创新,这是始终不变的。"在这样的初衷与坚持下,传音换来的是市场的积极反馈。除了在非洲市场称霸外,据IDC数据显示,2018年传音在印度市场取得了6.72%的份额、排名第四的佳绩。

四、如何开展市场营销

开展市场营销活动需要遵循科学的工作流程。

市场营销的流程是指营销者在开展市场营销及其管理工作时,需要逐步完成的工作。

为了实现企业营销目标，需要在树立科学的营销观念基础上，对市场环境和营销活动进行分析、计划、执行和控制而开展一系列营销管理工作。

市场营销的实务流程可分为五个模块十步流程。具体如图1-8所示。

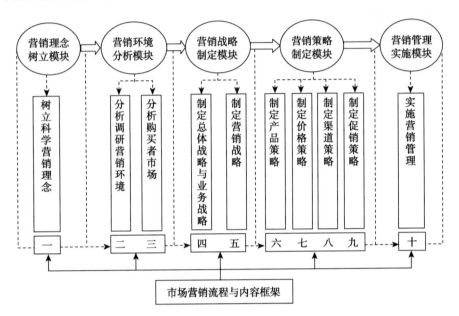

图1-8 市场营销流程与内容框架

模块一：树立科学营销观念。观念先行。树立科学的营销观念，是开展高质量市场营销活动的前提。**市场营销观念的核心是顾客导向**。顾客导向是指企业所有的市场营销资源与活动都要围绕为顾客价值的创造、提供、交付与传播展开，都要围绕与顾客关系的建立、发展并提升而展开。顾客价值和顾客关系是市场营销的两个关键概念。顾客价值与顾客关系的导向需渗入环境分析、战略与策略的制定和实施营销管理的每个环节中。营销者必须从顾客导向的角度思考：如何创造、提供、交付与传播更大的顾客价值，以吸引顾客购买从而建立顾客关系并使顾客满意？如何通过关系营销及关系管理以巩固与发展顾客关系，从而获得忠诚的顾客？本书的第一章主要回答这些问题。

模块二：分析营销环境。落实营销观念的第一步是分析营销环境。企业开展市场营销时需要立足于内部的资源和条件来思考如何妥当地应对外部环境的变化，以在此基础上制定战略、策略与工作计划为顾客价值的创造和顾客关系的发展而努力。对营销外部环境的分析能够发现并评估市场机会和威胁，对营销内部环境的分析能够明了营销资源的约束和优劣，从而为战略、策略及计划的制定提供依据。在营销微观环境中，买方最为重要，因此需要重点分析顾客的购买行为与特征。本书环境分析模块的第二、第三章即对应这一部分。

模块三：制定营销战略。在对企业营销内外部环境进行分析之后，就需要制定营销战略。由于营销战略是企业的职能战略，需要在明了企业总体战略与业务战略的基础上制定，故本书第四章先行探讨了此问题。制定营销战略的主要任务是明确把怎样的产品和服务以怎样的价值主张卖给怎样的顾客。这样的营销战略是以顾客价值和顾客关系为导向的营销战略。其制定的步骤是"市场细分—目标市场选择—市场定位",用英文单词第一个字母简称为"STP"营销。本书的第五章对营销 STP 战略活动作了探讨。

模块四:制定营销策略。在确定营销战略的基础上,需要对营销策略进行具体可实施性的设计。营销策略,又常称为营销组合策略(marketing mix),是指对目标市场需求有影响的各种可控因素的组合运用以实现营销目标。最为广泛接受的营销组合策略是美国市场营销学教授麦卡锡(E.J.McCarthy)于 20 世纪 60 年代提出的 4P 组合——产品(product)、价格(price)、渠道(place)、促销(promotion),其内容如图 1-9 所示。

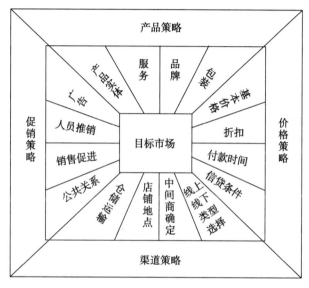

图 1-9 市场营销 4P 组合

在 4P 组合中,每个"P"包含若干特定的子因素,从而在 4P 组合下,又形成每个"P"的次组合。企业为了满足目标市场的顾客需求,实现预期的营销目标,就必须综合运用产品、价格、渠道、促销要素,将这些要素有机整合,使其互相配合协同,力求实现最佳效益。

(1)产品策略。产品策略是指企业向目标市场提供各种满足消费者需求的有形和无形产品的要素内容以帮助营销目标的实现。产品要素主要包括产品的质量、性能、品种、规格、设计、包装、品牌以及服务等,这些子因素的组合,构成了产品组合要素。

(2)价格策略。价格策略是指企业恰当地进行价格制定和调整以影响目标市场的需求从而利于营销目标的实现。价格要素包括基本价格、折扣、付款时间、信贷条件等,这些子因素的组合构成了价格组合要素。

(3)渠道策略。渠道策略是指企业合理地设计并管理分销渠道以便利目标市场的购买从而利于营销目标的实现。渠道要素包括线上与线下的选择、直销还是中间商分销、中间商的确定、渠道覆盖面、店铺地点的选择、仓储运输的管理等。这些子因素的组合构成了分销渠道组合要素。

（4）促销策略。促销策略是指企业利用各种信息沟通刺激消费者的购买欲望以促进产品的销售从而有利于营销目标的实现。促销要素包括人员推销、广告、公共关系、销售促进等，这些子因素的组合构成了促销组合要素。

需要强调的是，营销组合的4P各要素都必须紧紧围绕目标市场的需求、竞争态势与营销目标来选取搭配。若顾客需求发生变化或要对营销目标进行调整，营销策略各要素的组合就要随之而动态调整。当站在目标市场的需求角度来思考企业应当如何在4P各要素上作出行动努力以更好地满足需求时，此时的4P实质上就是4C。围绕顾客需求行动，这是营销组合的应有之义，也是科学营销观念所要求的。4C组合理论是美国学者舒尔茨（Schultz）提出的，即顾客（customer）、成本（cost）、便利（convenience）、沟通（communication）。今天数字技术的发展，较好地支持了企业与目标顾客沟通互动，便利顾客全方位地感知产品与品牌，便利企业更好地理解需求、引领需求与满足需求，让企业围绕目标市场需求的营销4P策略更好地落地。

不过，纳入企业营销组合进行管理的可控要素，并不是仅有4P。例如，布姆斯和比特纳（Booms和Bitner）提出服务营销还要增加新3P，即人员（people）、有形展示（physical evidence）、流程（process）。由于服务的无形性、不可分性、异质性、易逝性，增加新3P，这对做好服务营销很有必要。

在对目标市场需求有影响的因素中，当放松"可控性"要求而仅强调企业可以施加影响时，那可纳入营销组合的因素就较多了。例如，在国际营销面对贸易保护时，美国著名市场营销学家菲利普·科特勒教授强调要增加运用政治权力（political power）、公共关系（public relation）这两个要素。

在营销组合丛林理论中，还有4R理论、4V理论等。这些营销组合理论为营销4P组合策略提供了有益思路的支点。本书按照4P的框架，在策略篇第六章至第九章讲解营销组合策略。

模块五：实施营销管理。好的战略与策略，贵在组织，重在执行，赢在细节。营销者制定了营销战略与营销策略，还要对营销过程进行精心的组织、执行与控制。由于营销环境的分析、战略和策略的设计过程都是营销计划的管理职能，所以，本部分为了使读者更具有营销实战能力，增加了营销策划部分内容。营销策划是计划职能的集中体现，是营销人员的必修功课。营销组织结构设计的合理性、组织部队的建设关系到营销组织的战斗力，是本部分要讨论的内容之一。不断提升营销组织的执行力，是企业营销战略成功的关键和实现高绩效的必要条件，而营销控制是保证营销计划顺利实施的重要环节，因此，探讨营销执行和控制问题也应是营销管理的主要内容之一。本书第十章就营销的计划与策划、组织、执行与控制进行探讨。

五、市场营销职业能做什么

当我们不仅对精彩纷呈的市场营销理论世界产生兴趣，而且愿考虑从事营销职业时，不禁要问该职业有哪些具体的职位,发展的通道与空间怎么样。为便于营销人求职和职业生涯规划,我们在此部分作一个简介。

(1)就业的单位类型:对市场营销人才需求量最大的是企业,企业长期位于人才市场需求的前列。其次是机关事业单位,如旅游局、学校等。

(2)从事的岗位类型:可以在企事业的市场部、销售部等相关部门从事企业产品销售、销售管理、顾客服务、市场调研、营销策划、产品品牌设计、广告与公关策划、网络营销等,也可以在营销服务公司里从事营销策划咨询、品牌管理咨询、市场调研咨询、广告咨询、公关咨询、渠道管理咨询等工作。当然也可以从事营销方面的教学与研究。

(3)发展的阶梯通道:一般企业的营销职能部门总体上可分为两类子系统:营销部和销售部,相应的营销职位和销售职位多种多样,可选择余地大。职级可从专员、主管、部门经理逐渐晋升到副总经理到总经理,发展空间大。具体如表1-1和表1-2所示。

表1-1 市场营销中的营销职位

副总经理/总监层		经理层		主管与专员层	
职位	工作描述	职位	工作描述	职位	工作描述
营销总监	参与公司战略研究;全面统筹营销管理工作,制定营销的方针政策、战略与策略,并加以有效组织;不断改进内部营销管理;协调部门间工作以做好营销	市场研究经理	负责市场研究的所有事项,为营销战略与策略的制定提供决策依据	市场研究主管	负责具体项目的市场调查、市场分析与预测活动,负责撰写研究报告并提出营销建议
				市场研究专员	收集并分析顾客需求与市场信息,参与市场调查、市场分析与预测活动,参与撰写研究报告
		产品/品牌经理	负责一个产品线的所有营销和相关管理活动	产品/品牌主管	执行产品线经营计划与营销战略,参与产品开发设计,发布产品信息,管理产品的分销与促销
				产品/品牌专员	为产品线的经营计划与营销战略提供信息支持,制订促销计划与方案,与外部客户进行具体沟通,监控售后服务和顾客意见
		企划/广告经理	负责企划/广告的所有事项,为品牌经营与产品销售提供有力支持	企划/广告主管	执行经理的企划/广告的决策与计划,负责企划/广告方案的设计与活动组织,评估其效果
				企划/广告专员	负责具体企划/广告文案的撰写,参与企划/广告活动的组织,收集其效果的信息并作分析
		公关经理	负责公共关系的所有事项,塑造并提升企业形象与品牌形象	公关主管	协助经理制定公关决策与计划并执行好,策划并推进具体的公关活动,协助经理增进与各种媒体的关系,协助经理处理好与各社会公众的关系
				公关专员	操办公关具体活动,撰写新闻发布稿或者回应媒体的质疑,监控舆情

不管你是谁,总有某个营销职位适合你。众多的营销岗位,为各种职业性格的有志营销者提供了很大的选择余地。有志于市场营销职业的学习者,可结合自己的职业性格类型、发展愿景、企业实际营销工作需要,进行有针对性的选择。

表 1-2　市场营销中的销售职位

总监层		大区/区域经理层		部门经理层		主管与专员层	
职位	工作描述	职位	工作描述	职位	工作描述	职位	工作描述
销售总监	执行营销方针政策、战略与策略，制订销售策略与计划，督促管理团队完成销售计划，控制销售成本，做好渠道的设计与管理，解决业务拓展中的重大问题，协调部门间工作以做好销售	大区/区域经理	负责大区/区域市场渠道开拓与销售工作，执行并完成年度大区/区域销售计划；管理好销售队伍，控制成本；维护与关键客户的联系，参与重大业务洽谈	销售经理	执行好销售政策与计划，带好销售团队，不断拓展市场，做好客户关系管理	销售主管	做好重点客户的服务，掌握销售动态，及时解决问题；盯紧竞争对手
						大客户经理	拜访大客户收集需求，签订并履行合同，制订并执行服务方案，关系管理
						促销主管	收集市场信息，制订促销计划与方案，组织促销活动，控制促销成本
						销售代表	开拓客户，拜访客户收集需求，合同签订与履行、回款，客户关系管理
						销售内勤	做好销售资料的归档、整理、分析；做好销售工作的后勤服务支持
				服务经理	执行服务政策，做好服务管理，提升服务质量	服务主管	负责客服现场日常工作管理，处理顾客重大投诉与异议，监控顾客满意度
						服务专员	处理客户投诉，对客户意见收集分析进行反馈，并进行跟踪处理
		电子渠道经理	负责电子渠道体系的建设与管理，管理好渠道价格体系，提升销量与顾客满意度			电渠主管	负责线上店铺的日常运营管理，做好价格管理、流量管理、社区互动管理
						电渠专员	负责线上商品展示、活动促销、软文引流、在线互动、舆情监控与处理

六、如何学好市场营销

看看各地人才市场的招聘岗位需求排行榜，查查企业高管的专业背景统计，问问从事市场营销的专业人士，就可以知道市场营销的职业发展前景是很光明的。如何通过学好市场营销来把握职业机会呢？本书从市场营销工作和市场营销学科的特点出发，结合社会用人单位对市场营销人才的需求，给出学好市场营销学的四点建议。

（1）转变角色：以市场营销者的角色来学习。要把自己扮演成某企业高管、某营销岗位的决策者，努力联系现实市场、联系营销现象，思考如何用所学的营销理论知识来帮助我们分析和解决实际的营销问题。由于市场营销是应用性很强的学科，如果不从营销者的角度出发，那只能浮光掠影地知晓些营销名词与理论，是不可能真正学通学深弄懂悟透的，也就谈不上学以致用了。

（2）打好基础：理解掌握好营销学的基本理论知识。市场营销学是一门建立在经济学、行为科学、现代管理理论之上的综合性应用科学。经济学提醒我们，市场营销是用有限的资源通过仔细分配来更好地满足顾客的需要；行为科学提醒我们，市场营销学是涉及谁购买、为何买、为谁买等问题的，必须在洞察消费者的需求、动机、态度的基础上理解行为；管理理论提醒我们，只有做好计划、组织、执行与控制，才能更好地开展其营销活动，以便为顾客、社会及自己创造效用。正是因为市场营销是经济学、行为科学、现代管理理论的综合，使得我们不太容易学通弄懂学深悟透，当然也就更不容易在此基础上很好地应用了。这需要我们在学习时，认真对待，多多钻研，力求打好基础。

（3）研讨案例：多阅读案例，多研讨案例。营销的精彩，就在生活中，就在市场中，就在实践中，就在案例中。案例是展示营销精彩世界的一个很好的浓缩窗口。通过阅读与研讨案例，感悟营销，思考营销的观念，熟悉营销的流程，分析营销的战略与策略，运用营销的方法与工具，总结营销的组织与管理，从而让我们从阅读和研讨成功与失败的营销案例中得到启发，对现实营销问题进行思考，在研讨争论中运用营销理论知识，在探索中锻炼分析和解决营销问题的能力。阅读和研讨案例，营养多多。

（4）积极实践：投身营销实践，锻炼营销能力，加深理解。作为实践性应用性很强的学科，如果光说不练，那学到的营销是不够接地气的，易虚易空易假。因此，在学习时，一方面要有意识地多开展些每章后的实训项目；另一方面要多利用课余时间或假期做一些兼职，尤其是营销方面的工作，在实践中锻炼提升自己的营销能力，也要多向企业营销精英请教学习。通过积极投身营销实践，不断地总结思考，从而不断地消化与升华对营销理论知识的理解。

第二节　市场营销的基本任务：获得并留住顾客

与企业其他职能不同，市场营销主要做的是联结顾客的工作，基本任务是设法获得顾客并留住顾客。获得顾客、留住顾客的根本之道是为顾客持续创造更大的价值。为了获得并留住顾客，企业需要监测顾客满意，注重口碑与形象，要采取强有力的措施吸引与维系顾客。因此，本节围绕获得并留住顾客这个基本任务，分别探讨如何创造更大的顾客价值、如何监测顾客满意、如何吸引与维系顾客三个问题。

一、如何创造更大的顾客价值

（一）顾客价值的内涵

顾客价值是企业传递给顾客能让顾客感受得到的实际价值，表现为顾客总价值与顾客总成本之间的差额，也称为顾客感知价值（customer perceived value）。如图1-10所示。

顾客总价值是指顾客购买某一产品所期望获得的一系列利益，主要来源于产品价值、服务价值、人员价值、形象价值。顾客总成本是指顾客为购买某一产品所耗费的货币、时间、体力、精神等成本之和。

由图1-10可知，企业要提升顾客感知价值，可从提高顾客总价值和降低顾客总成本两条路径着手。企业可以从提高产品价值、服务价值、人员价值、形象价值及其协同它们之间的组合来努力提升顾客总价值水平；还可以通过降低货币成本、时间成本、体力成本、精神成本及其它们之间的组合搭配等方面来着力降低顾客总成本水平。

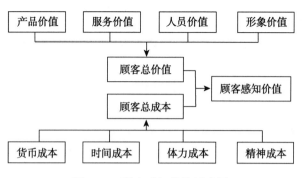

图 1-10 顾客感知价值示意图

追求顾客感知价值最大化是顾客购买决策行为的逻辑。理性的顾客是根据感知到的价值高低从众多产品（服务）中作出初次购买和重复购买选择的。顾客感知价值的大小决定着顾客满意程度的高低。因此，企业在激烈的顾客争夺战中获得顾客并留住顾客的根本之道是为顾客创造更大的价值，获得更高的顾客满意度。持续提升顾客感知价值，是企业建立、发展提升良好顾客关系的基石。

"只为品质生活"的京东，主要通过"多快好省"四个方面提升顾客的感知价值，俘获顾客芳心，喜欢京东的顾客越来越多，从而让京东成长迅猛。2017 年 12 个月的活跃用户数同比增长 29.1%，达 2.925 亿。2017 财年净营收同比增长 40.3%，达 3 623 亿元人民币，并实现单季连续 7 个季度盈利，全年净利润同比增长 140%，达 50 亿元人民币。

为顾客提供更大的顾客感知价值，是企业建立良好顾客关系的基石。正因为如此，如何为顾客创造更大的价值，无疑是我们营销者与经营者关心的重要课题。

（二）持续创造更大顾客价值的路径

1. 用现代市场营销观念指导整个组织的经营

有现代市场营销观念的企业，其经营是市场导向的，核心是顾客导向。这样的企业作战略安排时会先"抬头看路"，紧扣顾客需求，深入洞察，注重分析公司之外的竞争者及更广环境要素的变化，从商业角度洞悉社会思潮、技术与政策等的变化是如何改变顾客获取的价值、是如何影响商业模式的。企业应顺势而为，从而使战略安排下的所有经营活动都走在阳光大道上，都是有的放矢的，是高效的。这样的企业始终围绕顾客的需求，所有部门、所有员工共同协作，整合内外部资源与能力，致力于为顾客创造与提供更大的价值。相反，非市场导向的公司往往对外部偏钝感，甚至无视顾客、竞争者及其他环境要素的变化，所作的经营努力容易偏离顾客需求的重点与走向，这种"只顾埋头拉车"的做法容易走错路、走弯路甚至翻车。

2. 制定市场导向、利益平衡的战略规划

全面贯彻现代市场营销观念，要求企业不仅致力于创造近期的更大顾客价值使顾客满意，而且还要积极适应市场环境的变迁，实施有效的市场导向战略规划与管理，以确保组织的目标和能力与不断变化的市场机会之间建立和维持战略适配，从而让企业不断地抓住机会，持续创造更大的顾客价值，从而使顾客始终满意，这样也就实现了自身更好更快地成长。

当然，战略不仅是市场导向的，而且需要兼顾合作伙伴、社区、行业和社会等相关利益者。因为顾客价值的创造是由企业和相关利益者合作创造的，只有战略是利益平衡的战略，才有可能调动所有相关利益者的积极性和创造性，才可能合奏出顾客价值创造的"天籁之音"。

3. 铸造一身硬功夫的先进组织

先进的组织，应该功夫硬、反应快、执行力强、创新能力强，适应力强，能够将战略真正落地并开好花结好果的。这要求企业做到以下几点。

（1）将组织结构变革为市场导向型的组织。为了让组织能够更好地适应复杂多变的环境，及时了解顾客需求，并对顾客需求作出快速反应，企业需要将金字塔型的传统组织结构倒置，变革为市场导向型组织：将组织重心从下移到反转，让一线部门围绕顾客转，授予一线部门更大权力；将管理中枢变形为服务支持平台，让支持部门围绕前线转；通过减少中间层级将组织扁平化，强化对业务整个流程结果的部门责任，缩短市场反馈链和执行链，破除沟通障碍，减少沟通成本。

（2）创建一个学习型组织。培养弥漫于整个组织的学习气氛，开展全员学习、团队学习；通过在工作中学习、在学习中工作，充分发挥员工的创造性思维能力；深化对技术进步、行业发展、市场演变规律的认知，不断地学习和更新组织的知识状态；学会建立组织自我的完善路线图，与时俱进地调整完善经营政策，加快对市场变化的反应速度，持续增强适应市场的能力和创新能力。

（3）开展卓有成效的内部营销，不断提升组织队伍的战斗力。企业要做好内部服务工作，有效地培训和激励企业所有员工，不断提升他们的工作技能、意愿与热情，使其通力合作，提供令顾客满意的高质量产品（服务），从而为顾客创造更大的价值。

（4）持续提升研发创新、质量管理等关键能力。企业要加强研发创新工作，加大投入，加强研发创新人才引进、培育与激励力度，改进研发创新硬件条件，优化创新机制，完善研发创新体系，提升研发创新能力。企业要积极推进全面质量管理，完善质量管理机制，优化质量发展环境，夯实质量发展基础，提升质量控制技术，开展质量管理小组、现场改进等活动，应用卓越绩效、精益生产、质量诊断、质量持续改进等先进模式和方法，提高质量监控和产品全生命周期质量追溯能力。

（5）建设优秀的企业文化。企业文化是驱动企业发展的动力之源，是团结全体员工的凝聚力之源。优秀企业的成功源自其独特的优秀文化。在建设优秀的企业文化过程中，企业要不断地梳理与总结其文化，持续不断地进行系统思考，并根据组织内外的环境与组织发展的需要进行文化的更新、进化甚至是再造，让企业永葆青春活力，勇于自我革新，始终焕发出拼搏进取的精神。

4. 不断优化企业的资源配置

企业要规划好业务投资组合，在合宜的总体战略与业务经营战略指引下，战略业务单元要依据顾客价值和竞争要求，不断优化价值链①，检查价值链每个环节的价值创造与经济效益，强化真正创造价值的战略环节，不断增强企业的核心竞争力，提升垄断优势，而将企业不擅长或价值增值低的非战略性环节如生产制造、物流配送等环节外包，减少企业资源投入，利用市场降低成本，如苹果、阿迪达斯等企业专注于研发和市场营销等微笑曲线②上扬的两端。

5. 优化供应链，锻造高绩效的顾客价值网络

企业要通过持续改进业务流程来优化内部供应链，尤其是要加强对关键业务流程的再造与优化。企业还需要不断优化外部供应链，选择并激励好供应商、分销商，紧密协作，如通过与供应商之间实现研发知识的部分共享和数据对接，在新品研发、库存控制和商品补货方面能够做到更优。通过整合好内外部资源和能力，共同锻造高绩效的顾客价值网络。只有这样，才有可能在复杂动荡的环境中始终能够为顾客提供高效优质的、强竞争力的高价值产品。

6. 让顾客与企业一起进行价值共创

顾客价值不一定全部来源于企业。企业可以提供平台、工具与支持，加强与客户互动，鼓励顾客直接参与产品的创新和生产过程、服务监督和活动设计，共创价值。正是由于众多顾客的共同参与、编辑、分享、贡献，才成就了维基百科、百度百科、搜狗百科、百度文库等平台。顾客成为为企业工作的顾客，在参与创新生产的过程中有较大的决定权。顾客会通过参与创造获得独特的体验。不少公司正有意识地吸引顾客参与创意、研发、生产、分销等活动，进行价值共创的探索，如百度、宝洁、海尔、小米、蛋糕坊、陶吧等企业，取得了明显成效。

二、如何监测并提升顾客满意度

顾客感知价值的高低是顾客在众多商品和服务中作出购买决策的根本依据，同时也是顾客满意度高低的决定因素。

一次满意的消费体验很可能就预示着另一次的回头消费。满意的顾客，尤其是非常满意的顾客，会提升对产品、品牌及企业形象的好感，可能会主动传播好的口碑，甚至大力邀请亲朋好友一起购买。当企业的品牌"粉"级别的顾客不断增多，企业利润会有显著的增长。顾客满意度应成为整个组织业务计划目标的驱动力。

---

① 价值链：哈佛大学商学院教授迈克尔·波特认为，企业的互不相同但又相互关联的生产经营活动，构成了一个创造价值的动态过程，即价值链。这些活动包括内部后勤、生产作业、外部后勤、市场和销售、服务等，基本活动还包括采购、技术开发、人力资源管理和企业基础设施等辅助活动。

② 微笑曲线是用一条两端朝上的微笑嘴型的曲线来描述产业链中各环节附加值高低变化的规律，其中附加值较高的部分更多体现在两端，即设计、核心零组件和品牌营销及服务，而处于中间环节的制造附加值最低。

（一）顾客满意的内涵

顾客满意是指顾客将产品满足其需要的实际感知效果（perceived performance）与其期望值（expectation）进行比较所形成的愉悦或失望的感觉状态。顾客是否满意，取决于其购买后实际感知效果与期望值的差异，有三种情况。

（1）若实际感知效果小于期望，顾客会不满意，此时往往会有更换产品供应商的倾向；

（2）若实际感知效果与期望相当，顾客会满意，此时一般不会更换产品供应商，而且会出现口碑传颂现象；

（3）若实际感知效果大于期望，顾客会十分满意或欣喜，此时容易创造一种对品牌的情感共鸣，而不仅仅是一种理性偏好，易形成顾客的忠诚。

顾客主要感知消费使用产品的功能质量与利益、服务质量与利益、情感质量与利益。而顾客期望主要来自顾客以往的购买行为和经验、企业的营销沟通及口碑，也受同类产品或服务价值的影响，如高铁的准点率、服务及价格影响着顾客对长途客运和民航客运的满意度。

（二）顾客满意度的监测

顾客满意是服务企业吸引和保留顾客的核心要素。对顾客满意度的测评，是企业实施顾客满意度战略中的一项基础工作。通过顾客满意度的测评与研究，可以帮助企业调整、协调内部的经营行动计划并突出重点，可以促使企业把有限的资源集中到用户最看重的产品或服务特性上，或优先分配给最有价值的顾客上，从而帮助改进原产品或研发新产品，建立和提升顾客满意度与忠诚度乃至企业盈利水平。具体到实际操作中，我们应当如何监测顾客满意度呢？主要有以下六种方法。

1. 主动征求顾客投诉与建议

企业可通过24小时的服务热线、意见回执卡、电子邮箱与电子表单、社区、在线即时交流工具等方式收集顾客的投诉或建议。互联网社区类平台，如百度贴吧、论坛、大众点评、美团，以及线上购物网页的评论区，让顾客的购物与使用评论情况快速透明可见，这让每条投诉或建议所形成的可能社会影响加大。

因此，企业着手建立行之有效、反应迅速的顾客投诉与建议系统就显得尤为重要。企业在方便顾客投诉与建议的同时，应利用数字技术与顾客关系数据库，加强舆情监测、梳理与响应处理。通过该系统的良好运营，一方面要着手解决现有顾客投诉与建议的问题，努力跟踪并妥善处理好的话可能会留住这些顾客，以免其转向竞争对手；另一方面要通过信息分类分析总结出有效信息，可将投诉分为有代表的几类：产品质量、服务质量、缺货产品、未准时送货的产品、运输中产品损伤、账单有误等，设法尽快找到企业服务系统中的不足并采取必要的纠正措施来最大限度地减少将来同一类问题的发生。

2. 顾客焦点群体访谈

顾客焦点群体访谈是采用小型座谈会的形式，挑选具有同质性的 8~12 位消费者或客户，由一个经过训练的主持人以一种无结构、自然的形式与具有代表性的消费者或客户交谈，从而获得对有关问题的深入了解。参加人员受到鼓励表达其观点并对群体中其他人的建议进行评论。由于群体的互动式环境，顾客会感到很舒服，从而能够更开诚布公地进行交流。研究人员从中所获得的信息比反映个人意见的数据要丰富得多。

顾客焦点群体访谈的主要目的是确定后续调查所要采集的信息范围。虽然小组所提供的信息被认为很有价值，但通常必须使用其他形式的调查来确认小组的思想是否反映了更大范围顾客的感觉。

3. 实地密访

实地密访（mystery shopping）是佯装成顾客完成一次完整的消费，从中获取有效的信息，是对企业服务状况进行评价的一种重要方法。神秘顾客不仅会对服务规范程度进行检查，而且会对服务过程中的互动沟通和销售技巧进行评价，如招徕顾客所需的时间、目光接触、外表等；而且还会对服务现场诸如服务的秩序、卫生、环境、软硬件的舒适程度进行调查，有时会有意制造突发情况、设置疑难问题，以考察服务人员处理问题的能力。

实地密访是一种观察调查形式，建议应按季进行。密访中所获得的结果是工作人员在服务交流中所展示出的优缺点的建设性反馈。因此，实地密访有助于企业教导、培训、评价以及正式认可其工作人员。

4. 工作人员调查

在调查顾客满意度的过程中，工作人员常常被忽略掉。然而现实情况是，工作人员对企业的满意度与顾客对企业的满意度是直接相关的。每季进行一次的工作人员调查可以提供工作人员精神风貌、态度以及对提供优质服务所感觉到的障碍等有关服务质量的内部量度。通常，工作人员希望提供更高水平的优质服务但却感觉到其手脚被内部规章和政策束缚住了。工作人员调查提供了发现这些障碍的方法，以便在适当时将其清除掉。另外，工作人员是内部服务的顾客能够对内部服务的质量进行评价。由于他们直接参与提供服务，工作人员投诉可作为早期预警系统，即在系统出现问题时，工作人员往往比顾客先看到。

5. 分析流失的顾客

顾客的流失，就意味着企业资产的流失。因此，进行顾客流失分析是十分重要的。企业需要针对流失的顾客进行细致全面的分析，找出顾客失望离开的真正原因，帮助企业找到有效措施阻止或避免顾客的流失，从而提升企业的盈利水平和竞争力。

对少量的大客户，可通过分析该客户的历史交易数据和客户拜访等方法，得知其流失的原因；而对大量的小客户，可通过神经网络算法、分类算法、回归算法等方法来建立模型，推测其流失的原因。有研究表明，绝大多数的顾客流失主要是由于企业自身的原因或多种原因的综合作用所导致的，而竞争对手的营销策略吸引只会导致很少的顾客流失。

顾客流失的原因不同，顾客挽留的成功概率不同，顾客挽留的价值也不同。企业应根据顾客流失的具体原因选定挽留顾客群。在流失的顾客中，最有可能挽留成功的是由于受到竞争对手有力度的促销利益诱惑而流失的顾客和由于对企业的产品或服务失望而离开的顾客。这类顾客适合选为挽留对象，其中，挽留的重点应选择失望流失的客户。

6. 顾客满意度调研

顾客满意度调研一般按季或按年定期进行。企业通过实施顾客满意度调查研究，可以衡量企业产品和服务的顾客满意度并长期跟踪满意水平，帮助企业找出与顾客的需求或竞争对手相比所存在的问题与劣势，帮助企业更好地理解顾客的要求和期望（当前的与未来的），帮助企业改进产品与研发新品，帮助企业优化企业的产品、服务标准，也帮助企业改进经营中所存在的其他问题，从而能总体上帮助企业提升顾客满意度和增强顾客的忠诚感。

为了确保顾调研的科学性与有效性，顾客满意度调研要遵循一定的流程，要运用科学合理有效的调研分析方法。

1）制订顾客满意度调研计划

企业的顾客满意度调研计划应强调的问题不是选择哪家调研公司或采用邮寄问卷还是电话访问形式，而应强调的是在收集信息加以分析后如何利用这一结果。企业必须使员工和顾客了解调研的目标、方法、结果及影响。员工积极参与计划的制订将有助于增加他们对全过程的理解，易于接受调研结果，并且激发他们对改进工作的责任感。顾客也要求企业反馈调研信息，因为调研活动增加了他们对改进的期望。

企业所制订的调研计划应包括：确定企业内部参与制订计划阶段的人选；了解组织各层次将如何获得并利用调研结果；给"顾客"下一个精确的定义；列出一个顾客名单和调研分析阶段所需的重要的分类顾客名单；向员工和主要顾客传达调研的意图；组织全员参与调研过程，开展讨论，明确调研的目标和问题。

2）选择专业的市场调研公司来实施调研

企业调研如果想选用一家外部调研机构，首先应请3~5家专业市场调研公司提交项目建议书。专业机构的水平关系到调研结果的正确性、可靠性、有效性。为保证建议书的质量，事先应明确表达出调研的一般范围和意图，并提出调研的具体要求。

企业可从三个方面设立评估建议书的标准：一是技术方面。应显示出对调研项目有深入细致的理解，充分了解调研的具体要求并遵守要求，采取了能强调所有要求和重点的有效适当的调研方法，有安全、保密性程序和措施，有健全的保证调研质量的程序。二是能力和经验方面。公司的背景和经验，调研项目直接负责人的背景和经验、过去的质量表现及其他表明其具备能成功完成任务的资格证明、项目计划（包括时间进度表）适当，必要时，企业查看访谈设施。三是成本方面。成本构成因素合理适当，与其他调研机构相比较是有竞争力的价格。

通常在评估时要将技术因素和成本因素分开考虑，即首先选择一家既能理解调研问题又具备提出合理化建议能力的调研机构，然后评估领先的候选公司的成本因素。

3）识别顾客

定义和识别顾客是顾客满意度调研面临的一个主要挑战，即使企业拥有关于个别顾客过去购买信息的详尽数据库。因为竞争者顾客的意见也非常重要,而且内部顾客是否满意也会影响与外部顾客的关系。企业应通过顾客数据库、访问、面谈和其他方式细分市场,识别过去顾客、目前顾客和潜在顾客以及他们的要求和期望,对顾客作适当的分类,如顾客规模、承销规模、地理区域、行业类型等。

4）确定评测指标

顾客满意度调研的核心是确定产品和服务在多大程度上满足了顾客的期望。顾客往往期望产品的三个方面,一是与产品有关的指标,包括价值——与价格的关系、产品质量、产品利益、产品特色、产品设计、产品可靠性和统一性、产品或服务的范围;二是与服务有关的指标,包括保修期或担保期,送货服务,处理顾客抱怨、问题的解决;三是与购买有关的指标,包括礼貌、沟通、获得的难易和方便程度、公司名誉、公司竞争实力。以上这些评测指标在具体运用时会因行业和公司不同而有所调整,还须进一步定义、阐释。

企业在确定顾客满意度评测指标时要优先选择顾客认为关键的、企业能够控制的因素。根据每项指标对顾客满意度影响的重要程度确定不同的加权值,便于对顾客满意度进行综合的评价。

5）设计问卷

除了评测指标外,顾客满意度问卷通常要包括另外两个"指示器":再次购买产品或服务的可能性和向朋友或有业务来往的人推荐产品或服务的可能性。这些可以用来测量顾客对产品或服务的忠诚感。问卷中还应包括人口因素方面的问题,如产业用户总销售额、行业类型及地理区域等方面的信息,消费者的年龄、家庭收入、性别、教育程度等信息,这些信息与所评测指标的信息作相关分析时可能非常重要。因为不同类型的顾客满意度可能存在巨大的差异。问卷抬头还需要设计一个有效的访问介绍。需要为每一个问项确定精确用语和测量标度,还可能需要加入个别顾客的期望和要求。

问卷设计要妥善平衡开放型问项和封闭型问项。开放型问项的回答澄清了"非常差"或"非常好"等评价的原因,提供了极为有益的信息,可以使得满意度分析更为深入,提高问卷的有用性价值。封闭型问项往往将每项指标的重要程度分为五个级度,分别为很不重要、不太重要、一般、重要、很重要,分别用 1 分、2 分、3 分、4 分、5 分来表示。量化的满意度值为将来满意度调查提供了一个比较的基准,为运用统计方法分析揭示相关评测指标之间的关系提供了可能,从而使企业能够深入精确地研究顾客满意度。

调查问卷在形成正式格式前一般须经历一系列的草拟。调查问卷中的每一个问题都需要反复地推敲,寻找种种可替代的问项形式,决定哪一个更适合本次调研的被访问者与环境。应避免提出涉及个人隐私和敏感话题的问题,且保持适中的题量。在具体问题的设计上,题干应言简意赅,避免有歧义的语句。选项应适当细致划分,以便调查对象能够找到最符合自身的答案,又避免因选项过多没有耐心。当问卷初步设计后,调研者要继续评价每一问项用语的精准性、选项的有效性和测量标度的合宜性,然后再作修改。

问卷的好坏直接影响调研的效果。设计一份既精确又围绕主题的问卷非常难,需要一个"反复"的过程,需要经验和耐心。此外,调查对象没有义务帮助研究人员开展调查,因此,研究人员在问卷的开头向调查对象表示欢迎,并在问卷的末尾奉上诚挚的感谢。

6)实施顾客满意度调查访问

在开始大规模调研之前,需要对部分有限顾客进行预调查,根据他们的回答情况测试问卷题目和结构的合理性,了解调查对象的填写习惯、思维方式和评判标准,以及判断采集的数据是否能够达到预想,以便问卷进行修改,提高调查的质量。企业一般可通过访问调查、邮寄调查、电话调查、在线调查等方式开展大规模调查。在线调查可通过 e-mail、官方网站、在线社区或社交平台等方式发放问卷。样本规模的决策要以满足企业要求和统计要求为基础。

不同调查方式都有各自的优点。在实际的线上调查过程中,研究人员应当"取线下调查之长,补线上调查之短",在大范围内以线上调查为主,收集大量的数据信息,并在局部范围里以线下调查为辅,对前者的结果进行修正。

即使是委托给专业调研机构实施调研,企业仍然应该委派少数员工参加调研的有关培训与组织活动,以了解成功实施项目的各种细节,对访问全过程要进行监控和质量控制,以便有机会更好地理解顾客和具备评估调研机构的能力。

7)调查结果的研究和分析

正确分析调研结果对理解顾客的期望和要求并制订改进的战略计划极为关键。

对定量研究结果的分析是数据分析。数据分析是指将原始数据转化为易于理解和解释的形式。它是对数据的重新安排、排序和处理,以提供描述性信息。分析的最初阶段通常是对回答或观察结果进行描述。数据分析的技术方法很多,从比较简单的百分率、平均值、标准差等分析到复杂的统计分析,如相关分析、因子分析、多元回归分析等。定量的数据分析方法的选用必须严格适合所要送达者的需要。

在对定性研究结果的分析中要使用大量主观分析和判断。这其中,既可做简单的主观评估,也可进行技术性很强的缜密分析。现在,利用计算机对定性信息的整理、归纳和分析都已成为可能,在减少对主观性依赖的同时能够提供更多的深入分析和洞察。

不过需要说明的是,顾客满意度的调查分析研究是非标准化的。这主要反映在满意度的度量并无统一标准,收集数据库所用的尺度各不相同,对被调查者所问的问题各不相同,资料收集方法也各不相同,这使顾客满意度调研的结果会受许多因素的干扰影响。尽管如此,定期地开展顾客满意度调研还是非常必要的,是有着重要意义的。

(三)监测结果的运用——顾客满意度的提升

1. 顾客满意度信息的协调和整合

顾客满意研究会产生有关顾客、发起研究的企业及竞争者的大量战略信息。企业应通过以下工作将多种顾客满意度信息来源进行协调和整合。

(1)与其他关键数据和信息进行交叉比较,这些信息包括投诉,顾客的赢得与流失,与顾客要求和期望有关的指标数据,以及与关键产品和服务特征相关的数据。

（2）将满意度结果与其他显示满意度的信息联系起来，如投诉与顾客的赢得与流失。

（3）重要的负面指标的趋势，如抱怨、投诉、退款、委托取消、退货、重复服务、更换、降级、修理、担保成本、担保工作。

2. 提升顾客满意度的要点

顾客满意度数据的收集、整理和研究分析，只是一种诊断工具，为管理人员提供据以决策的信息。企业根据调研结果采取有力措施以提升顾客满意度时，建议遵循以下要点。

（1）战略实施必须与研究结果相一致。如果调研结果表明顾客认为产品很差，则增加广告宣传就不是提高市场占有率的合理行动。

（2）应让整个组织都看到顾客满意度研究的结果。尽管某些方面应考虑保密，但员工必须能得到反馈，因为只有及时发现问题才更有可能解决问题。必须确保员工了解公司正在实施什么，为什么它很重要。每位员工都应了解关键的质量指标。

（3）组织必须考虑哪些领域是可以改变的：政策和程序、组织结构、培训与激励、广告、与顾客的沟通、价格、产品可获性、产品服务与质量等。例如，对员工的激励应与顾客满意趋势联系起来，提高顾客满意度必须与销售和生产目标放在同一重要位置上。

（4）顾客期望值必须转化为量化的产品和服务标准，然后还须采取行动确保达到产品和服务标准。

（5）与主要竞争对手的产品质量和服务工作进行对比分析，明确彼此的强弱优劣，找出相应的主要原因，确定提高顾客满意度的计划和措施的优先顺序，制订并实施行动方案。

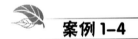

顾客的差评与卖家的损失

老白经营着一家社区型超市。每当他看到一个生气的顾客，他就仿佛看到 5 万元飞出他的店。为什么呢？因为他假定每位社区顾客平均在社区居住 10 年，每年平均购物 50 次，每次平均花 100 元。若这个顾客因一次糟糕的购物经历而转向竞争对手的店，那他就会损失 5 万元的收入。如果这个顾客向其他顾客宣传他的不满并促使他们也倒戈，那损失就更大了。因此，老白每天都非常用心地做好货品的管理与服务，维系与老顾客的关系。

大白最近的情绪非常低落，想死的心都有了，因为他在淘宝新开的店铺上一周竟然有三条中评和三条差评。为此，他店铺本周的销量显著下滑了 50%，如果这种现象持续下去有可能他的淘宝创业就此夭折。他深切地感受到了中差评有四方面的负面影响。

（1）有损店铺在淘宝的排名。因为好评率是淘宝排名系统中的一个重要指标。

（2）影响广告的投放。因为聚划算、天天特价、直通车等淘宝众多运营推广计划，都对好评率作出了严格的限制，好评率低的话就不能参加相关的推广活动。

（3）对浏览量有危害。因为店铺的中差评必定会让一部分买家介意，从而损失不少卖家花费时间、金钱和精力细心推广而得到的客户，减少店铺的流量。

（4）降低转化率。因为对于第一次来店铺消费的客户来说，中差评使得他们对产品质量都充满着怀疑，导致转化率显著减少。

正在学营销的小白了解后感悟到要从经营顾客生命周期价值角度来审视企业营销……

研究还进一步表明，吸引新顾客要比维系老顾客花费更高的成本。因此，在激烈竞争的市场上，留住老顾客、培养顾客忠诚度具有重大意义。而要有效地留住老顾客，就不仅要使其满意，而且要使其高度满意。高度的满意能培养顾客对品牌的感情吸引力，而不仅仅是一种理性上的偏好。企业必须十分重视创建、保持和提升顾客的满意程度，努力争取更多高度满意的顾客，建立起高度的顾客忠诚。

三、如何吸引与维系顾客

顾客关系是企业与消费者以及广义的供应商、销售商等利益相关者的经济性和社会性的联系。顾客是企业唯一存在的理由。吸引并维系与顾客良好的关系，是企业生存和发展的关键。因为顾客是企业的重要资源，是企业的无形资产。那么如何吸引和维系顾客呢？

（一）吸引顾客

为了扩大销售，企业需要不断地用力拓展新顾客。吸引新顾客的传统方式主要有以下几种。

（1）用惊艳的产品、闪亮的店面形象、温馨舒适的购物环境、良好的购物氛围、贴心周到的服务等来吸引新顾客。

（2）在传统媒体上如电视、报纸、杂志、电影上投放广告以吸引新顾客。

（3）通过上门拜访新顾客、发放试用品、发送电子邮件、邮寄 DM 宣传单、打电话等方式吸引新顾客。

（4）通过参加贸易展销会或行业发展研讨会、行业协会年会等活动吸引新顾客。

（5）通过给予批发商、零售商、消费者一定的价格折扣、买赠等让利的方式吸引新顾客；

（6）通过事件营销、品牌塑造、公共关系等活动，提升企业品牌的知名度与美誉度或者转型年轻化以吸引新顾客。如百年品牌百雀羚通过年轻化转型，不断吸引着新消费者。它基于品牌灵魂，大量运用年轻人的语言，提出"东方有大美""认真，你就赢了""认真，让东方更美"等品牌价值观，通过现象级营销事件带领受众去感知这一百年品牌的内涵，成功打造了东方美学代表品牌的形象，并在 2017 年"双 11"期间，再次夺得美妆品牌销售 No.1，这已经是其连续三年摘取第一名桂冠。类似的品牌年轻化案例很多，如玉兰油、可口可乐、青岛啤酒、奔驰等。

（7）通过口碑的累积效应、老顾客转介绍、促销联盟、顾客参与、在数据挖掘的基础上进行广告或商品等信息的精准推送等途径来吸引新顾客。

这些方式在不同的阶段与范围往往有一定的效果，能够吸引新顾客，企业可酌情搭配组合应用。在当今数字时代,企业吸引顾客的方式没有根本变化,但由于数字技术的进步,吸引顾客的玩法更丰富,形式更多样,更强调有趣好玩,更强调精准有效。

不过,所有吸引顾客的方式都是建立在企业的产品和服务提供的顾客价值基础上的。企业在任何时候都应该牢记这一点。企业设法不断地提升产品和服务所提供的顾客价值,这既是吸引顾客的根本,也是留住顾客的核心。其他吸引顾客的方式,相比这个根本,都是辅助。

(二)维系顾客

营销不仅要想方吸引新顾客,更要设法留住老顾客。有研究指出,留住一位老顾客比吸引五位新顾客更重要。顾客流失对企业来说影响是巨大的。只顾着吸引顾客却留不住顾客的营销是"漏篮子营销"。因此,合理地开展对老顾客的维系至关重要。与其在顾客流失后再努力挽回,不如在顾客选择转身之前及时留住他们。方法有很多,归结起来说主要还是多倾听顾客的反馈,了解他们的需求,并且有针对性地向顾客传递价值,提升顾客让渡价值的获得感和服务体验,提高顾客的满意度。这才是与顾客长期保持交易关系的关键所在。通常来说,企业可以通过以下六种途径来留住顾客。

(1)为顾客提供不断升级的具有卓越价值的产品和服务,提高顾客的满意度。一些顾客之所以会流失,一个主要原因是竞争对手推出了价值更高的产品和服务。因此,维系顾客的根本措施就是不断优化产品和服务的功能、性能、质量,价格也作出相应的调整,以此实现产品和服务的升级换代。这种方法也称为产品迭代。今天,由于技术革新速度加快、竞争日益激烈,企业进行产品迭代的频率也在加快。

最典型的例子莫过于华为手机。手机作为技术发展迅速的产品,顾客通常在使用几年甚至是半年的情况下就会有更换的想法。华为公司怎么留住老顾客呢?起绝对作用的当然是不断推出性能卓越、表现出众的新产品。

华为手机业务从2011年开启2C的转型征程,坚持"精品策略"的产品发展战略,依托华为强大的技术研发能力,坚守华为注重质量和品质的基因,围绕零售、渠道、品牌、技术创新、生态、用户经营、云服务、人工智能、流程IT、精细运营等各领域持续构筑体系化能力,发展出越来越卓越的芯片、人工智能(AI)技术、拍照技术等,持续打造出定位商务的Mate系列、定位时尚的P系列和定位年轻人的nova系列产品等精品手机,赢得了用户的信任和口碑。仅以云为例,华为对安卓系统底层进行技术攻关,在EMUI5.0上解决了安卓系统的"卡顿"问题,大大提升了用户体验,在新发布的EMUI8.0上更是与AI结合,将续航时间提升30%。平均一年的时间推出一代产品,每一代产品在顾客体验、产品性能上都有所提升。有更换手机想法的华为顾客自然还是选择购买华为的新一代产品。到2018年,华为已迅猛成长为全球第二大智能手机供应商,领先于苹果。

(2)注重品牌内涵建设和品牌形象塑造,让品牌始终有时代气息,保持品牌的青春活力,不断提升品牌价值。

1886年创建的可口可乐,一直秉持着"活力、热情、自由"的品牌核心观念,在中国市场近些年在品牌宣传上主创意独到、技术前沿、主题走心，让品牌永葆青春活力。如针对我国国情推出的"城市罐"画出不同城市的风情和脸谱，唤起漂泊在外的人的浓浓思乡情，与消费者走心地沟通。如在选择广告代言人时选择鹿晗、陈伟霆等年轻时尚的活力青年，利用明星流量提升品牌的影响力；又如 2017 年与 Spotify 合作，利用 AR（增强现实技术）设计了一款可乐瓶身，为超过 6 000 万可乐瓶上添加了"摇一摇"的 Logo，上面印着"初吻"和"2016 年的课程"之类的名称，每个名称会即时产生一个播放列表，消费者可以通过扫码获得免费的"玩可乐"手机应用，以此来收听可口可乐提供的音乐。时尚、有用、好玩、走心的沟通宣传，紧紧抓住了年轻人，提升了自己的品牌价值。

迅速崛起的三只松鼠善于以拟人化的手法塑造活泼可爱、亲和力的品牌内涵与形象。采用萌态十足的松鼠作为品牌的 Logo，在线上网页设计、产品包装等各个环节都做到了品牌形象的深入渗透。三只松鼠的客服化身为鼠小弟，亲切地称顾客为"主人"，借用松鼠可爱的口吻热情为顾客服务，毫无违和感，并且十分接地气，深受顾客喜爱，让顾客觉得更萌，更被尊重，增加了品牌的趣味性、独特性和互动性，更加注重产品的服务价值与体验价值。凭借"森林系""慢食快活"等宣传语，深得消费者的心。再通过线下的三只松鼠投食店，带给顾客不一样的"萌文化"的森林食品消费体验。

（3）通过提高顾客的转换成本、建立转换壁垒的方式来防止顾客流失。顾客在作出转换决定时，实际上是在进行衡量与对比，对比进行转换的成本与购买新产品能获得的额外顾客价值的大小。在本企业产品和服务与对手企业产品和服务顾客价值差额一定的情况下，提高顾客的转换成本将减少顾客的转换行为。影响顾客转换成本的主要是资金成本、时间成本等因素：顾客购买的新产品与服务和原有产品与服务相比价格上可能存在差距，这是付出的资金成本；顾客搜索新产品与服务的信息，并在购买后学习如何使用，这是付出的时间成本。企业可以巧妙地通过提高转换成本来留住客户。以苹果手机为例，iPhone 手机的老用户可以通过 iCloud、iTunes 等工具将原先所使用的 iPhone 上的数据简单快捷地转移到新购买的 iPhone 上，这减少了顾客在新手机上建立各类数据所需要的时间。如果您是一位 iPhone 手机的用户，三星推出的新款手机可能表现不俗，但一想到换购新款三星手机要下载各类 APP，转移各种数据，您也许就会放弃购买三星手机这一想法。

（4）用顾客参与企业产品与服务的研发、营销的方式来维系顾客。顾客往往对倾注他们心血的产品有更深的感情。对于工业 4.0 时代来说，顾客参与设计制造是其主要特征。在产品的设计生产阶段，顾客可以通过互联网等多种渠道直接参与其中，使产品同时具备企业和顾客双方赋予的价值。对顾客来说，以这种方式生产出来的产品更加契合其需求，顾客满意程度更高。对企业来说，顾客的参与降低了成本，提高了效率，无形中为企业增加了更多的人力资本。相较于由企业单方面生产的产品，凝结顾客创新的产品更加具有吸引力，顾客更容易对这类产品形成依赖。

（5）用关系营销的策略来维系与顾客的关系。

①一级关系营销策略。一级关系营销策略又称频繁市场营销计划或一级阶梯忠诚计划，

即用增加目标市场顾客的财务利益的手段来维持顾客关系，是最低层次的关系营销策略。为促使顾客重复购买，企业对那些频繁购买的顾客给予积分、价格优惠、免费服务、不满意合理补偿等措施。超市、航空公司、酒店等企业普遍采用这种策略。对于那些目标顾客群庞大，且单位产品的边际利润很低的企业来说，一级阶梯忠诚计划比较适合。

②二级关系营销策略。二级关系营销策略又称二级阶梯忠诚计划，即增加目标顾客的社会利益，同时也可能增加顾客的财务利益。企业可以通过为顾客提供个性化和私人化的服务来增加顾客的社交利益，具体措施包括实施顾客关注和建立顾客社区两种形式。

实施顾客关注。企业通过建立顾客档案，将顾客细分为很多小类别，根据不同类型的顾客开展量身定做的营销计划，积极关注不同类别顾客的需求，主动响应他们的需求。而对于特别重要的客户，保持定期的主动联系，根据他们的需求，开展个性化、多样化的服务。

建立顾客社区。企业应建立顾客之间以及顾客与企业间交流情感和意见的网络社区或者俱乐部，增加他们的社交利益。对于企业的特定顾客来说，他们可能拥有差不多的偏好、消费能力、社会地位，彼此之间的相识是顾客的一种内在需求。顾客一旦加入企业所提供的"圈子"，实现顾客与企业、顾客与顾客之间的良性互动，其对企业的产品与服务的忠诚度自然得到提高。例如，很多汽车公司组织车主俱乐部，如保时捷、宝马、梅赛德斯、沃尔沃、荣威等品牌，设计了一系列线上线下活动来吸引顾客参与、互动，从而建立起强大的顾客纽带。国内很多房地产公司、银行的VIP客户服务部门也会组织客户的线上、线下社区和活动。

③三级关系营销策略。三级关系营销策略又称三级阶梯忠诚计划，即增加顾客的结构性利益，同时还可能增加顾客的财务利益与社会利益。它致力于为顾客提供从别处无法轻易获得的有价值的服务，来与顾客建立结构性联系。这种增加结构性利益的策略在组织市场上更为常见。以技术为依托，企业提供给顾客的不仅是产品，还有渗透到顾客生产、管理各个环节的优秀解决方案。也可以说，企业将自己的产品与服务整合到顾客组织内部，从而成为顾客组织的一部分。顾客在使用这种解决方案时，除了能够获得生产管理效率的提升，还能系统及时地向方案提供方反馈信息，从而进一步优化企业的产品与服务。例如，软件公司为某零售集团提供先进的运营软件及技术支持，并安排人员直接进入集团公司技术部门提供服务，一方面提高了集团公司的运营水平，另一方面，集团公司反馈的技术问题能帮助软件公司进一步优化其产品，双方实现了共赢。这种良好的结构性关系将会提高客户转向竞争者的机会成本，同时也将增加客户脱离竞争者而转向本企业的利益。

（6）努力降低顾客使用产品与服务的综合成本。顾客在购买某产品与服务时，除耗费一定的资金外，还要耗费一定的时间、精力和体力，这些构成了顾客总成本。由于顾客在购买商品时，总希望把有关成本包括货币、时间、精神和体力等降到最低限度，以使自己得到最大限度的满足。因此，企业必须考虑顾客为满足需求而愿意支付的"顾客总成本"。努力降低顾客购买的总成本，如降低商品生产成本和营销费用从而降低商品价格，以减少顾客的货币成本；努力提高工作效率，尽可能减少顾客的时间支出，节约顾客的购买时间；

通过多种渠道向顾客提供详尽的信息、为顾客提供良好的售后服务，减少顾客精神和体力的耗费。

（7）努力建设硬件与软件、线上与线下相结合的服务生态系统，提升顾客总价值，提高顾客转换的成本。如苹果首先是一家卓越的硬件公司，但又越来越是一家服务公司，建立了苹果的服务生态帝国。苹果的服务业务包括 iTunes、App Store、Mac App Store、Apple Music、iCloud、Apple Pay 以及 Apple Care 额外保修等。一旦购买了苹果的任何一款产品，你就会变得无法自拔，相继购买其他的产品。这种生态链是用户忠诚度的基石。国内小米、阿里巴巴等公司也在构建着产品或服务的生态链。

第三节　市场营销观念的传统与现代

市场营销观念是营销行动的灵魂，对营销行动起着先导和统帅的作用。有什么样的市场营销观念，就有什么样的营销思路；有什么样的营销思路，就有什么样的营销策略与实践。确立正确的市场营销观念，对企业经营成功具有决定性意义。

一、为何强调市场营销观念的重要性

市场营销管理哲学是企业对其营销活动及管理的基本指导思想。它具有概括性、整体性、导向性等特点。它不仅是一种观念、一种态度，更是一种根本性的整体思维方式，对企业营销成败和发展具有全局性与方向性的影响，是组织文化层面的战略性问题。树立正确的营销管理哲学，对企业经营成功具有决定性的意义。因此，市场营销哲学是企业做好营销实践最应当关注的问题。

市场营销管理哲学的核心是正确处理企业、顾客和社会三者之间的利益关系。它是在一定的社会经济环境下形成的，并且随着环境的变迁而发展演化。

传统的市场营销观念是以企业为中心的观念，仅考虑企业利益，它由生产观念、产品观念和推销观念组成。它是在卖方市场形成的观念，适用于特定的市场条件和经营情形。

现代市场营销观念是在买方市场形成以后产生的观念，由市场营销观念和社会市场营销观念组成。这是一种以消费者为中心或者以社会长远利益为中心的经营观。它较好地平衡了企业、顾客和社会三者之间的利益关系。

二、传统市场营销观念有何局限

（一）生产观念

生产观念认为，消费者喜欢那些可以随处买得到而且价格低廉的产品，企业应致力于提高生产效率和分销效率，扩大生产，降低成本以扩展市场。这种观念不是从消费者需求出发，而是从企业生产出发的。其典型口号是"我生产什么，就卖什么"。

生产观念产生和适用的基本背景是卖方市场。20 世纪 20 年代以前，整个西方国家的

生产率还不是很高，物资短缺，市场产品供不应求，生产观念在企业经营管理中颇为流行。中国在 20 世纪 90 年代中期之前，由于市场产品短缺，企业不愁其产品没有销路，工商企业在其经营管理中也奉行生产观念。

生产观念是一种重生产、轻市场的以企业中心的经营指导思想。在物资短缺的年代，市场的主要问题是产品的有无问题和贵贱问题，即当人们是否能买到和是否买得起成为主要矛盾时，生产观念有较好的指导性。它的适用条件：一是卖方市场，商品需求超过供给，卖方竞争较弱，买方争购，选择余地不大；二是产品成本和售价太高，只有提高效率，降低售价，才能扩大销路。

在经营中，企业应该重视生产，但不能坚持生产导向，因为顾客的需求和市场环境在变化，顾客关注的重心可能由原先的价格转向其他方面，易让企业陷入困境，如福特 T 型车的衰败使福特大伤元气，从此失去了世界汽车第一的宝座。

案例 1-5

福特 T 型车的成与败

福特公司 1908 年推出的 T 型车，一举开创了汽车时代和福特公司的新纪元。当时一辆汽车在美国的售价大约是 4 700 美元，相当于一个普通人好几年的收入，因此，亨利·福特认为，要想把汽车市场变成一个能够创造巨大利润的市场，就必须把汽车变成普通人也买得起的消费品，而要想做到这一点，大幅降低价格是关键。

为了扩大生产获得规模经济，他不考虑顾客对小轿车颜色、款式的兴趣和偏好，只生产黑色的 T 型车。1913 年他创造性地采取了流水线生产方式，把流水线生产与标准化大规模生产的潜力发挥到了极致，显著地降低了成本。T 型车售价从 1908 年的 850 美元降到了 1914 年的 360 美元，最后降到了 260 美元。T 型车的低价把汽车从小众消费品变成了大众消费品。到了 1921 年，T 型车的产量已占世界汽车总产量的 56.6%。福特公司由此成为美国最大的汽车公司。T 型车的最终产量超过了 1 500 万辆。

但到了 20 世纪 20 年代中期，由于产量激增，美国汽车市场基本形成了买方市场，消费者开始喜欢更舒适、更漂亮、更先进的个性化、多样化的新型汽车，而嫌弃简陋、价廉而千篇一律的 T 型车了。受到欢迎的雪佛兰汽车严重冲击了福特 T 型车的市场份额。

面对市场的变化，亨利·福特仍然顽固地坚持生产中心的观念。他曾傲慢地宣称"不管顾客需要什么颜色的汽车，我只提供黑色的"。每当通用汽车推出一种新产品或者新型号时，福特总是坚持其既定方针，只以降低价格来应对，但效果式微。到了 1926 年，T 型车的产量超过了销量。亨利·福特继续坚持大批量生产，结果就是巨大的库存积压。最终，亨利·福特也不得不承认失败。1927 年，T 型车停止了生产。

（二）产品观念

产品观念认为，消费者最喜欢高质量、多功能和具有某种特色的产品，只要产品好，顾客必然会找上门来，因此企业应致力于生产优质产品，并不断精益求精。中国商谚"酒香不怕巷子深"，实质上就是产品观念的体现。产品观念也是一种较早的企业经营观念。

持产品观念的公司经理人员通常迷恋于自己生产的产品，过分重视产品而忽视顾客需求与市场环境的变化，他们在设计产品时只依赖工程技术人员而极少让营销者与顾客参与。

实践经验反复证明，在现代市场上，如果企业坚持产品观念，醉心于自己的产品孤芳自赏，认为自己的产品质量好，顾客一定会找上门来，往往会导致营销失败，经营陷入困境。

曾经作为手机代名词的"诺基亚"和胶卷代名词的"柯达"，梳理其从"不可一世"的"领头羊"沦为"明日黄花"的历程时，会发现一个共同的症结，那就是：过度盲目自信于自己的产品，忽视了顾客需求和外部市场环境的变化，最后被顾客"淘汰"。类似的例子，还有20世纪60年代的爱尔琴手表、70年代的美国汽车制造业、90年代摩托罗拉的"铱星计划"以及随后的机顶盒（维纳斯计划）等，不胜枚举。

企业经营中应该重视产品，但不能坚持产品导向，因为迷恋自己的产品、过度自信自己的产品，会容易忽视顾客的需求和市场环境的变化，导致"市场营销近视"，易让企业错失重要的市场机遇，从而把自己引入困境甚至是死亡的境地，如柯达和诺基亚的衰败。

（三）推销观念

推销观念认为，消费者通常有一种购买惰性或抗拒心理，若听其自然，消费者就不会大量购买本企业的产品，因此，企业营销必须积极推销和大力促销，以刺激消费者大量购买本企业产品。其口号是："我们卖什么，就让人们买什么。"

推销观念产生于20世纪三四十年代，是一个从卖方市场向买方市场的过渡时期。这一时期，由于科学技术的进步，西方发达国家的科学管理和大规模生产盛行，产品产量迅速增加，逐渐出现了供过于求，卖主之间的市场竞争日益激烈。其直接原因是这时的西方发达国家大多处于严重的经济危机时期，尤其是1929—1933年那场经济危机，产品过剩严重。现实使许多企业家认识到，企业不能只顾生产，即使有物美价廉的产品，也未必能好卖，也要努力推销才能保证被人购买。在推销观念指导下，企业相信产品是"卖出去的"，而不是"被买去的"。他们重视推销工作，纷纷成立推销机构，组建推销队伍，培训推销人员，大力进行广告宣传和促销，形成一种"强力推销"的局面。

推销观念在现代市场经济条件下被大量用于推销那些非渴求物品，即购买者一般不会主动想到要去购买的产品或服务，如保险、百科全书、墓地等。这些行业善于使用各种技巧来寻找潜在客户，并采用高压方式说服他们接受其产品。许多企业在产品过剩时，也常常奉行推销观念。它们的短期目标是销售其能生产的产品，而不是生产能出售的新产品。

企业应该重视销售，但不能坚持推销导向，大力推销虽在短期内可能会对某些产品明显促进销售，但长期来看作用是有限的甚至是无效的，因为决定销售长期基本面的关键不是推销的力度，而是企业真正满足顾客需要的程度和创造的顾客价值高低。如果推销观念有效，那福特T型车、诺基亚手机、柯达胶卷就不会败落了。

三、现代市场营销观念为何先进

(一) 市场营销观念

市场营销观念(marketing concept)认为,实现企业目标的关键,在于正确确定目标市场的需要和欲望,并且比竞争者更有效地满足目标市场的需求和欲望。

市场营销观念形成于 20 世纪 50 年代中期,大背景是买方市场的形成。第二次世界大战后,随着科技的快速进步,西方发达国家经济恢复繁荣,产品供应量迅速增加,正式进入了买方市场,市场竞争更加激烈。同时,政府相继推行高福利、高工资、高消费政策,消费者收入增加,消费者有较多的可支配收入和闲暇时间,价格不再是影响顾客选购产品的唯一要素,需求个性化和差异化更明显,购买要求更高。这种形势迫使企业改变以卖方为中心的思维方式,转向以顾客为中心,重视顾客的"感觉和反应"市场营销观念由此得到确立。市场营销观念是消费者主权论在企业市场营销管理中的体现,是按需生产的市场中心论,其座右铭是:"顾客需要什么,我们就生产供应什么"。

市场营销观念同推销观念相比具有重大的差别(表 1-3)。推销观念注重卖方需要;市场营销观念则注重买方需要。推销观念以卖方需要为出发点,依靠单一的推销和促销手段,考虑如何把产品变成现金,实现获得利润的目的;而市场营销观念则考虑如何通过提高产品价值、分销物流、服务水平以及传播促销,来创造和传递产品,从而使顾客满意并获得利润。

表 1-3 推销观念与营销观念的比较

观念类别	出发点	中心	手段和方法	目的
推销观念	企业	现有产品	推销、促销	通过销售获得利润
营销观念	目标市场	顾客需求	整合营销	通过顾客满意获得利润

市场营销观念相信,创造更高的顾客价值让顾客满意才是企业的经营获利之道。因此,必须将旧观念遵循的先"以企业为中心"再"由内向外"的思维逻辑转向营销观念倡导的先"以顾客为中心"再"由外向内"的思维逻辑。它要求企业贯彻"顾客至上"的原则,将营销管理重心放在首先发现和了解"外部"的目标顾客需要,然后再协调企业活动并千方百计地去满足它,使顾客满意,从而实现企业目标。因此,企业在决定其生产、经营时,必须先进行市场研究,根据对细分市场的评估比较及企业本身的条件等,选择目标市场,然后围绕目标市场需求开展产品设计、生产、定价、分销和促销等活动。产品销售出去后,还要做好售后服务工作,注重收集分析顾客的意见,据以改进自己的营销工作,最大限度地提高顾客满意程度。

企业通过创造、提供、传播和交付优质顾客价值,满足需求,使顾客满意,最终实现包括利润在内的企业目标,这是现代市场营销的基本精神。现代的市场营销观念,指导企业要在对营销环境的客观认识和分析的基础上,围绕着顾客需求这个中心,立足于企业的资源与能力和战略方向、竞争者的战略与策略动态两个基本点，结合市场的发展和社会经济科技发展的动态，来制定营销战略和策略，协同内外部为顾客创造与传递更大的价值，以实现有盈利地满足需求。

市场营销观念的科学先进之处在于，它不是建立在对消费者的某种"自以为是"的假设基础上，所强调的"应以顾客需求为企业经营的导向、努力为顾客创造和提供更大的价值"的主张，较好地兼容了其他营销观念的合理之处，既适用于卖方市场的经营，更能有效地指导买方市场的经营。当然，企业在实践市场营销观念时，应不能仅满足顾客的需求，还应设法引领顾客的需求，要努力创造顾客的需求，尤其当顾客并不是很清楚自己需要什么时。

许多优秀的企业都是奉行市场营销观念的。如日本本田汽车公司要在美国推出一种雅阁牌新车。在设计新车前，他们派出工程技术人员专程到洛杉矶地区考察高速公路的情况，实地丈量路长、路宽，采集高速公路的柏油，拍摄进出口道路的设计。回到日本后，他们专门修了一条 9 英里长的高速公路，就连路标和告示牌都与美国公路上的一模一样。在设计行李箱时，设计人员意见有分歧，他们就到停车场看了一个下午，看人们如何放取行李。这样一来，意见马上统一起来。结果本田公司的雅阁牌汽车一到美国就备受欢迎，被称为全世界都能接受的好车。

（二）社会市场营销观念

社会市场营销观念认为，企业的任务是确定各个目标市场的需要、欲望和利益，并以保护或提高消费者和社会福利的方式，比竞争者更有效、更有利地向目标市场提供能够满足其需要、欲望和利益的物品或服务。它是对市场营销观念的修正和补充。

社会市场营销观念产生于 20 世纪 70 年代，当时西方资本主义出现能源短缺、通货膨胀、失业增加、环境污染严重、消费者保护运动盛行的形势。因为市场营销观念回避了消费者需要、消费者利益和长期社会福利之间隐含着冲突的现实。

社会市场营销观念要求市场营销者在制定市场营销政策时，统筹兼顾三方面的利益，即企业利润、消费者需要的满足和社会利益。

上述五种市场营销观念，其产生和存在都有其历史背景和必然性，都是与一定的条件相联系、相适应的。在今天的卖方市场，顾客已取代生产商、分销商成为强势的一方，尤其是在当下的互联网时代，顾客可以利用互联网等工具对他们所要购买的商品进行精挑细选、比对价格、查看其他顾客的点评。因此，营销者应该意识到，营销活动的中心是购买者而不是销售者。企业为了求得生存和发展，必须树立具有现代意识的市场营销观念、社会市场营销观念、客户观念。客户观念是市场营销观念的一种特殊，市场营销观念是社会市场营销观念的主体。五种营销观念的比较见表 1-4。

但是，必须指出的是，由于诸多因素的制约，当今企业不是都树立了市场营销观念和社会市场营销观念。事实上，相当不少的企业仍然奉行着生产观念或产品观念或推销观念。中国仍处于社会主义市场经济初级阶段，中国的营销正处于市场营销观念正逐渐成为主流、其他多种观念并存的阶段。

表1-4　五种营销观念的比较

观　念	时　间	核心观点	类　型
生产观念	20世纪20年代前	扩大生产与分销，努力降低成本会提升销售	以企业为中心的传统营销观念
产品观念	20世纪20年代	生产优质产品并不断精益求精，顾客自会上门	
推销观念	20世纪30—40年代	必须重视加强产品的推销工作以诱导顾客购买	
市场营销观念	20世纪50年代中期	以顾客需求为中心，比竞争者更有效地满足需求	以顾客为中心的现代营销观念
社会市场营销观念	20世纪70年代后	要平衡好企业利益、顾客利益和社会长远利益	

今天的营销者，若缺乏现代市场营销观念，营销的思维逻辑与行动往往就会有问题，最终可能是事倍功半，甚至会失败。思想观念陈旧、僵化保守，不敢开拓创新，是无法适应现代市场经济发展的。

第四节　迈向数字化的中国营销

当今世界正处于一个快速而深刻的变革时期，我们正步入数字时代，从基础设施到社会心智的变革，发生在美国、欧洲，也同时发生在中国甚至是非洲大陆。数字化犹如分子一样不断地覆盖现代社会中的每个角落，移动互联的商业环境已形成。当今新技术盛行且被快速应用，消费者乐于拥抱数字时代的到来，以消费者为导向的企业开始加快数字化转型，走向商业的未来。数字化时代，是一个洗牌、颠覆的时代，也是一个"弯道超车"的时代，企业需要及时地将原有的营销模式升级到数字营销。

一、什么是数字时代

数字时代是指一个信息正越来越趋向于以"1"和"0"这种计算机语言数字形式来传送处理，以数字技术为运作规则的时代。数字不仅能标识各式各样的物品，也能表达行为、变化，乃至思想观点。由于信息化技术的进步和互联网的应用普及，由于人工智能、大数据、云计算一系列新兴技术的发展，万物"数字化"浪潮已经奔涌而至。现实世界的变化可以同步反映到虚拟世界，虚拟世界也可以发出指令改变物理世界。每位顾客进店、每位访客登录访问、每一个动作，都可以用数字来表达，存储为数据。万物"数字化"表达、产生数据信息，正成为劳动、资本、土地和企业家才能之外的"新生产要素"。数字凝结数据、数据驱动信息技术，正与经济、社会、治理等方方面面深度融合，并伴随物联网、人工智能发展，加速催生传统领域的新面貌，在深刻地变革着社会。

1. 数字时代是连接的时代

在移动网络技术与智能设备的帮助下，现实缤纷世界可以在计算机世界得到全息重建并互联互通，实现"人与物、人与信息、人与人、人与自然"之间的"大连接"。未来每一个人、每一个设备、每一个物,都有可能通过半导体模块跟世界相连,这就是"大连接",而我们也正在迎接这一个大连接时代的到来。有人称为万物互联的时代。连接正越来越紧密,速度越来越快,广度、深度与丰满度越来越强,连接正成为整个人类的生存状态。这种连接可以发展到可感应、可量化甚至可应用。5G 网络的逐步应用普及以及人工智能技术的飞速进步将真正让大连接时代到来。

"连接"是互联网、数字时代的本质之本质。如果说"互联网+"的时代、数字时代有 100 个特点,那么其原定律一定是连接,只有在连接的基础上才可以去谈"免费的商业模式",谈"社群",谈"去中介化",谈"粉丝经济",谈"平台战略"。新经济的本质就是以互联网为基础,把所有的事物连接在一起,在此基础上进行业务模式与业务运营的创新。

2. 数字时代是智能的时代

大连接必然也会带来更为海量的大数据,人们越来越需要借助云计算、大数据、人工智能等技术对数据进行分析与应用,进而实现人与物之间、人与人之间更为密切的连接。以搜狗输入法为例,通过我们日常打字的诸多数据,搜狗数据库可以学习并掌握人们沟通的语言,进而推出如自动翻译功能、唇语识别功能等,帮助人与人之间更好地沟通,这就是在实现人与人之间的新连接。越来越多的数据被即时接收、即时存储,正用更好、更快速的方式来理解和传播。数据成为驱动商业模式创新和发展的核心力量,挖掘数据、使用数据与数据价值增值这一循环数据链条驱动了数字经济与社会经济的发展。

3. 数字时代是数字经济逐步占主导的时代

以互联网、云计算、大数据、物联网、人工智能等为代表的数字技术,已深入改变传统行业的商业逻辑和运行方式,推动着传统产业数字化、网络化、智能化加快转型步伐。数字技术在生产、生活、经济、社会、科技、文化、教育、国防等各个领域的应用不断扩大并取得显著效益。数字经济已成为近年来带动经济增长的核心动力,在国民经济中的地位不断提升。有统计显示,近年来中国数字经济规模保持快速增长,2017 年我国数字经济总量达到 27.2 万亿元,同比名义增长超过 20.3%,占 GDP(国内生产总值)比重持续上升,达到 32.9%,同比提升 2.6 个百分点,对 GDP 的贡献为 55%。数字经济已成为现代化经济体系的重要组成部分,是推动实体经济高质量发展的重要驱动力。

二、企业为何要转型数字营销

数字营销的浪潮袭来,其核心的原因就在于数字时代的到来,在于消费者对数字技术的拥抱,在于企业参与数字时代的商业竞争的需要,在于四种力量的驱动。

1. 消费者对数字技术的拥抱

当今时代,消费者已经转变为"数字为先的消费者",数字已经贯穿于消费者购买行为和决策的全程，已经深深融进社会生活与工作中，重塑着中国消费者的生活方式与消费习惯。据尼尔森公司的有关研究，2017年有84%的中国消费者使用手机购物，而这一比例在2015年仅为71%。在这一趋势的推动下，2017年网络销售额增长28%，与此同时，海购的消费者占比从2015年的34%跃升至2017年的64%。互联消费者对数字广告的接受度空前提高，其中对移动广告的信心指数从2016年的20%增长至2017年的23%，对电脑广告的信任度也从18%增长至24%。消费者对联网设备上收到的品牌消息也愈发关注，会有意识地选择观看移动设备或电脑上的广告分别比例是38%或30%。互联消费者对新型技术产品和服务的需求也持续高涨，有54%的一线城市消费者投资了互联网金融产品，并有38%的受访者表示将在未来12个月内加大对这些产品的投资。

尼尔森中国区总经理韦劭（Vishal Bali）表示："近几年来，中国消费者对数字技术表现出无尽的诉求，并积极将其纳入生活的常态。展望未来，中国的数字生态系统势必会扩展，而机器人、虚拟现实和机器学习等新兴创新将进一步颠覆消费者的习惯和行为。"

2. 企业参与数字时代的商业竞争的需要

数字时代，让当今的商业已经进入实时时代，客户决策流程、动态的市场竞争、消费者反应的时间单位已经从原来的以日、小时计算，跳转到以分钟、秒钟的碎片化计算；如果企业在这一时刻没有即时地响应客户的需求，就要面临客户流失、竞争秒败的境地。层出不穷的创新将进一步改变购物者行为，并为品牌触达和联系目标受众提供新路径。面对受众细分市场和购买路径的激增，企业更难以从数字经济中获得投资回报。中国数字经济的加速也为企业与消费者建立连接提供更多契机，移动互联网的"瞬连"便利用户场景的重要性凸显。所以，要想赢得新一代数字互联消费者的青睐，企业必须将原有的营销战略方法体系进行重构、迭代、升级，重塑自己的新营销战略方法。

3. 数字化营销的四种驱动力量

第一，连通性。在数字时代、连接时代、智能时代，企业的营销也愈发数字化、连接化、智能化。营销业务正越来越借助网络的数据信息传递来实现。互联网把企业和供应商、分销商、顾客联系起来，把顾客连通到一个世界范围的大型"信息源"，这是一种超越时空的连通。如2018年俄罗斯世界杯的每一件吉祥物都由阿里巴巴互联网线上生产，吉祥物品牌、设计、生产加工到销售这条遍布全国各地的产业链都通过互联网链接起来。

第二，去中介化。在移动互联和社交网络时代，信息的获取不再依赖于专家意见，可以通过社会化网络的"推荐"来完成。企业与顾客、顾客与顾客之间都可以直接进行营销。当酒店、航空公司等可以直接与消费者沟通的时候，传统旅行社、携程一类公司也就变成了被OTT的对象，失去了原有的强势中介地位。逐渐累积庞大会员库的企业，随着用户沟通更加便捷、更加低成本，若能更好地运营和挖掘自身的客户价值潜力，完全可以减少对原有中介的依赖。如小米的销售，不再是传统的营销传播和分销渠道，几乎完全依靠其构建的网络社群来完成。

第三，去中心化。分散的用户因移动社交网络连接而成为一个强大的整体，所拥有的市场权利越来越大，使居于优势地位的企业的中心势大大削弱，难以像过去那样可以一统天下。在移动社交网络社会，信息的聚合变得无处不在。现在，用户不再需要特定的中心来完成自己的生活任务。例如，资讯的消费不再需要登录大而全的门户网站，而是通过微博、微信朋友圈，以及微信公众号满足资讯需要。

第四，跨界融合。互联网是一场技术革命，不应有界，而是要融入各行各业，改造甚至颠覆原有的产业格局。阿里巴巴近20年的迅猛发展很好地佐证了马云所说的"只有敢跨界，我们才能更成功"。要充分发挥互联网在生产要素配置中的优化和集成作用，就需要通过跨界和融合，将互联网创新成果深度融合于经济社会各领域之中，改造传统产业，助推新兴产业，特别是提升实体经济的创新力和生产力，形成更广泛的以互联网为基础设施和实现工具的经济发展新组织、新模式、新业态和新格局。腾讯、京东、百度、平安、海尔、苏宁等一大批企业都在不断地跨界融合着。

三、中国化的营销场景

中国的市场营销学虽然来源于西方，但中国的市场营销实践却可以追溯到古代商业和民国时期的民族工商业，植根于悠久的古代商业历史和深厚的中国传统文化。我们今天要学习并实践好市场营销学的理论知识，就应该既从中国古代商业的生意经中汲取精华，也应该将西方市场营销理论与当代中国消费文化和市场实际做有效结合，加强中国当下的营销场景研究，参悟中国式营销的真谛，注重在营销实践行动中不断地应用和总结营销的道与术，方能真正将市场营销学懂学会、用好用活。

1. 古代商业：中国营销思想的起源（清代及以前）

中国古代商业产生于商周时期，初步发展于秦汉，到唐宋、明清时期有了进一步的发展。

商朝繁盛时期，一部分商朝人经常到周边民族地区开展农贸产品互换方式，善于经商。周武王灭商后，商朝遗民为了生计，东奔西走做买卖，周初将这些生意人通称为商人，后形成一种职业。春秋战国时期，涌现了范蠡、子贡等一批秉承"君子求财取之有道"的儒商，也出现了靠奇货可居、贩贱卖贵而富可敌军的吕不韦、白圭等。如范蠡辅越灭吴后，弃官经商，其间三次巨富都仗义疏财。范蠡总结出的一套商训，阐述了义利兼顾的儒商思想以及"贱收贵抛""囤积居奇"的生意经，被奉为商人之宝，传扬至今。后代生意人尊他为"商圣"，后人尊称范蠡为陶朱公，推崇其为儒商鼻祖，世人尊之为财神。

中国古代存在重农抑商的思想，但在唐宋、明清阶段，商人地位逐步有所提高，商业逐步发展，儒商思想进一步升华。在清代，全国各地涌现出许多地域性的商人群体，谓为商帮，如徽商、晋商、粤商、苏商、浙商、鲁商等，他们中的很多商人以儒商自居。出海通番的沈万三、汇通天下的乔致庸、红顶商人胡雪岩等的传奇故事都是经典的中国式营销案例。这些商帮历时两三百年而不衰，对明清的政治经济社会有着深刻的影响。

商圣陶朱公（范蠡）商训

商圣陶朱公商训一

生意要勤谨，懒惰则百事废。
接纳要温和，躁暴则交易少。
议价要订明，含糊则争执多。
账目要稽查，懒怠则资本滞。
货物要整理，散漫则必废残。
出纳要谨慎，大意则错漏多。
期限要约定，延迟则信用失。
临事要责任，放弃则受害大。
用度要节俭，奢侈则用途竭。
买卖要随时，拖延则机宜失。
赊欠要识人，滥出则血本亏。
优劣要分清，苟且则必糊涂。
用人要方正，诡谲则受其累。
货物要面验，滥收则售价低。
钱财要清楚，糊涂则弊窦生。
主心要镇定，妄作则误事多。

商圣陶朱公商训二

一是能识人。知人善恶，账目不负。
二是能接纳。礼文相待，交往者众。
三是能安业。厌故喜新，商贾大病。
四是能整顿。货物整齐，夺人心目。
五是能敏捷。犹豫不决，终归无成。
六是能讨账。勤谨不怠，取行自多。
七是能用人。因才而用，任事有赖。
八是能辨论。生财有道，阐发愚蒙。
九是能办货。置货不苟，蚀本便经。
十是能知机。售宁随时，可称名哲。
十一是能倡率。躬行必律，亲感自生。
十二是能运数。多寡宽紧，酌中而行。

中国古代商人从传统文化中汲取养分，主要以儒学为指导思想，强调"欲从商，先为人"，商业活动要以仁义道德为基础。正是因为很多商人恪守"仁义礼智信"的儒家思想，才成就了今天的很多中华老字号企业。如著名药店"同仁堂"在300多年的风雨历程中，始终恪守"炮制虽繁必不敢省人工，品味虽贵必不敢减物力"的古训，充分体现了"义利并重"的观念，也在持续有力地践行着其大堂对联"同声同气，济世济人；仁心仁术，医国医民"所体现的"仁"的思想。中国古代的儒家，道家、墨家等思想，涌现出的商业奇人奇事，《孙子兵法》《史记·货殖列传》等名著所闪现的营销思想与战略战术思维等，这些都为中国古代营销提供了理论指导与丰富的宝贵养分，对中国当代的营销活动都产生了深远影响。

中国古代儒商所倡导的许多商业伦理道德和商业行为准则，至今仍然熠熠生辉。"义利并重""以义取利""致富为仁""以德经商""先交朋友，后做生意"等商业文化为中国现代市场营销积累了宝贵的财富，是当代中国营销人和企业家应当继承和发扬的。

2. 民族工商业：中国市场营销的现代启蒙（1911—1949）

中国民族工商业产生于洋务运动，在民国初年，尤其是第一次世界大战期间迎来一个短暂的黄金发展阶段，后在军阀混战和抗日战争的硝烟中，在与国外产品的竞争中，民族企业艰难地开展市场营销的启蒙与探索。一大批民族资本家在棉纺织、面粉、火柴、毛纺织、榨油、造纸、玻璃等领域创办企业。如张謇创办了中国最早的民族轻工业，荣德生、荣宗敬有"面粉大王"和"棉纱大王"之称，刘鸿生有"煤炭大王""火柴大王"之誉。许多企业都设有专门的营销与销售部门，注重市场拓展，在上海等地出现了从事广告与设计的专业人员。民族企业在商标设计、品牌宣传、包装装潢等方面达到较高的水平，许多作品至今仍让人惊叹不已；产生了哈德门、冠生园、六必居、三枪等许多名牌，一些品牌至今仍然具有旺盛的生命力。

3. 改革开放：生产观念转向推销观念（1978—1989）

1978年，中国步入改革开放的轨道，国有企业自主权扩大，乡镇企业和民营企业异军突起，国外品牌进入，从而有了竞争和市场，国内的市场营销实践开始复苏。不过，在初期，由于短缺经济，由于我国绝大多数企业还未完全摆脱计划经济体制下的习惯性思维方式，企业依然以生产为导向，多数不作市场研究。

但是到20世纪80年代中期，短缺经济得到明显缓解，为了赢得市场、赢得消费者，企业不得不改变过去只抓生产不搞营销的状况，开始重视销售拓展工作，推销观念盛行。企业纷纷成立推销机构，组建推销队伍，培训推销人员，在广告宣传方面也不遗余力，形成一种"高压推销"或"强力推销"的局面。也有少数企业开始成立公关部、企划部等部门，探索更组合化的营销策略。

而日美等外资品牌以独特新颖、制作精良的户外广告和电视广告，如"可口可乐添欢乐"、雀巢的"味道好极了""车到山前必有路，有路必有丰田车""TOSHIBA，TOSHIBA，新时代的东芝"等的广告，打动了很多中国百姓的心，也给中国企业上了一堂生动的市场营销启蒙课。国内的电器、日用品企业也看到广告在宣传产品和品牌方面的作用，不约而同地加大广告投入，广告水准却略低一筹，广告内容充斥着"国优、省优、部优"等各种奖励和荣誉，不过也不乏让人耳目一新的广告，如"燕舞，燕舞，一曲歌来一片情"的燕舞收录机广告、"一旦拥有，别无所求"的飞亚达表广告，"我们是害虫"的来福灵杀虫剂广告……这些广告的创意和表现在现在看来也不过时。当时企业的广告目标是提高产品品牌知名度，让消费者知道并记住自己的品牌。

4. 营销热潮：推销观念转向市场观念（1990—1999）

经过80年代末期的通货膨胀和萧条洗礼之后，中国企业终于意识到了"顾客就是上帝"的真谛。此时，中国企业的市场营销观念则在发生着又一次巨变，企业竞争意识和危机感的增强，最早的朴素的推销观念逐步转向市场导向观念。与此同时，如宝洁、联合利华、索尼、夏普、西门子、肯德基、麦当劳、康师傅、统一等一大批外资品牌在中国市场开疆拓土，它们在市场研究、品质管理、品牌传播、分销系统、促销手段和广告创意方面的一系列做法，给参与其中的中国营销人员作了深入、全面的培训。广告战、价格战、分销战、促销战、品牌战精彩纷呈，各类营销专业化机构如广告公司、策划公司等像雨后春笋般地成立并发展，各种营销手段被企业发挥得淋漓尽致。在激烈的市场竞争中,本土企业快速成长，逐步走向成熟。

第一，广告战。企业延续着对广告的"崇拜"，"标王"争霸现象突出。长虹祭起民族工业的广告大旗，三株、巨人、太阳神、飞龙等一批保健品企业纷纷卖力地做起广告，曾经的标王——孔府宴酒、秦池、爱多、步步高等，获得了奇迹般的飞速成长，但大多昙花一现，好景不长。当然广告战的经典之作也是相当多的，如"农夫山泉，有点甜"，"新飞广告做得好，不如新飞冰箱好"，"真诚到永远"，"晶晶亮，透心亮"，"小时候，一听见芝麻糊的叫卖声，我就再也坐不住了。一缕浓香，一缕温暖，南方黑芝麻糊"等。

第二，价格战。90年代中期后，由于国内总体上进入买方市场，而跨国公司及其商品不断进入国内市场，市场竞争异常激烈。不少企业发动行业的价格战，如长虹率先发起彩电价格战，格兰仕连续几次大幅度降低微波炉价格，爱多VCD、鄂尔多斯羊绒等企业也加入到价格战中来。价格战导致企业的损益情况各不相同，市场份额有的增有的减，有的则被挤出了市场。

第三，分销战。众多企业学习宝洁公司等企业的经验，重视分销模式的探索，搭建自己的分销渠道系统，经销商、代理商在全国四处开花，零售业态不断地创新升级。三株搭建了广泛覆盖、密集渗透的分销体系；安利、雅芳等无店铺直销引发传销的泛滥；以联华超市、大润发超市、苏宁与国美的家电大卖场、社区便利店为代表的现代通路快速发展。

第四，促销战。除了广告，企业在市场竞争愈加激烈时纷纷采取销售促进手段，"买一赠一""返款销售"、送汽车的"巨奖销售"层出不穷。三株、巨人、太阳神、飞龙等一批保健品企业在人员推销领域展开了营销战。公关活动也愈发重视，如健力宝集团1990年出资1 600万元赞助第十一届亚运会，不过，当时是庸俗公关盛行与专业公关、创意公关并存的时期。

在这期间，企业对市场营销的认识逐渐深入、逐渐重视，对开始呈现多样化、个性化和层次化的市场需求的研究，尤其是三株、秦池等快速走向衰败事件促使人们认识到广告与推销等手段的片面性，愈发回归现代营销本源上。不过，当时的企业总体而言，对现代市场营销观念的理解是不够全面与准确的，营销活动不太理性，营销手段相对偏简单粗暴，营销策略之间的组合还不够协调，对品牌的认识还较浅。

5. 理性与变革：发展新阶段（2000年至今）

进入21世纪，秦池、爱多等标王相继陨落，三株、巨人、飞龙等企业先后落败，众多失败与成功的鲜活案例与自身营销实践的总结提升，让中国企业不再将市场营销与"打广告""搞推销"等同起来，对市场营销的认识进入相对更深刻、更理性、更全面的新时期。2001年，中国加入世贸组织（WTO），需要与更多的强大跨国公司直接竞争，这促使中国企业更快地掌握和应用好现代市场营销的理论与方法。虽然市场中的价格战、广告战、促销战、渠道战还时不时地在上演，但中国企业在开展营销时，愈发强调要围绕目标顾客先进行市场分析再研究制定营销战略与策略的次序开展，强调实施品牌战略，强调营销手段的整合，强调顾客价值的协同创造和顾客关系的维护与提升，强调国际化视野，中国营销逐渐走上科学化、系统化、专业化的营销之路。

为了适应数字时代的新竞争，相当多的企业纷纷在推进数字化转型，当前的中国企业营销进入数字营销的转型变革时代。

数字化转型就是利用数字化技术来推动企业组织转变业务模式、组织架构、企业文化等的变革。数字化转型旨在利用各种新型技术，如移动、Web、社交、大数据、机器学习、人工智能、物联网、云计算、区块链等，为企业组织构想和交付新的、差异化的价值。采取数字化转型的企业，一般都会去追寻新的收入来源、新的产品和服务、新的商业模式。因此数字化转型是技术与商业模式的深度融合，数字化转型的最终结果是商业模式的变革。例如，西门子、施耐德等跨国巨头，基于同一个底层的数据库，把所有的人、IT系统、自动化系统连通在一起，为现实工厂在虚拟世界里建立一个"数字化双胞胎"；海尔则通过对传统生产模式的颠覆与升级，打造按需设计、按需制造、按需配送的互联工厂体系，使整个制造过程实现高度的柔性，满足个性化定制的需求。

经营的数字化，尤其需要数字营销。数字营销是企业利用数字技术将营销过程数字化，通过数据采集、整理分析与应用来指导、支持与帮助、监测和优化营销活动的一种营销方式。数字营销在20世纪90年代低调地走入大众视线，到2014年已成为业界主流。数字营销包含了很多互联网营销（网络营销）中的技术与实践，如用数字传播渠道来推广产品和服务的实践活动，从而以一种及时、相关、定制化和节省成本的方式与消费者进行沟通。移动营销、社交媒体营销、大数据营销等都是数字营销的表现形式。

四、营销战略的数字化

企业开展数字营销，当然需要拥抱新技术，尤其是大数据技术，当然也需要新渠道，但数字营销不是一种渠道或技术，它首先需要企业营销战略思维的升级。

企业要将数字营销从网络营销、社区营销、微博营销、微信营销、视频营销等偏工具和活动的战术层面，上升成全面的、系统的数字营销战略，就需要实现营销过程的数字化，从而在采集和分析数据的基础上应用指导、支持与帮助、监测和优化营销活动。企业营销战略的数字化，可以从五个方面来建立落地的基础。

1. 连接

连接（connection）是开展数字营销的前提。数字时代的企业，要创造更多的连接点，通过官网、官微、博客、微博、线上线下的旗舰店、服务点等，将产品、顾客、设施设备等有效连接起来，要努力成为一个开放平台，继而围绕着这个开放平台构建起一个大的生态链。通过大连接，聆听顾客的心声，收集与应用数据来更好更快地理解和满足顾客的需求。如朝阳大悦城在商场的不同位置安装了将近200个客流监控设备，并通过Wi-Fi站点的登录情况获知客户的到店频率，通过与会员卡关联的优惠券得知受消费者欢迎的优惠产品，通过线上线下的数据分析来更好地理解顾客。

2. 消费者的比特化

消费者的比特化（bit-consumer）是数据采集的关键，是数字营销的基础。在数字时代，所有的消费者行为都可以被记录并跟踪。每天我们浏览与点击网页、社群交流互动、乘坐轨道交通、电子支付等行为变成了一堆可以连接到的数字。由于移动互联网、物联网所带来的"连接红利"，大量的消费者行为、轨迹都留有痕迹，产生了大量的行为数据，可称为"消费者比特化"。我们的生活形态完全可以数据来重现，而百度、阿里巴巴、腾讯这样的公司，每天捕获了我们大量的搜索数据、交易数据、社交数据。这些累积的数据成为重要的资产。每个人的个人资料、性格、偏好甚至梦想都可以通过其数字资产来解读。

以普拉达零售店为例，店铺已经将所有的服装用新型标签来准确记录消费者拿走、放下或者试穿的信息，并传递到后台的管理系统中。分析这些数据可以为服装企业下一步的产品开发、设计或者进货提供精确的方向。

3. 数据说话（data talking）

数字营销的关键在于营销数据的采集、整理、分析与应用。数据主要有基于用户的用户属性数据、用户搜索数据、用户交易数据、用户社交数据等，以及基于企业的广告投放数据、行为监测数据、效果反馈数据等。这些无形数据是被人称为新的"石油"的宝藏，能够创造有形的财富价值。企业在开展数字营时需要考虑如何有效地获得核心消费者的行为数据，做好数据积累、数据互通的基础工作，并时刻关注这些行为数据的变化，更好地把握消费者的动态。以用户为中心的跨屏互通后，如何分析、如何实现智能型的、可视化的数据呈现尤其重要。有了累积的数据，企业就可以通过对多维多样的数据进行统计与建模分析，不仅能够更加理解顾客甚至预测消费者行为，也能够帮助企业更加清楚自身的数字营销是否有效，从而及时调校数字营销的策略、方法与工具；而且还能够帮助企业认识行业发展现状以及提高预测行业发展趋势的能力，从而更有效地指导企业的经营。

通过数字化营销过程，有效地获得核心消费者的行为数据，洞察与满足这些连接点所代表的需求，帮助客户实现自我价值，将营销的中心转移到如何与消费者积极互动、尊重消费者作为"主体"的价值观，让消费者更多地参与到营销价值的创造中来。凭借大数据收集、分析和决策，营销的过程可以透明化，能将自己的消费者与客户比特化，并进行追踪与分析尤为关键。基于数字化技术，企业的营销会越来越精准化、高效化、自动化、智能化。

如朝阳大悦城在零售营销上的动态改进，是以客流量和消费者动线等大数据为基础来部署，所有的营销、招商、运营、活动推广都围绕着大数据的分析报告来进行的大战略，他们根据超过100万条会员刷卡数据的购物车清单，将喜好不同品类、不同品牌的会员进行分类，将会员喜好的个性化品牌促销信息进行精准投放。他们经过客流统计系统的追踪分析，提供解决方案改善消费者动线。4层的新区开业之后光顾的客人少，因为消费者熟悉之前的动线，所以很少有人过去，该区域的销售表现一直不尽如人意。为此，招商部门在4层的新老交接区的空区开发了休闲水吧，打造成欧洲风情街，并提供iPad无线急速上网休息区。在整体规划调整后，街区新区销售有了显著改观。

4. 参与（engagement）

设法调动多方力量参与顾客价值的共创，是数字营销的重点。在数字营销时代，消费者由被动接收信息转变为主动搜索信息，消费者不再是零散的个人，而是被网络连接起来的社群，共创、众包、众筹、社群等数字经济形态重塑了消费者与企业的关系，消费者在企业的营销过程中理应具有重要的话语权。企业应将顾客视为推动企业营销决策的外部员工，让顾客参与到产品创意、设计与革新、产品的制造、品牌推广、活动策划、渠道选择、价格制定、质量监督等活动中，与顾客一起共创价值。这能够让顾客对企业产生归属感。这样的企业提供的产品和服务更容易满足客户自身的需求，同时为企业赢得更多依赖和市场。资深的德鲁克管理研究实务专家詹文明认为：小米的成功完全是依靠与消费者（所谓的"米粉"）共同创造价值的模式。通过互动产生粉丝心仪的产品，加强了体验感和参与感。小米模式颠覆了传统的手机生产模式，开放了价值链，让消费者参与到产品设计与生产甚至是营销传播的所有环节。在这样的流程中，价值不是由小米公司定义的，而是与消费者共同创造的。再如宝洁公司在创新上既注重发挥消费者的力量，也注重借助供应商、经销商或其他力量，倡导开放式创新，打开公司围墙，联合外部松散的非宝洁员工组成群体智慧，按照消费者的需求进行有目的的创新，然后再通过技术信息平台，让各项创新提案在全球范围内得到最优的配置。宝洁公司把散落在世界各地的大约180万名研发人员也看作自己的员工，加上自己的9 000多名研发人员，宝洁就拥有了180.9万名研发人员。

参与更可以在组织的内部进行，汇聚内部成员和相应圈层成员的智慧与力量。如IBM采用的方式是两年一次的即兴创新大讨论（Innovation Jam）。在最开始三天的时间里，高管会设定议题，并展开在线头脑风暴会。这些创意点子会被上传到线上，被讨论、延伸，美国和亚洲分公司成员会同时在线讨论。在2008年10月的Innovation Jam上，有5.5万名IBM员工，还有5 000名特别邀请的客户和员工家属参加，以共同寻求新的创意和解决方案。

5. 动态改进

动态改进（dynamic improvement）是企业持续开展数字营销的关键。由于现在消费者的数据更新频率非常快，由于消费者的需求变化速度快，由于技术升级的速度在加快，由于竞争环境的动态性强，企业的营销决策也需要快速迭代、动态改进，以万变应万变，以保证当下的数字营销策略与当前的消费者需求时刻吻合。

企业营销的动态改进可以基于管理驾驶舱（management cockpit，MC）平台——一种基于ERP（企业资源计划）的高层决策支持系统。驾驶舱是通过一个系统的指标体系，将采集的数据形象化、动态化、系统化，实时反映企业的运行状态。驾驶舱通过各种常见的图表（速度表、音量柱、预警雷达、雷达球）标示企业运行的关键绩效指标（KPI），直观地监测企业运营情况，并对异常关键绩效指标预警和挖掘分析。当企业高层管理人员步入管理驾驶舱，所有与企业营运绩效相关的绩效指标（KPIs）都将以图形方式显示在四周的墙壁上。这种动态改进的方式可以使决策从周过渡到天，甚至是小时。

营销过程的数字化，首先要求企业充分采集与利用多维的数据，利用大数据的跨界整合分析帮助企业获得多维的"上帝视角"，支持做好产品和服务价值的创造与迭代升级，为提升用户的个性化体验而服务。在实时营销过程中，企业利用内容平台与数字平台，通过大数据分析、营销自动化、精准营销在内的营销技术方法，通过与企业内各业务部门的跨部门紧密协作以实现流程和数据的对接，还要通过和企业之间进行跨界合作，从而为提升顾客价值和顾客体验奋力前行。

营销的数字化需要企业在人才、流程、技术和文化上进行全面深度的转型，但在实际转型中往往面临巨大的内部阻力，这需要企业设法沟通互不统属的各类部门以及互不相连的各种软件和平台。为了解决这一问题，一部分企业架构扁平化的企业，如星巴克等就设立了首席数字官、首席客户官和首席体验官这类高级管理职位，来协调各部门的协作。另一部分组织架构复杂的企业如耐克、宝洁等则通过设立独立的数字部门，甚至更庞大的数字商业部门把所有数字化工作都整合在一起，由独立的部门进行战略规划和统一支持。从创意驱动的外部扩张转向数据驱动的内部转型，成为数字营销最不可忽视的趋势。

五、数字营销的实施框架

企业开展数字营销，需要建立一套战略性、可操作性的框架，帮助传统企业营销实现快速迭代更新，跟上时代发展的步伐。该框架总结为"4R"：recognize，消费者数字画像与识别；reach，数字化信息覆盖与到达；relationship，建立持续关系的基础；return，实现交易与回报。

第一步 recognize，即消费者数字化画像与识别。

数字化画像与识别指的是用数字化的技术表述消费者的各种特质以及这种特质在时间和场景下的集合，帮助营销管理人员精确定义目标消费者，并在此基础上设计营销战略。

从用户画像到大数据消费者画像，营销者从未停止对洞察与理解用户需求的探索。用户画像是从真实的消费者行为中提炼出来的一些特征属性并形成用户模型，它们代表了不同的消费者类型及其所具有的相似态度或行为，这些画像是虚拟的典型客户形象。消费者画像是在已知事实或数据之上，整理出的每一个消费者/用户/客户的相对完整的档案。由于每一个抽象出来的用户特征会用一个受益人标签来表示，所以，消费者画像也常被看作关于用户信息的标签化的结果或各种标签的集合。大数据消费者画像带给我们的不是一个具象的人物类型，而是关于所有对象的不同类型的数据所呈现的总体特征的集合。根据画像的目的不同，画像维度的划分方法也不同，通过有人口维度、生活方式维度、线上行为维度、线下行为维度、社交行为维度等。

企业可以根据用户的网络行为数据、CRM 数据、商业数据或第三方数据，开展对消费者行为的数字跟踪与分析研究，帮助企业找到精准的目标客户，从而避免广撒网、少捞鱼的不良后果，为开展营销奠定坚实的基础。客户识别数量、识别效率以及准确度是监控客户识别效果的关键指标。企业在准确识别目标客户的基础上加强对客户需求的理解与洞察，让产品设计/迭代不多不少，不早不晚，让传播内容、推广活动设计恰到好处地打动他/她，让渠道与投放时机是对的，提升客户体验，激活客户资产，提升销售转化率与顾客忠诚率。

第二步 reach，即数字化信息覆盖与到达。

数字化信息覆盖与到达指的是接触客户及潜在客户的一系列数字化工具和方法。企业开展社交媒体互动和数字广告沟通时，要首先努力提升数字化信息覆盖与到达客户的数量与范围，从而为数字营销传播累积足够规模的受众。找到目标客户之后，需要考虑的就是如何将营销意图准确无误地传递到客户手中。相比于传统营销手段，数字时代的方法呈现出多样化、精准化、个性化的特征，比如 AR、VR、社交媒体、App、搜索、智能推荐、O2O、DSP 等触达手段，都是前数字时代所完全不具备的。企业可以通过数字化广告、e-mail 营销、内容营销来主动推送，也可以通过社交媒体营销、SoLoMo、App 营销等进行主动展示，也可以通过影响大 V、网红以及客户偶像等关键意见领袖的方法来影响多数人，还可以通过战略合作将外部机构的用户群导入企业内部。这些方法，企业根据自身的数据化程度、数字营销的目标、数字营销战略的定位，以及投入的成本和可能的杠杆化路径，进行混合搭配，并有节奏地交互使用。企业可以通过品牌的直接访问量、单笔销售成本等指标来评估这些方法的传播效果，以便于改进。

第三步 relationship，即建立持续关系的基础。

建立持续关系的基础指的是数字信息到达后，通过各种经营手段围绕目标客户创造、建立和保持的持续性互动状态，它使营销从信息的传播走到战略性的深度经营。前两个 R 的活动，解决了瞄准、触达的问题，但并没有解决上述的营销投资如何转化客户资产，不能保证数字营销的有效性。这其中最关键的一步在于你的数字营销"是否建立了持续关系的基础"，或者建立持久有效、良性互动的生态环境。在航空、酒店乃至绝大部分 B2B 行业，深化客户关系，对关系进行精细化的管理是提升其盈利能力的关键。

在移动互联网的基础平台上，利用数字技术，"关系"在营销领域所体现出的广度、强调、内涵与手段都实现了重大的升级。技术的进步降低了企业与各类顾客建立和维持关系的成本，数字化技术使得信息的创造、记录、分析和分享更加可行。

建立持续关系，需要明确关系策略的目的是通过关系活动来提升公司或产品品牌的影响力，还是通过关系活动实施产品研发方面的目标，如产品概念挖掘、产品原型设计和定型等，还是在关系的建立和互动中由顾客为其他顾客提供相关服务及增值服务，还是在关系互动中实现顾客的购买。

建立持续关系的基础主要有三个行动步骤：一是建立连接。企业首先打造连接平台，实现与客户连接，然后与平行企业连接，还要在企业内部连接来提升生产力。二是构建社群。它是满足客户对产品、品牌及企业本身有信息方面的需求的重要步骤。企业要区分社群是产品型社群、兴趣型社群、社交型社群、任务型社群还是品牌社群，要致力于构建品牌型社群，在帮助客户自我实现中提升品牌力。三是社会化客户关系管理平台。在数字营销的大背景下，社交媒体平台成为企业实施社会化客户关系的主要平台。

第四步 return，即销售转化，实现交易与回报。

实现交易与回报指的是在之前三个 R 的基础上，促使企业与客户交易的达成，并可以用之前的 3R 来实现持续交易。它的本质是实现数字战略的交易回报。很多企业建立了社群，吸收了很多品牌粉丝，但是如何变现，这是企业要解决的重要问题。实现交易与回报的方法，主要有社群资格商品化、社群价值产品化、社群关注媒体化、社群成员渠道化、社群信任市场化等操作框架，变现客户资产。销售转化率、渠道转化率、目标转化率等是监控销售转化的重要指标。

以上 4 个 R 形成一个操作循环，在不断地重复循环中，企业建立自身的数字核心能力，形成价值创造的闭环，从而实现强化营销效果、巩固客户忠诚度的目的。企业开展数字营销就要拥抱数据，特别是应用大数据来对营销进行决策，通过大数据可以帮助企业获得多维的"上帝视角"。数据平台、内容营销、DSP 数字广告、数字营销 ROI 设计等都是在为"4R"服务。

六、数字营销与传统营销的关系

数字营销不代表要取代传统营销，相反，两者应该在客户路径上相互补充，发挥协同作用，最终共同实现赢得用户拥护的终极目标。

在企业和客户交互的早期阶段，传统营销在建立知名度和引发兴趣方面有重要作用。随着交互的加深，随着用户对企业关系需求的加深，数字营销的重要性也在加深。数字营销最重要的角色就是引发购买，赢得拥护。而由于数字营销比传统营销更容易问责，更易衡量营销的产出。

宝洁的数字化革命

宝洁公司十多年前就开启了数字化革命，到 2010 年，其数字化应用涵盖公司经营的所有方面：从在实验室创造分子的方法，到维护零售商的关系、生产产品、品牌建设以及与客户互动。数字化革命的成效斐然：创新力增强、生产力提高、成本缩减和更快速的增长。

数字化连接：宝洁公司希望成为与全球每位消费者建立一对一的关系的公司。公司开发了"消费者脉搏"技术，运用贝叶斯分析方法查看所有客户评论，并按照品牌分类，最后与相关联的个人对接。因为宝洁知道，如果对博客评论没有迅速反应，那么，在你干预之前一切早已失去控制。宝洁可以根据消费者的评论对市场作出及时的反应，根据用户使用评价即时改进产品，帮助公司清楚如何改进市场营销活动。

数字化创新：宝洁的数字化创新体现在产品的全生命周期中，通过数据建模、数据模拟和其他数字化工具正在重新塑造创新的方式。宝洁公司每天接触80个左右国家超过40亿的消费者，拥有海量的数据，样本容量之全，随时可以建立一个有代表性的消费者群体。有了用户的大数据，创新产品时就可以通过建模在一秒钟之内进行几千次模拟尝试。如果以传统的方式设计一款一次性尿布，当设计产品原型时，至少已经花费了几千美元，而且周期长。现在公司可以为地球上所有婴儿设计任何一款尿布。公司甚至用数字化方式创建分子。例如，在新款洗碗液的开发研究中，使用模型来预测湿度如何刺激不同的香味分子，所以在洗碗的整个过程中，可以在合适的时间点获得合适的香味。在确立了新产品后，宝洁还会邀请消费者到一个虚拟的超市货架面前，收集他们的各种感受和信息。宝洁根据这些反馈，综合自己的商业分析，进行上市前的产品改进和最佳的陈列，以获得最大的销售量。数字化创新大大缩减了宝洁新产品的开发成本和上市时间，加速了新品的上市过程，抢得了商业市场上的先机，提升了公司的产品与品牌在市场上的竞争优势。

基于数据的会议变革：公司高管开会时，只需要在会议室里的屏幕墙上点击相应的数据图或表格，一个季度内亚太区的统计数据立刻会呈现出来，数据最多可以下沉到国家、省、市、区县四级。这些数据都是对不同层级的业务运营情况的最真实反映。有了这套系统，让会议变得更加高效，不仅加快了公司的决策进程，同时使决策质量更高，加快推动组织的变革和业务的再造进程，缩短了采取行动所需的时间。

数字化供应链运营：处处开展数字化运营，从生产工厂到门店，通过数字化不断提高生产效率。宝洁的生产系统可以让工人从iPad下载最新的生产线数据，并传输到整合数据的地方。公司正在将运营系统和财务系统整合起来，让产品生产信息与成本信息实时可视化。公司创建了连接供应商、分销商、零售商的信息系统，与上下游直接对接信息，协同开展业务。对运输和物流，公司创建了一个称为控制塔的加强型数字运营平台，将所有进行的运输活动可视化，包括厂内、厂外、原材料和产品，帮助公司减少物流浪费与能耗。通过数字化革命，提高整条供应链的服务，降低库存，所有各方均能获益。

关键概念

市场	市场营销	顾客满意	顾客感知价值	总顾客价值
总顾客成本	顾客终身价值	关系营销	营销管理	市场营销观念
营销组合	社会市场营销观念	数字时代	数字营销	

本章内容小结

1. 市场营销是现代组织与个人的一项基本活动，是关系到企业生死存亡的大事，不可不察。

2. 了解市场、研究市场是企业开展市场营销活动的前提。"市场"的本义是指买卖双方在一定的时间聚集在一起进行商品交换的场所。市场营销学里的市场，主要是指买方的集合，即对某种产品（或服务）既有购买欲望又有购买能力的买者集合。

3. 市场营销是选择目标市场，并通过创造、交付和传播优质的顾客价值来获得顾客、挽留顾客和提升顾客的科学与艺术。其核心是交换，基本任务是获得并留住顾客。

4. 市场营销哲学是企业对其营销活动及管理的基本指导思想。

5. 企业通过创造、提供、传播和交付优质顾客价值，满足需求，使顾客满意，最终实现包括利润在内的企业目标，这是现代市场营销的基本精神。

6. 现代的市场营销观念，指导企业要在对营销环境的客观认识和分析的基础上，围绕着顾客需求这个中心，立足于企业的资源与能力和战略方向、竞争者的战略与策略动态两个基本点，结合市场的发展和社会经济科技发展的动态来制定营销战略和策略，协同内外部为顾客创造与传递更大的价值，以实现有盈利地满足需求。

7. 市场营销观念的科学先进之处在于，它不是建立在对消费者的某种"自以为是"的假设基础上，所强调的"应以顾客需求为企业经营的导向、努力为顾客创造和提供更大的价值"的主张，较好地兼容了其他营销观念的合理之处，既适用于卖方市场的经营，更能有效地指导买方市场的经营。

8. 企业在实践市场营销观念时，应不能仅满足顾客的需求，还应设法引领顾客的需求，要努力创造顾客的需求，尤其当顾客并不是很清楚自己需要什么时。

9. 与企业其他职能不同，市场营销主要做的是联结顾客的工作，基本任务是设法获得顾客并留住顾客。获得顾客、留住顾客的根本之道是为顾客持续创造更大的价值。

10. 数字营销是企业利用数字技术将营销过程数字化，通过数据采集、整理分析与应用来指导、支持与帮助、监测和优化营销活动的一种营销方式。

11. 企业要将数字营销从网络营销、社区营销、微博营销、微信营销、视频营销等偏工具和活动的战术层面，上升成全面的、系统的数字营销战略，就需要实现营销过程的数字化，从而在采集和分析数据的基础上应用指导、支持与帮助、监测和优化营销活动。

12. 企业营销战略的数字化，可以从建立连接、消费者的比特化、数据说话、多方参与、动态改进五个方面来建立落地的基础。

13. 企业开展数字营销，需要建立一套战略性、可操作性的框架，帮助传统企业营销实现快速迭代更新，跟上时代发展的步伐。该框架总结为"4R"：recognize, 消费者数字画像与识别；reach, 数字化信息覆盖与到达；relationship, 建立持续关系的基础；return, 实现交易与回报。

思考题

1. 什么是市场营销？谈谈你对它的理解。

2. 如何看待：有人说营销就是做做广告搞些促销，还有人认为营销就是忽悠？

3. 如何看待：有人说营销并不一定要围绕顾客的需求，并不一定要去调研顾客的需求，因为他们并不知道自己需要什么，直到给他们还不知道的好东西？

4. 如何看待：有人说营销是企业整体性的活动，顾客价值的创造、传递与交付和需求的满足是企业所有部门的事，市场营销部门在其中所做的事情很有限，因此该部门并不太重要；但有人又说市场营销是企业的核心职能？

5. 如何理解市场营销的科学性与艺术性？

6. 如何创造更大的总顾客价值？

7. 如何监测并提升顾客满意度？

8. 如何建立与发展顾客关系？

9. 如何正确对待不同的营销观念？

10. 如何看待：有人说传统的交易营销已过时了，现代企业更重视关系营销理论了？

11. 如何看待：有人说用 4C 的视角来指导营销、用 4P 的框架来实践营销？

12. 数字时代的营销有什么特点？

13. 中国营销场景有何特殊性？

14. 企业如何实现数字营销？

实训题

1. 根据《乔布斯》或《大碗茶》电影，找出电影情节涉及的 10 个市场营销概念，给每个概念下定义，简述每个概念对应的电影情节，分别说明每个概念在企业市场营销活动中的作用。

2. 以小组为单位，调查至少两家企业，了解它们所持有的市场营销观念，并访问不少于 4 位营销人员，听听他们对市场营销的理解、学习市场营销的建议和从事营销的职业生涯发展的建议。各小组讨论评析调查内容，然后派代表进行课堂交流。

3. 有几位大学生想创业，在本地做中小学生计算机程序开发的培训项目（或你打算干的创业项目），请你帮助评估下你所在城市的该市场规模，挖掘下竞争对手的产品和服务的不足，从与周边的同学、朋友和家人交流讨论中列出需求清单，尤其是需求的真正痛点与痒点，思考如何为该项目的顾客创造更大的价值。

拓展学习

1. 文献 1：守望与突破——科特勒营销管理理论演进脉络及其问题探讨
2. 文献 2：中国营销 30 年回顾

参考文献

[1] 菲利普·科特勒，凯文·莱恩·凯勒. 营销管理（全球版）[M]. 14 版. 北京：中国人民大学出版社，2012.

[2] 吴健安，聂元昆. 市场营销学[M]. 5版. 北京：高等教育出版社，2014.

[3] 郭国庆. 市场营销学通论[M]. 5版. 北京：中国人民大学出版社，2013.

[4] 刘治江. 市场营销学教程[M]. 北京：清华大学出版社，2017.

[5] 杨洪涛. 市场营销：超越竞争，为顾客创造价值[M]. 2版. 北京：机械工业出版社，2017.

[6] 菲利普·科特勒，加里·阿姆斯特朗. 市场营销：原理与实践[M]. 16版. 北京：中国人民大学出版社，2015.

[7] 孟韬. 市场营销：互联网时代的营销创新[M]. 北京：中国人民大学出版社，2018.

[8] 曹虎，王赛，等. 数字时代的营销战略[M]. 北京：机械工业出版社，2017.

客观题

第二模块
分析环境：理解顾客价值

当今的市场环境处在沧海桑田的变化中，数字化如分子般席卷到社会的每个角落，影响着企业策略和消费者行为。"适者生存"不仅是自然演变的法则，也是企业营销的生存法则。环境变迁既可能带给企业新的营销机会，也可能带给企业潜在的威胁。营销人员需要时刻分析与把握营销环境因素的发展演化趋势，对于市场营销环境保持高度的敏感，及时洞察其中所蕴含的潜在机会与潜在威胁，并作出适当的营销调整，这样企业才能在瞬息万变的市场营销环境中发展得更好。在对营销环境分析时，消费者作为其中一个不可或缺的考察因素，对企业生存和发展起着重要作用。在对营销环境调研和分析后，需要分析消费者市场和其购买行为。

如何才能时刻把握住不断变化的市场营销环境？如何才能满足消费者需求？这就需要掌握构成市场营销环境的力量有哪些，如何对市场营销环境进行分析，什么是消费者市场，影响消费者购买行为的因素有哪些。在明晰了市场营销环境分析的流程、方法，消费者购买行为的本质、方式后，企业就能做到真正地理解顾客价值，做到更迅速地与时俱进。

第二章 调研市场营销环境：洞悉机会

本章重点探讨的问题

- 什么是市场营销环境？
- 为什么要调研市场营销环境？
- 市场营销环境的构成力量有哪些？
- 市场营销环境分析的基本框架是什么？
- 市场营销调研的方法有哪些？

成功的公司认识到在营销环境中机会和威胁无处不在。在营销环境中辨认有商业意义的变化是公司营销经理的主要职责之一。与公司的其他部门相比，营销经理要更善于追踪趋势和寻找机会。许多机会来自对趋势（具有某些势头和持久性的事件的方向或演进）和大趋势（社会、经济、政治和技术的大变化，其形成是缓慢的，而一旦形成就具有长期的影响）的确认。营销经理之职责要求他们必须洞悉这些机会充分利用这些机会，实现企业营销目标。

第一节　市场营销环境分析的意义

企业的市场营销活动总是在具体的市场营销环境下进行的。市场营销环境因素对于企业的营销活动具有约束作用。企业面临的种种环境力量不断地发生变迁与演化，对于企业的营销活动产生多方面的影响。

一、市场营销环境及其构成

1. 市场营销环境的概念

市场营销环境是指影响营销企业在目标市场上开展营销活动的各种不可控因素和力量的总和。这些环境因素，既包括那些构成市场营销活动的前提与背景的间接的宏观环境力量，也包括直接影响企业在目标市场上开展营销活动的微观环境因素，还应该包括影响同类企业经营战略选择的行业环境格局。宏观环境主要有人口、经济、自然、科技、政治与法律、社会与文化等，微观环境主要有企业、供应商、营销中间商、顾客、公众、竞争者等，这些环境力量共同构成企业营销环境系统，对企业市场营销活动产生诸多直接和间接的影响。

影响企业营销活动的环境因素是复杂的。有些环境力量的影响是深远而又长久的，有些则是短暂的；有些是全面而又广泛的，有些则是局部的；有些是直接的约束，而有些则是间接的影响。分清市场营销环境因素的影响层次、广度与深度很重要。

2. 市场营销环境的构成

根据环境因素影响的深远性，可以将环境因素分为三大类："流行"、趋势和大趋势。"流行"是短暂的、不可捉摸的、不连贯的、变化多端的。流行一般不具有社会、经济和政治意义。营销企业可以从对"流行"的把握中获利。趋势是相对长久的、比较稳定的、连贯的、可以预测的。趋势能昭示未来。"今天是昨天的继续，而今天又是明天的先兆。"大趋势则是社会、经济、政治和技术的大变化。大趋势不会在短期内形成，而大趋势一旦形成，其影响不会在短期内结束。它的影响是深远而又长久的。

根据环境因素对于企业的营销活动影响的全面性，市场营销环境可分为宏观层面的和微观层面的两类因素。

营销管理者对市场营销环境的认识有一个过程。20世纪初期，企业仅仅只将销售市场看成自己的市场营销环境，因为这和企业经营活动最为直接。后来随着社会经济的发展和市场竞争的变化，企业对于市场营销环境的认识拓展到了与营销企业有利害关系的部分，例如政府、工会、竞争对手等。20世纪70年代中期以后则将自然、社会文化、科技、政治、法律等都纳入分析框架，构建出了企业市场营销环境分析的完整体系。

二、市场营销环境的特点

市场营销环境具有以下几个特点。

1. 客观性

环境力量是一种客观的存在，不以营销者的意志为转移，也不为营销者的好恶而改变。市场营销环境因素的影响具有强制性和不可控性。营销企业难于摆脱和控制市场营销环境，特别是其中的宏观环境因素，在市场营销活动中企业往往不能按自身的要求和意愿随意改变它。企业应该主动地去适应环境的变化和要求，以此来制定和调整自己的市场营销策略，赢得生存和发展机会。

2. 差异性

市场营销环境的差异性包含了多个层面的含义。首先是在不同的区域市场市场营销环境存在着广泛的差异。例如，企业在国内市场进行市场营销和在国际市场从事市场营销就面临有差异的市场营销环境。其次是在不同的时间企业会面临不同的市场营销环境。例如今年企业面临的环境局面和去年就有所不同。最后，企业营销的不同产品也会面临不同的市场营销环境。例如，企业产品组合中的食品和有色金属就面临不同的市场营销环境。因此，市场环境因素分析是营销管理者重要的日常工作，对此必须时刻保持高度的敏感。

3. 多变性

市场营销环境是一个动态系统。构成市场营销环境的诸因素又都受众多因素的影响，每一环境因素都随着社会经济的发展而不断变化。为了较为可靠地预见未来环境的变化及由此带来的机会、威胁，甚至危机。企业可以设立自己的预警系统（warning system），追踪不断变化的环境，及时调整营销策略。

4. 相关性

市场营销环境诸因素之间往往是相互影响、相互制约的。一种力量的变化，可能会带动其他力量的相互变化，形成新的市场营销环境。例如，生态环境的恶化是自然环境变化中的一种不利结局。生态环境的恶化迫使政府加大对于生态保护的力度，则又转化相应的政治、法律环境因素。政府的作为又会引起社会公众的关注，从而导致社会环境因素的某些变化。市场营销环境的相关性不仅表现为微观环境与宏观环境的相互作用，而且，在微观环境内部或宏观环境内部，各种环境因素互相影响制约，显示出较为复杂的相关关系，扑朔迷离的种种环境影响，增加了企业市场营销活动的难度。

三、分析市场营销环境的意义

对于营销企业而言，市场营销环境分析是一项十分重要的基础性工作，其重要性体现在多个方面。

市场营销环境分析是企业制定市场营销战略及策略的前提。在现代市场经济社会，一个企业没有经营战略、战术、计划以及特定的市场营销组合策略，是不可能获得长足发展的。企业的战略决策，其基础是建立在环境变化上的，而正确的决策又必须通过环境分析来识别这些变化。企业要制订正确的经营计划和市场营销策略，无论是制定企业的市场营销战略还是修改企业的市场营销战略，都必须以对环境因素的深刻认识为前提。可以肯定地讲，在现代市场环境下，企业之间经营水平的高低，市场营销能力的强弱，在很大程度上取决于营销企业管理者对于市场营销环境的把握能力。一个不能准确地把握市场营销环境因素影响的企业，要在现代市场环境下取得成功是很难想象的。

市场营销环境分析的实质是企业识别出营销机会与潜在的环境威胁。市场营销环境因素的影响是客观存在的，不以企业的意志而转移。环境因素及其变迁对于营销企业的影响是多方面的，既有直接的影响，又有间接的影响；既有积极的影响，又有消极的影响。它既可能为企业的生存发展带来新的机会，也有可能给企业的营销活动带来威胁。市场营销环境分析就是要识别出这种潜在的营销机会和潜在的环境威胁，以便通过企业营销策略的调整趋利避害，充分利用这些新的营销机会，同时又能及时回避和消除潜在的环境威胁。

市场营销环境分析有助于企业克服"市场营销近视症"。"市场营销近视"（marketing myopia）是著名市场营销学家西奥多·莱维特教授在其经典论文《市场营销的近视症》一文中提出的概念。其基本含义是营销企业在市场营销管理工作中缺乏远见，只看见自己的产品质量好,看不见市场需求在变化,结果把自己引入营销歧途①。产生市场营销近视的原因之一就是营销者对于外部环境缺乏必要的敏感性,看不到外界环境的变化,并作出合理的反应。菲利浦·科特勒教授曾将此比喻为"营销者只知道照镜子而不知道往窗外看"。市场营销环境分析能使营销者及时了解外界环境的变化,及时作出合理的反应。

案例 2-1

一个基于大数据的精准邮件营销的案例

Amy 是京东的一个新会员,最近,她想学一些厨艺,于是到京东去买些厨具。她选中的那款商品没有货,但她看到京东有"到货提醒"功能,于是她选择了该功能,填上了自己常用的邮箱地址,然后确认,相当于登记好了。过了几天这个商品有货了,Amy 就收到了一封邮件说:亲爱的用户,你上次想买的东西有货了,你要不要买。然后还在这封邮件里给她推荐了几个相关的商品。Amy 仔细比较了这些商品,感觉自己选的没有推荐的好,于是她购买了邮件中推荐的商品,通过邮件 Amy 完成了她在京东的第一次购物。过了一段时间,Amy 又迷恋上了摄影,于是想在京东买一款单反相机,她搜索浏览了很长时间,但对于一个摄影菜鸟来说,她一直不知道该如何选择。没想到有一天她打开邮箱,发现里面躺着一封邮件"京东告诉您如何挑选单反相机",这不正是 Amy 需要的吗!她立马打开邮件,通过邮件到达专题页面,果然找到了自己满意的相机并果断下单购买。Amy 的爸爸快要过生日了,她打算送爸爸一部手机,在京东有一部她感觉不错,就是价格有些贵,Amy 有些犹豫,先放到购物车吧,再看看其他商品,但是当天她没有找到更合适的。三天后,她收到一封"您购物车里的商品降价啦"的邮件,打开一看,就是她想买的那部手机,降价 500 元,降价后的价格她觉得可以接受,就果断购买了。就这样,Amy 喜欢上了京东的邮件,因为京东的邮件总能给她惊喜,能帮助她购物,好像能读懂她的心思,这是在其他家网站没有的。

像 Amy 这样感受到京东邮件魅力的会员不在少数,那么京东的邮件系统是怎么做到的呢?

首先,我们知道好的邮件营销就是要完美解决一个 3W 的问题:即在什么时间(when)把什么内容(what)发给什么人(who)。如果要解决这个问题,就要很清楚地了解用户的情况,用户的个人喜好,他需要什么,这就需要大数据挖掘技术的支持,需要基于用户在京东的一切行为(行为背后是一系列的数据),包括搜索、浏览、点击、咨询、加关注、放购物车、下单、地址等一系列数据,在这些数据的基础上进行建模,然后我们得出每个用户的情况,例如:性别,年龄,婚否,是否有孩子,孩子的性别,是否有房子,是否有车,喜欢什么品牌,等等。当我们了解了这些信息,就比较容易定位到每个用户的喜好。然后我们再抽象出各种场景,基于每个场景制定不同的邮件策略,例如,加购物车却没有

---

① 西奥多·莱维特. 市场营销的近视症[M]//转引自本·M.恩尼斯,基斯·K. 考克斯,迈克尔·P. 莫克瓦.《营销学经典:权威论文集》中译本. 大连:东北财经大学出版社,2000:4-27.

购买是一个场景，例如浏览了什么东西也没有购买也是一个场景，基于这些场景，我们设置不同的邮件内容，在合适的时间，例如加购物车后这个商品发生了降价行为的时候，发送给这个用户。

资料来源：蝙蝠侠. 36 大数据. http://www.36dsj.com/archives/17593（有删改）

第二节　微观市场营销环境

微观市场营销环境是指主要影响某个营销企业个体的环境因素（micro environment）。微观环境其实就是营销活动的工作环境（task environment），主要包括影响产品、分销和促销的各类人和机构，诸如供应商、分销商、经销商等。

影响某个营销企业个体市场营销活动的微观市场环境因素主要有以下五类。

一、营销企业内部的因素

事实上，作为一名营销经理，影响其决策的限制性因素不仅来自外部的环境因素，而且也有许多是源自内部的因素。这些因素构成内部环境因素。

企业内部的高层管理阶层的决策构成影响营销职能发挥的内部环境因素。市场营销仅仅只是企业众多职能中的一项职能，企业的市场营销活动要服从于企业整体的发展战略，营销部门和营销经理必须服从于企业高层的管理决策，企业的市场营销方案也必须得到高层的批准才能实施。

企业内部存在的众多职能部门也构成营销的内部环境因素。在企业内部，除了市场营销部门以外，还有诸如生产制造部门、财务部门、技术开发部门、人力资源管理部门等职能部门。这些职能部门在企业内部的组织结构体系中往往和营销管理部门是同一管理层次的平行部门，营销管理部门不能直接干预它们的业务活动，如果要想和它们进行协调也需要通过上一级和管理部门来进行，因此，这些职能部门也构成了市场营销活动的内部环境因素。

二、供应商

供应商是指向营销企业及其竞争对手等提供各种所需资源的公司与个人。供应商对企业营销活动的影响是多方面的，例如，供应品的价格直接影响营销企业的采购成本，并最终影响到营销企业产品的价格和竞争力；供应商供应的产品的数量可能会影响到营销企业产品的生产计划和产量；供应商供应的产品的质量，会影响到营销企业产品性能的可靠性；供应商提出的付款条件会影响到营销企业的财务状况，等等。

三、营销中介机构

营销中介机构能够为营销企业承担部分市场营销职能，提高营销企业的营销效率。营销中介机构包括各种类型的中间商、实体分配机构和营销服务机构。

中间商在很大程度上能为营销企业承担产品的分销任务,它能代替或协助营销企业寻找顾客并与顾客进行交易。正是借助中间商的力量,许多企业的产品才能分布到各个角落,有效地送达目标市场。中间商的类型是多种多样的,既有各种类型的批发商,又有形式多样的零售商;既有拥有商品所有权的经销商,又有收取佣金的代理商。在数字与网络时代,各种类型的电子商务交易平台,也是一种中间商的具体形式。

中间商是一类对于营销企业而言十分重要的中间机构,正是中间商的存在,营销企业才能以更高的效率完成产品的销售等一些市场营销工作。

实体分配机构是指协助企业储存产品和把产品从原产地运往销售目的地的机构,包括运输公司和仓储公司等。实体分配机构能够为营销企业承担产品的运输、仓储、物流和配送等职能。营销企业应该根据运输成本、供货期、安全性和交货方便性等因素,进行综合考虑,决定选择那种成本最低而效益更高的实体分配机构。

营销服务机构包括市场调研公司、广告公司、各种广告媒介及市场营销咨询公司、公共关系公司等。他们能帮助营销企业完成或协助营销企业完成诸如市场调研、广告、营业推广策划、公关策划等营销职能。营销企业在处理这方面活动时总是面临由企业自己完成或是委托专业机构完成的选择。有些大企业,有自己的广告部门和市场调研部门。但大多数企业,都是以合同的方式委托专业公司办理这些事务。我国的营销服务机构发展也相当快,市场调研、广告代理、营销咨询等公司如雨后春笋般地涌现,给企业的营销带来了极大的方便。

四、目标顾客

目标顾客就是营销企业的目标市场。根据顾客的行为特征,经济活动中存在消费者、生产者、中间商、其他非营利组织、政府五种类型的顾客。它们分别构成消费者市场、生产者市场、中间商市场、非营利组织市场和政府市场五种不同类型的市场,不同的营销企业都会面对自己特定的目标顾客。了解顾客的需要、满足顾客的需要是营销企业的主要任务。

五、公众

简而言之,公众是指对一个组织完成其目标及其能力有着兴趣与影响的群体。这种影响可能是正的也可能是负的,需要营销企业加以分析和利用。

对于营销企业而言有以下七类公众。

①金融公众。金融公众包括影响企业取得资金能力的机构和集团,如银行、保险公司、信托公司、投资公司等等。②媒体公众。媒体公众(media publics)指报纸、杂志、广播、电视等具有广泛影响的大众媒体。现在网络发展迅速,成为影响力越来越大的一种新颖媒体。③政府公众。政府公众是负责社会、经济管理的有关政府机构。政府对企业经营活动制定了各种各样的外部规定,营销人员必须经常向公司的律师咨询有关产品安全性、广告

真实性等方面的政府规定。④公民行动公众。公民行动公众（citizen-action publics）包括各种消费者权益保护组织、环境保护组织、少数民族组织、各种社团等。公司的营销决策可能受到消费者组织、环境组织、少数人群体或其他群体的质询。公司的公共关系部门可以使公司同民间群体和消费者保持接触。⑤地方公众。地方公众（local publics）是企业周围的居民和社区组织。大公司通常设社区关系主任职位，由其处理社区方面事务，出席社区会议，回答问题，以及致力于其他一些有意义的活动。⑥一般公众。一般公众（general publics）是对企业完成其营销目标及其能力有着兴趣与影响的群体。公司在一般公众中的形象直接影响到他们是否购买本公司的产品。公司需要知道一般公众对其产品和活动的态度。⑦企业内部公众。企业内部公众（internal publics）包括董事会、经理层、员工等。

为了能够有效处理好与上述诸多公众的关系，利用其对企业营销的有利影响，消除其不利的影响，许多企业都建立了公共关系部门，专门筹划与各类公众的建设性关系，公共关系部门负责收集与企业有关的公众的意见和态度、发布消息、沟通信息以建立企业信誉，提高企业知名度和美誉度。如果出现不利于企业的负面影响，公共关系部门就会成为排解纠纷者。

第三节　宏观市场营销环境

宏观市场营销环境是指影响企业市场营销活动的各种宏观层面的不可抗拒的因素和力量。主要包括人口环境力量、经济环境力量、社会环境力量、文化环境力量、技术环境力量、政治法律环境力量和自然环境力量等。为了应付迅速变化的环境趋势，营销者必须监视这种六种主要的环境力量。

一、人口环境

在构成市场的人口、购买力和购买意愿三要素中，人口因素是第一要素。有了人的种种需要和欲望，企业市场营销才有可能。

在人口因素中，人口的规模、分布密度、地理位置、年龄、性别、种族、职业、受教育程度等因素都是影响其消费和购买的重要方面。人口因素是宏观市场环境分析的重要内容。

（一）人口总量

一个国家或地区的总人口规模，是衡量市场潜在容量的重要因素。我国现有14亿人口，相当于欧洲和北美洲人口的总和。随着经济的发展，人们收入不断提高，中国将成为世界上最大的潜在市场。

（二）年龄结构

分析年龄结构的市场营销意义是不同年龄层的消费者其收入水平、消费倾向、需求偏好、消费行为特征等诸多方面都存在着明显的差异性。

随着社会经济的发展，科学技术的进步，生活条件和医疗条件的改善，人口的平均寿命大大延长。

人口老龄化是当今世界发展的必然趋势。随着老龄人口的绝对数和相对数的增加，银色市场在日渐形成并扩大。而人口出生率的下降给儿童食品、童装、玩具等生产经营者带来威胁，但同时也使年轻夫妇有更多的闲暇时间用于旅游、娱乐和在外用餐。

（三）地理分布

人口在地区上的分布，关系到市场需求的地理分布。不仅如此，居住在不同地区的人群，由于地理环境、气候条件、自然资源、风俗习惯的不同，消费需求的内容和数量也存在差异。另外，人口的城市化和区域性转移，也会引起社会消费结构的变化。目前我国处在城市化加速阶段，这会对我国的社会经济生活产生重大影响，也会对企业市场营销产生重大影响。

（四）家庭组成

家庭是社会的细胞，也是商品采购和消费的基本单位。市场上家庭的数量、家庭平均成员的数量、家庭组成状况等，会对市场消费需求的潜量和结构有十分重要的影响。

（五）民族构成

各国（地区）的民族与种族的构成会影响市场营销活动。我国是一个多民族国家，有56个民族，除汉族外的少数民族总人口在6 000万左右。主要分布在吉林、内蒙古、宁夏、新疆、青海、云南、贵州、广西和海南等省或自治区。

（六）人口的受教育程度

人口的受教育水平可以分成五类：文盲、高中以下、高中、大学、大学以上。许多企业感觉到在受教育程度不同的人对于企业的市场营销活动的反应很不一样，这主要是因为受教育程度的高低会影响一个人的价值观、审美观甚至于世界观和人生观等等。

（七）人口的地理迁移与流动

人口的迁移与流动会影响市场营销活动。这主要表现为需求和购买力的迁移与流动。我国目前的人口迁移与流动的方向基本上是从农村向城市；从西部内陆向东南沿海地区。21世纪以来，我国改变了原先的人口迁移与流动政策，变限制为放开，鼓励人口迁移与流动，加快了城市化步伐。同时也通过人口迁移与流动减少西部人口，以减轻西部的生态环境压力。

在人口环境中，营销者必须深刻地思考的人口增长、变化着的年龄组合、民族特性和教育水平、非传统家庭的发展、大量人口的迁移对企业营销的影响。

二、经济环境

经济环境是指影响企业市场营销活动的各种宏观层面的经济因素和经济力量。诸如经济发展阶段、国民收入水平、居民的购买力水平等。

（一）经济发展阶段

经济的发展阶段是影响企业市场营销活动的经济诸因素中最为重要的因素，因为其他经济因素在很大程度上是受其影响的，国民收入水平也好，居民的购买力水准也好，都决定于此。

（二）收入与支出状况

收入与支出状况是对营销企业影响直接的另一重要环境力量。

1. 收入

需求指人们有支付能力的需要。仅仅有消费欲望，而没有购买力不能构成现实的市场。只有既有消费欲望，又有购买力，才具有现实意义。因为，这意味着现实的营销机会。

2. 支出

支出能反映出人们的消费结构。人们的支出则往往取决于其收入状况。因此，支出与收入之间存在关联性。

较早归纳出这种收入与支出关联关系的是恩格尔。1853年至1880年间，德国统计学家恩斯特·恩格尔（Ernst Engel）曾对比利时不同收入水平的家庭进行调查，并于1895年发表了著名的论文《比利时工人家庭的日常支出：过去和现在》。恩格尔分析收入增加影响消费支出构成的状况发现，收入的分配与收入水平相适应且形成一定比率，此比率依照收入的增加而变化。在将支出项目按食物、衣服、房租、燃料、教育、卫生、娱乐等费用分类后，进一步发现，收入增加时各项支出比率的变化情况为：食物费所占比率趋向减少，教育、卫生与休闲支出比率迅速上升。这便是有名的恩格尔定律。而食物费占总支出（或收入）的比例，称为"恩格尔系数"。一般认为，恩格尔系数越大，生活水平越低；反之，恩格尔系数越小，生活水平越高。

当然消费结构是一个复杂的问题，研究表明，消费者支出模式与消费结构，不仅与消费者收入有关，而且受到家庭生命周期所处的阶段、家庭所在地址与消费品生产供应状况、城市化水平、商品化水平、劳务社会化水平、食物价格指数与消费品价格指数变动是否一致等一系列因素影响，需要营销企业深入分析和研究。

3. 消费者的储蓄与信贷

储蓄是一种购买力的推迟，而消费信贷则是一种购买力的提前实现。消费信贷是指金融或商业机构向有一定支付能力的消费者融通资金的行为。主要形式包括短期赊销、分期付款、信用卡结算等。消费信贷使消费者可凭信用卡取得商品使用权，再按约定期限归还贷款。消费信贷的规模与期限在一定程度上影响着某一时限内现实购买力的大小，也影响着提供信贷的商品的销售量。如购买住宅、汽车及其他昂贵消费品，消费信贷可提前实现这些商品的销售。

三、自然环境

自然环境（natural environment）20 世纪 90 年代以来，公众对环境保护日益重视。保护 自然环境保护是世界各国工商业和公众面临的主要问题。营销企业的营销活动要受到自然环境的影响，也对自然环境的变化负有责任。在世界的许多城市中，空气污染和水污染已经达到危险的水平；地球周围的臭氧层正在变稀，从而导致"温室效应"（greenhouse effect），即地球变暖的危险现象。许多环境专家还担心，人类很快将被自己的垃圾所埋葬。

1992 年 6 月，联合国环境与发展大会在巴西里约热内卢通过了包括《21 世纪议程》在内的一系列重要文件，指出人类应走可持续发展（sustainable development）的道路。同年 7 月，中国政府由国家计委和国家科委牵头制定《中国 21 世纪议程》。该文件经 1994 年 3 月 25 日国务院常务会议讨论通过。作为中国 21 世纪推行可持续发展战略的国家政策和行动方案，其核心是以经济、科技、社会、人口、资源、环境的协调发展为目的，在保证经济高速增长的前提下，实现资源的综合和持续利用，不断改善环境质量。

所谓可持续发展，就是指社会经济发展应建立在资源可持续利用的基础上，符合生态环境所允许的程度，既能满足当代的发展要求，又不对后代生存和发展构成危害的发展模式。通过产业结构调整与合理布局，实行清洁生产和文明消费，协调环境与发展的关系，使社会的发展既能满足当代人的需求，又不对后人需求的满足构成危害，最终达成社会、经济、资源与环境的和谐。可持续发展观念逐渐被世界各国所接受，并促进绿色产业、绿色消费、绿色市场营销的蓬勃发展。

四、技术环境

科技也许是左右我们命运的最具戏剧性的力量。经济学家熊彼特说："技术是一种创造性的毁灭力量。"新技术必将取代旧技术。当旧产业与新技术抗衡时，旧产业必将失败。新技术创造新市场和新机遇。

随着知识经济时代的到来，知识经济对企业营销活动的影响越来越突出。技术进步越来越快。知识经济与传统农业不同，传统农业是以耕地和众多的人口劳力为基础的；知识经济与传统工业不同，传统工业是以大量的矿物能源和矿藏原料冶炼、加工、制造为基础的。知识经济是以不断创新和对这种知识的创造性应用为主要基础而发展起来的。它是依靠不断创新和对这种知识的创造性应用为主要基础而发展起来的。这种依靠新的发展、发明、研究、创新的经济，是一种知识密集型、智慧型的新经济。它以不断创新为特色，新的超过旧的，旧的退出市场丧失效用，新的占领市场获得超额价值。这个创新过程是急速旋转、快捷异常、没有终止的。这种不断创新的知识与智慧和土地、矿藏不同，它不具有唯一性和排他性。知识和智慧可以同时为多人所占有，并一再重复使用。作为人类智慧的成果，它可以与其他知识联结、渗透、组合、交融，从而形成新的有用的知识。知识也有"自然磨损"，它的直接效用没有了，但还可以再开发，成为嫁接、培育新知识的"砧木"，成为启发新的智慧的火花。新知识的爆炸性增长和知识经济的爆发性扩张，是以数字化、网络化为特征的现代信息技术之翼而飞扬升空的。不断革新的计算机与光纤网络通信、卫星远程通信相结合，将知识的编码、储存、传输、扩散速度极大地提高了，方式极大地简单化了，成本极大地降低了，从而使数字化的多媒体网络通信成为一种普遍性的大众技术，使不断更新的知识成为全球任何角落里的人群都可以随时廉价获得。数字化、网络化通信技术革命与现代市场经济制度相结合，与风险投资和现代企业制度相结合，这就极大地促进了新知识的实际使用，促进了发明创新的物化过程，极大地加速了新的知识的商品化、市场化、产业化进程。这是人类历史上从未有过的文明大传播和文化大普及。一个人类智慧大开发和经济大发展的高潮已经到来了。正是这样，计算机和网络通信领域首先成为知识经济发展最快的领域。

技术在营销中扮演着越来越重要的角色，正在以前所未有的力量，打破了传统营销的边界，改变了营销的格局。今天，人工智能、大数据、AR/VR、区块链等新技术的革命，改变了消费者生活、消费乃至工作的方式，同时也改变了市场营销的方式。现在，每年在AI研发上的投入已经超过了300亿美元，AI技术已经日渐成熟，开始在各个领域得到应用。在广告宣传方面，AI技术为用户提供"千人千面"的个性化广告、信息与交易。AI系统可以根据潜在用户的行为，在他的购物之旅中，自动向其发送跟进信息，营销团队可以据此整合营销策略，确保在购物之旅的每一个接触点都能与用户发生互动，并最终实现销售转化。在区块链技术方面，区块链的透明性可以消除数字广告中的不确定性，在品牌与消费者之间建立起信任，品牌将更好地定位目标受众。利用区块链技术，用户可以选择和控制透露个人信息的数量，从而打消用户对于个人隐私泄露的担忧，营销企业的信任度将获得提升。VR/AR技术拓展了营销的疆土，把它带到一个全新的领域，帮助品牌打造沉浸式的内容和体验，以全新的方式与用户进行互动。

五、政治与法律环境

政治法律环境（political environment），是由那些强制和影响社会上各种组织和个人行为的法律、政府机构、公众团体所等组成的。政治与法律环境极大地影响着营销决策。政治法律环境包括法律、政府部门和压力集团三类因素，在社会生活中，它们影响和制约着各类组织和个人。政治与法律，其根本的作用是建立和维护社会的秩序。营销企业时时刻刻都能感到这些方面的影响。企业的营销活动总是在一定的政治与法律环境下进行的。

政治法律环境包涵了政治环境与法律环境两个层面。

政治环境是指影响企业市场营销活动的外部政治形势。包括政治局面、政治权力、政治组织、政治冲突、政治势力等。政治形势的变化是各种政治力量推动的，稳定的政治局面是各种政治势力形成的均衡。当然这种均衡往往是相对的、暂时的。政治局面的变化或政治变革会打破原有的社会秩序。

政治环境对营销企业的影响表现为全方位的。例如，政府的产业政策的调整、政府机构的改革、政府管理经济活动方式的改变等都会影响到企业的市场营销活动。

法律环境是指影响企业市场营销活动的各种法律和法规。在社会经济活动中法律法规是各项活动的"游戏规则"。当然企业市场营销活动也必须遵守相关的"游戏规则"进行。

法律与法规是不同层面的"游戏规则"。按照这些规则的形成机制不同，可以将它们分为法律、法规、规则、惯例等不同类型。但相应的法律、法规、规则、惯例都对营销企业营销活动构成约束。

六、社会文化环境

社会文化环境主要是指一个国家或地区的民族特征、价值观念、生活方式、风俗习惯、宗教信仰、伦理道德、教育水平、语言文字等的总和。文化对企业市场营销活动的影响是多方面、多层次、全方位、渗透性的。不同的民族地区或国家，有各自不同的适应于其生活环境的社会生活的行为准则和生活方式，这种行为准则和生活方式总称为社会文化因素。社会文化因素的内容是十分广泛的，它包括风俗习惯、社会风尚、宗教信仰、文化、教育、价值观、审美情趣、恋爱婚姻等。社会文化因素的核心部分是在长期的社会生活中形成的，带有传统的持续性而形成自己的特点。文化环境（cultural environment）影响社会的基本价值观、理解、偏好和行为。人们在一个特定的社会中长大，该社会使他们形成了基本的信仰和价值观。

第四节　营销调研

一、企业营销调研的必要性

市场营销环境分析需要通过营销调研来完成。通过营销调研，了解市场需求及竞争者最新动态，开展市场营销调研，广泛收集营销环境演化信息，据此制定市场营销战略决策。

在企业的营销管理过程中，每一步都离不开营销调研。因为在市场营销的分析、计划、实施和控制的每一阶段，营销者都必须有充足的信息，需要关于消费者、用户、竞争者、中间商及其他与市场营销有关的信息，而营销调研是取得这些信息一个最重要的途径。在过去，由于市场是狭小的，多数产品销售者与购买者十分接近，因而销售者比较容易了解到购买者的需要与欲望，即市场活动所需信息的取得总的说来并不复杂，通常比较简单。而在现代，由于市场环境变化多端，企业对信息的需要在数量和质量上都空前增加，从而营销调研的必要性也与日俱增，主要表现为以下几个方面。

1. 市场地域的扩大

随着国内各地区乃至国际经济联系的加强，市场不再局限于本地区。市场营销从地区扩展到全国，甚至跨越了国家之间的界限，营销决策人员在不同地区市场或国际市场中面临较为生疏的环境，需要收集、加工许多新的信息。

2. 购买者的购买行为复杂化

随着我国市场经济体制的建立与完善,购买者的收入水平明显提高,他们购买中的挑选性越来越强,在购买中要求所购商品能体现自己的个性,这使购买行为复杂化。这就更要求作为卖主的企业借助系统来分析、了解购买者的现有欲望和潜在欲望。

3. 竞争的日益激化

市场经济就是竞争经济,竞争的激化,使竞争的手段从传统的价格竞争转变为非价格竞争。在较高收入水准的市场中,购买者对产品的价格不再像过去那样敏感,价格高低对最终决定是否购买的影响力度大为削弱,由此品牌、产品差异、广告和营业推广等竞争手段的作用日益突出。但这些非价格手段能否有效运用,前提条件也在于能否获取正确的信息。

4. 市场营销环境变化越来越快

现代企业面临迅速变化的营销环境,为增强企业的应变能力和竞争能力,需要大量的最新信息,以便及时作出决策。总而言之,通过营销调研及时掌握必要的信息,是保证营销决策准确、及时所不可缺少的前提,因此,信息是企业无形的财富,其价值往往无法估计。

上述情况表明,为了及时、有效地寻求和发现市场机会,为了对营销过程中可能出现的变化与问题有所预料,为了在日趋激烈的市场竞争中取胜,企业需要建立一个有效的营销调研与信息系统,以能及时有效地收集、加工与运用各种有关的信息。因此,在企业界普遍形成一种共识:要把企业经营成功,就必须管理企业的未来;要管理企业的未来,就必须管理信息。

就营销企业而言,其信息系统包括企业内部信息和企业外部信息两大部分。

企业内部信息是指反映企业物质资料、工作情况以及生产经营历史和现状的数据、资料。

企业外部信息是指直接或间接影响企业经营的外部环境诸因素的数据、资料、文件、情报等。外部信息主要包括自然信息(气候、地理、地貌、水文、资源等信息的总称)、政治信息(方针、政策、法律、规划等信息的总称)、经济信息(社会的生产、分配、交换、消费、资料、财政、价格、税收、信贷、经济政策、技术政策、工农业产值和发展趋势等信息的总称)、技术信息(新材料、新工艺、新产品、新技术和现有技术的状况和发展趋势等信息的总称)、社会文化信息(人口、风俗习惯、就业情况、收入水平、文化水平等信息的总称)、市场信息等。

二、营销调查

营销调查(marketing research)是针对营销企业特定的营销问题,采用科学的研究方法,系统地、客观地收集、整理、分析、解释和沟通有关市场营销活动各方面的信息,为营销管理者的营销决策提供依据的活动。

营销调查是指针对市场营销过程中各个环节、各种营销职能进行的调查活动。调查是了解和认识事物的基本工具。市场调查是营销企业了解市场情况，分析各种营销环境力量，从而制定出可行的营销策略的基础性工作。缺乏对于市场和环境准确把握的企业，其营销活动几乎没有成功的可能。

（一）营销调查的范围

可以说，市场调查活动贯穿于市场营销管理活动的整个过程，在每一个营销环节都有可能需要通过市场调查为营销管理决策提供依据。事实上，市场调查的方法和技术，不仅仅应用于市场营销领域，还广泛应用于企业经营管理领域。

在市场营销管理活动中，主要的调查活动集中在以下几个方面。

1. 市场研究

市场研究就是对于顾客和购买者的研究。市场研究是企业发现营销机会、制定营销策略的基础。

市场研究的主要内容包括对市场需求规模的测量和分析，即估计某类产品现有的市场规模和潜在的市场规模，预测产品在不同的细分市场的中长期需求；测算不同的产品和品牌在不同市场的占有份额及其动态变化，分析企业在市场竞争中的优劣势及其变化；了解市场的特点及其变化趋势，掌握不同类型顾客的购买特点及其购买行为基本模式，等等。

2. 购买行为研究

购买行为研究包括了研究影响购买者购买行为的因素和购买行为本身两个层面。在消费者购买行为分析方面，为了使问题简明化，曾提出了影响巨大的"7O 研究法"。它是一个消费者购买行为分析的基本框架，它认为对于消费者购买行为的分析研究，应该重点把握以下几个方面的信息：购买者（occupants），即消费者市场由谁构成（who）；购买对象（objects），即消费者市场购买什么（what）；购买目的（objectives），即消费者市场为何购买（why）；购买组织（organizations），即消费者市场购买活动的参与者是谁（who）；购买方式（operations），即消费者市场怎样购买（how）；购买时间（occasions），即消费者市场何时购买（when）；购买地点（outlets），消费者市场何地购买（where）。不仅如此，了解和把握影响购买行为的诸多因素同样是十分重要的。

3. 产品研究

产品研究包括新产品的研发和现有产品的改进。对于现有产品的改进主要是研究如何通过产品性能的改进、产品质量的改进、产品形式的改进、产品服务的改进、产品营销方法的改进等一系列措施，使产品更好地满足顾客的需要，挖掘现有产品的销售潜力。对于新产品的研发主要包括新产品的测试研究，诸如，测试消费者对于产品概念的理解、测试消费者对于新产品的各个属性的重视程度、预测新产品的市场销售前景等。产品研究还包括对于品牌的研究。主要包括对于品牌的知名度、美誉度、忠诚度的测量，包括对于消费者的品牌认知、品牌态度的分析研究等。

4. 价格研究

价格研究包括产品的比价问题研究、差价问题研究、消费者的价格敏感度研究和定价问题研究等。这些信息对于营销管理者制定价格方面的营销决策都是十分重要的。

5. 广告研究

广告研究由于其研究内容和研究方法的相对特殊性，现在越来越趋向形成市场营销调研中的一个独立分支。广告研究包括的主要内容有：为广告创作而进行的广告主题与广告文案测试，广告媒体调查，广告受众调查，广告效果的评估调查，等等。

6. 市场营销环境研究

营销环境是指影响企业营销活动的各种不可控力量的集合。这些因素会直接或间接影响企业营销活动的方方面面，给企业的营销带来机遇或威胁。企业的市场营销环境包括人口环境因素、经济环境因素、技术环境因素、政治和法律环境因素、社会和文化环境因素、自然环境因素等各种宏观环境力量。也包括营销企业的供应商、各种类型的中间商和营销服务机构、各种类型的社会公众等直接的环境力量。还包括影响企业营销活动的行业环境、竞争环境、行业的生命周期阶段等"中观营销环境"因素，这些因素决定或改变着企业在行业内的生存状态。

7. 营销企业责任研究

营销企业责任研究主要包括消费者权益研究、营销对于生态环境的影响研究、营销道德研究、广告和促销过程中的法律限制研究等内容。

（二）市场调查种类

可以根据不同标准来划分市场调查种类。按研究性质与目的来划分，有以下四类。

1. 探索性研究

探索性研究是用来发现市场机会、探索问题发生的原因，或为了解决某种疑难问题寻找一些思路而进行的市场研究。例如，某企业近几个月来销量一直在下降，究竟是由于销售渠不畅，还是由于竞争者抢走了生意？或是由于市场上出现了新的代用品？或是由于消费者的爱好发生了变化？或是由于其他原因？这些问题企业一时还未搞清楚，又不能一一加以调查，这就要通过探索性研究来寻找问题发生的原因。探索性研究是比较粗略的，一般都通过收集第二手资料，或请教一些内行、专家，或参照一些过去类似的案例来进行，找出原因，明确关键，然后再作进一步的研究。

2. 描述性研究

描述性研究是用来如实反映市场经营状况的一种市场调查研究。例如，本企业产品的市场销售增长率、市场占有率、竞争对手的市场经营策略、用户对本企业产品质量和服务工作的评价或意见，等等。描述性研究所收集的资料及其研究成果，是深入研究市场经营中的各种问题和搞好市场预测工作的基础。与探索性研究相比，描述性研究是更为深入的研究。它不仅要收集和占有各种资料，而且还要对这些资料进行整理和分析，以确保研究成果的准确性。为此，进行描述性研究要求制订详细的计划。描述性研究多采用访问法和观察法收集资料。

3. 因果性研究

因果性研究是为了揭示或鉴别市场经营活动中出现的有关现象之间存在的因果关系而进行的研究。在市场经营活动中，经常遇到一些需要回答"为什么"的问题。例如，销售量的增加或减少，消费者购买兴趣的变化，企业利润率的提高或降低等。每一种变化的发生都有其具体原因。因果性研究就是要在描述性研究的基础上，收集有关市场变化的实际资料，并运用逻辑推理和统计分析的方法，找出它们之间的因果关系，从而为预测市场的发展变化趋势创造条件。因果性研究又分为定性研究和定量研究两个方面。定性研究就是分析某种市场经营现象的发生究竟是哪些因素造成的，这些引起变化的原因中，哪一个或几个起着决定性作用。定量研究则是要研究各种原因对结果影响的程度，研究原因与结果之间的函数关系。因果性研究中，实验法是一种主要的研究工具。

4. 预测性研究

预测性研究是在取得历史的和现状的各种市场情报资料的基础上，经过分析研究，运用科学的方法和手段，估计未来一定时间内市场对某种产品的需求量及其变化趋势的研究。预测性研究常常是在因果性研究的基础上进行的。这种研究是一种估测，不可避免地存在不同程度的误差。但是对企业的整个经营和活动还是具有重大的意义。因为市场未来的需求量决定企业的命运。

（三）市场调查的流程

市场调查是针对营销企业特定的营销问题，采用科学的研究方法，系统地、客观地收集、整理、分析、解释和沟通有关市场营销活动各方面的信息，为营销管理者的营销决策提供依据的活动。其完整的调查流程或研究步骤可以归纳为以下七个环节（图2-1）。

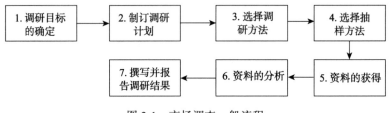

图2-1　市场调查一般流程

1. 调研目标的确定

市场调研首先是从认识营销问题或机会开始的。随着营销企业内外环境的变化,营销管理者时刻面临这样的挑战:"我们应该改变现行的营销策略吗?"无论回答是是还是否,都需要通过市场调研来识别和发现潜在的营销威胁与新的市场机会,为市场营销决策提供依据。

例如,人口老龄化的加剧,是我国企业今后若干年内面临的深刻的营销环境之一。老龄人口的增加对于有些企业来说是一个营销威胁,对于保健品行业内的企业来说或许是一个潜在的新的市场机会。对于一个具体的保健品企业而言,机会在哪里?机会有多大?机会何时真正来临?这些都需要用事实来说话,都需要通过科学有效的市场调查工作来获取相关信息,从而作出客观判断。

因此,营销企业需要通过市场调研来界定自己的问题与机会。潜在营销威胁的识别、新的市场机会的挖掘都离不开市场调查。

从理论上说营销管理者迫切需要什么样的数据决定了市场调查的具体目标任务,但在实际的营销管理中这个问题比较复杂。

美国波士顿咨询集团(BCG)的安东尼·迈克斯(Anthony Miles)认为确定调研目标需要解决三个关键问题:第一,为什么需要寻求这些数据和信息?第二,这些数据和信息是否已经存在?第三,这些问题确实可以回答吗?

2. 制订调研计划

调研计划是指回答营销调研目标所执行的计划,是解决具体问题的框架结构,是实现调研目标或检验研究假设所要实施的计划。调研计划包含从资料收集、样本选择、资料分析、研究预算到调研进度安排的全面的计划方案,是市场调研过程中重要的指导性文件,通常表现为正式的市场调研计划书或市场调研合同书。

3. 选择调研方法

根据调研项目的目标,选择基本的调研方法。调研方法主要有三种:访问法、观察法、实验法。访问法通常用于描述性研究,有时也用于因果性研究。观察法一般用于描述性研究,而实验法几乎都用于因果性研究。

访问法是一种由采访员(有时是采用邮寄调查问卷的方式)通过与被调查者的交互过程来获得事实、观点和态度等方面信息的调查方法。问卷是获取信息数据的一种有序的结构化的方法。

观察法是一种在不直接干预的条件下监视被调查者行为的调查方法。现在已经有多种形式的观察法应用于市场营销调研领域,特别是电子信息技术的迅速发展,为观察法在市场研究中的应用提供了良好的技术支撑。

实验法主要用来求证不同变化之间的关系。市场调查人员通过改变一个或多个变量,如价格、广告支出、产品陈列、包装或分销渠道,然后观察这种变化对于另一个变量如销售量的影响作用程度。当然在市场营销调研中实验法的采用受到一定的限制。原因是实验法要求证一个变量对于另一个变量的影响时，需要保证除了操纵变量外其余变量保持不变。例如需要求证价格变化对于销售量的影响时，就需要把除价格变化对于销售量的影响以外的其他因素对于销售量的影响排除掉，而这个工作事实上是很难的，许多情况下或许是不可能的。市场营销调研领域中，也在不断地探索新的实验方法，用来为营销管理服务。

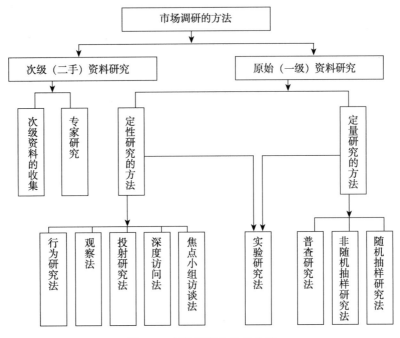

图 2-2　市场调研方法的分类

（四）选择抽样方法

1. 选择抽样方法

样本是单体中的一个子集。抽样就是要从总体中产生出这个子集。在市场营销调研中，抽样问题涉及两工作：如何界定总体和如何从总体中抽取样本。

界定总体需要根据研究目的而定。例如，需要了解中国男性吸烟者的品牌偏好，则中国男性吸烟者这个群体就是本次调查活动的抽样总体。总体界定后，接下来的工作是如何抽取样本，是用随机抽样还是非随机抽样。

随机抽样与非随机抽样的各自特点、适用面、具体的方法等相关内容一般在统计学中将得到详细介绍分析。

2. 资料的获得

样本确定后就进入资料和数据的收集阶段。市场调查中的资料收集应该是整个市场调查工作中工作量最大、最为艰苦的工作。它不仅要求收集员有认真负责的态度、埋头苦干和吃苦耐劳的精神，而且还需要熟练掌握资料收集的方法和技术。常用的方法包括访问法、观察法、实验法和案头收集法。

资料收集工作是市场调研过程中的一项基础性工作，如果采集回来的资料和数据有问题，会影响整个市场调查的质量，建立在这样的资料基础上的分析结论不仅毫无价值而言，而且会误导营销管理者的正确决策，给企业带来损失。资料收集工作又是比较容易出现差错的环节。特别是现场访问，由于分散在外，非常不容易控制。这就需要强化管理和监督工作，需要对于每一项工作制定详细的说明和严格的执行程序。

执行现场调查和资料收集工作的人员可以分为采访员、督导员和调查工作主管。在实际执行现场调查和资料收集之前，一般应该对采访员和督导员进行培训，内容包括一般性的访问技巧和本项目的特别培训，需要让采访员和督导员对于本次调查活动的具体要求、注意事项充分了解，严格控制误差和作弊。在现场调查活动进行过程中和结束后还要按计划有一定比例的回访，以确认采访员是否真正进行了调查以及调查是否按规定的程序进行。

3. 资料的分析

数据资料收集后，市场调研工作的下一步是对数据资料进行分析处理。这个环节包括两项主要工作：资料整理和资料分析。

资料整理是资料分析的前提，它的主要任务是对于收集来的资料数据进行系统的科学加工，其主要工作也是两项：校对与录入。

校对是对于收集来的资料数据进行审查，判断有无错误与遗漏，以便进行适当的修正或补充。这项工作是必不可少的，对于提高市场调研结果的准确性、科学性和可靠性具有重要意义。

录入工作指对问卷进行编码、录入、汇总等，使材料系统化，为统计分析奠定基础。

资料分析的主要任务是对收集来的资料数据进行系统分析。包括统计分析和理论分析。

统计分析包括描述性统计和推论统计分析。

描述性统计也称为叙述性统计，主要是根据样本资料计算样本的统计值，找出这些数据的分布特征，计算出一些有代表性的统计数字。描述性统计主要描述调查观察的结果，主要内容包括频数、累积频数、集中趋势、离散程度、相关分析、回归分析等。

推论统计分析也称为统计推断，它是在描述性统计的基础上，利用数据所传递的信息，通过局部去对全体的情形加以推断。即以样本的统计值去推论总体的参数值，包括区间估计、假设检验等。

理论分析是分析阶段的重要一环。它的任务是在对数据资料进行统计分析的基础上进行思维加工，从感性认识上升到理性认识。这个程序是各种科学认识方法的结合，即从抽象上升到具体。

4. 撰写并报告调研结果

数据资料分析完成后，接下来的环节是撰写报告，向管理阶层提交结论和建议。这是整个市场调查过程的关键环节。要想让调查结论发发挥作用,调研人员就必须让营销经理相信,根据调研数据资料所得出的结论是可信和可靠的。

一般向管理阶层提交调研结论需要书面的报告。在撰写和提交调研报告时,一定要充分考虑报告接受者的情况。调研报告要有针对性。

调研报告应对调研目标作出清晰而简明的说明,并对所采用的调研方法进行全面而又简洁的解释。要概括性地介绍调研的主要发现,报告的最后要提出结论和对管理者的建议。

在许多情况下,调研部门还需要对于调研报告最终产生的作用和影响作一些追踪性的研究。了解管理者最终是否采纳了调研结论,是部分采纳还是整体采纳,为什么采纳为什么不采纳,以及采纳以后的营销决策的效果如何等。追踪调查有助于市场营销调研部门改进工作,更好地为营销管理者服务。

 关键概念

市场营销环境	公众	恩格尔定律	宏观市场营销环境因素
微观市场营销环境因素	市场调查	描述性研究	因果性研究
探测性研究	观察法	实验法	访问法	市场营销信息系统

市场营销环境是影响企业营销活动的各种不可控因素和力量。市场营销环境既包括影响面宽广的诸如人口、经济、政治、法律、社会、文化、自然、技术等宏观环境力量,也包括对于本企业有直接影响的一系列微观环境力量。

市场营销环境力量及其演化对企业的营销活动具有约束作用。营销管理者需要通过调查研究,时刻洞察和把握营销环境力量的发展演化趋势,识别其中所蕴含的潜在机会与潜在威胁,并在此基础上制定或者修订企业的营销策略。

 思考题

1. 什么是市场营销环境?哪些因素构成企业的市场营销环境?
2. 市场营销环境因素有何特点?营销企业为什么要分析市场营销环境?
3. 营销企业的宏观市场营销环境分析框架中包括哪几类环境因素?
4. 什么是恩格尔定律和恩格尔系数?恩格尔系数的变化对企业的市场营销有影响吗?
5. 微观市场营销环境由哪些因素构成?为什么有些内部因素也会构成营销环境力量?
6. 谈谈互联网会对市场营销产生哪些方面的重要影响。
7. 市场调查内容包括哪些方面? 应经过哪些步骤?
8. 随着消费水平的提高,我国消费者越来越关注自身的生活质量问题,请解释一下这种趋势对于旅行社经营的影响，并列出旅行社应对这种趋势的营销思路。

9. 目前哪些环境因素影响着高校毕业生的就业市场？作为一名未来的求职者，能否应用本章的内容，分析一下你就业过程中将会面临的潜在威胁和潜在市场机会？能否为自己制订一份适应这种环境变化的应对方案？

1. 以小组为单位，通过收集资料以及实地调查，撰写一份有关我国消费者绿色意识觉醒对于企业市场营销影响的分析报告，分析在倡导绿色营销背景下企业如何开展市场营销。

2. 实地调查一家企业，试对其市场营销环境（市场机会和环境威胁）进行评价和分析，并指明其未来营销工作的方向。

3. 以某一行业（如餐饮、零售、房地产等）的某个企业为例，运用SWOT分析法，对其所面临的市场营销环境中的优势、劣势、机会和威胁方面作出评价。

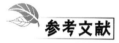

[1] 菲利普·科特勒，加里·阿姆斯特朗. 市场营销：原理与实践[M]. 16版. 北京：中国人民大学出版社，2015.

[2] 孟韬. 市场营销策划[M]. 3版. 大连：东北财经大学出版社，2014.

[3] 董大海. 营销管理[M]. 北京：清华大学出版社，2010.

[4] 菲利普·科特勒，凯文·莱恩·凯勒. 营销管理（全球版）[M]. 14版. 北京：中国人民大学出版社，2012.

[5] 王玮，梁新弘. 网络营销[M]. 北京：中国人民大学出版社，2016.

自学自测　扫描此码

第三章 如何分析购买者市场

 本章重点探讨的问题

> 如何定义消费者市场和组织市场？
> 如何理解消费者行为模型？
> 影响消费者购买行为的因素有哪些？
> 消费者是如何制定购买决策的？
> 影响组织购买者行为的因素有哪些？
> 组织购买决策过程是怎样的？

在前面的章节中，我们了解了营销人员是如何获得、分析和利用信息的，进而提高了对消费者的洞察力。在这一章中，我们将继续深入学习市场中最重要的元素——消费者。营销的目的是影响消费者的思维方式与行为方式。为了影响购买行为的本质、时间和方式，营销人员应该先了解其背后的原因是什么。首先，让我们来看一看终端消费者购买行为的影响因素和过程，然后再着眼于组织市场的购买行为。

第一节 消费者市场购买行为分析

一、消费者市场及其特征

（一）消费者市场

消费者市场也称消费品市场，是由消费者构成的市场。消费品就是用于个人消费和家庭消费的商品，消费者是为满足自己的物质和精神需要而购买商品的个体和家庭。因此消费者市场可以看作为满足个人和家庭的消费需求而提供商品或服务的市场，即"最终消费者市场"，出现在该市场上的商品和服务一旦被消费者购买便不再经过商业程序，划分标准是商品的用途。

消费者购买行为是指最终消费者为个人消费而购买商品和服务的行为。全球各地的消费者在年龄、收入、受教育水平以及品位等方面差异巨大，所购买的商品和服务也千差万别。因此，研究消费者市场和消费者购买行为就是要真正了解消费者的需求，作出适合目标市场的营销决策，减少产品失败风险的发生。

（二）消费者市场的特征

消费者市场的特征主要包括以下五个方面。

第一，消费者人多面广。在商品经济条件下，每个人都必须从市场上获得所需商品。

第二，需求差异性较大。消费者由于年龄、性别、职业、教育、民族、生活习惯等不同，会产生不同的需求与爱好。

第三，小型购买、多次购买。消费者受收入和家庭储藏条件的限制，每次购买量都比较小，但因为许多消费品是连续消费的，故而购买次数较多。

第四，多属非专家购买。消费品的种类繁多，消费者不可能对这些商品进行专门研究，因而缺乏充分的知识准备，这样就容易在外界环境的刺激下冲动购买商品。消费者市场的商品又可分为便利品、选购品和特殊品。在消费者市场上，消费者拥有安全权、认知权、选择权和申诉权等基本权利。

第五，购买流动性大。由于家庭收入及储藏条件等的限制，消费者的购买量相对比较小，商品并不需要在固定地点购买，具有购买流动性。

案例 3-1

任天堂的成功与探索

任天堂 SNES（俗称超级任天堂）已经诞生 25 周年，这款 20 世纪 90 年代初的家用游戏主机，迄今已销售近 5 000 万台，虽不及后来者索尼 PS 系列，但仍是整个游戏机史上高人气的一款。

2006 年，任天堂公司开发出了以运动控制为特点的 Wii，并将电子游戏行业的着眼点从 1983 年推出的红白机（Nintendo Entertainment System）中转移出来，以试图在千禧一代中夺回游戏市场的份额。该游戏机的独特卖点是其无线控制器，可用作手持定点设备，探测三维动作。Wii 不仅提供了玩视频游戏的新玩法，而且由于其用户游戏内容的普遍性，将目标客户扩展到所有人。Wii 的销售量超过了 1 亿台。

然而，2011 年开始任天堂危机重重。由于 Wii 的销售额再无起色，任天堂公司出现了多年来的首次亏损。之后，Wii U 游戏机推出市场，这款家用游戏机不仅仅是 Will 的后继机种，还被视为任天堂公司的救命稻草。但这款经过精心设计的游戏机让公司的发展形势愈发不利。游戏机名字就令人困惑（仿佛让人以为它是 Wii 的配件），设计也不够全面（为什么控制器是一个基本没用的平板电脑？），并且缺席诸多经典游戏系列（如"银河战士"，任天堂最为著名的游戏系列之一）。因此它成为任天堂有史以来最差劲的家用游戏机，随着该公司在 2013 年、2014 年连续亏损，任天堂似乎正处于被时代淘汰的边缘，公司仅残存着最后一丝脉搏。

然而，任天堂总是能从失败中挖掘出最大的成功。这家备受业内人士尊敬的公司并没有在即将到来的厄运面前低头,相反,它似乎要迎来又一次的崛起。后来的结果也并不完全出乎意料。虽然在从 Wii 到 Wii U 游戏机的产品过渡中,任天堂又失去了近 1 亿的用户。但之后推出的任天堂 Switch 游戏机让公司再一次反败为胜。这款采用家用机掌机一体化设计的游戏机竟成为世界上很多地区最畅销的游戏机。在不到 10 个月的时间里,它已经收获了很多与"史上最佳"荣誉相当的头衔。任天堂 Switch 获得了热烈的市场反响,而 SNES 迷你版也备受大众欢迎。在这两款畅销游戏机的带动下,任天堂的销售量持续上升。该公司的东山再起也成为 2017 年科技界为数不多的正面例子之一。

思考题:任天堂公司为什么能从逆境中走出?你认为在激烈的市场竞争中应如何理解消费者的需求?

二、消费者的行为模式

消费者每天都会作出许多购买决策,这正是营销人员的关注点。大多数大型公司仔细研究消费者的购买决策,分析消费者购买什么、在哪里购买、如何购买、花了多少钱、何时购买以及为何购买等问题。营销人员可以通过研究消费者的实际购买行为来了解他们购买的商品、地点以及花费的金额,但是要了解消费者购买行为的原因却不容易,这些答案常常深藏在消费者的内心。事实上,消费者通常自己也不知道影响他们购买的因素是什么。对于营销人员来说,核心问题是:消费者会对企业可能使用的各种各样的营销行为作出怎样的反应?消费者对刺激的反应模式是这一问题的出发点。图 3-1 显示了进入消费者黑箱中的营销刺激和其他刺激,以及消费者由此作出的反应行为。营销人员必须找出消费者黑箱中的秘密。

图 3-1 购买者行为模型

营销刺激包括 4P,即产品、价格、渠道和促销。消费者环境中的其他主要刺激因素和刺激事件还包括经济、技术、社会和文化。所有这些输入都会进入消费者黑箱中,而后转换为一系列购买反应——购买者的品牌偏好、公司关系行为以及消费者在何时、何地、以何价购买了何物。营销人员想知道在消费者黑箱中刺激是如何转换成行为反应的,这就主要需要关注两个问题:首先,消费者的特征如何影响其接受外界环境的刺激并产生行为反应;其次,消费者决策过程本身如何影响消费者的个人行为。在本书中我们主要考察影响消费者购买行为的特征以及消费者的购买决策过程。

三、消费者的购买行为类型

消费者在购买牙刷、个人电脑、金融服务或者新车时，其购买行为都各不相同。越复杂的购买决策，会包含越多的购买决策参与者，消费者的考虑也会越慎重。图 3-2 显示了根据购买者介入度和品牌差异度划分的消费者购买行为类型。

	高介入	低介入
品牌间差异显著	复杂的购买行为 如：汽车	寻求多样性的购买行为 如：不同口味的酸奶、饼干等
品牌间差异较小	减少失调的购买行为 如：高级地毯	习惯性的购买行为 如：食盐、食用油

图 3-2　消费者购买行为类型

（一）复杂的购买行为

复杂的购买行为是拟购买产品间的品牌差异巨大，消费者又高度介入其中时所呈现出来的购买行为类型。对于这种购买行为消费者存在较高的风险感知，因此一般要经过收集信息、产品评估和购买决策等阶段，完成其购买决策。复杂的购买使消费者愿意花费较多的时间和精力去收集信息，比较各种产品属性的优劣。营销管理者必须注意高度介入的消费者的信息渠道和评估行为，制定各种策略帮助消费者认识产品属性、各属性的重要性及功能效用等，使本企业的品牌明显区别于竞争者的品牌。

（二）减少失调的购买行为

减少失调的购买行为是拟购买产品间的品牌差异很小，但消费者高度介入时所呈现出来的购买行为类型。由于消费者认为品牌差异不大，其购买前一般不进行仔细评估，购买过程简单迅速。但在购买某产品后，容易形成一种自己所购买的产品有缺陷或其他产品拥有更多的优点的心理状态。由于消费者是高度介入，对购买结果很在乎，所以极易产生失调感。产生失调感的消费者总是努力降低失调感。营销管理者应经常通过各种渠道传递产品和企业的正面信息，强化消费者的信念，使消费者相信自己的购买决策是正确的。

（三）习惯性的购买行为

消费者对购买行为的自我介入程度低，并认为品牌之间没有什么显著差异，就会形成习惯性购买行为。消费者只是根据平常的习惯去购买自己熟悉的品牌。对于已是企业产品的习惯购买者，企业主要的营销策略有：①利用价格与销售促进作为诱因，促使消费者试用产品；②开展大量重复密集的广告使顾客加深对企业品牌的印象，增加顾客选择的可能性；③将低度介入产品转化成高度介入的产品，将差异小的产品转换成差异大的产品。

（四）寻求多样性的购买行为

这种购买行为出现在消费者低度介入，各种差异化程度高的产品的购买过程中。消费者了解各品牌之间存在显著差异，就会产生寻求多样性的购买行为。寻求多样性的购买行为具有很大的随意性，消费者不停地在各品牌之间转换，其目的是想体验新产品，而不一定是对所消费品牌存在不满意。市场领先者应力图通过占有货架、避免脱销和提醒广告来鼓励消费者形成习惯性购买行为，其他类型的企业则可采用降价、折扣、赠券、免费试用和强调试用新产品的广告来鼓励消费者购买不同种类的产品，增加企业产品的被选择机会。

四、如何识别影响消费者购买行为的因素

消费者总是生活在一定的社会环境中，购买活动也是在一定的社会环境中进行的。因此，消费者的购买行为受到文化、社会、个人和心理特征等因素的影响。

（一）文化因素

1. 文化

文化是人类社会所创造的物质财富和精神财富的总和。通常特指精神财富的总和，包括文字、艺术、教育、科学等。在考虑对消费者购买行为的影响因素时，在一定的经济水平条件下，必须首先研究文化因素。由于文化传统的不同，消费者区别较大，从而深刻地影响着人们的消费行为。这主要表现在以下三个方面。

（1）不同的审美观。人们为消费而购买，当人们在市场上审视商品的时候，吸引消费者的不仅是商品的实际使用价值，还取决于能否使消费者产生美感。而审美在很大程度上取决于人们主观上的理解，因此不同的国家和民族会有不同的审美标准。

（2）不同的价值观。由于历史、宗教、政治等多方面的原因，人们对同一事物怀有不同的感情，从而会产生不同的价值观念。

（3）民俗传统的影响。最典型的影响反映在民俗节日上。在中国的传统节日春节，春节前是消费高潮期，也是企业增加销售、取得盈利的最佳时机。而在西方，最重要的节日是圣诞节，中国销往那里的圣诞礼品、食品等如果在圣诞节以后才运到，自然很难销售。

简而言之，文化就是特定的生活方式，而消费是生活方式的主要内容，每个人都在一定的社会文化环境中成长，学习和形成基本的文化观念。例如在美国长大的儿童往往信奉以下的价值观：成就与成功、行动与参与、效率与实践、进取、物质享受、自我主义、自由、博爱主义、青春活力、健康与健身等。每个群体或社会都有其特有的文化，而文化对购买行为的影响在不同的国家有着很大的差异，如果不能意识到这一点，将很可能导致营销活动的低效或者让人尴尬的失误。

市场营销人员总是不断地捕捉文化变迁以发现人们可能需要的新产品。例如近些年，人们开始关心健康和健身，于是促进了健身器材、运动服装、天然食品、健身服务、减肥服务等行业的发展；人们开始青睐非正式风格，使得休闲服装和简易家具的需求大大增加。

2. 亚文化

在大文化的基础上，依据具体的文化因素又可以细分为若干不同的文化分支，叫作亚文化。具有亚文化特征的人群称作亚文化群，如民族亚文化群、宗教亚文化群、种族亚文化群、地理亚文化群、特殊亚文化群等。

亚文化群共同遵守基本的文化规范，但也保持自己独特的信仰、态度和生活方式，因此会表现出消费行为的差异，企业在选择目标市场和制定营销决策时，必须注意亚文化差异，根据他们的需要设计产品并制订营销计划。

3. 社会阶层

消费者的行为还受到社会阶层的影响。一切人类社会都存在社会阶层。所谓社会阶层是社会学家根据职业、收入来源、教育水平、财产数量和居住区域等因素对人们进行的一种社会分类。社会阶层是按层次排列的、具有同质性的群体。每一阶层成员具有类似的价值观、兴趣爱好和行为方式。社会阶层有以下几个特点。

（1）来自同一社会阶层的消费者的行为要比来自不同社会阶层的消费者更加相似。

（2）人们往往以自己所处的社会阶层来判断各自在社会中地位的高低。

（3）一个人所处的社会阶层并不是仅仅由一个变量决定的，而是受到职业、收入、教育和价值观等多种变量的制约。

（4）一个人的社会阶层并不是一成不变的。人在一生当中可以改变自己所处的社会阶层，既可以迈向高阶层，也可以跌至低阶层，这种升降变化的程度随着所处社会的阶层森严程度的不同而不同。

（二）社会因素

消费者行为受到影响的社会因素主要包括消费者所处的群体、家庭以及社会角色和地位等。

1. 群体

一个人的行为习惯会受到群体的影响。对个人有直接影响的称为成员团体。相反，参照群体作为一个直接（面对面的互动）或者间接的参照点来影响一个人的态度或者行为。人们常常被非隶属的参照群体所影响。例如，人们想要归属于一个渴望群体，就像一个篮球运动员希望有朝一日可以像斯蒂芬·库里那样在NBA（美国职业篮球联赛）打球。营销人员努力辨别他们目标市场的参照群体。参照群体通过使人们接受新的行为和生活方式来影响消费者的态度和自我意识，并且通过制造压力来影响人们对产品和品牌的选择。易受到强大群体影响的产品品牌的营销人员必须搞清楚怎样找到意见领袖，并通过他们向消费者施加影响。

2. 家庭

家庭成员会显著影响购买者的行为。家庭是社会中最重要的消费者购买组织，这方面已经有大量的研究成果。营销人员感兴趣的是家庭中丈夫、妻子和孩子在不同产品和服务购买过程中所扮演的角色和产生的影响力。目前,中国家庭总消费的75%由女性主导,对于城市女性而言,利用互联网购物的比例达到78.3%。孩子也常常对家庭购买决策产生重要影响。在中国特色的家庭结构(4+2+1)下,儿童中心化,儿童消费迅速增长。中国的"二孩"政策也为儿童产品经济带来更多的利好。有研究发现,孩子对家庭购买任何产品发挥重要影响,从购买什么样的汽车、到什么地方吃饭到去哪里旅游。

3. 社会角色和地位

一个人归属于许多群体,如家庭、俱乐部、组织或者在线社区。个人在群体中的位置由其角色和地位确定。角色包括人们根据周围群体的行为所做的活动。每个角色都具有一定的社会地位,反映了社会给予他的尊重。人们通常根据自己的角色和地位来选择产品。例如,一位职场母亲需要扮演不同的角色:在公司里,她是品牌经理;在家里,她是妻子和母亲;在她最爱的体育项目中,她是酷爱运动的球迷。作为一名品牌经理,她将购买与她在公司所扮演的角色类型相匹配的衣服。在体育活动中,她可能会穿上自己喜欢的球队的衣服。

(三)个人因素

个人因素是消费者购买决策过程最直接的影响因素,也是最易识别的因素。它包括消费者的年龄与生命周期阶段、职业和经济状况、生活方式、个性和自我概念。

1. 年龄与生命周期

年龄不同的消费者,其需要与欲望有所不同,需求量也有较大差别。例如,小孩喜欢吃糖,但老年人对糖则很谨慎,糖尿病患者对糖更是要小心。又如,小孩对玩具的需求比成年人更大。

2. 职业和经济状况

职业对消费的影响是显而易见的。大学教师每年要用千余元购买书籍、订阅报刊,其他职业者在这方面的花销则要小些。经济状况包括收入、储蓄、资产、债务、借贷能力以及对待消费与储蓄的态度等。消费者的经济状况既与个人能力有关,也与整个经济形势有关。

3. 生活方式

生活方式就是人们在活动、兴趣和思想上表现出的生活模式。来自相同亚文化、社会阶层和职业的人可能有完全不同的生活方式。它包括测量顾客的主要的AIO维度:活动(工作、爱好、购物、运动、社会活动),兴趣(食物、时尚、家庭、娱乐)和观点(关于他们自己、社会问题、商业、产品)。生活方式刻画的不仅仅是个人的社会阶层或个性,它描绘了一个人在世界上的活动以及与他人互动的模式。营销人员可以通过提供特殊的产品和营销手段为基于生活方式的细分市场服务。这种细分市场取决于家庭特征,或者对户外活动的兴趣爱好,或者是否饲养宠物。

4. 个性和自我概念

个性是指一组显著的人类心理特质，这些特质会导致对环境刺激作出相对一致而持久的反应。消费者经常选择和使用的品牌是在个性上与他们的现实自我概念相一致的品牌。

案例 3-2

有趣的数字文化

在中国古代文化中，有的数字被视为吉祥，有的却被视为禁忌。例如，一是元，是万物之始，它可象征开端，给人以希望，但同时又象征形单影只；四的谐音虽是"死"，但它又有方正、东西南北四个方向的含义，象征着完满和完善；七的谐音虽是"气"，但它又有"起"的谐音，古语中常将七作为至数，如七古、七绝、七律、七步之才等；八在古代主要象征丰收，在广东话中它的谐音是"发"，可以引申为发财。西方宗教认为"十三"是不吉利的数字，然而中国古代则认为它很吉祥，常常将许多有价值的东西集成十三，如《十三经》。于是，许多企业展开"数字营销"，例如，许多电信部门在电话和手机号码上实行明码标价，末位数为 4、7 的号码可以降价或免费出售，而末位数为 6、8、9 的，则加价出售且往往供不应求。再如，某些地区的交通部门实行吉祥车号高价拍卖活动，以谋取更多利益；另外，从 2004 年 2 月开始，广州将尾号为"4"的新车牌照从选号库中删除，以方便车主选到心仪的车牌号。在当今的日常生活中，人们要为开业剪彩、奠基仪式和重要出行等大型活动选择一个"良辰吉日"，以此博个好彩头。

思考题：文化因素在企业的市场营销过程中起到怎样的作用？您认为企业应该如何灵活地将文化因素作为营销中的有力工具？

（四）心理因素

个人的购买行为还受到一些心理因素的影响，主要包括动机、感知、学习、记忆、信念和态度。它们对消费者购买决策有较大的影响。

1. 动机

动机是促使人们为满足某种需要而采取行动的力量。动机产生于未满足的某种需要，这时心理上会产生一种紧张感，驱使人们采取某种行动以消除这种紧张感。心理学家提出了多种人类动机理论，它们得到较为广泛的应用，其中最著名的是马斯洛的需要层次理论，这一理论对市场营销具有一定的借鉴意义。

马斯洛试图解释为什么人们在特定时期会有特定的需要。他的答案是，人类的需要是分层次排列的，从最迫切的到最不紧迫的排列，分别是生理需要、安全需要、社交需要、尊重需要和自我实现需要（图 3-3）。马斯洛提出人总是先满足最重要的需要，这种需要得到满足后，就不再是一种激励因素。此时，人会转向满足次重要的需要。

图 3-3　马斯洛的需求层次模型

2. 感知

感知是人们通过收集、整理并解释信息，形成对世界有意义的描述的过程。感知是接受刺激的第一道程序，它对刺激进行筛选、组织、归类和抽象，找出它们之间的关系，再赋予一定的意义，然后形成经过提炼的信息，指导人的行动。感知具有三个特点。

（1）选择性。由于客观事物多种多样，人们的背景、兴趣和经验不同，在一定的时间和环境条件下，人们对客观事物往往不是全面吸收，而是有所选择地把事物的少数方面作为感知的对象。

（2）理解性。感知不仅是对事物的感知，还包括对这一事物赋予的意义的感知。人们往往根据自己的知识、经验和需要来理解事物，这就是感知的理解性。因此，感知可能是正确的，也可能是错误的。

（3）恒常性。人们一旦形成对某一事物的感知，就会继续以这种感知去认识这一事物。这种特点对建立顾客忠诚非常重要，一旦顾客对某个企业的产品产生好印象，就会有继续购买该企业产品的倾向。反之，若第一次使用产品时印象不好，那么对该产品产生好印象就难上加难。

3. 学习

学习是指由经验引起的个人行为的改变，大多数人的行为是通过学习产生的，学习是通过驱动、刺激、诱因、反应和强化间的相互作用发生的。我们可以假设消费者购买了一台某品牌照相机。如果这次购买经历令人满意，消费者使用相机的次数会越来越多，他的反应也会被加强。等下次再次购买照相机或类似的产品时，他购买该品牌产品的概率会更高。对于企业而言，学习理论的重要性在于他们可以将产品的需求与强烈的购买欲望相结合，恰当运用学习理论对消费者进行积极的强化，可以增加产品的需求量。

4. 记忆

认知心理学家将记忆分为短时记忆和长时记忆。所有在生活中积累的信息和经验都可以成为我们的长时记忆。其中，关于长时记忆结构，最广为接受的观点是我们会形成某种联想网络记忆模型，也称为图式记忆。将长时记忆视为由一系列节点和组带组成，任何形式的信息都可以存储在这种记忆网络中，包括文字的、视觉的、抽象的和情境的信息等。在这个模型中，我们可以将消费者的品牌知识看作一个存在诸多关联的记忆中的节点。这些关系的强度与结构决定了我们能够回忆起的关于品牌的信息。品牌联想包括所有与品牌节点相关联的与品牌有关的想法、感觉、感知、印象、体验和态度等。营销者感兴趣的另一类记忆是情节记忆，它是对个人所参与的系列事件的记忆，如第一次约会等，常常会激发意象（思想、情感和事物在感觉上的具体表现，直接再现过去的经历）和情感。营销者常常试图唤起情节记忆，因为品牌与此相关，可以将消费者产生的正面感觉与品牌关联起来。

5. 信念与态度

信念与态度是同价值观紧密相关的概念。信念是人们关于周围事物的知识的组织模式。例如，一位消费者认为某品牌空调最好，质量可靠，价格合理。这种信念可能来自知识、信任或传说。消费者一般会形成关于某一产品特征的组信念，并通过这一组信念形成关于某一特定品牌的印象。换言之，品牌印象形成消费者对某一产品的态度。态度是我们对所处环境的某些方面的动机、情感、知觉和认识所形成的持久的体系，是一种对给定事物喜欢或不喜欢的倾向。态度由三部分组成：情感（感觉）、认知（信念）以及行为（反应倾向）。

态度包含人们对某一事物对、错、好、坏的价值评价，具有三个特点。

（1）统合性。它是认知（评价）、感情（好恶）和意向（反应倾向）等心理过程的统合。

（2）媒介性。它是心理活动与外部表现的中介，是潜在的行为。

（3）压力性。它具有导向某一行动的倾向。

五、消费者怎样进行购买决策

基于以上对消费者购买行为影响因素的认识，下面可以来看一看消费者是如何进行购买决策的。如图3-4所示，消费者购买决策主要可以分为五个阶段，是一系列心理和行为过程。分析这一过程，营销管理者可以针对每个阶段消费者的心理与行为特征，采取不同的市场营销战略。

图3-4 消费者购买决策过程

（一）识别需求

购买过程始于消费者对某一问题或需要的认识。这种需要可能因消费者内在或外在的刺激引起。就内在刺激而言，当人们的生理需要（如饥饿、口渴）升高到某一水平时，人们就会根据以往的经验，主动寻找可以满足这种需要的产品。人们的需要也可以经由外在的刺激（如CD、唱盘等）引起。如看到电视广告中的汽车广告而产生购买一台新车的想法。

（二）收集信息

收集信息是购买决策的调研阶段。消费者认识到自己的需求之后，就会为了满足这一需要去有意识地收集相关信息，加深认识。一般而言，消费者通常通过以下四个途径寻求信息。

1. 通过自己的周边群体获得信息

通过亲友、邻居、同事、同学等相关群体，了解他们的看法、对各种品牌的评价及使用的满意程度等。

2. 通过商业来源收集信息

从广告、橱窗陈列、展销会、推销员等方面收集有关商品的性能、特点、品牌信誉、服务方式、价格档次等信息。

3. 通过公众性来源收集信息

从报刊资料、广播电视、专题报道等收集产品质量评比结果、企业对消费者负责程度、技术先进性等信息，通过消费者组织了解各种商品的反应服务情况等。

4. 通过个人亲身经验获得信息

个人亲身经验包括亲自到商店、柜台观察，接触各类商品；亲自从对同类商品的使用、操作中体验、认识商品；观看操作表演、试用等。

一般来说，消费者得到的商品信息，大部分来自商业来源，而影响力最大的是私人来源（自己的周边群体和亲身体验）。各种来源资料对购买决策都有很大的影响。在正常情况下，商业来源主要起到告知作用，而私人来源主要起评估作用。因此，一家企业需要更好地设计营销组合来让消费者了解自己的品牌。企业还需要谨慎地评估消费者的信息渠道和每种渠道的重要性。

（三）方案评估

消费者在收集各方面信息后，要对这些信息进行整理、分析、评估，以形成自己的观念和意向。一般来说，消费者通常在价格和优惠，产品的功能特色及产品带来的实际利益，品牌形象和商标信誉等方面进行比较评价，以确定自己所要购买的产品。

1. 价格和优惠

价格是消费者在品牌选择中最基本的评估标准之一。对于收入较低的消费者而言，价格往往是其是否购买的主要标准。此外，消费者在无法准确地判断竞争品牌之间的质量差异时，经常把价格作为衡量产品质量的标准。价格能影响人们对服装、啤酒、地毯、音响以及无数其他产品的质量的看法，而且这种影响力是很大的。消费者在评价计算实际支付时，如能得到营销企业的优惠待遇及其他方便，就会感到一种心理的满足，给予该项产品较高评价。这对促成购买决策是很重要的。

2. 产品的功能、特色及产品带来的实际利益

消费者除了注意产品的质量，还同时重视产品功能的大小。不同的消费者，会根据自己的标准把型号、功能和使用成本作比较，然后选择满意的一种。此外，用户对产品利益的要求也是多层次的。一般而言，消费者要考虑产品能满足期望利益的程度，使用时方便、安全的程度，是否能表达个性，是否令人羡慕等。

3. 品牌形象和商标信誉

消费者经常把品牌形象或商标信誉作为产品质量的代指标。他们通常会将各种品牌的东西如商品的声誉进行分析比较，一般会对名牌产品、获奖商标给予更高的评价。总体而言，满足较低层次需求的商品，消费者重视价廉物美；而在较高层次上，则重视象征性价值。

（四）购买决策

这是消费者实际购买的决定阶段。经过信息评估后，消费者会对品牌进行排名，从而形成购买意愿，但实际购买过程并未开始。如果在购买的实际行动阶段受到干扰，可能终止或推迟购买。此外，购买风险也会影响消费者的购买决策。

（五）购后行为

购后行为是购买决策的"反馈"阶段。它是本次购买的结束，又是下次购买或不购买的开端。如果消费者觉得购买到期望的产品或质量，下次就会再购买相同的产品；如果不满意，下一次可能就会购买其他的产品。因此，营销企业应重视顾客的购后行为。判断消费者购后行为有两种基本理论：预期满意理论和认识差距理论。

预期满意理论认为消费者对产品的满意程度，取决于预期得到实现的程度。如果产品符合消费者的期望，购买后就会比较满意；期望与现实距离越远，消费者的不满就越大。因此，企业对产品的广告宣传要尽量实事求是，不要夸大其词，否则消费者的期望不能兑现，就会产生强烈不满，影响产品在市场上的信誉。

认识差距理论认为消费者购买商品后都会引起不同程度的不满意感，因为任何产品总有它的优缺点，消费者往往惯于用别的产品的优点同本产品的缺点相比较，从而产生不满。这时，企业的任务在于使消费者的不满意感降低到最低限度。

案例 3-3

丽兹卡尔顿酒店——尽我所能取悦顾客

丽兹卡尔顿酒店作为全球首屈一指的奢华酒店品牌，从19世纪创建以来，一直遵从着经典的风格，成为名门、政要下榻的必选酒店。因为极度高贵奢华，它一向被称为"全世界的屋顶",尤其是它的座右铭"我们以绅士淑女的态度为绅士淑女们忠诚服务"更是在业界被传为经典。不管在哪个城市,只要有丽兹酒店,一定是国家政要和社会名流下榻的首选。威尔士亲王,瑞典、葡萄牙、西班牙的国王都曾经在巴黎的丽兹卡尔顿酒店入住或就餐。戴安娜王妃遭遇车祸前的最后一顿美好的晚餐也是在那里享用的。时尚代名词的可可·香奈尔从1934年到她去世的1971年,一直住在巴黎的丽兹卡尔顿酒店,酒店专门为她安装了私人专用电梯,电梯从她的豪华套房一直延伸到酒店后面的康朋街大门,方便她只需穿过康朋街就到达办公室。

这些富豪与名流对这家酒店的态度可以用依恋、依赖、依靠来形容,很多人将其当作家,而酒店的服务人员某种程度上就是其家人,他们对客人直呼其名。无论岁月怎样流逝,你遇到的始终是同样的楼层服务生和侍者,他们个个都对你的怪癖了如指掌,无论是从客人最喜爱的长圆形小甜糕的味道,最讨厌的格子床单,还是客人生了病的小狗需要吃什么样的食物。

忠诚顾客是企业财富的真正来源,而丽兹卡尔顿酒店的忠诚顾客有着令人艳羡的贡献度。酒店的高级领导力总监表示:"我们顾客终生的平均消费为120万美元。"这意味着,按平均每间客房500美元一晚的价格来计算,这个客人要在酒店住上2400晚,如果每个月都在这里住两晚,也要连续住上100年。

丽兹酒店的员工每时每刻都用心创造着独特的体验。一个家庭带着三个小男孩在周末抵达萨拉索塔丽思酒店。在他们入住的最后一晚,他们在酒店的餐厅进餐。餐厅打烊时,服务员发现椅子坐垫下面隐藏着一只毛绒小狗。服务员立刻意识到,三位小男孩中的某一位落下了它。时间太晚了,因此服务员们计划在第二天以一种有趣的方式归还那个小狗玩具。他们将小狗玩具摆放在餐厅中,做出进餐的样子、弹奏钢琴以及在厨房中烹调美食的样子,并为其拍照,然后为每一张照片配上故事情节。他们打印了所有的照片,为小宾客创建了一个名为"小狗历险记"的图集。第二天上午9点,他们将图集和毛绒小狗玩具一起送至宾客的房间内。当小男孩看到他丢失的小狗时,欣喜雀跃;在这个孩子和他的家庭中,这段美妙的经历是不会被忘怀的。

正因为不知道谁是下一位终生顾客,所以,每一位享受丽思服务的客人都得到了最衷心的照顾。丽兹卡尔顿酒店无疑是"以客户为中心"的最佳实践,上述种种做法都来源于酒店的创始人恺撒·里兹的个人信条,他相信通过最为专业周到的服务去赢得尊重和成就,而正是这种理念和价值观造就了丽兹卡尔顿酒店今日的传奇。

思考题:丽兹卡尔顿酒店为什么能够取得巨大的成功?您如何评判案例中酒店员工的做法呢?

第二节 组织市场购买行为分析

一、什么是组织市场

组织市场是由为获利而购买某种产品的个人和组织所构成的顾客群。有学者将其定义为除了消费者市场以外的所有市场,包括农业市场、矿业市场、建筑市场、制造业市场、交通运输市场、房地产市场、金融保险市场、服务市场和政府市场等，也包括以营利为目的的小商贩的中间商市场。这个定义强调了组织市场与消费者市场的本质区别：经营者为获利而购买，而消费者为个人消费和使用而购买。政府和大学等公共事业是一个特例。它们虽然不是为了获得利润，但也讲究投入产出的经济性，少花钱多办事、办好事。

组织购买者行为指一些组织为了出售、租赁或供应其他组织生产而购买产品和服务的行为，也包括零售和批发企业的购买行为，它们购买产品和服务是为了转售或出租给其他人以此谋利。在组织购买过程中，组织购买者首先决定需要什么产品和服务，然后寻找备选的供应商和品牌，并进行评价和选择。

组织市场可以分为三类：第一，产业市场，又叫生产者市场或企业市场，是指一切购买产品和服务并将其用于生产其他产品或服务，以供销售、出租或供应给他人的个人和组织。产业市场通常包括农业、林业、水产业、制造业、建筑业、通信业、公用事业、银行业、金融业、保险业、服务业等。第二，转卖者市场，是指购买产品和服务并转售或出租给他人，以获取利润为目的的个人和组织，一般包括各种批发商和零售商。第三，政府市场，是指为执行政府职能而采购或租用商品的各级政府单位，一个国家政府市场区或其他服务性质的团体，如医院、教堂、学校、博物馆和养老院。非营利机构通过购买产品和服务发挥其职能。

二、组织市场的特征

第一，购买人数较少，购买规模较大。在规模巨大的组织市场中，大部分的需求来源于少数几个买家。

第二，组织市场的需求具有刚性。相比消费产品，组织市场上的价格变动对许多工业品的需求影响不大。需求最终来源于人们对消费品的需求，如消费者在选择电脑时，一般不会直接选择单独的处理器、显卡等部件，而是购买苹果、联想、戴尔等品牌的电脑整机，这些设备中包含英特尔处理器等各种配件，这里的英特尔处理器一般是由组织购买的，是典型的组织购买者行为。

第三，购买决策参与者多，工作专业。与消费者购买相比，一般组织购买由受过训练的采购代理人完成，若购买过程非常复杂，会有相应的采购小组来完成。

第四，购买决策复杂。组织购买一般涉及大量资金以及复杂的技术，买卖双方组织有不同层次的人员互动，购买达成的时间较长，需要经历询价、竞标、审批等一系列流程。可以说，组织购买者不仅仅通过组织市场购买到满意的产品或服务，更重要的是达成组织间长期的战略伙伴关系。

案例 3-4

最成功的 B2B 网络平台——阿里巴巴

阿里巴巴成立于 1999 年 3 月，是目前国内甚至全球最大的专门从事 B2B 业务的服务运营商。阿里巴巴的运行模式概括起来即为注册会员提供贸易平台和资讯收发，使企业和企业通过网络做成生意、达成交易。服务的级别则是按照收费的不同，针对目标企业的类型不同，由高到低、从粗至精阶梯分布。也就是说阿里巴巴把一种贴着标有阿里巴巴品牌商标的资讯服务贩卖给各类需要这种服务的中小企业、私营业主。为目标企业提供了传统线下贸易之外的另一种全新的途径——网上贸易。

阿里巴巴依托其网站，拢聚企业会员整合成一个不断扩张的庞大买卖交互网络，形成一个无限膨胀的网上交易市场，通过向非付费、付费会员提供、出售资讯和更高端服务赢得越来越多的企业会员注册加盟。阿里巴巴在充分调研企业需求的基础上将企业登录汇聚的信息整合分类形成商机查询、产品信息库、公司信息全库、行业资讯、价格行情、商人俱乐部和商业服务等独具特色的栏目，使企业用户获得有效的信息和服务。这些栏目为用户提供了充满现代商业气息、丰富实用的信息，构成了网上交易市场的主体。另外，还分类开设了阿里巴巴化工网、服装网、电子网、商务服务网来进一步细分客户群体，实现面向性的精确定位，确保电子商务交易执行效率的提高和便捷。

阿里巴巴主要收益为各付费会员每年缴纳的年费及广告收益。目前旗下有两个核心服务：一个是诚信通。针对的是经营国内贸易的中小企业、私营业主，费用 2800 元/年，属于低端服务；另一个是中国供应商。针对的是经营国际贸易的大中型企业、有实力的小企业、私营业主，费用 6 万～12 万/年不等，属于高端服务。除了付费的中国供应商和诚信通会员，阿里巴巴上面还活动着免费的中国商户 480 万家，海外商户 1000 万家。一年通过阿里巴巴出口的产品总值为 100 亿美元以上。以浙江永康地区为例（全球最大的滑板车供应地），当地企业有 70%通过阿里巴巴出口，其中有不少企业出口超过千万美元。

思考题：试分析阿里巴巴在购买过程中的哪些阶段为企业提供了帮助？您觉得阿里巴巴还可以为中小企业提供哪些新的业务？

三、影响组织市场购买的因素

（1）环境因素。产业购买者在很大程度上受当前和预期的经济环境的影响，如基本需求水平、经济前景和资金成本。另一个环境因素是关键材料的供应。现在，许多公司非常愿意购进和持有大量的稀缺材料，以确保充足的原料供应。产业购买者也会受环境中技术、政策和竞争等因素的影响。文化和风俗能强烈地影响产业购买者对市场营销人员的行为及其策略所作的反应，尤其是在国际营销环境中。产业营销人员必须洞悉这些因素，判断这些因素是如何影响购买者的，并最终设法将这些挑战转化为机遇。

（2）组织因素。每个购买组织都有其自身的目标、政策、流程、结构和体系。产业营销人员必须尽可能地了解这些组织因素。提出以下问题：多少人参与购买决策？他们都是谁？他们的评估标准是什么？该公司的购买政策以及该公司对采购员的约束是什么？

（3）人际关系因素。购买中心通常由相互影响的众多人员组成。产业市场营销人员发现，要了解哪种人际关系因素和群体力量渗透到购买过程常常是困难的。管理者不会头戴

"我是决策人"或"我是非重要人物"的标志。掌握权力者往往藏在幕后。并不是地位最高的购买中心成员就会最具影响力。其他成员如果掌握奖罚权,或具有特殊专长,或受到拥戴,或与其他重要成员有特殊关系,也可以在购买决策中施加影响。人际关系因素的影响经常是非常微妙的。因此,产业市场营销人员必须设法洞悉这些因素并制定相应的应对策略。

(4)个人因素。在购买过程中的每个成员都带有个人的动机、理解和偏好。这些个人因素受个人情况的影响,如年龄、收入、教育程度、专业、个性和对风险的态度。此外,购买者有不同的购买风格:有的是技术型,他们在选择一个供应商之前,会对不同的竞争性提案作深度分析;有的是老练谈判型,他们擅长用一个卖家的底价压其他卖家价格的手法,并常常能做成漂亮的交易。

四、组织购买行为类型

组织的购买行为主要可以分为以下三种类型。

第一,直接重购。在直接重购中,买方重新订购货物时不发生任何变动。通常由采购部门按照惯例处理。为了维持业务,原来的供应商要努力保持产品和服务质量水平。新的供应商则积极开拓机会,提高价值,利用现有供应商的不足,争取让顾客考虑它们。

第二,修订重购。在修订重购中,买方想要改变产品的规格、价格、条款或寻求更合适的供应商。原有的供应商会倍感压力,努力表现出最好的一面以免失去客户。新的供应商可能会把修订重购看作一次提供更好的产品和服务以及获得新业务的机会。

第三,全新采购。全新采购是指企业顾客首次购买某种产品或服务的一种组织购买情况。在这种情况下,成本或风险越高,参与决策的人数就越多,公司收集信息所耗费的精力也就越大。全新采购对营销人员来说是全新的挑战,同时也是最好的营销机会。营销人员不仅要采取各种有效的方式接近影响采购的决策人物,还要提供帮助和各种信息。顾客在直接重购中需要作出的决策数量最少,而在全新采购中需要作出的决策数量最多。许多企业顾客更喜欢从一个销售商那里购买一整套问题解决方案,而不会选择分供最完备系统方案来满足顾客需求并能解决问题的供应商。这种系统销售额的关键是组织营销战略。表 3-1 中主要对组织购买行为的三种类型进行了比较。

表 3-1 组织购买者行为的主要类型

购买阶段	购买类型		
	全新采购	修订重购	直接重购
问题识别	是	可能	否
描述需要	是	可能	否
明确产品性能	是	是	是
寻找供应商	是	可能	否
提出方案	是	可能	否
选择供应商	是	可能	否
签订合同	是	可能	否
绩效评价	是	是	是

五、组织购买者决策过程

组织购买过程主要包括八个阶段（图3-5）。购买者如果是面对一项新的工作，常常会经过全部八个阶段。如果是修订重购或直接重购，购买者可能会跳过一些阶段。这里我们只考察典型的新购过程。当公司的某个人认识到问题或需要，也认识到某些特定的产品或服务能够解决问题或满足需求，购买过程就开始了。

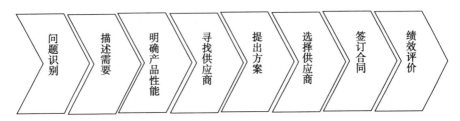

图3-5 组织购买者的决策过程

购买过程始于识别问题，即公司的员工认识到可以通过得到特定产品或务解决一个问题或满足一个需求。问题识别源于内部或外部刺激。企业营销人员是用他们的销售团队或广告使顾客意识到潜在的问题，然后展示他们的产品是如何提供解决方案的。

认识到需要之后，顾客接下来会准备一般需求描述，描述的是所需物品的特点和数量或解决方案。对于标准化购买，这一过程基本不会出现什么问题。然而，对于复杂的物品，顾客可能需要与其他人（工程师、用户、顾问）合作来明确什么是所需之物。

一旦购买组织明确了需求，顾客经常会在一个价值分析工程团队的帮助下提出产品规格。产品价值分析是一种降低成本的方法，使用这种方法，公司可以认真分析产品或服务的成分来决定它们是否可以重新设计和制作得更有效，从而提供更大的价值。团队选定最好的产品或服务特色并且予以详细说明。卖方也可以把价值分析作为一种工具来招揽新顾客和留住老顾客。提高顾客价值并且帮助顾客找到更划算的解决方案，这会给企业营销人员带来重要的优势以保持老顾客的忠诚并且赢得新客户。

在接下来的环节中，采购人员开始搜索以找到最佳供应商。为此，他们会从多种途径着手，如查询商业目录、计算机信息检索或者同行举荐。现如今，越来越多的公司倾向于利用互联网寻找供应商。对于营销人员来说，互联网的应用给规模较小的供应商提供了一个和规模较大的竞争者公平竞争的环境。供应商的任务就是了解这个寻找供应商的过程并尽最大努力使他们的公司纳入待选供应商。

下一个环节是提出方案。在此环节中，采购人员将邀请所有符合要求的供应商提交申请书，当采购过程复杂、采购项目昂贵时，采购人员会要求每个潜在供应商提交详细的申请书或者安排与其正式会面。相应地，营销人员必须具备较强文件。营销人员还要通过口头语言表达他们的方案如何能为客户公司创造更大价值。

接下来，顾客将审核申请书并选择一个或多个供应商。选择供应商期间，顾客将考察供应商的多种特质及其相对影响力，如产品和服务质量、企业声誉、能力。供应商开发经理更希望开发出一个完整的供应需求网络，以便为顾客带来更多价值。

现在顾客需要规定订购程序。它包括与选定的一个或多个供应商签订的最终订单，并且要明确所有条款，如技术要求、所需需质量、预期交货时间、退换货政策和保修条款等内容。具有大规模采购需求的顾客都在实行供应商管理库存制度，即供应商承担订货与管理库存的责任。在此制度下，采购人员与其主要供应商共享销售与库存信息。这样，供应商就能够直接监控库存，及时、自动补充库存。例如，像沃尔玛这样的大型零售企业的主要供货商都采用供应商管理库存制度。

采购的最后阶段是对供应商的绩效评估，在此过程中，顾客将评估供应商的绩效并作出反馈。例如，家得宝公司为其供应商制定了一系列评价绩效的政策，依据产品品质、配送以及其他性能参数定期对供应商进行评估，并且通过在线计分卡持续提供反馈信息，以便供应商改善其绩效。通过绩效评估，顾客可以决定是否继续、修正或停止采购。供应商则要密切关注买方用来评估的因素，保证顾客满意。

上述八个环节的采购过程为我们实际采购提供了参考，而真实的采购情境比这些复杂得多。无论是修订重购还是直接重购，其中几个采购环节可能被压缩或直接略过。不同的组织机构还会有自己独特的采购机制和特殊需求，不能一概而论。不同采购中心的人员可能参与采购过程的不同阶段。尽管上述阶段都是真实存在的，但在具体采购时，不一定要严格按照上述顺序执行，需要采购人员按照实际情况添加些许环节。通常来看，采购者会重复其中几个特定环节。在特定的时间和不同的采购环节中，顾客关系可能涉及多种购买类型，供应商不仅要与单个采购人员搞好关系，更要关注整体顾客关系。

关键概念

消费者购买行为	消费市场	文化	亚文化	社会阶层	生活方式
个性	动机	感知	学习	信念	态度
组织购买行为	组织购买过程	直接重购		修订重购	全新重购

本章内容小结

随着社会经济的飞速发展，消费者的需求呈现出多样化的趋势。因此，了解影响消费者购买行为的影响已成为市场营销人员所面临的最大挑战。

1. 定义消费者市场并建立消费者购买行为模型

消费者市场是指那些为满足个人消费而购买商品或服务的个人与家庭。最简单的消费者购买模型即刺激反应模型。根据这一模型，营销刺激因素（4P）和其他因素（经济、技术、政治、文化等）共同进入消费者的"黑箱"，最后产生特定的反应。这些输入变量一旦进入黑箱，就会产生可观察的消费者购买反应，包括产品选择、品牌选择、购买时间选择及购买数量选择等。

2. 列举影响消费者购买行为的四种主要因素

消费者购买行为受四种主要因素的影响：文化因素、社会因素、个人因素和心理因素。虽然大多数因素并不受营销人员的影响，但有助于识别感兴趣的购买者，塑造产品诉求，并更好地满足消费者的需求。

文化是人类欲望与行为的最基本的决定因素，它包括在成长过程中通过家庭和其他主要社会机构获得的基本的价值观、观念、喜好和行为。亚文化是"文化里的文化"，从年龄到种族等各个角度，划分价值观念及生活方式。来自不同文化和亚文化的人往往具有不同的产品和品牌偏好，因而营销人员应该为特定群体制订特定的营销计划。社会因素也会影响到消费者的购买行为。人们的参照群体（包括家庭、朋友、社会组织和专业人士等）可能会在很大程度上影响产品或品牌的选择。购买者的年龄与人生阶段、职业、经济状况、生活方式、个性以及其他个人因素也会影响购买决策。消费者的生活方式——人们彼此之间作用与相互作用的整体模式——对于购买决策也会有重要的影响。最后，消费者购买行为还会受到第四种因素心理因素的影响，包括动机、感知、学习、信念和态度。所有这些因素都为理解消费者的"黑箱"提供了不同的视角。

3. 列举并理解购买决策的主要类型以及购买决策过程的主要阶段

不同的产品和购买决策中，购买行为有很大的区别。当消费者参与购买程度较高，并且了解品牌间的显著差异时，他们会有复杂的购买行为；当消费者参与购买程度较高，但品牌差别不明显时，消费者的购买行为表现为减少失调的购买行为；当消费者参与程度不高，同时品牌间差异也不大时，表现为习惯性购买行为；在消费者参与程度低，同时品牌间的差异很大的情况下，消费者会进行寻求多样性的购买行为。

对于一次购买，消费者经历了如下阶段：识别需求、信息收集、方案评估、购买决策及购后行为。营销人员需要了解各个阶段的购买者行为及其产生的影响。在识别需求阶段，消费者认识到自己有一种需要，这种需要可以通过市场上的产品或服务得到满足。一旦确认了需要，消费者就开始寻找信息并进入信息收集阶段。掌握了信息以后，消费者就可以进行方案评估，手上的信息用于在选择集合里评价不同的品牌。然后，消费者会作出购买决策并最终购买。在购买决策过程的最后阶段——购后行为阶段，消费者将基于满意或不满意采取行动。

4. 定义组织市场并解释组织市场与消费者市场的区别

组织市场购买行为指的是产业组织的购买行为，它们将购买来的商品和服务用以制造那些被用来销售、出租或供应给他人的产品和服务。它也包括零售和批发公司的行为，即为了转售或出租以获利而购买商品。与消费者市场相比，产业市场的买方通常数量少、规模大,并且地域更加集中。产业需求是衍生需求,非常缺乏弹性,波动大。在产业购买决策时,通常会涉及大量的购买者。与消费者市场的购买者相比,产业购买者要相对训练有素和更专业化。通常,产业采购决策非常复杂,购买过程比消费者购买也要更正式。

5. 辨析影响组织购买决策过程的主要因素

组织的购买行为主要可以分为以下三种类型。组织购买者根据三种不同的购买情况作出决策:直接重购、修订重购和全新采购。购买中心是购买组织的决策制定单位,由发挥不同作用的人组成。产业营销人员需要知道以下问题:谁是主要的参与者?它们在什么决策中产生影响?每个决策参与者使用什么评估标准?产业营销人员也需要了解主要的环境、组织、人际关系和个人因素在购买过程中产生的影响。

6. 列举并定义购买组织决策过程的步骤

产业购买决策过程被分为八个阶段:①问题识别——公司中的某个人认识到出现的问题或需求可以通过购买产品或服务得以解决;②描述需要——公司决定需求项目的基本特点和数量;③明确产品性能——购买组织决定和指定购买项目最佳的产品技术特点;④寻找供应商——购买者寻找最好的卖家;⑤提出方案——购买者邀请合适的供应商提交建议书;⑥选择供应商——购买者查阅建议书,并从中选择一家或几家供应商;⑦签订合同——购买者同选中的供应商签订最终订单;⑧绩效评价——购买者评价对供应商的满意情况,决定是继续、调整还是取消同供应商的合作。

1. 什么是组织市场?影响组织市场购买因素有哪些?
2. 影响政府购买行为的主要因素有哪些?
3. 你所在的国家和地区,文化因素是如何影响购买者行为的?哪个文化因素最具影响力?
4. 什么是意见领袖?描述一下营销人员应如何利用意见领袖帮助他们销售。
5. 怎样降低消费者的购后认知失调?消费者购买产品后,营销者应该通过哪些积极的方法降低购后认知失调?
6. 找出两则为了唤起消费者需求的广告并讨论其效果。
7. 组织市场和消费者市场面对的市场结构和需求有什么不同?

1. 作为一名营销顾问,你接受了迪士尼公司的委托:研究家庭的度假决定是如何做出的。你将会访问哪些家庭成员?你会遇到怎样的问题?
2. 结合你自己购买电脑的经历,参照消费者购买决策五阶段模型,分析自己在作购买决策时所进行的全部思考。与你的小组成员对决策过程和结果进行讨论。

第三章 如何分析购买者市场

3. 请举例说明广告主如何运用对比策略，使消费者注意其广告，以小组为单位讨论，然后派代表进行课堂交流。

参考文献

[1] 陈金刚，高云龙. 市场营销学[M]. 镇江：江苏大学出版社，2014.

[2] 菲利普·科特勒，凯文·莱恩·凯勒. 营销管理（全球版）[M]. 14版. 北京：中国人民大学出版社，2012.

[3] 菲利普·科特勒，加里·阿姆斯特朗. 营销管理：原理与实践[M]. 14版. 北京：中国人民大学出版社，2015.

[4] 加里·阿姆斯特朗，菲利普·科特勒. 市场营销学（全球版）[M]. 12版. 王永贵，译. 北京：中国人民大学出版社，2017.

[5] 孟韬. 市场营销：互联网时代的营销创新[M]. 北京：中国人民大学出版社，2018.

自学自测　　扫描此码

第三模块
制定战略：谋划顾客价值的战略蓝图

　　制定合理而正确的战略是企业管理者最为重要的工作。在市场需求千变万化、国内外竞争日趋激烈的情况下，每个企业管理者都必须制定合理而正确的经营战略。战略是直接左右企业能否持续发展和持续盈利最重要的决策参照系，是企业谋划顾客价值的蓝图。好的战略，不仅让企业不迷茫、不脱轨、不掉队，而且能强健企业的生命力、提升企业的发展态势。

　　企业要以未来的环境变化趋势作为决策的基础，在企业使命和目标的指引下，通过适时地制定合宜的战略，将组织目标、技能、资源与环境中的机会及威胁适应匹配起来，才能让企业始终在做正确的事，才能让企业实现大发展。

　　为此，企业既要制定出远见卓识、协同相宜的企业总体战略计划，还要制订出独具一格、卓有成效的业务经营战略计划，企业还需要深浅合宜地对市场细分、科学合理地选择目标市场、制定务实机敏的目标市场营销战略。在此基础上，企业才能围绕目标市场的需要与战略定位，谋划顾客价值的蓝图，制定出协同高效的营销策略组合。

第四章

如何制定总体战略与业务战略：布局未来

本章重点探讨的问题

➢ 如何制订企业的总体战略计划？
➢ 企业可以设计哪些成长战略？
➢ 如何规划企业的业务经营战略计划？
➢ 如何选择企业的竞争战略？

第一节 战略计划概述

一、战略与战术

"战略"一词最早来源于军事，是军事方面统筹安排以赢得一场战争的重大部署。引申到企业，最早对战略概念进行描述的是小钱德勒，在其 1962 年著作《战略与结构》一书中对战略的定义为"战略是为了确立企业的根本长期目标，并为实现目标采取的必需的行动序列和资源配置"。

安德鲁斯认为战略是一种决策模式，确定和解释企业的目的和目标，提出实现目标的重大方针和计划。魁因认为战略是一种模式或计划，将组织的主要目标、政策和活动按照一定的顺序结合为一个整体。亨利·明茨伯格对战略进行了可操作的复合定义。即 5P 的概念：计划（plan）：总体计划与基本准则；计谋（ploy）：操作性较强的谋略和计策；模式（pattern）：一系列决策中形成的某种共性，即公司运作考虑并坚守的商业模式；定位（position）：在竞争情景中的位置选择；视角（perspective）：长期的审时度势的思维方式，即公司的经营理念。

迈克尔·波特在其 1996 年的《什么是竞争》一文中强调了战略的实质在于与众不同，在于为消费者提供独特的消费价值。W.钱金等在 2005 年所著的《蓝海战略》中认为战略包括企业关于消费者价值的主张，关于企业利润的主张，以及在组织活动中关于人的主张，并强调创新和改变规则对于战略的重要性。

菲利普·科特勒对于战略的定义是"当一个组织清楚其目的和目标时，它就知道今后要往何处去，问题是如何通过最好的路线到达那里。公司需要达到其目标的全盘和总的计划，就叫作战略"。

企业战略具有以下几个方面的显著特征。

第一是长远性。战略是组织谋求长远发展要求的反映，是企业对未来较长时期内生存与发展的通盘考虑，是企业长远的发展蓝图，具有长远性的特征。

第二是全局性。战略只以企业大局为对象，根据企业整体发展的需要来制定。战略规定的是企业整体的行动纲领，追求的是全局性的整体效果。

第三是纲领性。战略所规定的仅仅只是企业整体的长远发展目标、方向和重点以及应当采取的基本方针、重大措施、基本步骤等。战略规划都是原则性的概括性的规定，它不可能面面俱到，但是它对于企业经营活动的各个方面具有行动纲领的意义。战略规划会通过展开、分解和落实等过程转化为具体的行动计划而得到执行。

第四是抗争性。所谓抗争是指要应付各种冲击、挑战和竞争。现代企业要得以生存和发展，必须能很好地应付各种冲击、挑战和竞争。因此企业战略其实又是关于在激烈的竞争环境中如何发展的规划，必须考虑如何应付各种冲击、压力、威胁、困难、挑战等因素。

所谓战术，是指为实现目标而贯彻战略思想所采取的具体行动。引申到企业，战术要考虑的问题是三个 W 和一个 H 的问题，即什么时间（when）、什么空间（where）、什么方式（what）和步骤（how）。与战略相对应，战术是一个局部的概念。

一般来说，企业是由最高层首先制定战略，具体管理人员根据企业制定的战略和最高管理人员的指示采用各种战术去贯彻执行，实行企业的目标。当然战术执行的结果也会反馈到战略层次，供企业高层调整战略进行参考。战略与战术的关系是宏观和微观的关系，战略来源于企业的营销实践，战术是实现战略的方式和手段，战术的结果可以检验总结战略。战略是做正确的事情，而战术是正确地做事情。

二、企业战略的层次结构

企业的战略一般可以细分为三个不同的层次结构。

（一）企业的总体性战略

总体性战略又称公司战略。总体战略是企业最高层次的战略。企业的总体战略需要根据企业使命，选择企业参与的业务领域，合理配置资源，使各项业务相互支持、相互协调，形成良性的业务结合。总体战略的任务是要解决企业应该在哪些领域有所作为、经营范围选择和资源的总体分配等内容。一般由企业最高管理当局负责制定和落实。

（二）企业的经营业务类战略

经营业务战略又称经营单位战略或竞争战略。它是有关企业经营的每一个战略经营业务单位的经营战略。一些大型的企业，特别是企业集团，会在组织形态上把具有共同战略因素的二级单位合并组成一个战略业务单位（strategic business units，SBU）。这种 SBU 往往会以事业部或子公司的形式出现。经营战略就是各个 SBU 制定的战略规划。企业经营有多少个战略业务单位（SBU），就会有多少个战略业务单位（SBU）各自的经营战略规划。

（三）企业内部职能部门的职能战略

职能战略又称职能层战略。是企业中各个职能部门制定的战略规划。如市场营销管理部门、研究开发部门、人力资源管理部门等。当然，职能战略服从于经营战略，经营战略又必须服从于总体战略，如图4-1所示。

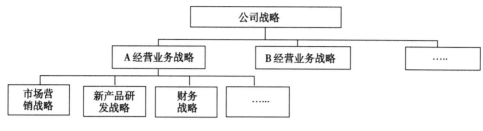

图4-1　企业战略规划层次结构图

三、制定企业战略的重要意义

（一）战略是企业生存和发展的大计

企业战略是企业营销活动的灵魂，企业要能审时度势，制订正确的战略计划，为企业的生存和发展奠定基础。战略计划越正确，与客观环境发展变化的趋势相差越小，企业成功的可能性就越大，进展速度就越快。反之，若企业制定的战略计划有误，就会给企业带来损失，其失误与客观环境变化的趋势相差越大，损失越惨。如果没有及时的相应的转换机制和应变力，企业被淘汰的厄运将无可避免。在经营战术上允许产生一些失误，而在经营战略，特别是企业战略层面是绝对不允许犯错误的，因为这会导致全军覆没。因此，作为企业的领导者要把三分之一甚至更多的精力用于制定战略。

（二）战略计划为企业指明了发展方向

企业在复杂多变的市场环境中求生存和发展，就像一叶小舟在汪洋大海里航行一样，如果没有正确的方向，或者碰到暗礁险阻，或者迷失方向则永远达不到彼岸。如果没有一个长远的明确考虑，对企业的未来形势没有一个实在的指导方针，不管企业的规模多大、地位多稳定，都将在新的革命性的技术和经济的大变革中失去生存的条件。

（三）制订战略计划，可为改进管理创造有效的气氛

企业是一个复杂的有机体，其活动是多方面、多环节的，其组织体系是多层次的，通过制订战略计划，可以整合企业内部的各种资源和力量，可以加强企业内部各部门、各层次横向和纵向的信息沟通，把企业内部可能出现的冲突减少到最低限度。

企业战略起到了统一思想，统一步调，大大提高营销活动的目的性、预见性、整体性、有序性、有效性的作用，增强了企业的应变能力、竞争能力、生存能力和发展能力。在现代市场营销环境下，无论是国内市场的营销活动，还是竞争激烈的国际市场营销活动，制订有效的企业战略计划都是维系企业取得成功的关键步骤。

四、战略计划的过程

战略计划过程是一个总体战略层层细化的过程。

（1）确定企业的使命和目标。企业使命解决的是企业应该做什么的基本性问题，反映企业的基本性质和存在的理由。企业目标是企业应该达到的具体的标准。根据企业使命和目标，企业可以建立高层的企业发展战略。

（2）建立 SBU，即战略业务单位。首先根据企业使命和目标以及企业的现状建立 SBU；其次，为了更好地资源配置，对现有的业务进行分析，最好选择有发展前途的新的业务类型。

（3）制订战略计划。战略计划的层次有两类：一是业务单位层。在某一具体的业务单位层，首先应该对内外环境进行分析，然后制订战略目标，根据战略目标选择战略措施，即策略选择；然后根据策略选择进行计划制订并实施；最后，把计划实施的结果反馈到具体业务单位层，用来验证策略和计划的绩效，为下一次制订战略计划提供参考。二是职能部门层。职能部门有财务、人力资源、营销等部门。以营销部门为例，说明营销计划制订的程序。首先应该对营销环境进行分析；然后制订营销目标，选择策略，制订营销行动方案并且实施；最后把营销行动方案的实施结果反馈给职能部门，用来检验营销计划的效率，为下一次制订营销计划提供参考。

由高层战略逐层细化到职能部门后，战略其实也转化为可操作的计划，然后最终的战略结果就反馈给企业高层，不但检验战略制定的成败，而且为企业未来战略发展提供依据。

第二节　如何开展企业总体战略规划

一、确定企业使命与目标

（一）企业使命

任何企业的存在都是为了完成一定的生产和经营使命，离开了这些使命，企业也就失去了存在的意义，企业使命的形成可从社会和企业两个角度予以认识。

从社会的角度讲，企业的使命是由社会分工所形成的。社会的发展依赖于众多各种类型企业的生产和经营活动所提供的物质财富和精神财富。而每个企业具体所执行的生产和经营使命则是根据社会发展的总需求，在企业利益机制的驱动之下，通过市场竞争，对社会生产的总使命加以具体分工而形成。从企业的角度讲，每一个企业所执行的生产和经营使命，通常应当与其所追求的利益相一致。如果企业能找到对其利益实现更为有利的生产和经营使命，它就会放弃眼前的使命而去执行更为有利的新使命。市场机制作为一只"无形的手"就是不断地通过企业利益的调整，使各类企业趋向于执行与其特征或优势相适应的生产和经营使命，从而使社会的分工日趋合理，使整个社会稳定协调地向前发展。

1. 企业使命的确定

从企业的角度讲，企业使命的确定一般应当考虑以下五个基本要素。

1）企业的历史与文化

每个企业都有它自己的过去和历史，企业过去的目的、政策和性质以及公众形象、企业文化等。界定企业使命时，要将企业的历史与文化因素考虑进去，注意企业的历史与文化延续问题。

2）管理者偏好

企业使命的选择在一定程度上还取决于管理者的偏好。个人心理状况会影响对各种各样市场机会的评价，如好高骛远的管理者往往会选择期望利润高而风险较大的生产和经营使命；谨小慎微的管理者则往往可能选择风险较小的生产和经营使命。

3）市场环境

市场环境是动态变化的，其变化会给企业带来新的机会或威胁，企业在考虑企业使命时要能适应外部环境的变化。

4）企业自身的禀赋资源条件

禀赋资源条件的不同，企业进入的业务领域不同。

5）企业自身的核心能力

所谓核心能力从竞争的角度看表现为核心竞争力。它是竞争对手无法模仿的、企业所独有的竞争优势。界定企业使命时一定要结合其自身的核心能力，使之能扬长避短，倾注全力发挥出优势。

确定和调整企业的生产和经营任务是企业开展经营活动的首要前提。企业必须时刻明确自己是干什么的，自己的服务对象是谁，自己的社会价值何在，自己的业务范围应当包括哪些。尤其是当企业经营发展不利之时，更应当重新考虑这样的问题，对企业的使命及时进行调整，使企业积极稳步地向前发展。

不少企业还将自己的使命明确地表现在"使命说明书"上，以向目标市场、社会公众和企业成员说明企业的业务范围和奋斗目标。"使命说明书"不仅可以使公众对企业有清晰的了解，而且可以使企业的广大员工明确自身的工作价值和工作目标。在明确企业总使命的前提下，同心协力地为实现企业的总目标而努力。

2. 企业使命说明书

好的"使命说明书"一般应明确地说明以下几点。

1）企业经营的行业范围

如果企业实际上投入多种行业的经营，也必须明确其主营业务的行业范围是什么。

2）主要产品及其应用领域

使命说明书应当清楚地说明在企业业务范围内，主要生产和经营的产品有哪些。

3）与业务范围相匹配的资源和能力

应说明企业在该领域可能投入的资源能力以及可实现的市场满足程度；还应当明确企业主要面对的市场群体和地域范围。

4）企业在相关业务经营中的地位和角色

如有些公司可实现从原材料基地建设到最终产品生产的垂直一体化经营，而有些公司可能就只是联络产品的供应方和需求方的中介公司。

5）企业价值观

要强调公司的主要政策和价值观，明确公司如何处理同股东、雇员、顾客、供应商、分销商的关系以及公司对内对外行为的基本准则，使企业员工的行为目标能趋于一致。

（二）企业目标

1. 企业目标与目标体系

在明确企业使命的基础上，企业应当进一步确定生产和经营的总目标。对于某项使命的执行，确立的目标可以是不同的。如目标方向的不同，企业的目标可以是销售额的增长，盈利水平的提高，市场份额的扩大，竞争地位的改变或是技术水平的更新等；目标层次的不同，根据企业进取性的不同，其目标可以是高层次的、中层次的，或是低层次的；目标跨度的不同，企业的目标可以是全面的，也可以是某一方面或某几个方面的。

在通常情况下，企业的生产和经营目标不可能是唯一的，如一个企业以摩托车的生产和经营为其基本使命，它可能以市场占有率的提高为其主要目标，而同时它必须以具体实现在几个目标市场销售额的增长为前提，并且应当考虑到最终能使企业的经营利润得以上升。因此，企业目标往往表现为一个以多种目标而构成的目标体系。

2. 建立目标体系应遵循的原则

企业目标体系的形成应当贯彻层次化、数量化、现实性和协调性的原则。

1）层次化

企业目标体系的层次化首先表现为构成目标体系的各个目标中应当有主有次，突出重点。如前面所提到的摩托车企业若将提高市场占有率为主要目标，其他目标就应当服从这一主要目标，并为这一主要目标的实现而服务。如在不同目标市场销售额的增长速度就必须有利于从总体上提高企业的市场占有率。具体来说，是应当更重视新市场的开发和新市场的销售增长速度；同时只要有利于市场占有率的提高，企业的利润增长程度可以暂时放慢一些等。企业目标体系的层次化还表现为企业的总目标应当进行分解，可将其层层分解为能被各个职能部门和企业员工具体执行的分目标或子目标。

2）数量化

企业的目标反映了企业执行其生产或经营使命的期望水平和期望效果，应当是可以被衡量的，所以企业的目标应当数量化。如上述例子中，摩托车市场占有率的提高若笼统表述为"使市场占有率有较大的提高"会让人感到不得要领，而若明确表述为"两年内使市场占有率提高 20%"就会使目标变得清晰可辨了。与此同时，对于各目标市场销售额的增长和企业利润的实现也应当有相应的期望指标，这样就能根据企业目标制订出生产和经营计划，并对计划执行的全过程加以有效地控制。

3）现实性

企业选择的生产或经营目标必须切实可行，必须经过努力能够实现。这就要求目标的确定不能只从主观意愿出发，而必须充分考虑客观环境的各种约束条件。同时还应当从企业的现实基础出发，如目前企业的市场地位处于第四位，企业将自己的目标确定为经过一段时间的努力，使企业的市场地位跃居为第二位，甚至第一位，可能并不为过。如果企业目前的市场地位还进不了前十名，在短期内就想使企业地位跃居榜首，恐怕就不太现实了。但是现实的目标，并不等于保守的目标，应当是经过一定的努力才能达到的，这样才能使企业不断地发展和前进。

4）协调性

在一个目标体系中，诸目标间应当保持协调一致，应当追求最佳的综合效益，而不是某一单个目标的最优化。如企业若企图以"最低的销售费用获得最高的销售增长率"，或在"实现最高利润的同时，占据最大的市场份额"，实际上是完全做不到的。根据系统管理的原理，在系统综合效益最优的情况下，各部分的个别效益只能是"次优"的。所以在确立企业生产和经营的目标体系时，必须考虑各具体目标之间的协调。特别是一些可能相互矛盾的目标，如短期效益和长期效益、稳定和发展、挖掘老市场和开发新市场、增加盈利和扩大市场份额等。企业在确定目标体系时都必须权衡抉择，有取有舍，这样才能保证企业综合效益的最优化。

案例 4-1

宝洁公司市场营销战略要素

宝洁公司在全球大约 70 个国家和地区开展业务。2012 年财政年度，公司全年销售额近 840 亿美元。宝洁公司在全球 80 多个国家设有工厂或分公司，所经营的 300 多个品牌的产品畅销 180 多个国家和地区，其中包括美容美发、居家护理、家庭健康用品等。

一、宝洁公司的使命和价值观

使命：生产和提供世界一流的产品，以美化消费者的生活。

价值观：宝洁品牌和宝洁人是公司成功的基石。在致力于美化世界各地消费者生活的同时，宝洁人实现着自身的价值。

二、宝洁公司营销战略目标

产品：开发可持续创新产品，减少对环境的影响，满足消费者的需求。

运营：改善宝洁运营的环境状况。

社会责任：通过宝洁的社会责任活动改善儿童的生活。

员工：鼓励员工把可持续发展的思维和实践融入日常工作。

利益相关方：以负责人的方式实现创新的自由，与利益相关方密切合作、共创未来。

二、明确战略业务单位

企业在建立使命和目标以后，需要建立战略业务单位。为了企业战略的顺利实施和管理控制，企业的业务单位必须具体化，企业的业务范围从三个方面加以确定：企业所要服务的客户群；企业所要满足的客户需要；企业所用以满足客户需要的技术和方式。

对于一些大型企业，可能同时经营多项业务。这些业务都有自己的特点，面对不同的市场，所处的市场营销环境也有所不同。界定企业的活动领域，是只在大的范围上说明企业经营的总体范围，为了从总体战略进行管理，有必要对企业的各项业务从性质上加以区分，划分为不同的战略业务单位。

一个战略业务单位（SBU）可能会是一个子公司，可能会是一个部门，可能会是一个产品大类，也可能会是由几个部门或几类产品共同组成。归类和划分战略业务单位的主要依据是所谓的"共同的经营主线"，即几项业务之间是否在目前的产品、市场与未来的产品、市场之间存在内在的联系。

（一）战略业务单位的基本特征

为了区分战略业务单位（SBU），美国通用电器公司提供了一套企业战略业务单位（SBU）的识别特征。

（1）战略业务单位（SBU）有自己的业务。一个战略业务单位可能是一项独立的业务，也可能是一组业务，但在性质上是可以与企业其他业务分开的。它们有共同的任务，所以有必要作为一个战略业务单位来处理。

（2）战略业务单位有共同的性质和要求。不论是一项独立的业务还是一组业务，都有它们共同的经营要求和性质，否则无法为其专门制定经营战略。

（3）掌握一定的资源能够相对独立或有区别地开展业务活动。

（4）有其确定的竞争对手。

（5）有相应的管理班子从事经营战略的管理工作。

（二）划分战略业务单位的注意事项

区分战略业务单位（SBU）是为了将企业使命具体化，在实际的操作实践中，还需要注意以下一些问题。

（1）坚持"市场导向"，而不是"产品导向"。产品是为市场服务的，只有市场才是永恒的。产品的特征、技术、工艺会更新换代，难有持久的生命力，所以按照产品的特征、技术、工艺等来区分战略业务单位都是不可靠的。

（2）既要具体明确，又不能包罗太广。如果战略业务单位既不具体明确，又包罗太广，就会失去共同的经营主线。例如，依据"满足患者健康的需要"来区分医药企业的战略业务单位，显然定义过宽泛，因为它把整个医药行业都包括进去了。过于宽泛的界定等于没有界定，它会使企业的具体业务机构无所适从，无法制定出具体的经营战略。

三、规划业务投资组合

企业建立战略业务单位的目的是将企业有限的资源在各个战略业务单位之间进行合理的分配。放弃一些没有利润或者没有前途的业务，选择一些新的战略业务单位进行重点投资以期获得长久稳定的发展。分析现有业务，有两种模式被广泛使用。

（一）波士顿"成长/份额"模式

"成长/份额"模式又称"市场增长率/市场占有率"矩阵。它是由美国管理咨询企业波士顿咨询公司（Boston consulting）提出的一种分析方法。

在波士顿模式中，主要通过分析各个战略业务单位（SBU）的市场发展前景（用市场增长率来衡量）和企业的竞争优势（用相对市场占有率来衡量）的综合状况，作为规划投资组合的依据。

在图 4-2 所示的矩阵图中，纵轴代表市场增长率，它可以是年增长率也可以是其他单位的增长率，具体可依据企业的具体情况而定。市场增长率以 10% 为界限，大于 10% 为高增长；小于 10% 为低增长。横轴代表相对市场占有率。所谓相对市场占有率是指本企业的该战略业务单位（SBU）的市场销售额对市场上最大竞争者的同类业务销售额的比例。如果相对市场占有率为 0.3，意味着本企业的该战略业务单位（SBU）的市场份额只有市场上最大竞争者的同类业务的三成。如果相对市场占有率大于 1，意味着本企业的该战略业务单位（SBU）是市场上的老大。以 1.0 为界，将所有企业的该战略业务单位（SBU）分成高、低两类。以圆圈表示一个具体的战略业务单位（SBU），圆面积的大小表示该战略业务单位（SBU）占企业总业务量的比重。

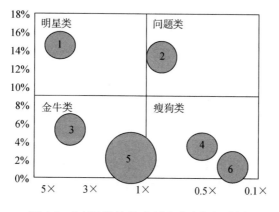

图 4-2 "市场增长率/市场占有率"矩阵图

矩阵图分为四个象限，位于不同象限中的战略业务单位（SBU）具有不同的性质，需要根据不同的情况实施不同的投资战略。

位于第一象限的战略业务单位属于问题类（question marks）。它是市场成长率高但相对市场占有率低的战略业务单位。这类业务市场前景好，但本企业不占有优势，因此前程未卜，问题多多。对这类单位究竟是大量投入使之转为明星类，还是精简合并以至断然淘汰，需要根据企业经营的总体情况慎重考虑。

位于第二象限的战略业务单位属于明星类（stars）。它是市场成长率和相对市场占有率都高的战略业务单位。这类业务类似发展潜质好的明星，其市场前景看好，同时企业又占有优势，因此前程美好。对这类业务的经营，企业需要大量的投资，以扶植其迅速成长并击败竞争对手。这类业务一般不能只考虑其眼前利润的攫取，而应该更多考虑其未来的盈利能力。一旦明星类业务所在的行业成长速度开始放慢，这类业务就变成演化成了金牛类业务。

位于第三象限的战略业务单位属于金牛类（cash cow）。它是市场成长率低、相对市场占有率高的战略业务单位。这类业务盈利多，是企业眼前利润的主要贡献者，可以为企业提供大量的现金流，企业往往以此类业务的收入支持其他耗费资金较多的业务。

位于第四象限的战略业务单位属于瘦狗类（dogs）。它是市场成长率和相对市场占有率都低的战略业务单位。这类单位有可能自给自足，也有可能亏损，但不可能成为大量现金的源泉。对于这类业务一是看其所在的行业是否还有景气回升的希望；二是看该业务是否还有提升其竞争能力的潜力，以此作为处置的依据。

上述四类战略业务单位的位置不是一成不变的，而是随着时间的推移发生变化的。多数业务单位在初期往往都属于问题类，如果经营成功，就有可能会进入明星类，以后会随市场增长放慢而逐渐进入金牛类，最后进入瘦狗类。因此，战略业务单位也存在一个类似的生命周期现象。

在对各战略业务单位进行分析之后，企业应着手制订业务组合计划，确定对各个经营单位的投资战略，可供选择的战略有以下四个。

发展战略（build）。这种战略是要设法提高战略业务单位的市场占有率，必要时可放弃短期利润，适用于明星类业务和问题类中有希望转为明星类的业务单位。

维持战略（hold）。这种战略在于保持战略业务单位现有的市场占有率，适用于金牛类的业务单位，目的是使其继续为企业提供大量现金。

收割战略（harvest）。这种战略在于增加战略业务单位的短期现金收入，而不管其长期的发展潜力，主要适用于金牛类中前景暗淡的业务单位，对于问题类和瘦狗类业务单位也适用。

放弃战略（divest）。这种战略就是清理、变卖现有产品，以便把有限的资金从中抽出来用到经济效益高的业务经营中去，一般适用于给企业造成很大负担而又没有发展前途的瘦狗类和问题类中的一些业务单位。

在营销实践中许多企业往往会对不同的业务经理提出相同的业务增长要求和利润要求。这样的要求似乎有其公平方面的基础，但却是愚蠢的。因为不同的业务经理所经营的不同业务都有其不同的潜量和它自己具体的目标要求。看不到这一点正是该企业缺乏战略意识的具体表现。其他常见的问题还有：对狗类业务处理不果断，因为现在的狗类业务从前可能是企业的金牛，为企业曾带来过不少利润，因此希望通过大量投入再现昔日辉煌，但结果却是每次的投入带来的都是失败。对金牛业务留存的资金太少或对其撇脂太多也是常见的问题，最后导致强壮的金牛早衰。这种现象的背后可能是企业其他方面的投入太多，企业不能在不同的业务之间做好平衡和不能在现在与未来之间做好平衡。

（二）"多因素投资组合"矩阵

"多因素投资组合"阵又称通用电气公司模型。它是美国通用电器公司提供的一套更为复杂的投资组合分析法，称为"战略业务计划方格"（strategic business planning grid）。

这种方法认为，评估战略业务单位除了上述两个要素以外，还应考虑更多的因素。这些因素可分为两类：一是行业（市场）吸引力；二是企业战略业务单位的竞争力量。

根据这种方法，企业可以对每个战略业务单位（SBU），都从市场吸引力和竞争能力两方面进行评估。只有进入既有吸引力又拥有竞争的相对优势的业务才能成功。市场吸引力取决于多个因素；竞争能力同样由多个因素决定。需要对每个因素进行量化（最低为1分，最高为5分），并依据其重要性加权处理，最后累计出每一个战略业务单位（SBU）各自的分值。每一个战略业务单位（SBU）都以上述两个数值提供的坐标为圆心，以其占本企业总业务量的比例为半径，画出与其市场成正比的圆圈。圆圈中的阴影部分表示该战略业务单位（SBU）的市场占有率。

图4-3中，纵轴表示行业吸引力。行业吸引力大小常决定于下列诸多因素。

（1）市场规模。行业的市场规模越大，吸引力越大。

（2）市场增长率。市场的增长率越大，吸引力越大。

（3）利润率。利润率越高的行业，吸引力越大。

（4）竞争激烈程度。竞争越激烈的行业，吸引力越小。

（5）周期性。受经济周期影响越小的行业，吸引力越大。

（6）季节性。受季节性影响越小的行业，吸引力越大。

（7）规模经济效益。单位产品成本随生产和分销规模的扩大而降低的行业，吸引力越大；反之，则吸引力小。

（8）学习曲线。单位产品成本有可能随着经营管理经验的增加而降低的行业，吸引力大；反之，如果该行业管理经验的积累已达到极限，单位成本不可能因此再下降，其吸引力小。

（9）受通货膨胀危害的程度。受通货膨胀影响小的行业比较稳定，其吸引力大。

（10）对环境的影响。对环境影响大的行业容易受到多方面的限制，其吸引力小。

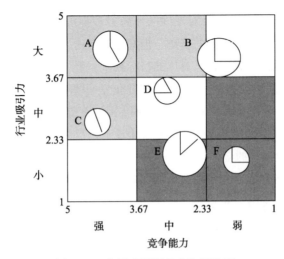

图 4-3 "多因素投资组合"矩阵图

图 4-3 中的横轴表示企业战略业务单位的竞争能力，常由下列多个因素构成。

（1）相对市场占有率。相对市场占有率越大，该业务的力量越强。

（2）价格与成本竞争力。价格与成本竞争力越强，该业务的力量越强。

（3）产品质量。产品品质较同类产品越高，该业务的力量越强。

（4）品牌知名度。品牌知名度越高，该业务的力量越强。

（5）品牌美誉度。品牌美誉度越高，该业务的力量越强。

（6）推销效率。推销效率越高，该业务的力量越强。

（7）区位优势。市场位置的地理区位优势越明显，该业务的力量越强。

（8）顾客了解度。对顾客了解程度越深，该业务的力量越强。

（9）研究与开发绩效。企业在该业务上的研发能力和绩效越强，该业务的力量越强。

（10）管理人员的素质。管理人员素质越高，业务力量越强。

……

行业吸引力和竞争能力的基本要素在不同的业务之间会有差异，需要企业结合自身的具体情况具体设定。

企业将上述两类因素进行评估，逐一评出分数，再按其重要性分别加权合计，就可计算出行业吸引力和企业业务力量的数据，然后利用图 4-3 加以分析。表 4-1 是一份某个战略业务单位的市场吸引力和竞争能力的基本要素的假设量化评分表。企业需要将所经营的每个业务单位都做这样的评分，并根据各个业务单位的得分情况在矩阵图中定位。

在图 4-3 中，行业吸引力分为大中小三档，企业的竞争力量分为强中弱三档，共有九个方格，可分成三个区域。

第一区："绿色区域"，它由左上方三个格组成，即"大强""大中"和"中强"三格组成。这是最佳区域，对于这个区域的业务单位，应该追加投资，促进其进展。

表 4-1　某战略业务单位 D 的市场（行业）吸引力和竞争能力的基本要素评分表

	基本要素	权数	评分等级（1~5）	价值
行业吸引力	整体市场规模	0.20	4.00	0.80
	年市场增长率	0.20	5.00	1.00
	历史毛利率	0.15	4.00	0.60
	竞争强度	0.15	2.00	0.30
	技术要求	0.15	4.00	0.60
	受通货膨胀危害的程度	0.05	3.00	0.15
	能源要求	0.05	2.00	0.10
	环境影响	0.05	3.00	0.15
	社会、政治、法律	必须可以接受	—	—
		1.00		3.70
竞争能力	市场份额	0.10	4.00	0.40
	市场份额扩大	0.15	2.00	0.30
	产品质量	0.10	4.00	0.40
	品牌信誉	0.10	5.00	0.50
	分销网络	0.05	4.00	0.20
	促销效果	0.05	3.00	0.15
	生产能力	0.05	3.00	0.15
	生产效率	0.05	2.00	0.10
	单位成本	0.15	3.00	0.45
	原材料供应	0.05	5.00	0.25
	研究与开发绩效	0.10	3.00	0.30
	管理人员	0.05	4.00	0.20
		—		—
		1.00		3.40

第二区："黄色区域"，它由对角线上的三个方格组成，即"小强""中中"和"大弱"三格组成。这是中等区域，对处于这个区域的业务单位，应采取"维持"战略，即维持现有投资水平，不增不减。

第三区："红色区域"，它由右下角三个格组成，即"小中""小弱"和"中弱"。这是行业吸引力和企业竞争能力都低的区域，对处于这个区域的业务单位应采取"收割"或"放弃"战略，不再追加投资或收回现有投资。

图 4-4 是一份根据上述分析所总结的常用战略思路的简要汇总。

值得注意的是，企业应该对各个战略业务单位在今后若干年的发展趋势进行预测。有的现在看好，但以后可能会急剧下降，有的可能会急剧上升。也就是说，企业在制定投资组合时，还要有动态的眼光。只有这样，才能使其更加符合实际情况，增加成功的可能性。

客观地讲，投资组合分析模式为管理人员提供了一种有用的分析工具。它能帮助管理人员以前瞻性和战略性的眼光看待问题，使他们能更深刻地理解业务活动的内涵，洞察信息误差和重大问题，撤销萎缩业务，加强在更有发展前景的业务中的投资。但是，该模式也有在弊端，即导致企业过分注重市场占有率的增长和进入高增长业务的热情，而忽视对当前业务的管理。"多因素投资组合"矩阵分析法还存在评分及权数设定的主观性过大的问题，需要在实践中加以注意。

	竞争能力		
市场吸引力	强	中	弱
大	**保持优势** ○以最快可行的速度投资发展 ○集中努力保持力量	**巩固投资** ○向市场领先者挑战 ○选择性地加强实力 ○强化薄弱地区	**有选择发展** ○集中有限力量 ○努力克服缺陷 ○如无明显增长就放弃
中	**选择发展** ○在最有吸引力的细分市场集中投资 ○加强竞争力 ○提高生产效率，加强获利能力	**选择或管理现有收入** ○维持现有计划 ○在获利能力强、风险相对小的部分集中投资	**有限发展或收缩** ○寻找风险小的发展方法，否则尽量减少投资
小	**巩固与调整** ○设法保持现有收入 ○将力量集中在有吸引力的业务 ○保存力量	**设法保持现有收入** ○在大部分获利细分市场保持优势 ○产品线升级 ○降低投资	**放弃** ○在赚钱机会最大时出售 ○降低固定成本并避免投资

图 4-4　市场吸引力—竞争能力组合战略

四、设计增长战略

投资组合战略决定的是对哪些战略业务单位追加投资，扩大其发展规模，对哪些战略业务单位实施收割和放弃，退出该领域。企业需要通过建立新的业务替代被淘汰的旧业务，否则不能实现企业的良性发展。

在这个过程中，企业可以根据下列思路来规划新增业务。先在现有的业务范围内寻找进一步发展的机会；然后分析建立与目前业务有关的新业务；最后再考虑开发与目前业务无关的，但是有较强吸引力的新业务。

按照这个思路，企业有表 4-2 所示的三类不同的成长战略可供选择。

表 4-2　企业主要的发展增长类型

密集型成长	一体化成长	多角化成长
○市场渗透	○后向一体化	○同心多角化
○市场开发	○前向一体化	○水平多角化
○产品开发	○水平一体化	○集团多角化

（一）密集型成长

当企业现有产品和现有市场还有发展潜力时，一般选择密集型成长战略。它包括图 4-5 的三种类型。

	现有产品	新产品
现有市场	1. 市场渗透	3. 产品开发
新市场	2. 市场开发	（多角化发展）

图 4-5 密集型成长战略

1. 市场渗透战略

企业进一步挖掘市场潜力，把现有产品进一步渗透到现有目标市场中去，以扩大销售量，实现更多的市场份额。

市场渗透有三种途径。

（1）设法使现有顾客增加对本企业现有产品的购买量。

（2）吸引和争夺竞争对手的顾客，使他们购买本企业的现有产品。

（3）争取潜在顾客购买本企业的产品。

案例 4-2

五粮液的市场渗透战略

五粮液横空出世并获得巨大成功与它采取的市场渗透战略密不可分。它的具体策略就是利用品牌簇群进行市场细分，为对手设置贸易壁垒，利用网络优势，强力渗透终端，增加对手进入难度。如在礼品酒市场一口气推出四大礼酒系列：名窖1386、五粮醇、金叶神、五龙宾。中高端礼酒相继问世，一路高开高走。而这些礼酒价位都是主流商务核心价位。正是通过这种品牌簇群策略，全方位市场渗透，五粮液最终独占中高端礼酒市场。

2. 市场开发战略

企业以现有产品打进新市场，寻找新的销路，以增加销售量。

市场开发的途径有两种。

（1）扩大销售区域，可以从地区性销售扩大到全国销售，也可以从国内销售扩大到国际市场销售；

（2）进入新的细分市场，满足新市场未满足的要求。

3. 产品开发战略

企业为了增加销售量，在现有市场发展新产品或改良旧产品。

第四章 如何制定总体战略与业务战略：布局未来

产品开发的途径有以下三种。
（1）企业可以生产品质不同的产品。
（2）企业可以开发产品的新式样、新款式。
（3）企业可以改变产品的外观、包装。

综上所述，密集型成长战略是企业在现有营销领域中可以寻求的机会，它属于第一个层次。

（二）一体化成长战略

通常一项业务的销售额和利润可以通过在产业内的前向、后向和横向一体化而得到增长。如果企业所属行业的吸引力和增长潜力大，并通过与供应者、经销商的联合，可以提高效率，加强控制，扩大销售和增加盈利，则企业适宜于采取一体化成长战略。具体形式有以下三种。

1. 后向一体化

这是一种按销、产、供为序实现一体化经营而获得成长的战略。具体表现为：企业通过自办、契约、联营或兼并等形式，对它的上游业务取得控制权或干脆拥有所有权。

2. 前向一体化

这是一种按产、销为序实现一体化经营使企业得到发展的战略。具体表现为：企业通过一定形式对其产品下游的加工或销售单位取得控制权或干脆拥有所有权。

3. 水平一体化

这是指企业通过兼并它的竞争对手，或与同类企业合资，或运用自身力量扩大生产经营规模，来寻求增长的机会，这些都属于水平一体化成长战略。

综上所述，一体化成长战略是企业对现有市场营销渠道中的其他业务寻找机会，它属于第二个层次。图4-6举例阐述了三种具体形式的区别和联系。

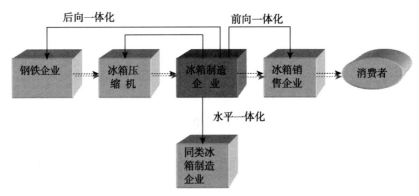

图4-6 一体化成长发展战略

（三）多角化成长战略

当本企业所属行业缺乏足够的发展机会，或在所经营的行业以外，又发现很有利的营销机会，则企业可以考虑采取多角化成长战略。

所谓多角化成长，是指企业利用经营范围以外的市场机会，新增与现有产品业务有一定联系或毫无联系的产品业务。实行跨行业的多角化经营，以实现企业业务的增长。这种战略也有三种类型。

1. 同心多角化

企业利用现有物质技术力量开发新产品，增加产品的门类和品种，犹如从同一圆心向外扩大业务范围，以寻求新的成长机会。实行这种多角化成长战略有利于发挥企业原有的设备技术优势，风险较小，易于成功。

2. 水平多角化

企业针对现有市场的其他需要，增添新的物质技术力量开发新产品，以扩大业务经营范围，寻求新的成长机会。例如，农药化工企业进入农业机械领域。这就意味着，企业向现有产品的顾客再提供他们所需要的其他产品。实行这种多角化战略意味着向其他行业投资，有一定的风险，应有相当的实力，但由于是为原有的顾客服务则易于开拓市场，有利于塑造有利的企业形象。

3. 集团多角化

企业通过投资或兼并等形式，把经营范围扩展到多个新兴部门或其他部门，组合混合型企业集团，开展与现有技术、现有产品、现有市场均无联系的多角化经营活动，以寻求新的成长机会。例如农药化工企业进入房地产领域。实行这种成长战略有两种情况：一是仍以原有产品业务为主，兼营别样；二是一业为主已不太明显。实行集团多角化战略的企业，一般都是财力雄厚、拥有各种专家，是有相当声望的大企业。

综上所述，多角化成长战略是企业在现有市场营销渠道以外，发掘全新的机会，它属于第三个层次。

第三节　如何规划业务战略计划

业务战略计划是企业的各具体业务单位根据企业总体战略而制订的具体的战略计划，这是直接指导企业各项业务开展的指导性文件。业务战略计划的制订不仅是一个工作程序的安排，而且具有很强的谋略性。所以实际上是企业开展某项业务的策划过程，一般包括图 4-7 所示的六个步骤。

图 4-7　业务战略计划过程

一、业务描述（业务单位使命书）

业务描述是具体业务单位对于其将要开展的某项业务的一种界定和认识过程，通常会以业务单位使命书的形式来进行描述。使命书必须明确说明本单位所开展的具体业务以及同企业总体战略之间的关系。如当一个药业公司将其战略定位锁定在中老年市场时，其保健部门的业务单位使命书就可能会将"开发适应中老年人群的高钙类保健品"界定为其具体的战略使命。

二、环境分析（SWOT 矩阵）

每一个战略业务单位（SBU）的生存和发展同样与环境因素及其变化密切关联。分析环境、把握环境、利用环境所提供的机会，避开环境所带来的威胁，是每一个战略业务单位（SBU）规划其经营战略时必须考虑的基本前提。战略条件分析则是主要分析影响企业经营战略单位活动的各种内部条件，即分析每一个具体战略单位的优势与劣势。因为一个具体战略单位要取得成功，必须有和环境相匹配的经营能力。

SWOT 模型是环境分析的常用手段，它通过分析战略业务单位外部环境中的机会（opportunity）、威胁（threat）和内部环境中的优势（strength）、劣势（weakness），来对企业的内外环境作综合评估，从而发现机会、规避风险、扬长避短，找出一条适合企业的发展之路。

SWOT 分析的基本概念和内容在第三章已经作了初步介绍。这里就如何运用 SWOT 分析法进行营销机会与风险的分析，进行一些必要的论述。

（一）外部环境（机会/威胁）分析

战略业务单位应当监测那些将影响其业务的主要宏观环境因素，如人口统计、经济、技术、政治、法律、社会、文化等；监测重要的微观环境参与者，如顾客、竞争者、分销渠道、供应商等，研究这些因素的重大发展趋势和规律，从中辨别出明显的或隐蔽的营销机会与威胁。

外部因素评价矩阵（external factor evaluation matrix，EFE）可以帮助战略业务单位综合研判外部环境的机会与威胁，以及战略业务单位的有关战略行动的有效性。

建立 EFE 矩阵的五个步骤如下。

1. 列出在外部分析过程中确认的外部因素

因素总数为 10~20 个，包括影响战略业务单位和其所在产业的各种机会与威胁。首先列举机会，然后列举威胁。要尽量具体，必要时可采用百分比、比率和对比数字，使机会和威胁定量化。

2. 赋予每个因素以权重，其数值由 0（不重要）到 1（非常重要）

权重标志着该因素对战略业务单位在产业中取得成功的影响的相对大小性。机会往往比威胁得到更高的权重，但当威胁因素特别严重时也可得到高权重。确定恰当权重的方法包括对成功的竞争者和不成功的竞争者进行比较，以及通过集体讨论而达成共识，所有因素的权重总和等于1。

3. 对各关键因素进行评分

按照战略业务单位现行战略对各关键因素的有效反应程度，为各关键因素进行评分，范围为1~4分，4分代表反应很好，3分代表反应超过平均水平，2分代表反应为平均水平，1分代表反应很差。评分反映了战略业务单位战略的有效性，因此它是以战略业务单位为基准的，而步骤2中的权重则是以产业为基准的。

4. 计算每个战略业务单位的加权得分

用每个因素的权重乘以它的评分，即得到每个因素的加权分数；将所有因素的加权分数相加，得到战略业务单位的总加权分数。

5. 评估

无论EFE矩阵所包含的关键机会与威胁数量多少，一个战略业务单位所能得到的总加权分数最高为4，最低为1，平均总加权分数为2.5。总加权分数为4，反映战略业务单位在整个产业中对现有机会与威胁作出了最出色的反应。换言之，战略业务单位的战略有效地利用了现有机会并将外部威胁的潜在不利影响降至最小。而总加权分数为1，则说明该战略业务单位不能利用外部机会或回避外部威胁。

（二）内部环境（优势／劣势）分析

企业经营战略单位的环境分析主要是分析影响经营战略单位活动的各种外部条件，从而发现机会和威胁。战略条件分析则是主要分析影响企业经营战略单位活动的各种内部条件，即分析每一个具体战略单位的优势与劣势。因为一个具体战略单位要取得成功，必须有和环境相匹配的经营能力。

能力分析的重点是将现有能力与利用机会所要求的能力进行比较，从中找出差距，并制订提高能力的具体措施。

1. 明确利用机会所需要的能力结构

企业中具体的经营战略单位的管理者在制定经营战略时可以先找出和环境机会相匹配的经营能力的具体因素，并判断每一个因素的相对重要性。

内部环境分析主要用于检查战略业务单位的优势与劣势。这一分析可以通过三个层面来进行：首先是经营职能，诸如研究与开发、采购、生产作业、融资、成本核算等方面的能力；其次是管理职能，包括计划、组织、人事、领导、控制、协调等方面的能力；最后是营销职能，如战略分析、计划、策略、执行的能力。每一项下还可划分出若干分析参数。

表4-3是一份能力因素相对重要性评分表，企业的每一个经营战略单位的管理者在制定经营战略时都可以根据该表先作一个评估。

2. 分析现有能力的实际情况

依据表 4-3，测定出该经营战略单位各个因素的绩效，通过汇总，该经营战略单位的优势与劣势便一目了然。

表 4-3　经营战略单位的能力因素相对重要性评分表

能力的因素		现有能力的绩效					所需能力的重要性		
		特强	稍强	中等	稍弱	特弱	高	中	低
市场营销能力	1. 知名度和信誉								
	2. 市场占有率								
	3. 产品质量								
	4. 生产成本								
	5. 分销成本								
	6. 销售力量								
	7. 研究、开发、创新能力								
	8. 地理优势								
	9. 原材料优势								
财务能力	1. 资金成本								
	2. 筹资能力								
	3. 盈利能力								
	4. 资金稳定								
生产能力	1. 新的生产设备								
	2. 规模经济								
	3. 满足需求的能力								
	4. 员工素质								
	5. 按时交货能力								
	6. 技术和制造工艺								
组织能力	1. 领导者的能力								
	2. 员工奉献精神								
	3. 组织结构								
	4. 对变化的反应								
	5. ……								

3. 进行评估和制定措施

依据上面的分析可以比较该经营战略单位现有能力的实际情况和所需能力的要求，并在此基础上再根据所需能力的要求，分别采取措施。

（三）内外环境综合研判

为战略业务单位制定一个正确的战略需要考虑四种关键因素。图 4-8 是由 SWOT 矩阵给出的战略经营业务的四类战略。

内部因素\外部因素	强势(S)	弱势(W)
机会(O)	SO战略 发现优势 利用机会	WO战略 利用机会 克服弱势
威胁(T)	ST战略 利用优势 回避威胁	WT战略 紧缩开支 清理或合资 回避威胁

图 4-8　SWOT矩阵的四种战略

三、目标设定

在业务战略计划中也必须有明确的战略目标。它同企业的总体目标相一致，但处于不同的层次。企业总体目标的实现是建立在各业务单位目标实现的基础上的，而业务目标比企业的总体目标更明确、更具体，从而也更具有直接指导意义。如企业的总体目标可能表现为：目标市场的定位、销售额的增长、利润的增长等。而业务单位的目标则必须反映为目标市场提供什么样的产品和服务，在计划期内提供多少，提供哪几种类型，销售的单位数量（而不仅是销售额）以及成本水平，单位毛利率及利润总额等，这些都是同具体的业务项目相对应的、可度量、可操作的目标体系。

然而目标设定的原则同企业总体目标的制订原则是一样的，也必须体现层次化、数量化、现实性、协调性等基本原则，这些原则在"企业目标描述"中已作论述，这里不再重复。

有时，业务战略目标的设定还必须有竞争性的描述，即在同样的业务领域，同其他企业相比，企业争取能达到怎样的地位，如市场占有率的大小，销售和利润的排名，品牌声誉的比较等。在市场竞争比较激烈的业务领域，这种市场竞争地位的改变对企业是至关重要的，应当将其列为重要的战略目标之一。

四、战略措施的选择

业务目标设定之后，必须对采取何种业务战略措施进行必要的选择。目标设定是解决向什么方向发展的问题，战略措施选择则是解决用何种方式去实现的问题。实现目标的战略是多方面的，主要可包括以下一些战略。

（一）基本战略

这是通过SWOT分析后得出的业务单位的总体战略，它对其他战略是具有指导意义的。这在上面已作过说明，这里不再重复。

（二）竞争战略

这是针对不同的竞争对手和竞争环境而对战略业务单位所确定的竞争指导思想。根据迈克尔·波特的理论，竞争战略可分为成本领先战略、差别化战略和集中化战略等几种不同的战略。

1. 成本领先战略

这一战略致力于企业内部加强成本监控，通过简化产品、改进设计、节约降低人工费用和生产创新、自动化等，在研发、生产、销售、服务和广告等领域使总成本降到行业最低，从而获得高于行业平均水平的利润。

成本优势有利于企业在行业内保持领先的竞争地位。即使爆发"价格战"，也能在对手毫无盈利时保持一定的利润空间；凭借低成本吸引顾客，还可降低替代品的威胁；为新进入者设置高障碍，使生产技术不熟练、缺乏经验或规模经济的潜在竞争者不敢盲目进入或不能进入；应对费用增长更有余地，可降低投入因素变化的影响，更灵活地处理供应商的提价行为；提高对购买者的讨价还价能力，对抗强有力的购买者。

实施成本领先战略要求一个企业拥有通畅的融资渠道，能保证资本持续、不断投入；产品易于制造，生产工艺简约；占有低成本的分销系统；紧凑、高效的生产管理。更先进的技术、设备，更熟练的员工，更高的生产、营销效率，更严格的成本控制，更完善的组织结构和责任管理体系，以数量为目标的激励机制，都是实施这一战略的保障。

2. 差异化战略

差异化战略也称"别具一格"战略，其竞争优势主要依托于产品及设计、工艺、品牌、特征、款式和服务等方面或几个重要的关键点，与竞争者相比具有更显著并能为顾客感知的独到之处。

通过产品、服务、人员或形象差异形成战略特色，可以更好地建立顾客的品牌忠诚。一旦市场产生高品牌忠诚，可以使新竞争者面对更大的进入障碍，也使得替代品无法在性能上构成重大威胁。不同企业的产品各有特色，能在一定程度上缓和行业内部的价格竞争；购买者无法直接对比产品"优劣"，能抑制对价格的敏感度并提高转换成本；还可增强对供应商的讨价还价能力。

案例 4-3

苏宁的准时制送货

随着工作节奏的加快，以往家电连锁以天为单位的送货承诺已经很难满足顾客对时间的要求。面对顾客对送货时间精准性的要求，苏宁电器在 2008 年 "3·15" 前夕推出 "准时制服务" 计划，以此推动苏宁服务战略的整体升级。

"准时制服务" 计划就是在即买即送、12 小时配送到位的基础上，顺应顾客对送货时间的精准性要求，提供精准到小时的送货时间承诺，确实保证不浪费顾客时间。这实际上就是一种差异化战略。

企业要成功地实施差异化战略，通常需要特殊的管理技能和组织结构。例如，企业需要具备从总体上提高某项经营业务的质量、树立产品形象、保持先进技术和建立完善的分销渠道的能力。为实施这一战略，企业需要具有很强的研究开发与市场营销能力的管理人员。同时在组织结构上，成功的差异化战略需要有良好的结构以协调各个职能领域，以及有能够确保激励员工创造性的激励体制和管理体制。在这里，企业文化也是一个十分重要的因素，高技术的企业格外需要良好的创造性文化，鼓励技术人员大胆创新。

3. 集中战略

一般的成本领先战略和差异化战略，目标是全行业与整个市场。重点集中或聚焦，着眼于从特定领域，即局部谋求成本领先或差异化优势。其核心是企业或战略业务单位"集中"于某个特定的购买者群体，或产品线的某一部分，或某一地域市场。这么做便于集中使用企业的资源，更好地服务于特定目标；可以更好地调研、分析有关技术、市场、顾客及对手等的情况，利于"知彼"；目标明确，效益易于评估，战略过程便于控制，管理简便。

满足下列一些条件时，不管是以低成本为基础，还是以差异化为基础，集中战略都会变得有吸引力：①目标市场足够大，可以盈利；②小市场具有很好的成长潜力；③小市场不是主要竞争企业成功的关键；④采取集中战略的企业拥有有效服务目标小市场的资源和能力；⑤采取集中战略的企业凭借其建立起来的顾客商誉和提供的服务来防御行业中的竞争者。

采用集中战略的企业服务于目标小市场的专业化能力是防御竞争力量的基础。定位于多细分市场的竞争企业可能不具备真正满足采用集中战略的企业的目标顾客群的能力。采用集中战略的企业所拥有的服务于目标小市场的能力，是潜在进入者和替代品生产企业必须克服的一个障碍。

企业实施集中战略的关键是选好目标市场。一般的原则是，企业要尽可能地选择那些竞争对手最薄弱的和最不易受替代产品冲击的目标市场。在确定目标市场之前，企业必须确认：①购买群体在需求上存在的差异；②在企业的目标市场上，没有其他竞争对手试图采用集中战略；③企业的目标市场在市场容量、成长速度、获利能力、竞争强度方面具有相对的吸引力度；④企业的资源实力有限，没有能力追求更大的目标市场。

实施集中战略的风险在于：①以较大的市场为目标的竞争者采用同样的集中战略；或者竞争对手从企业的目标市场中找到了可以再细分的市场，并以此为目标实施集中战略，从而使原来采用集中战略的企业失去优势。②由于技术进步、替代品的出现、价值观念的更新、消费者偏好的变化等多方面的原因，目标市场与总体市场之间在产品或服务之间的需求差别变小，企业原来赖以形成集中战略的基础也就失掉了。③在较宽的范围经济的竞争对手与采取集中战略的企业之间在成本上差异日益扩大，抵消了企业为目标市场服务的成本优势，或抵消了通过集中战略而取得的产品差异化，导致集中战略的失败。

案例 4-4

屈臣氏成功之道——集中化战略

如今，走进屈臣氏门店，你或许发现门店消费热度不复昔日风光，往日排队结账的"长龙"没有了，取而代之的只是三三两两的来客前来闲逛；很多叫不上名字的新品入驻品牌折扣区，而消费者耳熟能详的品牌却没有摆放在显眼的位置。

针对门店生意大不如前、可比销售下滑、单店业绩出现负增长这一现象，屈臣氏依靠以下三招，开始了润物无声的逆袭之旅。

1. 上线全球购平台，比传统海淘让人放心

2016年3月26日，屈臣氏低调上线了自己的海购平台：屈臣氏全球购。主推商品有母婴类用品、个护彩妆和营养保健三个类别。海淘的优势就是价格，对比传统海淘，屈臣氏商品不仅低价，全球购更具有海关正规检验、品牌正品授权、保税区闪电发货三大得天独厚的优势，而且，到指定屈臣氏实体店还可以抢先体验！

2. 锁定女性目标群体，为她们设计"新奇"产品

在同质化竞争日益激烈的零售行业，只有为消费者提供合适的产品和优质的购物体验才能赢得市场。而实现这一目标的首要基础就是准确锁定消费群体。

中国女性平均在每个店里逗留的时间是20分钟，而在欧洲女性只有5分钟左右。这种差异，让屈臣氏最终将中国的主要目标市场锁定在18～35岁的时尚女性。因为这类女性更容易接受新鲜事物，更喜欢追求时尚、寻求新奇体验。

针对此类女性，屈臣氏在开发的自有产品中设计了较为"新奇"的产品。例如，在夏天来临的时候，屈臣氏会针对不少女性消费者穿高跟鞋被磨脚的问题，开发出脚掌贴、脚后跟贴，尽管这些小物件在很多人眼里微不足道，但在购买者眼中这样的服务却很贴心。

由于主要消费群体是年轻女性，屈臣氏的门店总体色彩十分缤纷鲜艳，总体格调显得非常女性化和明亮，各类美容保健产品十分齐全，同时还提出了"个人护理"的专业化服务和营销概念。

另外，针对大部分女性的购物心理，屈臣氏还推出了"加1元换购""全线八折""买一送一"等促销力度大的优惠策略，吸引顾客眼球。

3. 进军二、三线城市，单天单店营业额达7万～8万元

作为国内品牌最多且生存26年之久的化妆品店，屈臣氏的蓝绿色标识已经符号化，成为国内消费者认知个人护理品品牌的重要来源之一。20多年来，屈臣氏已经深入中国内地70个大中城市，现在正在向尚未进入的30多个城市发展。

资料来源：佚名. 实体店深陷倒闭潮，而屈臣氏却靠这三招逆袭！. 营销报，2016-4-16

（三）开发战略

在市场开发，特别是市场进入的初期，企业可采用不同的战略类型，如造势型、渐近型、渗透型、依附型等，这些战略指导思想的确定，对整个业务计划的制订具有重要影响。

（四）布局战略

业务单位所开展业务将会在哪些市场上进行覆盖？会进入哪些区域？进入的顺序和方

式是怎样的？这都是战略层面上的问题。如企业可以选择对市场的全方位覆盖战略，也可以选择重点覆盖或分片覆盖战略；可以采用跳跃式布局战略（即在各重要的战略目标市场，先行进入一些单位，然后再逐步扩展），也可以采用梯次推进战略（即以重点或已有的市场为基础，逐渐向周边滚动发展）。这对于业务计划中的资源配置具有重要影响，也必须事先予以确定。

（五）战略联盟

在目前市场普通处于寡头垄断的环境条件下，越来越多的企业认识到，要想在竞争中击垮对手难度是很大的，有时甚至会导致"两败俱伤"的结局。而要在市场上保持稳定的份额和长远的利益，更可取的方式是开展企业间的合作和联盟，利用资源、市场、信息等方面的共享，来争取各企业利益的共同提升。于是在业务战略计划中，发展战略联盟也就成为业务战略的重要方面，如我国各商业银行正在发展的银联卡业务计划，就是力图形成各银行信用卡的互通性。这样就可以使信用卡用户感到更加便利，从而使信用卡市场的总量能够迅速地扩大，而参与联盟的各商业银行都能从中受益。战略联盟的前提是企业在各种经营要素方面的互补性，而目标则是市场的总量得以扩大。因为只有把"蛋糕"做大了，参与联盟的企业才可能得到利益上的增量。

从目前的情况看，企业间的战略联盟有多种类型。

（1）产品与服务的联盟。不同的企业各自生产具有互补性的产品和服务，共同来满足目标市场的需要。

（2）促销或渠道的联盟。为合作企业的产品进行促销，如在"肯德基"快餐店进行"百事可乐"的宣传和推广；利用合作企业的渠道销售产品，如上海正广和网络销售公司可为其联盟企业提供网上销售的服务等。

（3）后勤和物流的联盟。利用合作伙伴的后勤和物流设施分销或配送企业的产品，在不同的地点分别为对方进行储存或转运等。

（4）价格联盟。多家企业共同介入某种特定的价格合作体系，如旅行社、航空公司和宾馆共同制订针对旅游者的价格折扣计划。但价格联盟并不是指同行业的企业实行价格串通来操纵市场，那是违法行为，而不是合理的价格联盟。

五、计划制订

业务单位在确定其业务战略之后，就应当制订出具体的业务计划来实现其战略。业务计划的制定必须是具体、明确和可靠的。一般应包含计划阶段、阶段目标、重点工作、成本核算和评价标准等。

（一）计划阶段

将实现某一业务战略目标的过程划分为几个相互衔接的执行阶段。这样就能使业务的开展具有明确的步骤和可操作性。

（二）阶段目标

对每一阶段的工作都必须设立相应的目标。阶段目标是业务战略目标的分解，各阶段的目标必须相互衔接，递次推进，最后使业务战略目标能顺利实现。

（三）重点工作

重点工作是指在每阶段中起核心作用的活动和任务。这是支撑业务战略目标得以实现的具体行为，也是反映各阶段特征的主要标志和实现业务战略的基本抓手，必须在业务计划中予以明确。

（四）成本预算

在业务计划中，由于已经涉及各项具体的业务活动，成本和费用也就能得到反映，所以在业务计划中必须对每项活动乃至整个业务战略计划的成本费用进行预算，以判断开展业务的最后成效。若成本过高，就必须对业务计划加以修正，以保证业务活动能取得理想的效益。

（五）评价标准

在业务计划中，还应当对业务的成效提出适当的评价标准，以作为最终检验业务计划执行效果的衡量尺度，评价标准应当根据业务战略目标来制定，必须有明确的、可测量的量化指标体系，同时还应当明确评价的方法，以使评价的结果能够科学合理。

执行是业务战略计划过程的一个重要组成部分。因为战略计划的制订并不能保证战略计划的成功。在计划执行的过程中，还需要依靠有效的组织体系，高素质的人员队伍，共同的价值认知，以及良好的工作作风，这样才能使业务战略计划得到顺利实施。若计划执行人员的利益目标或价值认知同计划制订者不一致，就有可能导致行为与计划的偏离，使计划的效果下降，甚至导致整个业务战略计划的流产。如当战略计划的制订者期望通过一次附带问卷的产品促销活动来收集市场信息，为进一步的市场营销活动作准备，而具体执行人员因怕麻烦，而不能督促顾客将问卷答全，或在统计数据时出现重大差错，就可能使整个业务战略计划的实施效果受到很大影响。

因此在业务战略计划执行过程中，必须抓好动员、培训和激励三个环节。通过动员让执行者了解具体行动方案的意义和实现战略目标的价值；通过培训使执行者掌握落实计划的主要措施和行为原则；通过激励来调动执行者执行计划的主动性和积极性，从而保证计划能够得到完满的落实。

六、反馈与控制

业务战略计划在执行过程中应当受到及时的控制，这主要依靠对各阶段执行情况的检查和反馈，以了解与所设定的目标之间是否出现偏离。若发现偏离，就应当及时地检查原因，并予以纠正。这是保证业务战略计划能够顺利执行的重要一环。

同时还必须对计划执行期间所发生的各种环境因素的变化进行了解，并及时反馈。要分析环境因素变化对计划目标实现是否产生影响及其影响程度，并在产生影响的情况下能够采取有效的应对措施，以保证计划目标的实现。有时还应当根据新的环境状况对业务战略计划进行必要的修订，以增强其对环境的适应性。对于企业而言，效益目标是首要的，如果计划同环境不适应，就有可能使企业的效益下降。正如彼得·德鲁克曾指出的"做恰当的事（效益优先）比恰当地做事（效率优先）更为重要"。

关键概念

战略	战术	企业战略规划	总体性战略规划
经营性战略规划	战略业务单位	密集型成长战略	一体化成长战略
多角化成长战略	波士顿矩阵法	通用电气公司法	SWOT 分析法

本章内容小结

1. 战略描述一个企业打算怎样实现其目标，具有全局性、长远性、抗争性和纲领性等特征。

2. 战略规划是企业面对竞争态势，为长期生存和发展进行的谋划与思考。

3. 企业战略包括总体战略、经营战略和职能战略等层次，营销战略是重要的职能战略之一。

4. 规划总体战略包括确定公司使命与目标，建立战略业务单位，规划业务投资组合和设计增长战略四个步骤。

5. 业务战略计划是企业的各具体业务单位根据企业总体战略而制订的具体的战略计划，这是直接指导企业各项业务开展的指导性文件。业务战略计划的制订包括业务描述，环境分析，目标设定，策略选择，计划制订与执行，反馈与控制等过程。

思考题

1. 简述战略、企业的使命和目标的内涵。
2. 简述营销战略计划的过程。
3. 简述扩展业务组合的三种途径，并说明其各自的优劣。
4. 在确定企业使命时，应考虑哪五个基本要素？
5. 简述制定业务战略的流程。

6. 应用波士顿矩阵法和通用电气公司法，分析我国手机行业主要产品类别应采用什么战略。

7. 如何看待：企业营销战略与营销管理之间的关系。

8. 联系实际，谈谈多角化成长战略的利弊。

1. "双 11"购物狂欢节的交易额频破纪录，快递行业也如火如荼地发展起来。购物网站如淘宝、京东、唯品会、当当、亚马逊等都提供商品在线购买，但它们在网站的定位和战略等方面还是有诸多不同。

（1）请你根据以市场为导向制定企业战略的过程，为购物网站制定战略。

（2）请对你选定的购物网站进行 SWOT 分析和竞争者分析。

2. 以小组为单位，选择一家熟悉的企业，就某一业务制订一份业务战略计划。

3. 分析当地中国电信（中国移动）的市场机会在哪里?存在的问题是什么？

[1] 迈克尔·波特. 竞争战略[M]. 北京：华夏出版社，2005.

[2] 戴维·W. 克雷文斯，奈杰尔·F. 皮尔西. 战略营销[M]. 10 版. 董伊人，葛琳，陈龙飞，译. 北京：机械工业出版社，2016.

[3] 徐万里，吴美洁，黄俊源. 成本领先与差异化战略并行实施研究[J]. 软科学，2013(10)：45-49.

[4] 葛虹，张艳霞. 基于企业竞争战略选择偏好的筛选方法[J]. 管理学报，2013(7)：972-978.

[5] 加里·阿姆斯特朗，菲利普·科特勒. 市场营销学（全球版）[M]. 12 版. 王永贵，译. 北京：中国人民大学出版社，2017.

[6] 孟韬. 市场营销：互联网时代的营销创新[M]. 北京：中国人民大学出版社，2018.

自学自测　扫描此码

第五章 制定目标市场营销战略：选择价值

本章重点探讨的问题

- 在现代错综复杂的竞争环境中为什么说企业实施市场细分和目标市场营销很重要？
- 营销企业如何进行市场细分并选择适当的目标市场？
- 营销企业如何正确选择并制定自己的目标市场营销策略？
- 营销企业如何确立自己的价值主张并实施定位策略？
- 目标市场策略和定位策略有什么区别？

在错综复杂的竞争环境下，企业如何才能选择适当的市场范围展开市场营销活动？如何才能在品牌林立的竞争森林中有效显示自己？如何才能以独特的价值主张吸引顾客？这是每个当代企业在市场营销活动中必须妥善处理的营销难题。市场营销管理中的"S-T-P 架构"，即 segmentation（市场细分）、target（目标市场）以及 positioning（定位）是现代企业营销战略的核心内容，也是解答上述难题的基本营销方法。本章主要介绍 S-T-P 架构。

第一节 市场细分

市场细分化和目标市场营销，是 20 世纪 50 年代中期由美国营销学者温德尔·斯密根据企业营销实践，归纳总结出来的一个新概念，此后受到广泛重视和普遍运用。西方企业的市场营销活动，大致经历了三个阶段：一是大量营销（mass marketing）阶段，即大量生产和销售单一产品，以物美价廉吸引所有购买者。二是产品多样化营销（product-variety marketing）阶段，即通过生产和销售多种不同式样、花色和规格的产品吸引购买者。三是目标市场营销（target marketing）阶段，即在市场细分的基础上，选择自己适当的目标市场，并针对目标顾客的需要开发产品和制订营销方案。

一、市场细分的概念

市场细分，就是按照某些细分变数把整个市场划分为若干个需要不同的产品和营销组合的市场部分的过程。通过细分，不同的细分市场都是一个具有相似需求或需求特征的购买者群体。通过筛选企业从中确定目标市场。市场细分理论提出的客观基础是顾客消费的差异性和需求的多样性。如果从顾客需求状况出发，产品基本可以分为同质产品和异质产品。所谓同质产品是消费者和用户对产品的需求、欲望、购买行为以及对企业营销策略的反应等方面具有基本相同或相似性的产品。例如，标准化的产业用品。相对应，这种市场称为同质市场。当然，经济生活中大部分产品都是异质产品。所谓异质产品是消费者或用户对产品的质量、特性、规格、款式、价格等方面的特点与欲望是不相同的，在购买行为、购买习惯等方面也存在差异性，这类市场称为异质市场。正是这种差异性需求的存在，使市场细分工作成为必要。

归结起来，顾客对产品偏好的差异，主要存在以下三种类型。

1. 同质偏好型

所有的顾客对产品的属性偏好大致相同。这些顾客对产品的有关属性有同样的需求，不存在明显的倾向性。显然，这种状态下，市场细分似乎没有多大必要。

下面以糕点为例加以说明。假定消费者对于该食品的属性主要关注两个：甜度与奶油含量，则同质型偏好可以以图5-1形象表达。

2. 分散偏好型

市场上顾客的偏好不是集中而是分散的，他们对产品的需求有不同的偏爱，而且每种偏好的分布比较均匀（图5-2）。这时，企业有两种可供选择的目标市场：一种是兼顾其中多种特性，以便尽可能多地吸引顾客，把总体消费者的不满足感减少到最低限度；另一种是侧重于偏好某一特性的消费者。

3. 群体偏好型

市场不同偏好的消费者形成了一些群组。有的群体偏重于的某个属性；有的群体偏重产品另外的属性。这样市场就自然地细分为若干个子市场。图5-3中明显存在三个不同的偏好群体。

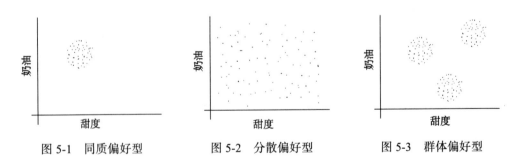

图 5-1　同质偏好型　　　图 5-2　分散偏好型　　　图 5-3　群体偏好型

二、市场细分的必要性

实行市场细分和目标市场营销的背景在于买方市场的全面形成和卖方竞争的日益激化。在买方市场条件下，一方面是顾客的需求差异越来越多，另一方面是同类企业越来越多，竞争不断加剧，企业只有依靠市场细分化来发现未满足的需要，捕捉有利的市场营销机会，在竞争中求生存和发展。这就是市场细分化和目标市场营销日益受到普遍重视的原因所在。

1. 市场细分有利于企业分析、发掘新的市场机会

通过市场细分，企业可以有效地分析和了解各个消费者群的需求满足程度和市场上的竞争状况。发现哪类消费者的需求已经满足，哪类满足不够，哪类尚无适销产品去满足；发现哪些细分市场竞争激烈，哪些较少竞争，哪些尚待开发。而满足程度低的市场部分，通常存在极好的市场机会，结合企业资源状况，从中形成并确立适宜自身发展的目标市场，并以此为出发点设计出相宜的营销战略，就有可能迅速取得市场优势地位，提高企业营销能力。有利于企业取得良好的经济效益。

在市场细分基础上，有效实现目标市场的营销。企业可以把有限的人力、物力、财力资源集中于一个或几个细分市场，扬长避短，有的放矢地开展有针对性的经营，避免分散力量，从而为获取投入少、产出多的经济效益奠定了基础。

2. 市场细分有利于企业掌握市场变化动态，及时调整市场营销策略

市场需求是不断变化的，而在整体市场中，各细分市场的变化情况又是不同的，通过市场细分企业就能发现每个细分市场的变化特点，并根据各细分市场的变化情况及时地调整企业的营销策略，使企业有较强的应变能力。

市场细分作为一种策略，蕴含着这样的思路：不是满足于在整体市场上好歹占一席之地，而是追求在较少的细分市场上占有较大的市场份额。这样一种价值取向不仅对大、中型企业开发市场具有重要意义，对小型企业的生存与发展尤为重要。小企业资金有限、技术薄弱，在整体市场或较大的细分市场上缺乏竞争能力。而通过市场细分则往往能够发现大企业未曾顾及或不愿顾及的某些尚未满足的市场需求，从而能够在这些力所能及的较小或很少的细分市场上推出相宜的产品，取得极好的经济效益。一些小企业以见缝插针之长，收拾漏补遗之利，在竞争激烈的市场上也能生意兴隆、兴旺发达，其奥秘就在于此。

3. 有利于增强企业的竞争能力，提高经济效益

企业通过细分市场，可以有效地将企业的有限资源集中使用于一个或少数几个市场，可以减低企业的盲目性和降低企业生产和销售成本，增强在目标市场上的竞争能力。同时，由于目标市场集中，顾客的需求大致相同，市场变化易于掌握，所以有利于企业为市场提供适销对路的产品，在满足消费者需求的同时提高企业的经济效益。

三、市场细分变量

市场是由购买者组成的，而每个购买者都有许多特点，如收入水平、居住地区、购买目的、购买习惯等方面有所不同，这些变数都可用来对市场实行细分。所以市场细分化是一个包含许多变量的多元性过程，而且不同类型的市场有不同的特点，细分的变数也有所不同，本节主要阐述消费者市场和生产者市场的细分。

（一）消费者市场细分的变量

在消费者市场上，影响消费需求呈现差异性的因素（变量），归纳起来主要有以下几个方面：地理环境因素、人口统计因素、消费心理因素、消费行为因素等。以这些变量为依据来细分市场，就产生出地理细分、人口细分、心理细分、行为细分这四种基本形式。

1. 地理细分变量

按照消费者所处地理位置、自然环境来细分市场谓"地理细分"。具体包括国家、地区、城市、乡村、城市规模、人口密度、不同的气候带、不同的地形地貌等。地理细分之所以可行，主要是由于处于不同地理环境下的消费者，对于同一类产品往往会有不同的需求和偏好；由于各地区自然气候、传统文化、经济发展水平等因素的影响，形成不同的消费习惯和偏好，对营销刺激也有不同的反应。因此，有些产品只销少数地区，有些则行销全国各地，但各地区侧重不同。如我国茶叶市场，各地区就有不同的偏好，绿茶主要畅销江南各省，花茶畅销于华北、东北地区，砖茶则主要为某些少数民族地区所喜好。又如饮酒、服装的色彩等南北地区的消费者由于所处的气候不同，其消费也有所不同，北方人喜欢高度酒，而南方人则喜欢低度酒，北方人的服装内衣偏深色而南方人则偏淡色。

地理因素易于辨别和分析，是细分市场时应予首先考虑的重要依据，但是地理因素是一种静态因素，处于同一地理位置的消费者仍然会存在很大的需求差异，因此企业要选择目标市场，还必须同时依据其他因素进一步细分市场。

2. 人口统计细分变量

按照人口统计变量来细分市场谓"人口细分"。这方面具体变量很多，包括年龄、性别、职业、收入、教育、家庭人口、家庭生命周期、国籍、民族、宗教、社会阶层等。很明显，这些人口变量与需求差异性之间存在密切的因果关系。不同年龄组、不同文化水平的消费者，会有不同的生活情趣、消费方式、审美观和产品价值观，因而对同一产品必定会产生不同的消费需求；而经济收入的高低不同，则会影响人们对某一产品在质量、档次等方面的要求差异，如此等等，因此，依据人口变量来细分市场，历来为人们所普遍重视。

3. 心理细分变量

按照消费者的心理特征细分市场谓"心理细分"。人们常常发现，按照前述依据细分出来的同一群体消费者，对同类产品的喜好态度也往往并不相同。这就是不同心理特征起作用的结果。心理因素十分复杂，包括生活方式、个性、购买动机、价值取向以及对商品供求局势和销售方式的感应程度等变量。例如，购买动机是一种引起购买行为的内在推动力，喜、厌、好、恶等心理因素必然会增强或削弱购买动机，从而产生不同的需求偏好和购买行为。在购买动机中普遍或较为普遍存在的心理现象主要有求实心理、求美心理、求新心理、求信心理、求名心理、求廉心理、安全心理、好胜心理、好奇心理、好癖心理等。所有这些心理因素都可以作为细分市场的参数。企业针对不同购买动机的顾客，在产品中突出能够满足他们某种心理需要的特征或特性，并相应设计不同的营销组合方案，往往能取得良好的营销效果。

4. 行为细分变量

根据消费者不同的消费行为来细分市场谓"行为细分"。消费行为的变量很多，包括购买时机、追求的利益、使用状况、使用频率、忠诚程度、待购阶段和态度等。以追求的利益为例，消费者购买商品所要寻求的利益往往各有侧重，这也可作为细分市场的依据。如牙膏市场的购买者，有的重视牙膏的防止龋齿功能，有的重视保持牙齿洁白，有的讲究牙膏的香型味道，还有的更重视价格低廉。这些不同的追求形成特定的心理行为的购买群体。牙膏生产企业根据这一标准划分市场，就可以使自己的产品突出某特性，或生产出不同牌号的牙膏，各突出一种特性，以较强的针对性满足不同顾客的利益要求，取得更大的市场份额。

（二）生产者市场细分的依据

生产者市场细分一般可以使用与消费者市场相同的标准。但生产者市场受个人心理因素影响较小，用户追求的利益与消费者不同，因而需要补充若干标准。

1. 最终用户的要求

不同的用户对产品及其营销有不同的利益要求。如橡胶轮胎公司可根据用户的特殊要求将市场细分为一般工业市场、特殊工业市场和商用买主市场三类。一般工业市场如普通汽车、自行车、拖拉机制造业买主，要求适当的价格、较高的产品质量和服务；特殊工业市场如飞机、高档豪华汽车制造业买主，要求绝对安全和更高质量，价格不是主要考虑因素；商用买主市场则更多要求价格合理和交货及时。

2. 用户规模和购买力大小

许多企业常根据客户数量和大小来细分市场，以采取不同的营销手段。因为大中小客户对企业的重要性不同，所以接待上也要有所区别，大客户通常由主要的业务负责人接待洽谈，一般中小客户则由推销员接待。

3. 用户的地理位置

用户的地理位置不同，往往对于产品会有不同的要求。原因是自然环境、气候条件等的差异。例如，高原地区海拔高，气压低，沿海地区温差大，高纬度地区温度低，等等，都可能会对于产品有特殊的要求。根据地理位置细分生产者市场有利于企业更好选择和服务用户。

四、市场细分的过程

市场细分过程的具体操作步骤如下。
第一步：基于需求的细分。

依据顾客需求的相似性将顾客归类成不同的子市场。例如将糕点市场细分为甜度偏好顾客、低甜度偏好顾客、奶油偏好顾客等。

第二步：定义细分市场。

确定使用哪些可清晰描绘该群体的维度描绘细分市场。例如甜度偏好顾客是怎样一类顾客。他（她）们的性别、年龄、受教育程度、职业背景如何等等。

第三步：细分市场吸引力分析。

利用事先确定的市场吸引力评估标准（例如：市场容量、发展潜力、竞争强度、进入壁垒、企业优势等）评估不同细分子市场的总体吸引力。

第四步：细分市场获利性评估。

评估各个细分子市场的可能获利程度（经营价值）。

第五步：细分市场定位。

针对选定的每个目标市场，依据顾客需要特征及偏好特征建立某种"价值主张"。诸如产品档次、产品特色等。

第六步：目标市场"酸性测试"。

测试目标市场定位战略的吸引力，并根据结果进行调整，直到吸引力足够大。

第七步：发展特定的营销组合。

根据目标市场及其定位战略，设计营销组合 4Ps。

第二节　选择目标市场

一、目标市场的概念与目标市场应该具备的条件

1. 目标市场的概念

在市场细分化的基础上企业根据自己的资源和目标选择一个或几个细分部分作为自己的目标市场，这样的营销活动，就称为目标营销或市场目标化。由此可见，目标市场，就是企业营销活动中所要满足的市场需求，是企业决定要进入的市场。企业的一切营销活动都是围绕目标市场进行的，选择和确定目标市场，明确企业的具体服务对象，关系到企业任务、企业目标的落实，是企业制定营销战略的首要内容。

2. 目标市场应该具备的条件

企业经过市场细分后，选择的目标市场必须具备一定的条件，概括起来讲，必须具备以下三个条件。

（1）有一定的购买力，有足够的营业额。只有这样，企业才能实现自己预期的盈利目标。

（2）有尚未满足的需求或对于现有产品的满足度低，有充分发展的潜力。

（3）有可能进入市场，有可能占有一定的市场份额。假如企业所选择的目标市场，企

业经过努力后，仍不能与竞争对手抗衡，那么，该市场不能作为企业的目标市场。

因此，企业所选择的目标市场必须同时具备以上三个条件，才能长久地占领市场，制定正确的营销组合，从而实现企业的经营目标。

二、目标市场的范围选择策略

使用市场细分化策略的企业，在选择目标市场时，可采用的范围策略归纳起来有五种。

1. 产品—市场集中化

企业的目标市场无论从市场角度还是从产品角度，都是集中于一个细分市场。这种策略意味着企业只生产一种标准化产品，只供应某一顾客群。图 5-4 中，M 表示市场，P 表示产品。显然，企业的生产经营集中在某一个相对狭小的领域内。较小的企业常采用这种策略。

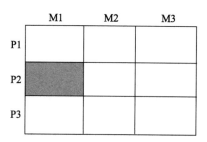

图 5-4　产品—市场集中化

2. 产品专业化

企业向各类顾客同时供应某种产品。当然，由于要面对不同的顾客群，产品在档次、质量或款式等方面会有所不同，如图 5-5 所示。

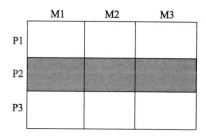

图 5-5　产品专业化

3. 市场专业化

企业向同一顾客群供应性能有所区别的同类产品，如图 5-6 所示。

4. 选择性专业化

企业决定有选择地进入几个不同的细分市场，为不同的顾客群提供不同性能的同类产品，如图 5-7 所示。采用这种策略应当十分慎重，必须以这几个细分市场均有相当的吸引力亦即均能实现一定的利润为前提。

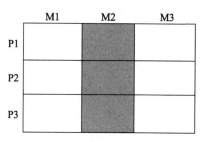

图 5-6　市场专业化

5. 全面覆盖

企业决定全方位进入各个细分市场，为所有顾客提供他们所需要的性能不同的系列产品。这是企业为在市场上占据领导地位甚至力图垄断全部市场而采取的目标市场范围策略，它们为"每一个人、每只钱包和每种个性"提供各种产品。

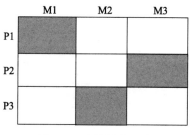

图 5-7　选择性专业化

第五章　制定目标市场营销战略：选择价值

三、目标市场策略

企业选择目标市场范围不同，营销策略也不一样。一般可供企业选择的目标市场策略有三种：无差异营销策略、差异性营销策略、集中性营销策略。

1. 无差异营销策略（undifferentiated marketing）

无差异营销策略是企业将整个市场看成同质市场或只考虑市场上消费者需求的共同点或相似处，向整个市场提供单一的产品，运用一种市场营销因素组合策略，尽可能地吸引更多的购买者，如图5-8所示。

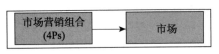

图 5-8 无差异目标市场营销策略

无差异性营销策略主要适用于广泛需求，能够大量生产、大量销售的产品或同质产品。例如，美国可口可乐公司凭借拥有世界性专利的优势，在20世纪60年代以前曾经以单一口味的品种、单一标准的包装和统一的广告宣传，长期占领世界软饮料市场。

这种策略的最大优点是成本的经济性。大批量的生产和储运会降低单位产品成本；统一的广告宣传可以节省促销费用；不对市场细分也相应减少了市场调查、产品研制、制订多种市场营销组合方案所花费的企业资源。

但是，这种策略对大多数产品并不适用，而且对一个企业来说一般也不宜长期采用。因为市场需求是有差异的，而且是不断变化的。一种多年不变的老产品很难为消费者所长期接受。同时，众多的生产同一产品的企业都采用这种策略时，必然会导致市场竞争的激烈，而有些消费者的差异性需求却得不到满足，这对企业和消费者来说都是不利的。如可口可乐公司，由于软饮料市场竞争激烈，特别是百事可乐异军突起，打破了可口可乐独霸市场的局面，终于迫使该公司放弃传统的无差异性营销策略。

2. 差异性目标市场营销策略（differentiated marketing）

企业把整个市场划分为若干细分市场，选择每个细分市场作为自己的目标市场，为每个细分市场分别制订不同的市场营销组合方案，同时多方位或全方位地分别开展有针对性的营销活动（图5-9）。例如，美国通用汽车公司针对不同财力、目的和个性的消费者的不同需要，分别生产不同种类、型号的汽车，可口可乐公司按照不同口味的消费者的不同需要，推出不同的饮料。

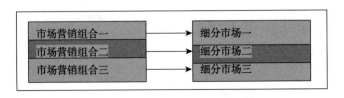

图 5-9 差异性目标市场营销策略

在消费者市场上，大多数企业都采用差异性营销。它们通过推出多品种、多种广告媒体宣传产品，通过多渠道销售产品。采取这种策略的企业，进行小批量、多品种生产，有很大的优越性。一方面，它能够较好地满足不同消费者的需求，有利于扩大企业的销售额。另一方面，一个企业如果同时在几个细分市场都占有优势，就会大大提高消费者对企业的信任感。不过，采用差异性营销策略对企业有一定的制约性。采用这种策略势必增加企业的产品品种，要求具有多种销售渠道和销售方法，广告宣传也要多样化，生产成本和销售费必然大大增加。同时，它还受到企业资源的限制。具有一定的财力、技术力量和素质较高的管理人员的企业实行这种策略才会带来效益。因此采取差异性营销策略的前提是：扩大销售所增加的利润必须大于所增加的经营成本。为了减少实行差异性营销所带来的不利影响，企业不应当把市场划分得过细，同时，企业在一定的时期内不宜卷入过多的细分市场。

随着技术环境的变化，现在越来越多的企业开始实施"定制化营销"。定制化营销实际上是将差异化营销推向了极端。

3. 集中性营销策略（concentrated marketing）

在整体市场细分后，由于受到资源的限制，许多企业只选取一个细分市场作为企业的目标市场。企业为这个市场提供一种产品，实行专业化的生产或销售（图 5-10）。采取这种策略的企业，通常是为了在一个较小的市场上占有较大的市场份额，而不是在一个较大的市场上占有较低的市场份额。它们往往在大企业不重视或不愿顾及的某个细分市场上全力以赴，往往容易获得成功。

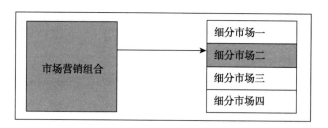

图 5-10　集中性营销策略

这种策略的不足之处在于目标市场的单一和狭小，而企业对它的依赖性又较强，一旦目标市场情况发生突然变化，企业因为没有回旋余地会立即陷于困境。因此，采取这种策略必须密切注意目标市场的动向，并制定适当的应急对策。

首先，从企业所面临的市场范围来说，无差异营销和差异性营销策略都是面向整体市场，而集中性营销策略则面向整体市场中的局部市场，只以一个或很少几个细分市场为目标市场。其次，从企业所采取策略的性质来说，很明显，无差异营销策略的性质是同质的、无差异的，用相同的市场营销组合在总体上开展营销活动；差异性营销和集中性营销策略的性质是异质的、有差异的。用不同的市场营销组合或多样化的市场营销组合在不同的目标市场上开展营销活动。

四、目标市场策略的选择

一个企业究竟采用何种目标市场策略,要受到多方面因素的影响和制约,具体地说,企业选择目标市场策略应考虑下列因素。

1. 企业资源条件

企业实力雄厚,管理水平较高,可考虑采用差异营销策略或无差异性营销策略;资源有限、无力顾及整体市场或几个细分市场的企业,则宜于选择集中性营销策略。

2. 产品特点

同质性产品,消费需求差异较小,产品之间竞争主要集中在价格上,如钢铁、大米、食盐等初级产品,适用于无差异营销策略。差异较大的产品,如汽车、家用电器、服装、食品等,适宜采用差异性营销或集中性营销的策略。

3. 市场特点

如果顾客需求、购买行为基本相同,对营销策略的反应也大致相同,即市场是同质的,可实行无差异营销策略。反之,则应采用差异性或集中性营销策略。

4. 产品市场生命周期

如果企业是向市场投入新产品,竞争者少,宜采取无差异营销,以便了解和掌握市场需求和潜在顾客;当产品进入成长期或成熟阶段以后,就可采用差异性策略,以开拓新的市场、或实行集中性营销策略,设法保持原有市场,延长产品生命周期。

5. 竞争对手的营销策略

如果竞争对手实行无差异营销策略,企业一般就应当采用差异性营销策略相抗衡。如果竞争对手已经采取差异性营销策略,企业就应进一步细分市场,实行更有效的差异性营销策略或集中性营销策略。当然,当竞争对手较弱时,也可以实行无差异营销策略。

第三节 定位策略

在选定目标市场营销策略后,企业还必须制定和实施定位策略。因为在企业选定的目标市场上可能还存在诸多的同类竞争者,它们提供了相同的产品和服务。企业需要通过发展出自己的"独特价值主张"增加对目标顾客的吸引力。也就是说,企业不管采取何种目标市场策略,都必须进一步考虑在拟进入一个或多个细分市场中推出具有何种"特色"的产品,应当作何种努力使产品与营销组合在消费者心目中占据"特定的位置"。这是关系到企业产品能否为消费者认可接受、在目标市场上能否站稳脚跟的重要战略问题。

一、定位及其重要性

定位就是针对消费者或用户对产品某种属性的敏感程度,塑造与之相符的产品个性或特色(价值主张),树立一定的市场形象,从而使目标顾客识别、认知、认同和接受本企业产品的营销实践。

定位理论的基本思想一开始是由两位美国的广告学家艾·里斯(Al Ries)和杰克·特劳特(Jack Trout)从广告层面提出的。后来发展成为较为系统的市场营销理论。在艾·里斯和杰克·特劳特看来,定位的核心内容就是通过特定的广告宣传,替处于竞争中的产品树立一些便于记忆、新颖别致的东西,从而在目标受体心目中留下一个恰当的心理位置。定位就是"如何让你在潜在客户的心智中与众不同。"[①]

定位策略的基本逻辑是在十分激烈的竞争环境中企业有效显露自己并获得顾客的认同与接受。在现代经济生活中,一方面是随着人们消费水平的提高,需求个性化趋势越发明显,另一方面是市场竞争越发激烈,针对顾客的某一需求,市场上存在无数的竞争者和品牌,加之现代科技的进步,开发出了越来越多的新产品,市场上呈现出的是"商品的海洋"。在这样的背景下,每个企业的产品都可能是淹没其中的"沧海一粟"。定位策略的实施,有可能帮助企业从中"凸显",从而赢得顾客,占领市场。

在市场营销过程中,市场定位离不开产品和竞争,因此市场定位(market positioning)、产品定位(product positioning)与竞争性定位(competitive positioning)三个概念经常交替使用。其实三者之间存在区别,市场定位强调的是企业在满足市场需要方面满足哪类顾客的需求,竞争性定位强调与竞争者比较,应当处于什么样的竞争位置;产品(品牌)定位则是指就产品属性而言,企业与竞争对手的同类产品相比有什么样的特别价值。

另外,定位也并不等同于企业形象识别系统(corporate identity system,CIS)。两者之间有联系,也有区别。CIS 的字面意思是"团体的统一性或个性系统"。它主要通过对企业的一切可视事物,即其形象中的有形部分进行统筹设计、控制和传播,突出一个一贯化的印象。给目标顾客、公众和社会造成视觉上的冲击,使之认识、熟悉,印入脑海,潜移默化,进而由此及彼产生联想;使人们以有限的记忆力,通过对具体认识对象的特定因素的认定,达到强化识别的目的。CIS 更多地用于企业整体形象的建立,而定位更多的是强调本企业提供给顾客的"独特价值"。当然,从整合营销的基本理念出发,两者又同属一个系统,必须统一协调。例如,驰名世界的美国"麦当劳"快餐,在世界 118 个国家拥有 32 000 余家快餐连锁店。然而无论在什么地方,只要看到屋顶耸立的红底黄字"M"标识,以及以此为基调的门面装潢、食品包装、桌椅托盘、员工形象、服务流程等,公众便不难认出,这就是麦当劳。这是企业形象。但是,麦当劳是一家什么样的快餐店呢?高档的,还是大众化的?与肯德基等其他美式快餐相比有什么不同?这是市场定位所要强调的问题。就麦当劳自身而言,所提供的"独特价值"又必须和它的整体企业形象协调一致。

---

① 艾·里斯,杰克·特劳特. 定位:有史以来对美国营销影响最大的观念[M]. 北京:机械工业出版社,2015:3.

二、定位分类

在企业的实际定位工作中，常常依据不同的市场营销背景实施不同类型的定位。定位的分类可以在以下两个维度加以区分。

（一）初次定位与重新定位

依据产品进入市场的程度可区分为初次定位与重新定位。

新成立的公司的产品进入市场、新产品进入市场、产品进入新市场、新推出的品牌进入市场所涉及的定位为初次定位。初次定位所要完成的任务是在潜在顾客的头脑中建立产品或品牌认知，建立起企业所期待的印象。而改变目标市场对企业和产品的现有印象使其建立新认识的定位则是重新定位。许多情况下，市场营销环境的改变是重新定位的重要原因。例如，某品牌的日化类产品，一直以呵护皮肤为"独特价值"定位于婴儿市场，但由于老年龄化社会的到来，婴儿市场不断萎缩，为了使产品能进入成年人市场就需要重新定位。

显然，重新定位要取得成功远比初次定位有更大的难度。

（二）针对式定位与创新式定位

依据产品市场竞争的需要可区分为针对式定位与创新式定位。

选择与竞争者相同的定位而定位是针对式定位。如百事可乐与可口可乐；肯德基快餐与麦当劳可乐。针对式定位是建立起与竞争者相同的价值主张，塑造相同的市场形象，争夺相同的顾客。创新式定位是避开竞争者的定位，定位于某处市场"空隙"，发展出不同于竞争者的市场上目前没有的产品"独特价值"。例如，不同于酱香型和浓香型白酒，国内某酿酒企业推出的"芝麻香型"白酒。

一般而言，行业中的寡头企业更倾向于通过实施针对式定位争夺大众主体市场，而中小企业更倾向通过实施创新式定位开拓"长尾市场"[①]。

三、定位的步骤

实施定位的操作步骤可以概括为确定定位对象、识别重要属性（选择定位要素）、绘制定位图、评估定位选择和执行定位五个基本步骤。

（一）确定定位对象

确定定位对象是实施定位的第一步。在这个环节要确定两个基本问题：一是在谁的头脑中进行定位？例如，婴儿沐浴露，显然是在年轻妈妈的头脑中进行定位，而成人沐浴露呢？需要结合目标市场策略及消费者购买行为分析来确定。二是在产品组合中，为哪个产品实施定位？新产品还是老产品？前者是初次定位而后者则是再（重新）定位。在品牌组合中为哪个品牌实施定位？等等。

---

① 长尾市场指小众的、追求个性偏好的顾客，因在顾客分布图中处在曲线尾端而名之。

（二）识别重要属性

识别重要属性是为选择定位要素服务的。定位理论的核心思想是在适当的维度上主张并凸显自己的价值，以此赢得顾客的注意和认同。可见适当的维度选择是一项重要工作。识别重要属性，就是要弄清楚产品、品牌或企业的哪些属性，最能影响消费者（用户）对产品、品牌或企业的形象认知。

识别重要属性需要综合以下两个维度筛选。

一是目标顾客的关注程度。其内在的逻辑是只有在顾客高关注度的维度实施定位才能引起顾客的注意和兴趣。产品和品牌的产地、原材料来源、成分、工艺、功能、功效、象征性价值，甚至产品和品牌的名称、包装、款式、造型、价位、销售商店、销售服务（售前、售中、售后）、企业的历史、背景、文化等都可以成为实施定位的备选维度。企业需要通过测试目标顾客的关注度筛选其中的定位维度。例如，某品牌儿童牙膏曾对其目标顾客（年轻妈妈）进行了产品功能利益方面的关注度测试，测试结果排序如下：除牙菌斑、防牙石、防牙腐蚀、防牙龈疾病、保护牙釉质、健康、漂亮的笑容。结合自身竞争优势分析，最后该企业在该品牌的定位策略中，选择了"防止蛀牙"的利益定位。

二是企业自身的竞争优势。在定位策略中，仅仅考虑目标顾客的关注度还不够，必须同时考虑自身的优势。只有选择目标顾客的关注度高并且企业自身优势明显的维度实施定位才有可能获得成功。

问题是竞争是个动态的过程，优势也是个相对的概念。相对的竞争优势，是一个企业能够胜过竞争者的能力。这些能力有的是现有的，有的是具备发展潜力的。还有的是可以通过努力创造的。因此在分析企业自身的竞争优势时应该引入时间的维度。

举例说明如下。

我们假设一个企业通过目标顾客的关注程度测试发现。目标顾客对于产品五个维度高度关注，排序依次为：工艺、质量、价格、服务、新品研发与产品升级。企业目前有一个主要的竞争对手。备选定位维度竞争优势分析见表5-1。

表 5-1 备选定位维度竞争优势分析

备选定位维度	本企业状况（1~5分）	竞争对手状况（1~5分）	本企业改进的潜力（大中小）	竞争者改进的潜力（大中小）
工艺	4	3	大	中
质量	4	4	大	中
价格	3	4	小	大
服务	3	3	大	中
新品研发与产品升级	5	3	大	中

显然，工艺这个维度无论现状还是潜力本企业优势明显，加之顾客的高关注度，是个非常理想的定位维度。质量方面目前双方相当，但本企业未来潜力更大，可以作为第二个定位维度或未来引入的定位维度，服务、新品研发与产品升级同样如此。重要的是质量、

服务、新品研发与产品升级、工艺诸维度之间有较好的相融度，无论作为现在引入还是未来引入都是适当的。价格因素是本企业的薄弱环节，无论是目前还是未来，尽管同样是一个顾客高度关注的属性，显然不宜作为定位维度。

（三）绘制定位图

在确定了重要的属性之后，就要绘制定位图，并在定位图上标示出本企业（产品或品牌）以及竞争者（竞争产品或品牌）所处的位置。在使用两个维度定位时，可以使用平面图。如果使用多个维度，既可两两组合使用一组平面图，也可以用雷达图表示。

定位图是一个有用的工具，它不仅可用来分析产品和品牌的重要属性，还可以在针对式定位和创新式定位场合可以用来比较竞争者之间的定位差异，在再定位场合可以用来显示现有定位与目标定位之间的差异。图 5-11 直观地表达了本企业产品（品牌）受目标顾客重视的五大属性的顾客认知状态。图 5-12 则直观地表达了本企业产品（品牌）与竞争者产品受目标顾客重视的五大属性的顾客认知对比状态。而图 5-13 则是本企业产品受目标顾客重视的五大属性的顾客现有认知状态（实际定位）和企业所期望建立状态（目标定位）的对比。

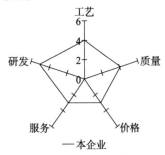

图 5-11　本企业产品重要属性雷达图

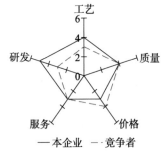

图 5-12　本企业产品与竞争者产品重要属性雷达图

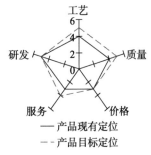

图 5-13　本企业产品现有定位与目标定位雷达图

（四）评估定位选择

根据定位图企业可以清楚地看到自己的产品与竞争者产品之间的对比情况，或者可以清楚看到现有的实际定位与目标定位间的差距。在此基础上确定需要建立的相同点或者差异点。例如，图 5-12 是本企业产品与竞争者产品重要属性的对比。如果企业实施针对式定位，显然应该在工艺、质量、价格、服务、新品研发与产品升级五个属性上建立与竞争者的相同点。由于在质量和服务两个属性上顾客对于本企业的产品和竞争者的产品的认知相同，所以只需要在其余的属性上建立相同点。如果是创新式定位，理论上应该在工艺、质量、价格、服务、新品研发与产品升级五个属性上建立与竞争者的差异点。结合表 5-1 的内容，可以选择在工艺、质量、服务、新品研发与产品升级等属性上建立与竞争者的差异点。图 5-13 是本企业产品现有定位与目标定位的比较，显然，应该在工艺、质量、服务三个属性上进一步提升，使之与目标定位所要求的吻合。

（五）执行定位

在评估定位选择的基础上，选择相关的营销工具表达出定位意图。定位工具已经从原先的广告宣传发展到了现在的包括产品、价格、渠道与促销各个方面的全方位的营销工具。

在执行定位过程中应该注意以下问题。

（1）定位混乱。其主要表现是目标顾客对于品牌形象认识不清。造成定位混乱的原因是多方面的。例如，定位主题过多，定位变换过频繁，定位维度选择失当，相同点和差异点没有有效建立，等等。

（2）定位怀疑问题。选择了在不具备竞争优势的维度建立定位点，造成顾客怀疑企业所宣传的特色、档次和品位等。

（3）定位过低。在定位点上的营销刺激力度不够，没有给目标顾客一个清晰而稳定的印象。

（4）定位过高。在定位点上的营销刺激力度过度，造成营销资源的浪费。

（5）定位与企业营销目标不一致。当然，这是战略层面的失当。定位仅仅只是一种营销工具，必须服从和服务于企业整体营销的战略目标。

四、定位的方法

企业推出的每种产品，都需要选定其特色和形象。现有产品在其原有定位已经不再具有生命力时，亦需要重新作出定位决定。对产品的定位，可以应用多种方法，归纳起来有以下几种常用方法。

1. 特色定位

特色定位强调构成产品特色的某种因素，诸如产品的品质、工艺、成分、材料等。例如，纯银餐具可以定位成"豪华""尊贵""奢侈"；不锈钢餐具可以定位成"优质""耐用""大众化"，这是由产品本身的性质所决定的。企业的历史、传统、规模、文化、产地等都可以用来定位。选择的方法可以根据前述的"识别重要属性"的思路进行。

2. 利益定位

利益定位是强调本企业的产品能够带给顾客的某种特殊的利益，或者某种特殊的功效。例如，某品牌洗发水广告强调指出其去头屑功能"头屑去无踪，秀发更出众"。美国一家啤酒公司推出了一种低热量的啤酒，将其定位为"喝了不会发胖的啤酒"，以迎合那些喜欢饮用啤酒但又担心发胖者的需要。

根据产品本身的利益组合差异定位是一种十分常用的定位方法。牙膏常常用"洁齿美白""口味清新""口腔防护"等利益定位。洗发水常用"去头屑""头发护理""头发营养"等利益定位。牛奶可以定位成饮料、食品、营养品甚至护肤品。选择什么样的利益进行定位，其方法同样可以根据前述的"识别重要属性"的思路进行。

3. 使用场合或用途定位

使用场合或用途定位是强调本产品适用于特定的场合或特定的用途。例如，服饰定位成休闲系列、晚会社交系列、运动系列、亲子系列等。食品定位成辅餐食品、休闲食品、电影食品、野外野营食品等。

4. 使用者定位

使用者定位是将本产品定位于某类特定使用者，强调产品适合于某类特定的消费者使用。其中常用的有性别定位、年龄定位、性格定位、职业定位、气质定位等。例如，某化妆品企业将女性消费者细分为时髦型、雅致型、富有型、朴素型、男子气质型等不同气质类型，推出不同品牌产品进行使用者定位。古老的昆曲《牡丹亭》除传统的经典版外，也有人①针对青年学生的审美情趣推出了昆曲《牡丹亭》青春版，很受欢迎。

案例 5-1

饮料分男女，就是"他＋她－水"

男女天生就是不同的，为什么要喝同样的饮料？凭着这样一句出其不意的提问，北京她加他饮品公司个性化的品牌定位创意，打破了饮料不分男女的格局。"他她水"是一款以使用者性别进行定位的新兴饮料。在利益和功能定位方面，"他＋水"的诉求是"增加抵抗力，增加精力、活力"，而"她－水"的诉求是"减去岁月留下的痕迹、减肥、减压"。在属性定位上"男＋水"除了添加 B 族维生素、维生素 C 等外，还添加了牛磺酸等，而"她－水"则添加了芦荟萃取物等。创新式的使用者定位使得产品在本不平静的饮料市场一度风生水起。

5. 对比定位

以竞争产品的定位为参照，通过对比突出本品牌的特色和形象。例如，以下的广告语都体现了对比定位的营销意图。

美国的阿维斯（Avis）出租车："在出租车业，我们只能排名第二，因此，我们的工作更加努力。"

七喜汽水："七喜（7-Up）汽水，非可乐！"

百服宁："不含阿司匹林的百服宁。"

中国联通："中国电信是第一，联通是第二。"

河南林河酒："林河酒，中国的 XO。"

娃哈哈集团的非常可乐："非常可乐，中国人自己的可乐。"

对比定位是一种比较巧妙的定位方法，由于有了竞争产品定位的参照系，企业很容易

---

① 文学家白先勇先生。

直观显示本企业产品与竞争者产品的相同点或差异点。这种定位方法存在的可能性风险是应用比较广告的合法性问题。

6. 首席定位

首席定位即争夺某个领域的第一的位置。第一的位置是最有价值的位置。不仅名列第一知名度最高，而且我们总是难以将它忘记。这种第一可以是规模第一，也可以是某种属性的第一。例如，在我国白酒市场上，有品牌白酒争质量第一，也有品牌白酒争历史第一，甚至还有品牌白酒争价格第一。

7. 俱乐部定位

第一的位置是最有价值的位置，但第一只有一个，在其他领域寻找其他的第一是首席定位的思路。俱乐部定位的思路是一个企业如果不能取得某个市领域中第一名位置，就成为第一方阵中的一员。比方说，是第二，或者强调自己是"该领域三大企业之一"，或"该领域最优品牌之一"。总之是优秀俱乐部的一员。例如，上述美国的阿维斯（Avis）出租车："在出租车业，我们排名第二"既是对比定位的方面，也体现了一种俱乐部定位的思路。在定位方法中，俱乐部定位同样是一种比较巧妙的定位方法，它以某个阵营为参照系，强调本企业产品与该阵营的相同点，以此建立和显示自己的市场形象。当然，以什么阵营为伍，选择的方法同样需要根据前述的"识别重要属性"的思路进行。

五、定位的内容与定位点的分布

定位点是指企业选择并用于刺激目标顾客的某些营销要素的某些特征。定位点的内容是指定位点所强调的这些特征的内容。可以归纳为三种类型：以强调产品能满足目标顾客效用需求为主要内容的利益定位、以强调产品具备某些属性特征为主要内容的属性定位和以强调产品能给顾客带来了哪些精神感受、心理满足为主要内容的价值定位。如此分类的理论依据是消费者行为理论中"消费过程的手段—目的论"。该理论认为：顾客购买产品的出发点是实现一定的利益和价值，为了实现这一利益和价值就需购产品和服务的属性。因此，价值、利益、属性三者间有一定的因果关系。

定位点的分布涉及两个内容：一是的哪些营销工具维度上设置定位点。二是选择多少类型的定位内容。前者是定位点分布的广度问题，后者是定位点分布的深度问题。

对于定位点分布的广度问题，不同的营销学者有不同的理解。艾尔·里斯和杰克·特劳特在20世纪七十年代提出定位概念时，其实只关注广告。菲利普·科特勒强调差异化策略在品牌定位中的重要性，并提出了差异化的五个维度，即产品差异化、服务差异化、人员差异化、渠道差异化、形象差异化[①]。显然已经从传播要素扩展至营销组合诸要素。

在定位点分布的深度方面，利益定位就是规划产品的利益组合；属性定位则是上述产

---

① 菲利普·科特勒, 等. 营销管理（全球版）[M]. 14版. 北京：中国人民大学出版社, 2012: 313-314.

品的利益组合的基础与保证；价值定位是提升产品、赋予产品某种精神层面的价值。属性定位、利益定位和价值定位是否全部需要，可以视具体营销背景而定。例如：舒肤佳香皂的利益定位是灭菌，价值定位是体现爱心（广告诉求是爱心妈妈，呵护全家），而构成灭菌功能的原材料就是属性定位。佳洁士儿童牙膏在早期仅仅只实施了利益定位"防止蛀牙"和属性定位"含有氟化物"，因为当时只有它一家企业在做防止蛀牙的含有氟化物的儿童牙膏，后来由于竞争者的跟进，为了进一步区分于竞争者，加入了价值定位"做个好妈妈"。

关键概念

市场细分	市场细分变数	细分市场	目标市场
无差异目标市场营销		差异性目标市场营销	
集中性目标市场营销		产品定位	特色定位	对比定位
首席定位	俱乐部定位	针对式定位	创新式定位	初次定位
重新定位	定位点	属性定位	利益定位	价值定位

本章内容小结

1. 市场营销管理中的"S-T-P 架构"。即 segmentation（市场细分）、target（目标市场）以及 positioning（定位）。

2. 在市场营销管理过程中，segmentation（市场细分）是一种分析工具，它被用来识别和区分顾客的需求特征，为企业选择目标市场和制定有针对性的营销策略服务。

3. target（目标市场）是企业选择的结果。企业综合考虑多重因素，选择适合自己经营的目标顾客。选择的模式包括无差异目标市场营销、差异性目标市场营销和集中性目标市场营销三种类型。

4. positioning（定位）是企业在目标市场上进一步显示自己的"价值主张"，以此显示与同类竞争产品的状态比较并吸引顾客。

思考题

1. 市场细分有哪些主要细分变数？
2. 目标市场策略有哪些类型？各有什么特点？
3. 企业选择目标市场策略类型时应该综合考虑哪些因素？
4. 市场细分过程包括的主要操作步骤有哪些？
5. 实施定位的基本程序包括哪些环节？
6. 阐述并比较首席定位和俱乐部定位的定位思想。
7. 什么是定位混乱？造成定位混乱原因是什么？

8. 什么是定位策略？现代营销环境下为什么正确定位十分重要？

9. 在现代营销环境下，市场细分为什么重要？

10. 菲利普·科特勒提出了从哪五个维度实施差异化策略？

11. 从大量营销到产品多样化营销再到目标市场营销的内在逻辑是什么？为什么说定制营销是未来营销的一种发展趋势？

12. 大企业与小企业在实施定位时是否有不同的策略选择？

13. 如何处理好定位策略与 CIS 的有效整合？

1. 以团队合作的方式，通过调查，比较研究某行业中两个不同品牌的实际定位状态并提供一份书面分析研究报告。

2. 以团队合作的方式，调查研究某企业产品的目标定位与实际定位状况，提供一份改进定位策略的建议。

[1] 菲利普·科特勒，凯文·莱恩·凯勒. 营销管理（第 14 版·全球版）[M]. 北京：中国人民大学出版社，2012.

[2] 加里·阿姆斯特朗，菲利普·科特勒. 市场营销学（全球版）[M]. 12 版. 王永贵，译. 北京：中国人民大学出版社，2017.

[3] 李怀斌. 市场营销学[M]. 北京：清华大学出版社，2007.

[4] 吕一林，岳俊芳. 市场营销学[M]. 2 版. 北京：科学出版社，2010.

[5] 朱迪·斯特劳斯，雷蒙德·弗罗斯特. 网络营销[M]. 7 版. 北京：中国人民大学出版社，2015.

[6] 李怀斌. 市场营销学[M]. 北京：清华大学出版社，2007.

第四模块
设计营销策略：顾客驱动的营销组合

在确定营销战略的基础上，需要对营销策略进行具体可实施性的设计。营销策略的设计，是营销战略的延续性、阶段性、局部性、可实施的安排，是营销活动实施的精心谋划与布局，很大程度上直接决定着最终营销绩效的高低。

营销策略，又称为营销组合策略，是指对目标市场需求有影响的各种可控因素的组合运用以实现营销目标。围绕顾客需求行动，这是营销组合的应有之义，也是科学营销观念所要求的，也是时代的要求。数字时代的顾客，不仅是价值最大化的实现者，他们塑造出一个价值期望值并实践它，而且在价值创造与传播的实践中更有意识、更有主动权与控制权。因此，企业设计的营销组合一定要围绕目标市场的顾客需要，在实施中设法支持并调动顾客参与价值的创造与传播。

本书选用迄今仍然是最为广泛接受的4P组合——产品（Product），价格（Price）、渠道（Place）、促销（Promotion）。企业在设计营销策略时，应在围绕顾客需求的基础上，结合营销目标、战略定位、竞争态势、要素的边际效应与协同效应等方面统筹决策，使其互相配合协同，力求实现最佳效益。

第六章 如何制定产品策略：提供价值

如何制定产品策略是营销组合策略中最重要也是最基本的决策。因为企业所提供的产品价值是决定顾客购买总价值大小的关键和主要因素，是顾客选购产品的首要因素。所以，产品一直被认为是营销的根基，打造产品力与品牌力是企业营销最核心的重点。产品策略直接或间接影响到其他营销组合要素的管理，是整个营销组合的基石。制定产品策略，需要企业思考为目标顾客提供什么样的产品组合，要认识现有产品，改进和完善产品，通过不断开发新产品为企业占领市场，重视妥善应对产品生命周期不同阶段的问题与挑战，做好品牌决策，理解服务的特殊性，运用好服务营销新增的 3P 策略。

本章重点探讨的问题

- 为何要从产品整体角度分析把握产品五个层次的内涵？
- 如何分析与优化产品组合？
- 如何从产品生命周期各阶段角度制定合适的营销对策？
- 什么是服务？服务营销策略组合为何需要增加新 3P？
- 如何进行新产品开发？
- 什么是品牌，如何塑造品牌？

第一节 产品组合策略

一、产品的整体概念

产品一般是指提供给市场的能满足消费者或用户某种需要或欲望的任何有形物品和无形的服务。这是广义上的产品概念。狭义的产品概念，则指的是"有形产品"。

产品整体概念是在将产品这个整体划分成几个层次分别加以认识的基础上来认识产品整体的内涵。菲利普·科特勒认为从五个层次来认识能够更深刻、更准确地表述产品整体概念的含义，如图 6-1 所示。

1. 核心产品

核心产品（core product）是指向购买者提供的基本效用或利益。消费者购买商品并不是为了获得产品本身，而是为了获得能够满足某种需求的使用价值。如消费者购买洗衣机，并不是为了拥有这种机器物品本身，而是为了获得清洗、洁净衣物和安全的效用。核心产

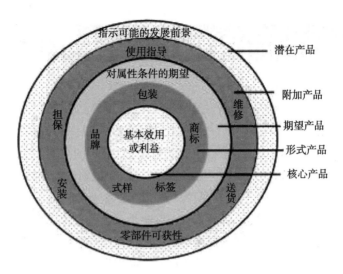

图 6-1　整体产品概念的五个层次

品是消费者追求的最基本内容，也是他们所真正要购买的东西。因此，企业在设计开发产品时，必须首先界定产品能够提供给消费者的核心利益，以此作为立足点。

2. 形式产品

形式产品（actual product）是核心产品所展示的全部外部特征，即呈现在市场上的产品的具体形态或产品核心功能、效用借以实现的外在形式，主要包括品牌商标、包装、款式、颜色、特色、质量等。即使是纯粹的服务产品，也具有相类似的形体上的特点。产品的基本效用必须通过特定形式才能实现，市场营销人员应该努力寻求更加完善的外在形式来满足顾客的需要。

3. 期望产品

期望产品（expected product）是指顾客在购买该产品时期望得到的与产品密切相关的一系列属性和条件。例如，旅馆的住客期望得到整洁的床位、洗浴香波、浴巾、衣帽间的服务等。由于大多数旅馆都能满足旅客的一般期望，所以旅客在选择档次条件大致相同的旅馆时，通常不是选择哪家旅馆能够提供所期望的产品，而是根据哪家旅馆就近和方便而定。

4. 附加产品

附加产品（augmented product）是指消费者在取得产品或使用产品过程中所能获得的除产品基本效用和功能之外的一切服务与利益的总和，主要包括运送、安装、调试、维修、产品保证、零配件供应、技术人员与操作人员的培训等，它能给消费者带来更多的利益和更大的满足。附加产品来源于对消费者需要的深入认识。消费者购买商品的根本动机是满足某种需求，但这种需求是综合性的、多层次的，企业必须提供综合性的产品和服务才能满足其需要。特别是随着现代社会科学技术飞速发展，企业的生产和经营管理水平不断提高，不同企业提供的同类产品在核心利益、形式产品和期望产品上越来越接近，因此附加产品所提供的附加价值的大小在市场营销中的重要性就越来越突出，已经成为企业差异化策略赢得竞争优势的关键因素。正如美国市场营销学者西奥多·李维特所指出的："未来竞争的关键不在于企业能生产什么产品，而在于其产品提供的附加价值：包装、服务、广告、用户咨询、消费信贷、及时交货、仓储以及人们以价值来衡量的一切东西。"

5. 潜在产品

潜在产品（potential product）是指产品最终会实现的全部附加价值和新转换价值，是附加产品服务和利益的进一步延伸，指明了产品可能的演变给顾客带来的价值。潜在产品是吸引顾客购买非必需品、非渴求品最重要的因素。如人们购买保险产品，在购买当时并未得到可即刻实现的利益，而是一种承诺，即未来可以实现的理赔收益。

产品整体概念五个层次，清晰地体现了以消费者需求为中心的现代营销观念。这一概念的内涵和外延都是以消费者需求为标准的，由消费者需求来决定的。可以说，产品整体概念是建立在"需求=产品"这样一个等式基础之上的。企业在设计和开发产品时，一定要找准产品的核心利益，重视产品的非功能性利益的开发，围绕整体产品的多个层次开展竞争。没有产品整体概念，就不可能真正贯彻现代营销观念。

案例 6-1

褚橙的个性化包装

从2019年开始，生鲜电商逐渐成为电商领域的新热点。去年策划"褚橙进京"的生鲜电商本来生活网今年仍然在进行它的褚橙"爆款"营销。本来生活的褚橙营销走了幽默营销路线。在预售期内，本来生活网站上就推出一系列青春版个性化包装，那些上印"母后，记得一颗给阿玛""虽然你很努力，但你的成功，主要靠天赋""谢谢你，让我站着把钱挣了""我很好，你也保重"等幽默温馨话语的包装箱，推出没多久就在本来生活网上显示"售罄"，可见其受欢迎程度。毕竟，在这个人艰不拆的社会里，能让中国人会心一笑的幽默还是太少了。

从品牌营销的角度，操盘者是选择了一个有爆点的产品，也就是众人比较常说的"爆款"产品，通过一个爆款产品的炒作同时提升自身的影响力。一个品牌在不是大众皆知或者品牌基础还比较薄弱的背景下，要在市场上建立品牌知名度，必须要有一个爆款产品来作为主打，并利用爆款产品和品牌的捆绑营销来达成实效目标。

二、产品的分类

（一）根据耐用性和有形性划分

根据产品的耐用性和是否有形，分为耐用品、非耐用品和服务。

（1）耐用品（durable goods）。耐用品是指使用时间较长，至少在1年以上的物品，如空调机、汽车、洗衣机、机械设备等。此类产品单位价值较高，购买频率较低，往往需要较多的人员推销和服务，销售价格较高，利润空间也较大。

（2）非耐用品（nondurable goods）。非耐用品是指使用时间较短，甚至一次性消费的物品，如纸巾、食物、化妆品等。这类产品单位价值较低，消耗较快，消费者往往频繁购买、反复购买、随时购买，使用量大。因此需要广泛设置分销网点，方便消费者及时购买、就近购买。多随行就市制定价格，企业获利空间较小；多采用拉式促销策略，来吸引消费者购买，并促成他们建立品牌偏好，形成习惯性购买行为，以扩大企业产品的销售。

（3）服务（service）。服务是指一方能够向另一方提供的基本上是无形的功效或利益，而不导致任何所有权产生的各种活动。服务具有无形性，生产、销售和消费的同时性，产品质量的异质性和易逝性等特点。因而这类产品的营销需要更多的质量控制、更有效的促销推广和更适用的平衡供求矛盾的措施。

（二）根据购买者和购买目的划分

根据购买者和购买目的划分，产品可分为消费品和产业用品。

1. 消费品

根据消费者的购买行为和购买习惯，消费品（consumer goods）可以划分为便利品、选购品、特殊品和非渴求品。

1）便利品

便利品（convenience goods）是指消费者要经常购买、反复购买、即时购买、就近购买、惯性购买，且购买时不用花时间比较和选择的商品。具体又可以分为以下几种：①日常生活用品（staples），如食盐、香烟、饮料等；②冲动品（impulse goods），即事先不在购买计划之内，由于一时冲动而即时购买的商品，如合意的书籍、折价的小饰品、旅游途中购买的工艺品和纪念品等；③救急品（emergency goods），即消费者在某种情况下紧急购买的商品，如饥肠辘辘时购买的食品，倾盆大雨突然而至时购买的雨伞等。对便利品的营销，企业要特别重视"地点效用"和"时间效用"，建立密集的销售网点，备足货品，采取特价、折价、集中突出陈列以及赠品等促销策略，方便消费者随时随地购买，刺激冲动性需求。

2）选购品

选购品（shopping goods）是指消费者在购买过程中对功效、质量、款式、色彩、特色、品牌、价格等花较多时间进行比较的商品，如家用电器、服装、鞋帽等。选购品又可以分为同质选购品和异质选购品。前者在质量、功效等非价格因素方面差别不大，但价格差异较大，所以要认真比较选购。而后者在功效、质量、款式、色彩、风格等方面差异较大，消费者购买时重视和追求特色，特色比价格对购买决策的影响更大。企业在异质选购品的营销中首先要重视产品差异的设计与研制，在产品的品种、花色、款式、风格方面实行多样化，并通过广告宣传和促销活动将产品差异有效地传递给消费者，以满足消费者的差异化需求。

3）特殊品

特殊品（specialty goods）是指具有特定品牌或独具特色的商品，或对消费者具有特殊意义、特别价值的商品，如品牌服装、名车、名烟、名酒，具有收藏价值的艺术品以及结婚戒指等。特殊品的购买者对所需产品已经有所了解，注重其特殊价值，情有独钟，愿意为此付出更多的努力或支付更高的价格。对于这类商品，企业的营销重点应放在品牌声誉、特色和对消费者而言的特殊价值上，并要相应地选择有较好信誉的经销商或专卖店销售。

4）非渴求品

非渴求品（unsought goods）是指消费者不熟悉，或虽然熟悉但不感兴趣，不主动寻求购买的商品。如环保产品、人寿保险以及专业性很强的书籍等。非渴求品往往属于消费者的潜在需求或未来需求。在营销中，需要采用较强的开发性策略，采取诸如人员推销、有奖销售等刺激性较强的促销措施，制作强有力的广告，帮助消费者认识和了解产品，将产品使用价值和他们的需求紧密相联，以引导他们的兴趣，激发购买行为。

2. 产业用品

产业用品（industrial goods）是指各种组织，如企业、机关、学校、医院为生产或维持组织运作需要而购买的商品和服务。根据它们参与生产过程的程度和价值大小将产业用品划分为材料和部件、资本项目以及供应品和服务三大类。

1）材料和部件

材料和部件（material and parts）是指完全参与生产过程，其价值全部转移到最终产品中的那些物品，它又可以分为原材料以及半成品和部件两大类。原材料包括农产品（棉花、稻谷、水果、蔬菜）和天然产品（金属、石油、矿石）；半成品和零部件包括需进一步加工的构成材料（水泥、钢材、棉纱）和可以直接成为最终产品一部分的构成部件（轮胎、空调和冰箱用的压缩机、电视机用的显像管）。

2）资本项目

资本项目（capital items）是指辅助生产进行，其实体不形成最终产品，价值通过折旧、摊销的方式部分转移到最终产品之中的那些物品，包括装备和附属设备。装备包括建筑物（厂房、办公室、仓库）和固定设备（机床、大型计算机系统）。这类产品通常由用户直接从制造商那里购买，购买之前经过较长时间的谈判，用户需要供应商提供诸如信用、安装调试、技术人员和操作人员培训之类的售后服务。附属设备包括轻型制造设备、工具以及办公设备。其使用寿命较之装备要短，在生产过程中仅起到辅助作用。附属设备的用户众多、地理位置分散、订购数量少，主要通过中间商进行销售。质量、特色、价格和服务是用户考虑的主要因素。

3）供应品和服务

供应品和服务（supplies and services）是指不形成最终产品，价值较低、消耗较快的那类物品。供应品包括生产作业辅助用品（煤、润滑油）、办公用品（文具、纸张）和维护用品等。它们相当于产品领域的便利品，购买简单，主要为例行性的重复采购。服务主要有管理咨询服务（培训、策划）、专业服务（会计、律师、商标、广告）和劳务服务（清洁、搬运、保安）。各类服务的提供通常采用订立合同的形式。

案例 6-2

柯达为什么倒下？

一个世代以前，提起"Kodak Moment"（柯达时刻），人们想到的是值得留存与回味的记忆。1975年数码相机的第一架原型机由史蒂夫·萨松（Steve Sasson）发明，而这位工程师的雇主正是柯达。此后，柯达为了开发一系列数码相机，曾经投资数十亿美元，但他们没有抓住数字技术的简单特性以扩大市场，反而一味试图让数码相机拥有与传统胶片相机一样的功能。

当照相机、手机合二为一的时候，人们不再冲洗照片，而是直接将照片上传到社交媒体平台以及手机应用程序上。在扎克伯格（Mark Zuckerberg）还没开始编写Facebook的代码之前，柯达在2001年收购了一个名叫Ofoto的照片共享网站。遗憾的是，柯达却利用Ofoto来吸引更多人冲洗数码照片。2012年4月，柯达以不到2 500万美元的价格将Ofoto出售给Shutterfly，而Facebook砸下10亿美元收购Instagram，当时这家公司只有13个人。

柯达发明了数码相机，也对相关技术进行了投资，还意识到在互联网上分享照片将成为趋势，但其最大的错误，就是没有真正意识到在线照片分享是一项新业务，而不是扩大印刷业务的一种方式。如果你的公司正在进行数字转型，那么你一定要回答这样的问题：

我们正从事什么业务？不要从技术、产品、类别的角度回答这个问题，而是要思考你们在为客户解决什么问题，或者所谓"你们正在替客户执行的工作"。如果让柯达回答这个问题，可以回答说"胶片业务""图像业务"，也可以说"时刻共享（Moment sharing）业务"，而不同的选择会导致不一样的结果。

三、产品组合基本概念

产品组合（product mix or product assortment）是指企业生产或经营的全部产品线和产品项目的有机组合方式，又称产品结构。

产品线（product line）指一组密切相关的产品，又称产品系列或产品品类。所谓密切相关，指这些产品或者能够满足同种需求；或者必须配套使用，销售给同类顾客；或者经由相同的渠道销售；或者在同一价格范围内出售。

产品项目（product item）指在同一产品线或产品系列下不同型号、规格、款式、质地、颜色或品牌的产品。例如百货企业经营金银首饰、化妆品、服装鞋帽、家用电器、食品、文教用品等，各大类就是产品线；每一大类里包括的具体品牌、品种为产品项目。

企业产品组合可以从广度、长度、深度和关联度四个维度进行分析。在此以表6-1所示的产品组合为例加以阐述。

1. 产品组合的广度

产品组合广度（product mix width）又称产品组合的宽度，指企业生产经营的产品线的数量。大中型的多元化经营的企业集团产品组合的广度较宽，而专业化的企业和专营性商店生产经营的产品品类较少，产品组合的广度较窄。表 6-1 所示的产品组合广度为四条产品线。

表 6-1 某百货企业的产品组合

	服 装	皮 鞋	帽 子	针织品
产品线的长度	休闲装	男凉鞋	制服帽	卫生衣
	女西装	女凉鞋	鸭舌帽	卫生裤
	男休闲装	男皮鞋	礼帽	汗衫背心
	女休闲装	女皮鞋	女帽	
	风雨衣		童帽	
	儿童服装			

2. 产品组合的长度

产品组合长度（product mix length）指企业生产经营的全部产品线中所包含的产品项目总数，即产品线的总长度。表 6-1 所示的产品项目总数是 18，这就是产品线的总长度。每条产品线的平均长度，即企业全部产品项目数除以全部产品线所得的商，在此表中是 4.5（18/4），说明平均每条产品线中有 4.5 个品牌的商品。企业产品的项目总数越多，产品线越长，反之则越短。

3. 产品组合的深度

产品组合的深度（product mix depth）指企业生产经营的每条产品线中，每种产品品牌所包含的产品项目的数量。一个企业每条产品线中所包含的产品品牌数往往各不相等，每一产品品牌下又有不同的品种、规格、型号、花色的产品项目。例如，百货企业的休闲装有九种规格，那么，它的深度就是 9。专业商经营的产品品类较少，但同一产品种类中规格、品种、花色、款式较为齐全，产品组合的深度较深。

4. 产品组合的关联度

产品组合的关联度（product mix consistency）又称产品组合的密度或相关性，指企业生产和经营的各条产品线的产品在最终用途、生产条件、销售渠道及其他方面相互联系的密切程度。表 6-1 中该百货企业四条产品线都是人们的穿着用品，产品的最终用途相同，可以通过相同的分销渠道销售，其关联度较为密切。

一般而言，实行多元化经营的企业，因同时涉及几个不相关联的行业，各产品之间相互关联的程度较为松散；而实行专业化经营企业，各产品之间相互关联的程度则较为密切。

企业产品组合的广度、长度、深度和关联度不同，就构成不同的产品组合。分析企业产品组合，具体而言就是分析产品组合的广度、长度、深度及关联度的现状、相互结合运作及发展态势。在一般情况下，扩大产品组合的广度有利于拓展企业的生产和经营范围，实行多元化经营战略，可以更好地发挥企业潜在的技术、资源及信息等各方面优势，提高经济效益，还有利于分散企业的投资风险；附加产品线的长度，使产品线充裕丰满，使企业拥有更完全的产品线，有助于扩大市场覆盖面；加强产品组合的深度，在同一产品线上增加更多花色、品种、规格、型号、款式的产品，可以使企业产品更加丰富多彩，满足更广泛的市场需求，提升产品线的专业化程度，占领同类产品更多的细分市场，增强行业竞争力；加强产品组合的相关性，可以强化企业各条产品线之间的相互支持，协同满足消费者，有利于资源共享，降低成本，可以使企业在某一特定的市场领域内增强竞争力和提升市场地位，赢得良好的企业声誉。因此，产品组合策略也就是企业根据市场需求、营销环境及自身能力和资源条件，对自己生产和经营的产品从广度、长度、深度和关联度四个维度进行综合选择和调整的决策。

四、产品组合策略类型

产品组合策略是制定其他各项决策的基础，产品组合确定之后，企业的投资组合、定价、分销渠道、促销以及各项资源的配置都基本确定。企业对产品组合进行选择既不是一味追求宽、深、长，也不是越专业化越好，而是立足于准确的市场调研，全面考虑市场需求、竞争态势、外部环境以及企业自身实力和营销目标，遵循有利于促进销售、提高总利润的原则，正确决策，慎重行动。常见的产品组合策略有以下六种。

1. 全线全面型组合

全线全面型组合即企业生产经营多条产品线，每一条产品线中又有多个产品项目，产品项目的宽度和深度都较大，各条产品线之间的关联度可松可紧。该策略的特点是力争向尽可能多的顾客提供他们所需要的多种产品，满足他们尽可能多的需求，以占领较为广阔的市场。只有规模巨大、实力雄厚、资源丰富的企业才能做到。如美国宝洁企业就有洗涤剂、牙膏、洗发水、香皂、除臭剂、润肤液、婴儿尿布和饮料等多条产品线，并且都是日常生活用品，各条产品线之间的关联度较强。

2. 市场专业型组合

市场专业型组合即企业以某一特定市场为目标市场，为该市场的消费者群体提供多条产品线和多个产品项目，以满足他们多方面的需求。这种组合策略的特点是宽度和深度大，而关联度较小，并且能全面了解本企业目标顾客的各类需求，以全面牢固地占领本企业目标市场为目的。这种组合策略仍是规模较大的企业才适用，如金利来主要是专门为成功的男士生产西服、领带、皮具、领带夹、香水等用品。

3. 产品系列专业型组合

产品系列专业型组合即企业生产相互之间关联度较强的少数几条产品线中的几个产品项目，以满足不同消费者对这几类产品的差异需求。这种组合策略的特点是宽度和深度小而关联度密切，产品的技术要求接近，生产专业化程度高，有利于延伸技术优势，提高生产效率。如科龙企业一直致力于制冷产品的生产，只拥有空调、冰箱等少数几条产品线，每一条产品线的产品项目也较为有限，但生产量较大。

4. 产品系列集中型

产品系列集中型即企业集中各种资源，生产单一产品线中的几个产品项目，以便更有效地满足某一部分消费者对这一类产品的需求。该组合策略的特点是宽度最小、深度略大而关联度密切，且产品和目标市场都比较集中，有利于企业较好地占领市场。这是中小企业经常采用的组合策略。如格兰仕企业在创业初期和早期只生产微波炉这一大类产品，其花色、品种也较为有限。

5. 特殊产品专业型组合

特殊产品专业型组合即企业凭借自己所拥有的特殊技术和生产条件，生产能满足某些特殊需求的产品。这一组合策略的特点是宽度、深度、长度都小，目标顾客具有特殊需求，生产的针对性、目标性都很强，很多情况下是根据顾客特殊的个性化需求定制产品。如博尔特肢体健康康复集团专门生产残疾人使用的假肢、轮椅、康复器械等。

6. 单一产品组合

单一产品组合即企业只生产一种或为数有限的几个产品项目，以适应和满足单一的市场需求。这一组合策略的特点是产品线简化，生产过程单纯，能大批量生产，有利于提高劳动效率，降低成本；技术上也易于精益求精，有利于提高产品质量和档次。但是由于生产经营的产品单一，企业对产品的依赖性太强，因而对市场需求的适应性差，风险较大。

上述六种产品组合策略为企业制定决策提供了多种选择，企业在实际决策时要综合考虑以下几个制约因素。

（1）企业资源的制约

企业资源指的是企业的人、财、物及生产经营能力。任何企业无论规模多大，其资源总是有限的，都有自己的优势和不足之处。因此，并不是生产经营任何产品都是可能和有利的，要根据自身的资源状况决定生产什么产品和生产多少。

（2）市场需求的制约

市场需求处在不断的变化之中，企业只能根据市场需求的发展变化趋势，本企业在人、财、物力方面的优势，拓宽或加强具有良好前景和获利潜力的产品系列。市场需求在诸制约因素中起主导的决定性作用。

（3）竞争条件的制约

如果新增加的产品系列遇到强大的竞争对手，利润的不确定性和风险性较大，则与其加宽产品系列，不如增加产品项目，加深原有的产品系列更为有利。如果关联度较为密切的产品系列竞争激烈，还不如选择既有市场需求，企业又有实力进入的其他行业，朝多元化经营方向发展。

五、产品组合分析

产品组合状况直接关系到企业的销售额和利润水平,企业必须在产品组合形成以后,对产品组合及其对未来销售额、利润水平的发展和影响进行系统客观的分析和评估,并对是否增加或剔除某些产品线或产品项目作出决策,以实现产品组合的优化。常用的产品组合分析方法主要有以下几种。

1. 产品处境分析法

产品处境分析法由美国市场营销学者德鲁克首先提出,他将企业现有产品分为六个层次,然后分析研究各个层次产品在未来销售成长中的潜力,以此来决定现行产品组合的调整。

德鲁克划分的六个层次的产品和相关的策略如下。

(1) 目前的主要产品,其策略是稳定市场地位,以增加企业利润收入。

(2) 未来的主要产品,其策略是作为企业投资和保护的重点,促使发展和壮大。

(3) 过去的主要产品,由于目前市场需求下降,销售萎缩,其策略是或者对产品进行改进,如多功能开发以求东山再起,或者予以淘汰。

(4) 需改进的产品,应根据市场需求和竞争对手产品的变化,加紧改进提高,力促成为今天或明天的主要产品。

(5) 需维持的产品,则继续经营,保持市场,争取创造更多利润。

(6) 失去销路的产品,应立即转产或淘汰,以便集中企业资源生产经营盈利丰厚的产品或者有发展前途的产品。

2. 产品线销售额和利润分析法

产品线销售额和利润分析法是对现行产品线上不同产品项目所提供的销售额和利润水平进行分析与评价,以此为依据制定产品线的调整决策。

例如,某企业拥有一条五个产品项目的产品线,产品项目 A 的销售额和利润分别占整条产品线销售额和利润的 50%、30%,产品项目 B 的销售额和利润分别占整条产品线销售额和利润的 30%,这两个产品项目占了整条产品线销售额的 80%和利润的 60%,显然是这条产品线中的主要产品。如果这两个产品项目突然受到竞争者的打击或遇市场疲软,产品线的销售额和利润就会迅速下降。因此,该条产品线销售额和盈利高度集中在 A、B 两个产品项目上,则意味着该产品线比较脆弱。据市场调研和预测显示,由于这两个产品进入成熟期,同行竞争极为激烈,未来的销售额和利润呈下降趋势。为此,企业必须制定强有效的竞争对策,以巩固 A、B 两个产品项目的市场份额和获利水平。同时,还应根据市场需求的发展态势,加强产品项目 C、D 的营销力度。产品项目 E 只占整条产品线销售额和利润的 5%,如无大的市场潜力,可考虑剔除。

3. 利润增长目标分析法

利润增长目标分析法是结合企业利润增长目标对企业现有产品组合的利润增长结构进

行分析和评价的一种方法。

在实践中,随着产品生命周期各阶段在市场上的推移演变,以及市场需求和竞争态势的变化,企业各条产品线的获利能力是不断变化的。

例如,某企业的产品线由 A、B、C 三条构成,在计划年度中,各产品线利润实现的情况有较大变化。在计划期的第一年,由于 C、B、A 三类产品分别处于投入期、成长期和成熟期,预计 A 类产品获利最多,占到企业利润总额的 60%,B 类产品占 30%,C 类占 10%。随着产品生命周期的变化,A 类产品的利润水平逐年降低;B 类产品前三年利润逐年增加,后三年逐年减少;C 类产品利润逐年增加,到第六年,C 类产品成为企业主要的盈利产品,其利润在企业利润总额中所占的比重最大,其余依次为 B 类产品和 A 类产品。但 A、B、C 三类产品的利润总额与企业制订的利润目标之间还存在较大的差距。这就表明企业现行的产品组合尚不能有效地达到企业的利润目标,必须科学地进行调整,实现产品组合的优化,以确保企业利润目标的实现。

六、产品组合调整策略

对企业现行产品组合进行分析和评估之后,找出存在的问题,就要采取相应措施,调整产品组合,以求达到最佳的组合。产品组合的调整策略有以下几种。

1. 扩大产品组合

扩大产品组合即扩展产品组合的广度或深度,增加产品系列或项目,扩大经营范围,生产经营更多的产品以满足市场的需要。当市场需求不断扩大,营销环境有利,企业资源条件优化时,就需要扩大企业产品组合以赢得更大发展。或者当企业预测到现行产品线的销售额和利润率在未来可能下降时,就必须及时考虑在现行产品组合中增加新的产品线,或加强其中有发展潜力的产品线。

对生产企业而言,扩大产品组合策略的方式主要有三种。

(1)平行式扩展。平行式扩展是指生产企业在生产设备、技术力量允许的情况下,充分发挥生产潜能,向专业化和综合性方向扩展,增加产品系列,在产品线层次上平行延伸。

(2)系列式扩展。系列式扩展是指生产企业向产品的多规格、多型号、多款式发展,增加产品项目,在产品项目层次上向纵深扩展。

(3)综合利用式扩展。综合利用式扩展是指生产企业生产与原有产品系列不相关的异类产品,通常与综合利用原材料、处理废料、防止环境污染等结合进行。

2. 缩减产品组合

缩减产品组合即降低产品组合的广度或深度,剔除那些不获利或获利能力小的产品线或产品项目,集中力量生产经营一个系列的产品或少数产品项目,提高专业化水平,力争从生产经营较少的产品中获得较多的利润。当市场不景气或原料、能源供给紧张,企业费用水平太高时,缩减产品线反而能使企业的总利润增加。

缩减产品组合策略可采用以下几种方式。

（1）保持原有产品的广度和深度，增加产品产量，降低成本，改革营销方式，加强促销工作。

（2）缩减产品系列，即根据市场的变化，集中发挥企业的优势，减少生产经营的产品类别，只生产经营某一个或少数几个产品的系列。

（3）减少产品项目，即减少产品系列内不同品种、规格、款式、花色产品的生产和经营，淘汰薄利产品，尽量生产销路看好、利润较高的产品。

3. 高档产品策略

高档产品策略即在同一产品线内增加生产高档次、高价格的产品项目，以提高企业现有产品的声望。企业可以在下列情况下考虑实施高档产品策略。

（1）高档产品的市场销售形势看好，利润率高。

（2）高档产品市场上竞争者实力较弱，可以取而代之。

（3）企业的实力增加，希望发展高中低档各类产品。

实施高档产品策略有一定的风险。在中低档产品线中推出高档产品，容易引起购买者混淆，难以树立高档产品的独特形象。

4. 低档产品策略

低档产品策略即在同一产品线内增加生产中低档次、价格低廉的产品项目，以利用高档名牌产品的声誉，吸引因经济条件所限而购买不起高档产品，但又羡慕和向往高档名牌的顾客。

低档产品策略适用于企业的下列情况。

（1）企业高档产品成长发展较慢，为了维持销售，占领和开拓市场，将产品线扩展，增加产品项目，增加中低档产品。

（2）企业的高档产品遇到了强硬的竞争对手，进入中低档产品市场可以获得回旋余地。

（3）企业进入高档产品市场，建立高品质名牌形象，扩大声誉的目的已经达到，生产中低档产品可以丰富产品品种，增加花色，扩大市场。

（4）填补市场空缺，抵制竞争者进入中低档产品市场同企业抗衡。

低档产品策略对企业也同样存在风险。因为在高档产品线中推出低档产品，容易影响和损害企业及原有品牌产品的形象，降低原有产品的档次，还可能刺激本来生产低档产品的企业进入高档产品市场，促使竞争加剧。

案例 6-3

亚马逊的业务板块

1995 年贝索斯创立亚马逊，两年后亚马逊上市了，如愿地成为世界上最大的书店，但单纯的卖书并不能支撑起整个公司的未来，亚马逊必须走品类扩张之路。从这以后，音乐制品、服装、家电等，都成为亚马逊的销售产品，亚马逊也成为最早一批电商。如今，亚马逊的业务板块基本由以下类别组成。

第一块是网上商城业务，包括书籍等各类商品的销售。2017 年亚马逊网上商城的销售额为 1 083.54 亿美元，占比接近 61%。

第二块是第三方服务，即通过提供交易平台和技术支持抽取交易佣金。2017 年亚马逊在这方面的净销售额为 318.81 亿美元，占比 21.4%。

第三块是 AWS（云计算）业务，正在成为亚马逊的王牌业务，目前，Netflix、Quora、Instagram 等大公司都是其重要用户。2017 年，亚马逊的 AWS 实现 174.59 亿美元的销售，比阿里巴巴一年的总营收还多，而且该项业务还在以每年 50%以上的速度增长着。

第四块是用户订阅收入，即 Prime 会员缴纳的会员费。

第五块是线下实体店业务，即新零售。亚马逊 2017 年才进军新零售，目前的主要动作是 137 亿美元收购全食超市，这笔交易为它带来 57.98 亿美元的销售，占比 3.3%。

最后一块是广告业务。2017 年亚马逊的广告收入为 46.53 亿美元，而在 2016 年，它的广告收入还只有 29.5 亿美元。

从亚马逊的业务构成可以看出，亚马逊的业务类型非常丰富，结构也很完备，而且在每项细分业务中都具有绝对统治力。

第二节　服务营销策略

一、服务的概念与特性

服务（service）是指一方能够向另一方提供的基本上是无形的功效或利益，而不导致任何所有权产生的各种活动。服务是一个行动、一次努力、一项表演。

服务这种无形产品与有形产品，并不是截然无关的。现实中的大多产品，就像渐进变化的光谱，是无形产品与有形产品的一种混合，只是所占的比例各不相同。如格力空调、肯德基快餐等产品，既包括有形产品，也有无形产品。

服务既有活动，又有活动的结果。因此，服务提供者就需要既对活动过程进行有效的规划、组织与控制；也需要对结果进行评价与控制，以达到满足顾客要求的目的。

大多数服务都具有无形性、同时性、异质性和易腐性四大基本特点。无形性即为购买者无法通过视、听、嗅、尝、触等方式直接感知到服务；同时性即为服务的过程中消费者和生产者必须直接发生联系，生产服务的过程和消费的过程是不可分离的；异质性指的是服务的构成成分及其质量水平经常变化，难以统一界定；易腐性即指服务无法像有形消费品那样存储和携带（图 6-2）。

在考虑服务营销策略时，我们应关注这四个特性进行营销策略的制定。

（1）基于服务无形性的策略。进行有策略地设计和提供服务环境，让顾客通过环境对服务的理念、质量和水平形成感知。同时，可以对外产品的服务质量和效果进行保证。

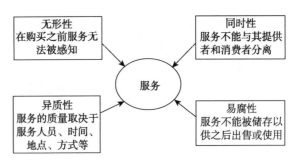

图 6-2 服务的特性

（2）基于服务异质性的策略。在规范化方面，服务的整体构建需具备较高水平。服务理念、服务标准化等方面都能够在服务过程中得到较高的顾客评价。同时，应该加强服务可控化，使服务活动及质量的偏差被控制在尽可能小的范围内。可以在服务方面对不同的顾客采取不同的符合其特点的独特服务，使其能够提高满意度，同时能够取得较好的收益。

（3）基于服务同时性的策略。服务网络化程度在服务过程中得到充分的运用，使客户不仅能够享受到的专业服务，更能使客户在交易过程中感受到方便和快捷。同时在营销过程中应着重注意关系化营销。

（4）基于服务易腐性的策略。可以通过网络和声讯电话等多种方式的服务过程进行调整，以更好地满足客户需要。服务效率化，在金融行业中尤为重要，要充分利用服务的时间资源提高服务的时间效率。

二、基于 7Ps 营销理论和服务质量差距模型的服务营销策略

7Ps 营销理论（the marketing theory of 7Ps）是 1981 年布姆斯（Booms）和比特纳（Bitner）建议在传统市场营销理论 4Ps 的基础上增加三个"服务性的 P"得出的理论，三个"服务性的 P"即人（people）、过程（process）、有形展示（physical evidence）。

人员（people）：所有的人都直接或间接地被卷入某种服务的消费过程中，这是 7Ps 营销组合很重要的一个观点。知识工作者、白领雇员、管理人员以及部分消费者将额外的价值增加到了既有的社会总产品或服务的供给中，这部分价值往往非常显著。过程（process）：服务通过一定的程序、机制以及活动得以实现的过程（亦即消费者管理流程），是市场营销战略的一个关键要素。有形展示（physical evidence）：包括环境、便利工具和有效引导。可解释为商品与服务本身的展示，亦即使所促销的东西更加贴近顾客。有形展示的重要性在于顾客能从中得到可触及的线索，去体认所提供的服务质量。因此，最好的服务是将无法触及的东西变成有形的服务。

服务质量差距模型是 20 世纪 80 年代中期到 90 年代初，美国营销学家帕拉休拉曼（A. Parasuraman）、赞瑟姆（Valarie A. Zeithamal）和贝利（Leonard L. Berry）等人提出的。服务质量差距模型是专门用来分析质量问题的根源，如图 6-3 所示。顾客差距（差距 5）即顾客期望与顾客感知的服务之间的差距——这是差距模型的核心。要弥合这一差距，就要对

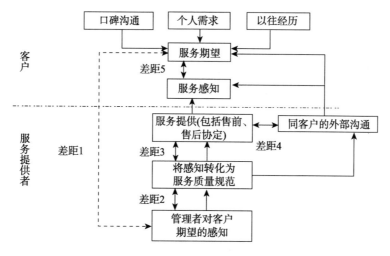

图 6-3 服务质量差距模型

以下四个差距进行弥合：差距 1——不了解顾客的期望；差距 2——未选择正确的服务设计和标准；差距 3——未按标准提供服务；差距 4——服务传递与对外承诺不相匹配。所以，要提高服务质量水平就要尽力缩小这四方面的差距，以使消费者满意。同时由于这些差距难以完全避免，所以进行及时的服务补救也是提高服务水准的重要途径。可以说服务质量差距模型的意义在于为企业指明了提高其服务质量的方向。

企业应借鉴服务质量差距模型并结合行业的特点，提升其服务水平，缩小上述五个差距，争取和创造更多的顾客满意，从而保持顾客。

1. 深入了解顾客所需，减少认知差距

造成零售商和消费者对服务期望认识出现偏差的原因在于对消费者需求缺乏深入的调查了解。所以缩小认知差距，提供优质服务最重要的第一步就是要了解顾客究竟需要什么。了解消费者需求不能凭主观的判断，需要实际的调查以掌握顾客真实的期望，其主要途径有：消费者调查。对消费者的调查可以采取三种不同的形式：全面调查、及时满意调查和消费者访谈。全面调查即在消费者中进行较大规模的调查，采取问卷形式，每年进行一次。由于每年的问卷相同，因而能追踪服务表现。及时满意调查是在顾客购物后马上询问其是否满意。对顾客的及时调查能了解最新的信息，并能向顾客表达企业提供优质顾客服务的意愿，还可以根据顾客反映的信息对当事员工进行奖惩。消费者访谈则是选取 10～15 名消费者进行深度访谈，如每个月和一组消费者访谈 1 小时左右，了解他们购物的经历，以及对服务方面的建议。

重视顾客抱怨。顾客抱怨往往能提供更具体的信息，因此处理抱怨是提高服务水平花费最少的手段。需要注意的是不能被动地依赖顾客抱怨获取信息，因为不满意的顾客通常不会抱怨，所以鼓励顾客抱怨应成为提高顾客服务的重点之一。商场应在显眼的地方设置顾客服务台或开设免费投诉电话，让顾客便于反映问题和得到问题的反馈，当然对顾客抱

怨一定要及时处理才能真正提高服务质量。

加强内部员工培训。尤其是一线的售货员和顾客服务代表直接接触顾客，因此对顾客对服务的期望和问题有更多的了解。要把握顾客需求可以向内部员工征询，如在为顾客提供高质量服务时，你面临的最大问题是什么？如果企业想在顾客服务上有所改变，你认为该从哪方面着手？

2. 合理设定服务规范，减少标准差距

掌握了顾客期望和感受后，企业要利用这些信息来制定适当的标准和建立相应的系统提供顾客满意的服务。服务质量标准要尽可能地体现出管理层对顾客服务期望的认识，减少标准差距。在制定服务规范的过程中需要注意如下问题。

管理层重视并参与。只有管理层对顾客服务重视并集中精力投入时，优质服务才有可能实现。管理高层必须愿意接受因提高服务质量而暂时出现的困难和增加的成本。同时管理层的决心要为一线的服务人员所感知，才能真正促使一线服务人员为提高顾客服务而努力。

通过创新解决服务问题。许多企业没有制定高服务标准的原因要么是提高顾客服务的花费太高，要么是认为缺乏相应素质的员工，这些理由从另一侧面反映了企业缺乏运用创造性思考或尝试新方法来提高顾客服务。创新通常能在不增加甚至减少成本的同时提高顾客满意，如许多超市提供带小孩座椅的推车而使得带小孩的顾客可以从容购物。而运用新技术能简化并提高服务质量，重复的任务可以通过系统处理从而解放人员来集中处理更多顾客的需要和问题，例如，连锁超市可以用计算机系统来集中处理送货上门，设置专门的人员接听订货电话记录顾客的要求和送货地点，然后订单通过计算机传递到离顾客最近的超市。因而制定服务标准时应该积极地寻求新方法和新技术来保证高水准服务的实现。

服务规范要清晰具体。服务标准除了要满足顾客需要这一基本原则外，应该清晰具体并能量化，否则就不能指导员工。另外，服务标准的制定让员工参与能让他们更好地理解和接受该标准，如果由管理层强行武断地下达标准只会受到员工的抵制。

运用服务规范进行评估。需要不断地评估服务质量才能确保服务标准的实现。除了通过顾客调查来评估服务质量外，零售企业还可以利用"幽灵购买者"。"幽灵购买者"是职业购买者，专门负责评估商场服务质量。其通常需要报告的内容有：销售人员多久才问候你？销售人员的表现像是要做你这笔买卖吗？销售人员对商品的知识了解程度如何？"幽灵购买者"的报告最后反馈给销售人员，并对得到高分的奖励而对得分较低的则要求继续测分达标。

3. 准确提供标准服务，减少交付差距

设定好服务规范后，关键在实施过程中如何减少交付差距，即减少服务标准和实际提供的服务之间的差距。要达到和超越服务标准，必须要求服务人员具备相应的知识和技能，要对他们提供物质和精神上的支持，要加强内部沟通，减少冲突，并适当授权给员工，以

顾客和企业的最大利益为出发点。

提供信息和训练。员工必须对商品和顾客需要有充分的了解，具备这些知识才能回答顾客的问题和推荐商品，同时也能逐渐地增强员工的自信和理解能力，有助于解决服务问题。而且员工在同顾客尤其是生气和不安的顾客打交道时，需要掌握一定的社交技巧。所以必须培训员工怎样提供更好的服务并安抚不满的顾客，尤其是对售货员和顾客服务代表要加强培训。

提供物质和精神支持。要提供相应的系统和设备来帮助员工有效地提供优质服务，如利用计算机系统提高结账速度，为收银员配备通话机同经理联系以快速处理一些问题。另外，处理顾客问题时还要始终保持微笑，服务人员会承受不小的心理压力。所以营造同事间相互友爱支持，上级关心理解的氛围将是对服务人员有力的精神支持，能鼓励他们更好地工作。

加强内部沟通。顾客需要和企业需要之间有时会发生冲突，这也使得有的政策受到员工的抵制，如"无理由退货"。解决这类冲突主要是制定更明确的服务指导方针和政策并解释这项举措的意义。例如当员工意识到"无理由退货"带来的信誉所创造的销售额比顾客滥用该举措而带来的损失要多时，他们就会热情地执行了。另外企业不同部门之间由于目标的不同往往存在冲突，化解这些冲突需要进行内部沟通，应该以顾客满意作为统一的目标。

适当授权。授权意味着最底层员工有权对提供什么样的顾客服务作出重要决定。因为适当授权不仅会让员工因为领导层的信任而受到激励，而且能根据不同情况灵活快速地采取措施，所以此时员工服务质量通常会提高。但要帮助员工理解授权的目的并控制授权权限，否则容易导致混乱和权力滥用。另外，授权也要视员工而定，对某些员工授权可能会较困难，他们宁愿有更清晰的行为准则，不愿花时间去决策或承担犯错的风险。

4. 坦诚进行服务沟通，减少宣传差距

夸大提供的服务会提高消费者的预期，而如果做不到的话，则顾客的感知达不到他们的期望，就会不满。把服务宣传得过高也许会在最初吸引较多的顾客，但其后会导致顾客不满而使下次光临的顾客减少。所以要让顾客对服务质量满意就必须进行诚实的宣传，这要求各部门之间互相沟通，宣传计划由营销部门制订，而具体的服务是由其他部门来提供。如果各部门之间缺乏沟通，则会导致宣传活动中的承诺和实际提供的服务不一致。因此在进行宣传时，营销部门和服务执行部门之间一定要沟通好才能协调一致。

获得消费者理解。有时服务问题是由顾客导致的，譬如使用作废的信用卡、弄坏了试穿的衣服、在未读说明书之前不正确地使用产品。所以服务宣传活动中应帮助顾客了解自己在接受优质服务中所承担的角色和责任。同时也可以给消费者一些建议，告诉他们如何得到更好的服务，如最好在什么时候购物。当然在对外宣传中还应当告诉消费者服务问题的处理措施和程序，以便问题出现后得到消费者的理解。

及时采取补救措施，弥补服务失误。顾客在面临真实的或误解的问题时往往情绪激动，

通常让顾客一吐为快会减轻他们激烈的反应，如果打断他们说完会更激怒顾客。顾客都希望能对他们的抱怨作出同情的反应。因此接待人员应表明他们很高兴知道存在这样的问题。如果开始就对顾客抱怨抱以敌对的态度或是认为顾客在欺诈，则不可能对此作出满意的处理。要认真倾听了解顾客想要的解决方法，避免想当然地认为自己知道顾客在抱怨什么以及顾客想要怎样的解决方案。

提供公平的解决方案。服务补救的目的不只是简单地解决问题而是怎样挽留顾客。如果顾客觉得处理得公平会提升他们对商场的好印象。在评价解决方案时，顾客会比较别的顾客得到了怎样的对待或类似问题在别的商场是如何解决的。这方面的信息通常来自报刊或是顾客与他人的交谈。所以在提供解决方案时应了解顾客的评价标准，同时还应按程序进行注意过程的公平。

迅速地解决问题。顾客是否满意服务补救还取决于解决问题的时间，所以在处理过程中应做到：减少人员接触。当接触的第一个人就能解决问题时，顾客会更满意；而如果顾客需要接触几个工作人员，不仅花费太多的时间来重复问题，而且也容易导致不同员工之间自相矛盾的反应。应清楚简明地告诉顾客会采取什么方案来解决问题。快捷的服务依赖于清晰的指示。讲顾客听得懂的话。在给顾客解释时不要说专业性的词汇，否则不仅不利于沟通，还会让顾客有受怠慢之感。

总之，现代企业开展服务营销，必须"始于顾客的需求，终于顾客的满意"，形成一个闭环的持续改进与创新体系。只有做到了解顾客的需要，并以最有效的途径满足和超越顾客的期望，才能获得长久的竞争优势。

案例 6-4

美国西南航空公司践行"员工第一"

一方是"上帝"的顾客，另一方是为自己打拼的员工，作为企业管理者，你会将谁放在第一位？美国西南航空公司的理念和实践或许为此提供了有益的借鉴。

美国西南航空公司（Southwest Airlines）著名创始人和前任 CEO（首席执行官）赫伯·凯莱赫（Herb Kelleher）经常把员工放在第一位，而不是顾客。他的理由是什么呢？"如果公司能服务好员工，他们是高兴、满意、乐于奉献、精力充沛的，他们就会把顾客照顾得很好。"他说，"顾客感到开心了，他们就会再来，这就会让股东们也很高兴。"为了宣扬该理论，凯莱赫还在全国报纸上做广告，广告语为："员工第一，顾客第二，股东第三。"

在美国西南航空的组织文化中，"员工第一"的信念在激发员工工作积极性中起着至关重要的作用。与"员工第一"价值观相适应，公司重视员工对具体问题的判断，而在管理实践上也强调员工主动、积极地寻求解决问题的对策。凯莱赫认为信奉顾客第一的企业是老板可能对雇员作出的最大背叛之一。公司努力强调对员工个人的认同，如将员工的名字雕刻在特别设计的波音 737 上，以表彰员工在公司成功中的突出贡献；将员工的突出业绩刊登在公司的杂志上。公司不仅是泛泛地强调重视员工整体，更有对每个员工个人的关注。公司认为所拥有的最大财富就是员工和他们所创造的文化，人是管理中第一位的因素。

即使在2008年全球金融危机所造成的经济低谷中，美国西南航空公司CEO加里·凯利（Gary Kelly）仍表示："我们从未解雇过任何一名员工。我们也从未降薪。我们将百分之百努力，尤其在今年，以避免此类事情发生。"西南航空的这一宗旨给其带来了丰厚的业绩回报，使得它的市值要比其他所有美国骨干载客承运商的市值总和还高。

第三节 如何塑造品牌

一、认识品牌

品牌（Brand）是一种名称、术语、标记、符号或图案，或是它们的相互组合，用以识别某个厂商的产品或服务，并使之与竞争对手的产品和服务相区别。它是产品或服务的提供者向购买者长期提供的一组特定的特点、利益和服务。其中，品牌名称是指品牌中可以读出的部分——词语、字母、数字或词组等的组合，如华为、小米、海尔等；品牌标志是指品牌中不可以发声的部分——包括符号、图案或明显的色彩或字体，如耐克的一勾造型，小天鹅的天鹅造型，IBM的字体和深蓝色的标准色等；品牌角色是指用人或拟人化的标识来代表品牌的方式，如海尔兄弟、麦克唐纳、米老鼠、康师傅等。

品牌不仅是一种识别标志，还是产品或服务品质与价值的一种信号，传递着厂商对市场的一种承诺和消费者对厂商所提供的产品或服务品质的一种信任，反映一种价值理念，呈现出一种精神象征，表达的是企业的产品或服务与消费者之间的关系。品牌是能给拥有者带来溢价、产生增值的一种无形的资产，增值的源泉来自于消费者心智中形成的关于品牌的印象。

而商标（trade mark）也指用于和其他竞争者的产品或劳务相区分的名称、术语、象征、记号或者设计及其组合，但它是一个专门的法律术语，强调的是品牌或品牌的一部分在政府有关部门依法注册后，会受法律的保护，注册者有专用权。注册的商标往往会用"R"或"注"在产品包装或宣传材料上进行明示。未注册商标往往不受商标法律的保护。

随着竞争的加剧，不同企业之间相互模仿和借鉴，市场的同质化趋势日益明显，品牌成为企业引导顾客识别自己并使自己的产品与竞争对手区别开来的重要标志，它是比企业产品更重要和更持久的无形资产，也是企业的核心竞争力所在。

二、创建品牌

品牌的力量存在于消费者心中，是消费者随着时间的推移对该品牌的感受和认知。当顾客表现出更喜欢一个产品，或更喜欢该产品的营销方式时，品牌就具有积极的基于顾客的品牌资产。创建强势品牌就是建立消费者能够充分感知，同时能够产生具有强有力的、积极的和独特联想的品牌。主要有六个步骤：

第六章 如何制定产品策略：提供价值

1. 进行创建品牌的战略分析，包括

顾客分析，具体分析内容包括市场趋势、目标顾客的生活方式和价值观、购买动机、未满足的需要、媒体偏好、市场细分等。

竞争者分析，包括市场总体竞争态势、主要竞争品牌的优劣势、主要竞争品牌的产品特性及品牌特征等。

自我分析，包括企业战略、产品、服务水平、企业规模、企业形象、营销渠道、品牌现在的形象、品牌历史、实力和能力、组织价值等。

2. 设计品牌识别

品牌识别是组织从产品、企业、人、符号等层面定义品牌来创造出能打动消费者并区别于竞争者对品牌美好印象的联想物。品牌识别也可以称之为品牌主期待的留在消费者心智中的联想。它与品牌核心价值共同构成丰满的品牌联想。这些联想表达了品牌所表达的东西，也暗示着企业对消费者的某种承诺。一个强势品牌必然有丰满、鲜明的品牌识别。通过品牌识别来确定品牌的意义、目的和形象，品牌形象是这一设计过程的直接结果。

品牌识别系统由品牌精髓（Brand Essence）、品牌核心识别（Brand Core Identity）和品牌延伸识别（Brand Extended Identity）三部分组成。

品牌精髓是品牌的核心价值，是对品牌内涵的提炼和概括，它反映的是品牌存在的意义。品牌精髓必须具有以下特点：与顾客有共鸣并驱动企业价值导向；品牌独有，能够长期提供区别于竞争对手品牌的差异性；能够不断有效激励员工和鼓舞组织合作伙伴前行。强有力的品牌精髓陈述通常蕴含多种释义，使其在品牌识别中作用显著。例如，耐克的品牌精髓是"超越"，它包含了诸如卓越的技术、顶尖的运动员、积极进取的人格特征、运动鞋制造历史的传承和子品牌"飞人乔丹"以及所有追求卓越的人们等多样化的耐克品牌识别内容。

品牌核心识别是品牌需要在消费者心智中留下的最深的几点印象，是对品牌精髓的扩展和具体化。品牌核心识别应包括确保品牌独特和有价值的元素。例如，维珍品牌的核心识别是：服务品牌——由始至终在轻松幽默的气氛中提供一流服务；创新精神——最先提供充满创意的高附加价值服务；富有情趣——一个富有情趣的公司；物超所值——所有的服务都有价值，不一定非要花高价钱才能享受。

品牌延伸识别是除品牌核心识别之外的识别，是使品牌识别细化和完整化的元素，包括那些使品牌核心价值更丰满、更有光彩和更具说服力的诉求点，以及企业在不同时期、不同场合上变换运用的传播主题。维珍品牌的延伸识别包括：挑战者——以富有创新的服务挑战腐朽的、官僚作用的老牌公司；个性——不受拘束、幽默、有时出格、挑战权威的斗士、有实力、做事漂亮和水准高；维珍的符号——布朗逊和他引人注目的生活方式、维珍的飞艇和维珍手写字体的商标。

3. 品牌定位

品牌定位是指建立（或重新塑造）一个与目标市场有关的品牌形象的过程与结果，从而使品牌形象在消费者心中占领一个有利的特殊的位置。品牌定位是品牌传播的基础，塑造品牌个性的重要途径，是联系品牌形象与目标市场的纽带，是品牌占领市场的重要保证。万宝路是经品牌定位成功而闻名全球的经典之作。在美国，它被塑造成自由自在、粗犷豪放、四海为家、纵横驰骋的西部牛仔形象，迎合了美国男性烟民对坚忍不拔的男子汉精神的渴求。在日本，万宝路又变成了依靠智慧和勇气征服自然、过着田园生活的日本牧人。万宝路品牌定位不断创新，使万宝路的品牌形象总能与特定的目标市场实现最佳结合，使万宝路的品牌形象总能与特定的目标市场实现最佳结合，使万宝路在全球市场竞争中保持不败。

品牌定位要在企业内外部环境分析、市场细分与目标市场的选择的基础上，提炼出高度差异化并对消费者极具感染力的品牌核心价值。品牌定位的确立是通过提炼品牌的核心价值，根据不同因素的分析，找出品牌的内涵，确立品牌的一种独特的形象。品牌核心价值是品牌向消费者承诺的核心利益，它代表着品牌对消费者的终极意义和独特价值，是一个品牌最独一无二最有价值的精髓之所在，是一个品牌最中心且不具时间性的要素。它是整个品牌定位系统的核心，始终统领系统各要素的活动，以使各要素的运行始终在品牌核心价值包涵和可控制的范围之内。

品牌核心价值可以从品牌的功能性价值、情感性价值、象征性价值中提炼综合。功能性价值主要体现为产品的功能表现，包括：功效、性能、质量、便利等。此种价值是消费者最为关注的价值，直接决定了消费者对品牌的感受，因而功能性价值被认为是品牌最为核心的基础价值。不过，功能性价值在企业竞争中易被模仿和超越，所以当品牌的功能性价值被消费者接受以后，应强化其他维度的品牌核心价值，赋予消费者选择该品牌更多的理由。

情感性价值主要是指消费者在购买和使用某品牌的过程中，品牌带给消费者情感方面的利益。具有情感性价值的品牌构建一种生活格调、文化氛围或精神境界，使消费者更加具有生命力、个性与魅力，从而触动消费者的内心世界，与消费者形成心灵的沟通，引发消费者产生共鸣。

象征性价值是指品牌表达并体现了消费者的个人价值观、财富、身份地位和审美品位。当一个品牌成为表达和体现上述意义的载体与媒介时，品牌就具有了独特的象征性价值。象征性价值可以是一种价值观，也可以是一种生活态度或者是一定的特性构建的具体形象。

三种价值体现品牌价值的不同层面，它们相互协调与补充，呈现了一个统一而丰富的品牌核心价值。企业根据每类产品的具体特点可以提炼三个价值维度中的一两个乃至三个，以便培育消费者的品牌认可与忠诚。品牌的核心价值究竟以哪一种为主，归根结底还要以品牌核心价值对目标消费者起到最大的感染力并与竞争品牌形成鲜明的区别为准则。

其次，要在定位目标消费者群体及其需求、明晰竞争性框架、明确定位益处与原因的基础上，定义品牌特征。明晰竞争性框架是通过选择一组竞争维度，如与相似的产品、与产品旧的形式比较、与"鼠群"（较差的产品）等，比较品牌与竞争对手在每个竞争维度上的优势与劣势，由此选择最能够体现该品牌优势的竞争维度，从而确定品牌在能满足某类消费者需求的产品类别中的位置。要透彻定位的益处与原因，为品牌设计和创造非同一般的个性、外观、气质和精神，塑造成一个能够反映特定群体消费者个性与价值观的品牌。

如"汰渍"是洗衣护理清洁用品和品牌——竞争性框架。

对你的衣服（清洁、保护织物等）和你本人会是最好的——益处。

强效的去污剂：有独特配方、有独特织物保护剂（如护色剂）等；去污效果由权威认可——原因。

是强有力、传统、可信赖权威而又有效的——品牌特征。

4. 品牌设计

品牌设计是指品牌名称、品牌标志、品牌口号、品牌角色、产品外观、品牌音乐、品牌故事等方面的设计。企业为给消费者最为直观的品牌形象，让消费者对该品牌留有深刻的印象，需要通过品牌设计，将品牌核心价值、品牌个性等无形要素系统地进行感知性和艺术性呈现。

品牌名称作为品牌的第一个接触点，是担负着传达品牌形象，承载品牌资产的关键任务。拥有一个独特而引人入胜的名称，将会为品牌的传播助力，而选择怎样的命名策略和方法，则与每个品牌或产品的定位以及目标市场的文化背景息息相关。品牌命名应新颖独特、暗示属性、寓意美好、易读易记。

品牌标志应简洁醒目、新颖美观、易识易记。

品牌口号应言简意赅、直击核心价值、独特易记、易扩展、相对稳定。

品牌角色应创造性塑造、展现品牌个性、清晰入心、激发偏好。

产品外观设计应科学巧妙、造型美观、独特新颖、醒目别致，有助于促进消费者的品牌联想、增强品牌体验。

5. 品牌传播

明确品牌在企业中充当的角色。品牌传播，企业首先要分析品牌在企业中充当的角色，将品牌以战略的视角加以审视。

理解品牌价值的构成要素。理解价值反映了品牌在需求者心目中的综合形象——包括其属性、品质、档次（品位）、文化、个性等，代表着该品牌可以为消费者带来的价值。

明确品牌信息传递的目标受众。将目标受众分为直接接触品牌信息的直接受众和间接接触品牌的间接受众。要努力通过传播媒介接触将直接受众发展成为意见领袖，从而影响间接受众，形成品牌的口碑效应。

形成独特的价值诉求。品牌传播的价值诉求越独特，越容易在受众的心智中烙下深印，无论是短期还是长期的效果都会更好。独特的价值诉求需要符合受众的需求，与竞争对手形成鲜明的区隔，还要符合企业发展的实际情况，彰显独特的品牌价值。

通过信息传播改变消费者认知。对消费者品牌认知的改变需要在信息传播环节中实现，利用传播媒介充分宣传，以突破消费者固有的认知和竞争对手信息的干扰。独特的价值诉求在被消费者最初认知时，可能会遇到一些认知障碍，需要通过采取一定的传播措施来促进消费者认知的形成。例如，农夫山泉曾经为了推出天然水而做了一个水仙花生长的对比试验，以此来证明天然水比纯净水更有营养。

确定最佳媒介组合。每个媒介都有其自身特点，与消费者的接触方式也不同。企业需要研究每个媒介在改变消费者认知中的作用，优先考虑效果好的媒介。在此基础上，根据消费者在接触品牌的不同阶段、不同媒介的利弊及费用等因素，确定最佳媒介组合，力求让传播效果最佳。

效果测量评估并改进。企业需要对品牌传播的效果进行有效的监测。通过定性与定量测量相结合的方法，了解信息和媒介的传播效果，优化未来的传播方案，提升传播效率。

6. 品牌形象塑造

品牌形象是存在于人们心智中的图像和概念的群集，是关于品牌知识和对品牌主要态度的综合，包括了品牌个性、产品属性、用户与品牌利益的关系等。品牌个性来源于产品自身的表现、品牌的使用者、品牌的代言人。从产品的设计理念与风格及实物表现、品牌的传播活动、品牌的管理等角度培育品牌文化。品牌形象是品牌文化的表现，是品牌文化积累的结果。品牌形象的本质是文化形象，品牌文化才是品牌形象的内涵。

因此，塑造品牌形象，需要企业推行品牌经营战略，让全体员工做出持久的努力，不断锻造优秀的品牌文化，进行恰当的品牌定位，重视品牌名称、品牌标志、品牌个性、产品及包装的设计，不断赋予、提升并传播品牌价值，有效展示品牌个性，利用情感导入、专业权威形象、质量管理、品牌形象代言人、文化导入、社交互动等方式，通过开设特色鲜明的品牌体验店、主动推广品牌音乐、积淀并讲好品牌故事、开展品牌事件活动等途径来塑造并增强消费者对品牌的独特印象。

三、品牌策略

品牌策略是一系列能够产生品牌积累的企业管理与市场营销方法，包括 4Ps 与品牌识别在内的所有要素。主要有品牌化决策、品牌使用者决策、品牌名称决策、品牌管理决策、品牌再定位决策、品牌延伸策略、品牌更新。

品牌化决策是指企业决定是否给产品起名字、设计标志的活动。历史上，许多产品不用品牌。生产者和中间商把产品直接从桶、箱子和容器内取出来销售，无须供应商的任何辨认凭证。中世纪的行会经过努力，要求手工业者把商标标在他们的产品上，以保护他们自己并使消费者不受劣质产品的损害。在美术领域内，艺术家在他们的作品上附上了标记，这就是最早的品牌标记的诞生。今天，品牌的商业作用为企业特别看重，品牌化迅猛发展，已经很少有产品不使用品牌了。像大豆、水果、蔬菜、大米和肉制品等过去从不使用品牌的商品，现在也被放在有特色的包装袋内，冠以品牌出售，这样做的目的自然是获得品牌化的好处。

使用品牌对企业有如下好处：有利于订单处理和对产品的跟踪；保护产品的某些独特

特征被竞争者模仿；为吸引忠诚顾客提供了机会；有助于市场细分；有助于树立产品和企业形象。

尽管品牌化是商品市场发展的大趋向，但对于单个企业而言，是否要使用品牌还必须考虑产品的实际情况，因为在获得品牌带来的上述好处的同时，建立、维持、保护品牌也要付出巨大成本，如包装费、广告费、标签费和法律保护费等。所以在欧美的一些超市中又出现了一种无品牌化的现象，如细条面、卫生纸等一些包装简单、价格低廉的基本生活用品，这使得企业可以降低在包装和广告上的开支，以取得价格优势。

一般来说，对于那些在加工过程中无法形成一定特色的产品，由于产品同质性很高，消费者在购买时不会过多地注意品牌。此外，品牌与产品的包装、产地、价格和生产厂家等一样，都是消费者选择和评价商品的一种外在线索，对于那些消费者只看重产品的式样和价格而忽视品牌的产品，品牌化的意义也就很小。如果企业一旦决定建立新的品牌，那不仅仅只是为产品设计一个图案或取一个名称，而必须通过各种手段来使消费者达到品牌识别的层次，否则这个品牌的存在也是没有意义的。未加工的原料产品以及那些不会因生产商不同而形成不同特色的商品仍然可以使用无品牌策略，这样可以节省费用，降低价格，扩大销售。

（一）品牌使用者

品牌使用者决策是指企业决定使用本企业（制造商）的品牌，还是使用经销商的品牌，或两种品牌同时兼用。

一般情况下，品牌是制造商的产品标记，制造商决定产品的设计、质量、特色等。享有盛誉的制造商还将其商标租借给其他中小制造商，收取一定的特许使用费。近年来，经销商的品牌日益增多。西方国家许多享有盛誉的百货企业、超级市场、服装商店等都使用自己的品牌，有些著名商家（如美国的沃尔玛）经销的90%商品都用自己的品牌。同时强有力的批发商中也有许多使用自己的品牌，增强对价格、供货时间等方面的控制能力。

当前，经销商品牌已经成为品牌竞争的重要因素。但使用经销商品牌对于经销商会带来一些问题，如经销商需大量订货，占用大量资金，承担的风险较大；同时经销商为扩大自身品牌的声誉，需要大力宣传其品牌，经营成本提高。经销商使用自身品牌也会带来诸多利益，如因进货数量较大则其进货成本较低，因而销售价格较低，竞争力较强，可以得到较高的利润；经销商可以较好地控制价格，可以在某种程度上控制其他中间商。

在现代市场经济条件下，制造商品牌和经销商品牌之间经常展开激烈的竞争，也就是所谓品牌战。一般来说，制造商品牌和经销商品牌之间的竞争，本质上是制造商与经销商之间实力的较量。在制造商具有良好的市场声誉，拥有较大市场份额的条件下，应多使用制造商品牌，无力经营自己品牌的经销商只能接受制造商品牌。相反，当经销商品牌在某一市场领域中拥有良好的品牌信誉及庞大的、完善的销售体系时，利用经销商品牌也是有利的。因此进行品牌使用者决策时，要结合具体情况，充分考虑制造商与经销商的实力对比，以客观地作出决策。

（二）品牌名称决策

品牌名称决策是指企业决定所有的产品使用一个或几个品牌，还是不同产品分别使用不同的品牌。在这个问题上，可以大致分为以下四种决策模式。

1. 个别品牌名称

企业决定每个产品使用不同的品牌。采用个别品牌名称，为每种产品寻求不同的市场定位，有利于增加销售额和对抗竞争对手，还可以分散风险，使企业的整个声誉不致因某种产品表现不佳而受到影响。如"宝洁"企业的洗衣粉使用了"汰渍""碧浪"；肥皂使用了"舒肤佳"；牙膏使用了"佳洁士"。

2. 对所有产品使用共同的家族品牌名称

企业的所有产品都使用同一种品牌。对于那些享有高声誉的著名企业，全部产品采用统一品牌名称策略可以充分利用其名牌效应，使企业所有产品畅销。同时企业宣传介绍新产品的费用开支也相对较低，有利于新产品进入市场。如美国通用电气企业的所有产品都用 GE 作为品牌名称。

3. 各大类产品使用不同的家族品牌名称

企业使用这种策略，一般是为了区分不同大类的产品，一个产品大类下的产品再使用共同的家族品牌，以便在不同大类产品领域中树立各自的品牌形象。例如史威夫特企业生产的一个产品大类是火腿；还有一个大类是化肥，就分别取名为"普利姆"和"肥高洛"。

4. 个别品牌名称与企业名称并用

企业决定其不同类别的产品分别采取不同的品牌名称，且在品牌名称之前都加上企业的名称。企业多把此种策略用于新产品的开发上。在新产品的品牌名称上加上企业名称，可以使新产品享受企业的声誉，而采用不同的品牌名称，又可使各种新产品显示出不同的特色。例如，海尔集团就推出了"探路者"彩电，"大力神"冷柜，"大王子""小王子"和"小小神童"洗衣机。

（三）品牌管理策略

品牌管理策略有五种决策，即产品线扩展策略、多品牌策略、新品牌策略、合作品牌策略。

1. 产品线扩展策略

产品线扩展指企业现有的产品线使用同一品牌，当增加该产品线的产品时，仍沿用原有的品牌。这种新产品往往都是现有产品的局部改进，如增加新的功能、包装、式样和风格等。通常厂家会在这些商品的包装上标明不同的规格、不同的功能特色或不同的使用者。产品线扩展的原因是多方面的，如可以充分利用过剩的生产能力；满足新的消费者的需要；率先成为产品线全满的企业以填补市场的空隙；与竞争者推出的新产品竞争或为了得到更多的货架位置。产品线扩展的利益有：扩展产品的存活率高于新产品，而通常新产品的失败率在80%~90%；满足不同细分市场的需求；完整的产品线可以防御竞争者的袭击。产品线扩展的不利有：它可能使品牌名称丧失它特定的意义。产品线不断加长，会淡化品牌原有的个性和形象，增加消费者认识和选择的难度；有时因为原来的品牌过于强大，致使产品线扩展造成混乱，加上销售数量不足，难以冲抵它们的开发和促销成本；如果消费者未能在心目中区别出各种产品，会造成同一种产品线中新老产品自相残杀的局面。

2. 多品牌策略

在相同产品类别中引进多个品牌的策略称为多品牌策略。证券投资者往往同时投资多种股票，一个投资者所持有的所有股票集合就是所谓证券组合（portfolio），为了减少风险增加盈利机会，投资者必须不断优化股票组合。同样，一个企业建立品牌组合，实施多品牌战略，往往也是基于同样的考虑，并且这种品牌组合的各个品牌形象相互之间是既有差别又有联系的，不是大杂烩，组合的概念蕴含着整体大于个别的意义。

（1）培植市场的需要。没有哪一个品牌可以单独培植一个市场。尽管某一品牌起初一枝独秀，但一旦它辛辛苦苦开垦出一片肥沃的市场，其他人就会蜂拥而至。众多市场竞争者共同开垦一个市场，有助于该市场的快速发育与成熟。当市场分化开始出现时，众多市场贡献者的广告战往往不可避免，其效果却进一步强化了该产品门类的共同优势。有的市场开始时生气勃勃，最后却没有形成气候，其原因之一在于参与者寥寥。一个批发市场如果只有两三间小店，冷冷清清，该市场就不是什么市场了。多个品牌一同出现是支持一个整体性市场所绝对必需的。以个人计算机市场为例，如果只有苹果一家企业唱独角戏，没有其他电脑厂家跟进，绝对不可能形成今天这样火爆的PC市场。

（2）多个品牌使企业有机会最大限度地覆盖市场。没有哪一个品牌能单枪匹马地占领一个市场。随着市场的成熟，消费者的需要逐渐细分化，一个品牌不可能保持其基本意义不变而同时满足几个目标。这就是有的企业要创造数个品牌以对应不同的市场细分的初衷。另外，近年来西方零售商自我品牌的崛起向制造商发出了有力的挑战，动摇着制造商在树立和保持品牌优势上的主动和统治地位。多品牌战略有助于制造商遏制中间商和零售商控制某个品牌进而左右自己的能力。

多品牌提供了一种灵活性，有助于限制竞争者的扩展机会，使得竞争者感到在每一个细分市场的现有品牌都是进入的障碍。在价格大战中捍卫主要品牌时，多品牌是不可或缺的。把那些次要品牌作为小股部队，给发动价格战的竞争者以迅速的侧翼打击，有助于使挑衅者首尾难顾。与此同时，核心品牌的领导地位则可毫发无损。领先品牌肩负着保证整个产品门类的盈利能力的重任，其地位必须得到捍卫；否则，一旦它的魅力下降，产品的单位利润就难以复升，最后该品牌将遭到零售商的拒绝。

（3）突出和保护核心品牌。当需要保护核心品牌的形象时，多品牌的存在更显得意义重大，核心品牌在没有把握的革新中不能盲目冒风险。例如，为了捍卫品牌资产，迪士尼企业在其电影制作中使用多个品牌，使迪士尼企业可以产生各种类型的电影，从而避免了损伤声望卓著的迪士尼的形象。在西方,零售系统对品牌多样化的兴趣浓厚,制造商运用多品牌策略提高整体市场份额,以此增加自己与零售商较量的砝码。

所以,多品牌策略有助于企业培植、覆盖市场,降低营销成本,限制竞争对手和有力地回应零售商的挑战。

多品牌策略虽然具有很多优越性,但同时也存在诸多局限性。

(1) 随着新品牌的引入,其净市场贡献率将出现边际递减的趋势。经济学中的边际效用理论告诉我们,随着消费者对一种商品消费的增加,该商品的边际效用呈递减的趋势。同样,对于一个企业来说,随着品牌的增加,新品牌对企业的边际市场贡献率也将呈递减的趋势。这一方面是由于企业的内部资源有限,支持一个新的品牌有时需要缩减原有品牌的预算费用;另一方面,企业在市场上创立新品牌会由于竞争者的反抗而达不到理想的效果,他们会针对企业的新品牌推出类似的竞争品牌,或加大对现有品牌的营销力度。此外,另一个重要的原因是,随着企业在同一产品线上品牌的增多,各品牌之间不可避免地会侵蚀对方的市场。在总市场难以骤然扩张时,很难想象新品牌所吸引的消费者全部都是竞争对手的顾客,或是从未使用过该产品的人,特别是当产品差异化较小,或是同一产品线上不同品牌定位差别不甚显著时,这种品牌间相互蚕食的现象尤为显著。

(2) 品牌推广成本较大。企业实施多品牌策略,就意味着不能将有限的资源分配给获利能力强的少数品牌,各个品牌都需要一个长期、巨额的宣传预算。对有些企业来说,这是可望而不可即的。

3. 新品牌策略

为新产品设计新品牌的策略称为新品牌策略。当企业在新产品类别中推出一个产品时,它可能发现原有的品牌名不适合它,或是对新产品来说有更好更合适的品牌名称,企业需要设计新品牌。例如,春兰集团以生产空调著名,当它决定开发摩托车时,采用春兰这个女性化的名称就不太合适,于是采用了新的品牌"春兰豹"。又如,原来生产保健品的养生堂开发饮用水时,使用了更好的品牌名称"农夫山泉"。

4. 合作品牌策略

合作品牌(也称为双重品牌)是两个或更多的品牌在一个产品上联合起来。每个品牌都期望另一个品牌能强化整体的形象或购买意愿。

合作品牌的形式有多种。(1) 中间产品合作品牌,如富豪汽车企业的广告说,它使用米其林轮胎。(2) 同一企业合作品牌,如摩托罗拉企业的一款手机使用的是"摩托罗拉掌中宝",掌中宝也是企业注册的一个商标。(3) 合资合作品牌,如日立的一种灯泡使用"日立"和"GE"联合品牌。

(四) 品牌再定位

品牌再定位决策是指一种品牌在市场上最初的定位也许是适宜的、成功的,但是到后来企业可能不得不对之重新定位。原因是多方面的,如竞争者可能继企业品牌之后推出他的品牌,并削减企业的市场份额;顾客偏好也会转移,使对企业品牌的需求减少;企业决定进入新的细分市场。

在作出品牌再定位决策时,首先应考虑将品牌转移到另一个细分市场所需要的成本,包括产品品质改变费、包装费和广告费。一般来说,再定位的跨度越大,所需成本越高。其次,要考虑品牌定位于新位置后可能产生的收益。收益大小是由以下因素决定的:某一目标市场的消费者人数;消费者的平均购买率;在同一细分市场竞争者的数量和实力,以及在该细分市场中为品牌再定位要付出的代价。

"七喜"品牌的重新定位是一个成功的典型范例。七喜牌饮料是许多软饮料中的一种,调查结果表明,主要购买者是老年人,他们对饮料的要求是刺激性小和有柠檬味。七喜企业使了一个高招,进行了一次出色的活动,标榜自己是生产非可乐饮料的,从而获得了非可乐饮料市场的领先地位。

(五)品牌延伸策略

品牌延伸策略是将现有成功的品牌,用于新产品或修正过的产品上的一种策略。

1. 品牌延伸的概念

品牌延伸(Brand Extensions),是指一个现有的品牌名称使用到一个新类别的产品上。品牌延伸并非只借用表面上的品牌名称,而是对整个品牌资产的策略性使用。随着全球经济一体化进程的加速,市场竞争愈加激烈,厂商之间的同类产品在性能、质量、价格等方面强调差异化变得越来越困难。厂商的有形营销威力大大减弱,品牌资源的独占性使得品牌成为厂商之间竞争力较量的一个重要筹码。于是,使用新品牌或延伸旧品牌成了企业推出新产品时必须面对的品牌决策。品牌延伸是实现品牌无形资产转移、发展的有效途径。品牌也受生命周期的约束,存在导入期、成长期、成熟期和衰退期。品牌作为无形资产是企业的战略性资源,如何充分发挥企业的品牌资源潜能并延续其生命周期便成为企业的一项重大的战略决策。品牌延伸一方面在新产品上实现了品牌资产的转移,另一方面又以新产品形象延续了品牌寿命,因而成为企业的现实选择。

2. 品牌延伸的好处

(1)它可以加快新产品的定位,保证新产品投资决策的快捷准确。

(2)有助于减少新产品的市场风险。品牌延伸,使新产品一问世就已经取得了品牌化,甚至获得了知名品牌化,就可以大大缩短被消费者认知、认同、接受、信任的过程,极为有效地防范了新产品的市场风险,并且可以节省数以千万计的巨额开支,有效地降低了新产品的成本费用。与同类产品相比,它就与之站在同一起点上,甚至略优于对手,具备了立于不败之地的竞争能力。

(3)品牌延伸有益于降低新产品的市场导入费用。

(4)品牌延伸有助于强化品牌效应,增加品牌这一无形资产的经济价值。

(5)品牌延伸能够增强核心品牌的形象,能够提高整体品牌组合的投资效益。

3. 品牌延伸策略的坏处

（1）损害原有品牌形象。当某一类产品在市场上取得领导地位后，这一品牌就成为强势品牌，它在消费者心目中就有了特殊的形象定位，甚至成为该类产品的代名词。将这一强势品牌进行延伸后，由于近因效应（即最近的印象对人们认知的影响具有较为深刻的作用）的存在，就有可能对强势品牌的形象起到巩固或减弱的作用。如果品牌延伸不当，原有强势品牌所代表的形象信息就被弱化。

（2）有悖消费心理。一个品牌取得成功的过程，就是消费者对企业所塑造的这一品牌的特定功用、质量等特性产生特定的心理定位的过程。企业把强势品牌延伸到和原市场不相容或者毫不相干的产品上时，就有悖消费者的心理定位。如"999"原是胃药中的著名品牌，若"999"延伸到啤酒上，消费者就难以接受。这类不当的品牌延伸，不但没有什么成效，而且还会影响原有强势品牌在消费者心目中的特定心理定位。

（3）容易形成此消彼长的"跷跷板"现象。当一个名称代表两种甚至更多的有差异的产品时，必然会导致消费者对产品的认知模糊化。当延伸品牌的产品在市场竞争中处于绝对优势时，消费者就会把原强势品牌的心理定位转移到延伸品牌上。这样一来，就无形中削弱了原强势品牌的优势。这种原强势品牌和延伸品牌竞争态势此消彼长的变化，即为"跷跷板"现象。

（4）株连效应。将强势品牌名冠于别的产品上，如果不同产品在质量、档次上相差悬殊，就使原强势品牌产品和延伸品牌产品产生冲击，不仅损害了延伸品牌产品，还会株连原强势品牌。

（5）淡化品牌特性。当一个品牌在市场上取得成功后，在消费者心目中就有了特殊的形象定位，消费者的注意力也集中到该产品的功用、质量等特性上。如果企业用同一品牌推出功用、质量相差无几的同类产品，使消费者晕头转向，该品牌特性就会被淡化。

4. 品牌延伸的决策步骤

品牌延伸决策步骤是结合品牌延伸决策原则的考虑，着重于对已有品牌资产的调查、新产品合适性作系统分析的过程。

（1）品牌资产调查阶段。这个阶段的任务是探测存在于公众头脑中与品牌有关的所有联想。这个阶段推测哪些产品能够符合品牌意义。我们要得到的认识包括品牌的属性、个性、意图、内心、承诺和隐藏的潜力分别是什么。可借助于定量（确定品牌和品牌形象的普及程度）和定性的方法进行研究。定性研究是建设性的，我们在脑海中推测品牌改变了产品的类别，并寻求期望的产品能适合这个品牌的条件。一旦这个结论得出，那么就可以把目光转向市场。接着进入第二个阶段。

（2）测试新产品的构想。测试新产品的构想不但要识别适合品牌延伸的相关产品，确定延伸是否与品牌保持一致，而且也要确定产品是否被认为是超越它的竞争对手，即延伸是否创造了一种市场欲望。例如麦当劳这个快餐品牌，如果要进入摄影领域，并非特别不现实。譬如，把主题放置于麦当劳超越汉堡包本身的对家庭关系的洞察力上，其表现就是在环境中设置主题活动区域。

通过以上阶段的研究,即可以对品牌延伸划分出几个区域:内部核心域/产品线延伸,外部核心域/自然联想,延伸域/隐在潜力,禁区/威胁品牌资产。它们由内到外构成四个同心圆的关系。这对企业的品牌延伸战略具有长期的指导作用。

品牌延伸决策不能单独依靠以上两个步骤的决策。因为品牌延伸是战略决策的结果,还要结合生产、营销、财务和人力资源等因素作综合考虑。品牌延伸通常也涉及某种风险,没有一种研究能够精确地预测品牌延伸在一段时间里的效果。因此,企业实施品牌延伸战略,一定要着眼于长远利益。不管怎样,拥有品牌情况的完整认识对于品牌延伸决策来讲总是必要的。

(六)品牌更新

1. 品牌更新的意义

品牌更新是指随着企业经营环境的变化和消费者需求的变化,品牌的内涵和表现形式也要不断变化发展,以适应社会经济发展的需要。品牌更新是社会经济发展的必然。只要社会经济环境在发展变化,人们需求特征在趋向多样化,社会时尚在变,就不会存在一劳永逸的品牌,只有不断设计出符合时代需求的品牌,品牌才有生命力。品牌创新是品牌自我发展的必然要求,是克服品牌老化的唯一途径。由于内部和外部原因,企业品牌在市场竞争中的知名度、美誉度下降,以及销量、市场占有率降低等品牌失落的现象,称为品牌老化。现代社会,技术进步越来越快,一些行业内,产品生命周期也越来越短,同时社会消费意识、消费观念的变化频率也逐渐加快,这都会影响到产品的市场寿命。如英雄牌打字机,是一款电子式英文打字机,盛销一时,但后来随个人电脑技术及多任务系统的推出,机械式及电子式英文打字机由于缺乏通信端口而被市场淘汰,该品牌也就因此而被IBM等电脑企业的品牌所取代。

2. 品牌更新策略

(1)形象更新,顾名思义,就是品牌不断创新形象,适应消费者心理的变化,从而在消费者心目中形成新的印象的过程。有以下几种情况。

第一,消费观念变化导致企业积极调整品牌战略,塑造新形象。如随着人们环保意识的增强,消费者已开始把无公害消费作为选择商品、选择不同品牌的标准,企业这时即可采用避实击虚的方法,重新塑造产品形象,避免涉及环保内容或采用迎头而上的策略,更新品牌形象为环保形象。

第二,档次调整。企业要开发新市场,就需要为新市场而塑造新形象,如日本小汽车在美国市场的形象,就经历了由小巧、省油、耗能低、价廉的形象到高科技概念车形象的转变,给品牌的成长注入了新的生命力。

(2)定位的修正。从企业的角度,不存在一劳永逸的品牌,时代发展,要求品牌的内涵和形式不断变化。品牌从某种意义上就是从商业、经济和社会文化的角度对这种变化的认识和把握。所以，企业在建立品牌之后，会因竞争形势而修正自己的目标市场，有时也会因时代特征、社会文化的变化而引起修正定位。

第一，竞争环境使得企业避实就虚，扬长避短，修正定位。美国著名非可乐饮料——"七喜"饮料，在进入软饮料市场后，经研究发现，可乐饮料总是和保守型的人联系在一起，而那些思想新潮者总是渴望能够找到象征自己狂放不羁思想的标志物。于是该饮料即开始以新形象新包装上市，并专门鼓励思想新潮者组织各种活动。避实就虚的战略使得七喜获得了成功。这是在面对两大可乐企业的紧逼下寻找到的市场空隙，品牌的新市场定位给他们带来了生机。

第二，时代变化而引起修正定位。例如英国创立于1908年的李库柏（LEE COOPER）牛仔裤是世界上著名的服装品牌之一，也是欧洲领先的牛仔裤生产商，近百年来，他的品牌形象在不断地变化：40年代——自由无拘束；50年代——叛逆；60年代——轻松时髦；70年代——豪放粗犷；80年代——新浪潮下的标新立异；90年代——返璞归真。

（3）产品更新换代。现代社会科学技术作为第一生产力和第一竞争要素，也是品牌竞争的实力基础。企业的品牌想要在竞争中处于不败之地，就必须保持技术创新，不断地进行产品的更新换代。有这么一个例子：香雪海冰箱的合作厂家曾经错误地估计中国技术水平及市场消费能力，误认为中国无氟制剂技术近几年之内不会获得成功并投入使用。但中国很快便研制出了无氟环保冰箱并批量上市，此时，他们却仍守着旧冰箱生产线的投资，眼望着人家先行一步并尽占商机而懊悔不已。我国有诸多外国知名品牌，如"汰渍"洗衣粉已推出多代新产品，其技术水平呈升高趋势，这也是众多消费者偏爱该品牌的缘故。

（4）管理创新。"管理创新是企业生存与发展的灵魂"。企业与品牌是紧密结合在一起的，企业的兴盛发展必将推动品牌的成长与成熟。品牌的维系，从根本上说是企业管理的一项重要内容。管理创新是指从企业生存的核心内容来指导品牌的维系与培养，它含有多项内容，诸如与品牌有关的观念创新、技术创新、制度创新、管理过程创新等。如果管理创新上的纽带较弱，对品牌资产经营与发展的控制力也较弱。

案例 6-5

百年哈雷（Harley-Davidson）的品牌故事

1903年，美国威斯康星州密尔沃基市郊，21岁的William Harley、20岁的Arthur Davidson和18岁的Billy Davidson三个年轻人在Davidson兄弟家后院的小木棚里开始了手工制造摩托车的大胆折腾。1905年的美国独立日哈雷·戴维森摩托车在芝加哥举行的摩托车比赛中，一举夺得了锦标赛冠军；1907年哈雷·戴维森摩托车装配了V型双缸发动机，1912年哈雷·戴维森摩托车辗转海外，挺进了日本摩托车市场。第一次世界大战爆发后，它开始产销军、警专用摩托车，轻松地发了战争横财。在和平时期，哈雷转而培训民用摩托车的机械师。哈雷的租赁服务不止出租一辆摩托车，还提供头盔、雨衣、小件寄存和24小时紧急

第六章　如何制定产品策略：提供价值

援助服务。在哈雷的官方网站上,还帮助消费者制订预算和贷款计划,提供财务及保险咨询服务。特别是20世纪90年代后,白领人士面临日益增大的心理压力,他们越来越渴望有一种可以释放和解脱的方式,这时哈雷当然是首选。

2002年,"哈雷·戴维森摩托车制造公司"与"鲍尔彻公司"联手攻关,研制开发出带有液态冷却系统的发动机,从而改变了哈雷·戴维森摩托车多年一贯制的空气冷却系统发动机……时至今日,它不仅占有了56%的美国摩托车市场,而且销往全球200多个国家和地区,年销售量以15.7%的速度直线递增,出色的经营业绩使得《福布斯》杂志把"2002年度最佳公司"的桂冠戴到了"哈雷·戴维森摩托车制造公司"头上。

为什么哈雷·戴维森可以走过将近一个世纪之后还保持着品牌不朽的魅力?有些人把它归结为其产品卓越的品质和企业不断创新的精神,还有人分析是技术的领先与哈雷的企业文化使然。其实,追根溯源,从哈雷企业使命中可以发现,哈雷是通过细分市场产品和服务的品牌化,在帮助驾驶者实现梦想的过程中,延续了自己的品牌生命。用哈雷·戴维森集团公司现任主席兼CEO Jeffrey L. Dleusitein的话来讲,是哈雷世代继承下来对摩托车制造的激情、承诺造就了哈雷辉煌的过去。

案例 6-6

Nike+:让消费者与品牌关联

科技创新和数字技术渐渐成为了引导公司前行的核心部分。Nike早在2006年就和Apple合作发布了捆绑iPod的NikePlus产品和平台。通过运动鞋里的一个感测器系统,使用者在跑步时候的相关数据会被纪录在Nike的全球数据库里,NikePlus.com上有实时数据更新,使用者对自己跑步的公里数、消耗的卡路里以及路径都了如指掌,还可以分享并关注朋友们取得的进步,这个创新不仅仅为NikePlus变成了体育运动爱好者的Facebook,还让乏味的跑步运动变的性感起来。 通过这个创新,Nike成功建立了全球最大的运动相关的网上社区(超过5百万的活跃注册用户,上传超过几十亿公里数和几百亿卡路里数):获取了与自己公司,产品以及消费者相关的大量数据宝藏。通过分析这些相关数据,Nike掌握了很多独家信息,对于改进产品,广告精准投放,有效市场营销,寻找最合适人才等方面都有很大帮助。

1. 在冬天,美国人比欧洲和非洲人都愿意进行跑步这项运动,但是美国人平均每次跑步的长度和时间都比欧洲人短(不同区域市场产品设计以及功能是否需要调整?)

2. 全球人均每次跑步时间为35分钟。最受欢迎的跑步"伴奏"曲为Black Eyed Peas "Pump it"。(歌曲有可能已经有变化,这样的数据是否可以给Nike提供一些市场营销的新想法呢?)

如果没有这些信息,Nike可能还在继续过去的市场调查模式,或者从社会化媒体上抓取不相关的信息,然后在消耗大量的人力物力财力分析,才能见成果。

Nike+作为世界各地跑步爱好者的虚拟组织中心,利用强大的号召力吸引人们参与各种线下活动，让素昧平生的运动发烧友们相互了解。2008年，就有近100万用户登录并加入了由耐克公司同时在全球25个城市发起的10公里长跑比赛。

Nike 在2010年成立了 Digital Sport ,研发各种设备和技术，帮助用户在参加体育运动的时候监测个人相关的统计数据，与消费者建立前所未有的牢固关系。

值得提出的是，在中国，耐克还借助微信的强大力量，再次为 Nike+注入社交血液。2013年"双十一"期间，公众服务账号 Nike+ Run Club 上线，短短10天就吸引了数以万计的跑步爱好者。通过账号内置的跑团组建功能，这些用户迅速创建了超过1000个跑步主题的微信群组。目前，耐克还在积极推进自己的篮球公共账号。

在互联网革命的推动下，品牌成为社区建设者。通过 Nike+社区平台，将人们联结起来，耐克将"让运动变得更加有趣"的理念深植入每个运动者心中，推动他们坚持运动、相互交流。对于消费者而言，聚在一起并分享经验是另一种形式的奖励。粉丝们的互动给耐克公司带来两点好处：第一，客户主动上传的大量运动数据，帮助耐克能够获得关于消费者的更深邃洞察，将这些发现应用于营销活动的各个环节，全面实现数字营销化；第二，让人们之间建立起非常牢固的关系，从而享受到顾客忠诚度增强、销售收入上涨等喜人成果；第三，数据也为耐克开辟了可能的新利润来源。耐克完全能够发挥原有品牌资产的杠杆力作用，将对顾客行为的全面理解融入运动计划制定、健身软件开发、运动型可穿戴设备设计等与消费者运动生活有关的各项业务中，从传统行业进军到更加新兴的"蓝海"领域。

随着万物互联时代的来临，Nike 认为企业如果不能跟上消费者的消费信息、分享信息的步伐，那结果只有一个：被淘汰。

第四节 制定新产品开发策略

一、新产品概念及其分类

从市场营销学角度来看的新产品与从纯技术角度来看的新产品在内涵与外延上都不相同，前者比后者的内容要宽泛得多。市场营销学认为，产品只要在功能或形态上得到改进，与原有产品产生差异，不论任何一部分的创新或变革，为顾客带来了新的利益，或者企业向市场提供过去未生产的产品或采用新的品牌的产品都可以称为新产品。新产品的"新"，是相对而言的，相对于一定的时间、地点和企业而言。此外，新产品的"新"，不仅是生产者、销售者认可，更重要的是得到消费者认可和接受的"新"属性、"新"功能、"新"用途、"新"特点等。按其创新的程度不同，可以将新产品分为以下五类。

1. 全新产品

全新产品指应用新技术、新原理、新工艺、新结构、新材料研制而成的前所未有的产品，是企业率先发明创造出来的。在这种新产品问世之前，市场上没有相同或类似的产品，如汽车、电视机、电灯、计算机等产品最初上市时，均属全新产品。全新产品的研制生产，往往是重大科学技术取得突破的成果，适合于人们的新需求，并且对人类的生产和生活都会产生深远的影响。对绝大多数企业来说，独立自主开发全新产品十分困难，需要耗费较长的时间、巨大的人力和资金投入，成功率较低，风险很大。

2. 换代新产品

换代新产品指在原有产品的基础上，部分采用新技术、新材料、新结构制成，在性能上有显著提高的产品。如半自动单缸洗衣机到半自动双缸洗衣机再发展到全自动洗衣机。开发换代新产品相对容易，并且不需要花费巨额资金，企业风险不大。

3. 改进新产品

改进新产品指采用各种改进技术，对原有产品的品质、特点、花色、式样及包装等作一定改变与更新的产品。改进后的产品或者性能更佳，或者结构更合理，或者精度更加提高，或者特征更加突出，或者功能更加齐全。如装有鸣笛的开水壶、各式新款服装等。改进新产品与换代新产品都是以原有产品为基础进行研制与开发，对企业各方面资源要求不高，风险较小，开发出的新产品容易为市场所接受，是广大企业特别是中小企业开发新产品的重点。

4. 仿制新产品

仿制新产品指模仿市场上已有的产品而企业自己首次生产，又称为企业新产品。开发生产仿制新产品可以有效利用其他企业的成功经验和技术，风险较小。

5. 品牌新产品

品牌新产品指对现有产品稍作改进，突出某一方面的特点，形成某一差异，并使用新的品牌后推向市场的产品。

二、新产品开发的基本原则

新产品的研制开发对企业的生存与发展至关重要，然而成功地开发新产品并非易事。为了提高新产品开发的成功率，企业在研制和开发新产品时，应该遵循以下基本原则。

1. 根据市场需求选择产品开发的重点

企业产品开发的目的是满足消费者尚未得到充分满足的需求，企业开发的新产品能否适应市场需求是产品开发成功与否的关键。因此，必须通过深入的市场调研和科学的预测，分析消费者需求变化的趋势以及对产品的品质、性能、款式、包装等方面的要求，研制开发满足市场需求的新产品。不能满足市场需求，或者虽然能够满足某一需求，但市场需求量太小的产品，均不宜研制开发。

2. 根据企业资源和实力确定产品开发的方向

企业要根据自身的资源、设备条件和技术实力来确定产品的开发方向。有的产品，尽管市场需求相当大，但如果企业缺乏研制开发和市场开发能力，也不能盲目跟风，必须量力而行。

3. 要有企业的特色

产品开发贵在与众不同、新颖别致，才能形成自己的特色优势。这种特色可以表现在功能、造型上，也可以表现在其他方面，以满足不同消费者的特殊爱好，激发其购买欲望。

4. 要有经济效益

开发新产品必须以经济效益为中心，这是企业的经济性所决定的。企业对拟开发的产品项目，必须进行技术经济分析和可行性研究，以保证产品开发的投资回收，能获得预期的利润。不能为企业创造任何利润的产品，其研制开发对企业来说没有任何经济意义。

三、新产品开发的程序

开发新产品对企业满足消费者需求，赢得市场竞争并不断发展壮大至关重要。同时新产品开发又是一项艰巨复杂、风险大、成功率较低的工作。为了提高新产品开发的成功率，为企业创造较大的经济利益，企业开发新产品必须遵循科学的程序，严格执行和管理。

新产品的开发程序是指从寻求产品创意开始，到最后将新产品的某一创意转化为现实的新产品并成功投放市场，实现商业化的全过程，具体可以划分为产生构思、构思筛选、产品概念的形成与测试、初拟营销方案、商业分析、新产品研制、市场试销、商业化八个阶段。

1. 产生构思

新产品构思是指为满足一种新需求而提出的富有新意、创造性的设想。一个成功的新产品，首先来自一个既有创见又符合市场需求的构思。新产品的构思越多，则从中挑选出最合适、最有发展希望的构思的可能性也就越大。因此，这一阶段企业营销部门的主要任务是：寻找——积极地在不同环境中寻找好的产品构思；激励——积极地鼓励企业员工提出产品构思；提高——将所汇集的产品构思转送企业内部有关部门，征求改进意见，使其内容更加充实可行。企业搜集到丰富的新产品构思并从中捕捉开发新产品的机会，是成功开发新产品的第一步。产品构思的来源可以归纳为如下几个方面。

（1）消费者和用户。他们的需求是新产品构思的主要来源。企业可以通过直接向用户进行问卷调查、深度访谈、接待用户来信来访、倾听用户的意见与投诉等途径，来准确把握他们的欲望和需求，从中发现新产品的构思。

（2）经销商。他们与消费者和用户有密切的联系，消费者和用户有什么需求，首先会直接反馈给经销商。而且多数经销商同时销售多类别产品和多种竞争产品，掌握的信息比较丰富，能够提出可行的新产品设想及改进建议。

（3）科研机构和高等院校。他们是新技术和新发明的发源地，每年都有大量的科研成果需要转化为新产品，企业加强与他们的联系，可以获得许多有创意、有价值的新产品设想。

（4）企业员工。企业员工包括企业的中高层管理人员、营销人员、产品研制开发人员以及普通员工，企业应该建立起鼓励创新的企业文化和相关的规章制度，打破年龄、地位、资历等阻碍因素，调动所有员工的积极性和创造性，使他们热爱企业，关心企业，为改进企业产品、服务和生产流程献计献策。

（5）竞争对手。竞争对手产品的成败得失可以为企业的新产品构思提供借鉴和参考，也是新产品构思的重要来源之一。企业可以通过各种途径了解竞争对手开发投放的新产品，或购买竞争对手的现有产品进行剖析，找出不足并加以改进，有助于开发出更胜一筹的新产品。

2. 构思筛选

对广泛搜集到的各种新产品构思，企业要根据自身的资源条件和发展目标进行筛选，摒弃那些可行性小或获利较少的构思。在筛选中，既要避免漏选掉具有潜在价值的构思，又要避免误选市场前景不佳的构思。为此，企业可以通过制定新产品构思评审表（表6-2），由产品研发部门或新产品委员会根据表中所列举的各项因素逐一对新产品构思进行评审打分，确定分数等级，保留可行的产品构思，剔除那些与企业目标和资源不协调的构思。

表 6-2 新产品构思评审表

产品成功的必要条件	权重（A）	企业能力水平（B）											得分数（A）X（B）
		0.0	0.1	0.2	0.3	0.4	0.5	0.6	0.7	0.8	0.9	1.0	
企业信誉	0.20							√					0.120
市场营销	0.20										√		0.180
研究与开发	0.20								√				0.140
人员	0.15							√					0.090
财务	0.10										√		0.090
生产	0.05									√			0.040
销售地点	0.05				√								0.015
采购与供应	0.05										√		0.045
总计	1.00												0.630

注：分数等级 0.00~0.40 为"劣"，0.41~0.75 为"中"，0.76~1.00 为"良"。目前可以接受的最低分数为 0.70。

表中第一栏是新产品成功地实现商业化所必须具备的主要条件；第二栏是根据这些条件对新产品成功的重要程度分别给予不同的权重；第三栏是对企业新产品成功的几项重要条件所具备的能力给予不同的评分；第四栏是企业能力水平与各项成功因素权重的乘积，相加后得到该构思是否符合本企业的目标与战略的综合评分。最后根据评分等级的标准划分等级。表中该构思的得分总数为 0.63，低于该评定表设定的最低合格值 0.70，说明该构思应舍去。

3. 产品概念的形成与测试

筛选出的构思需要形成具体的准确的产品概念，即可以将已经成型的产品构思，用文字、图像、模型等加以清晰地描述，使之成为对消费者而言有意义的产品方案，有确定特性的潜在产品形象。一个产品构思能够转化为若干个产品概念。

新产品概念形成以后，还需要了解顾客的意见，进行产品概念测试。产品概念测试一般采用概念说明书的方式，说明新产品的功能、效用、特性、规格、包装、售价等，如有需要还应附上图片或模型，连同问卷提交给有代表性的消费者进行测试和评估。测试所获得的信息使企业进一步充实产品概念，以确定吸引力最强的产品概念。

4. 初拟营销方案

通过测试选择了最佳的新产品概念之后，就要制订一个该产品引入市场的初步市场营销方案，并随着产品研发的逐步推进不断地加以完善。初拟营销方案主要包括三方面的内容。

（1）描述目标市场的主体规模、结构，消费者的购买行为和特点；产品的市场定位以及短期（如3个月）的销售量；市场占有率以及开始几年的利润率预期等。

（2）概述产品在第一年的预期价格、分销渠道、策略及营销预算。

（3）概述较长时期（如3～5年）的销售额和利润目标，以及不同阶段的市场营销组合策略等。

5. 商业分析

商业分析就是从经济效益方面对新产品概念进行可行性分析，进一步考察新产品概念是否符合企业的盈利性目标，是否具有商业吸引力，具体包括预测销售额和推算成本利润两个步骤。

对新产品销售额的预测可参照市场上同类产品的销售发展历史，并考虑各种竞争因素、市场规模、市场潜量，分析新产品的市场地位、市场占有率，以此推测新产品可能获得的销售额。此外，还应考虑产品的再购率，即新产品是一定时期内顾客购买一次的耐用品，还是购买频率不高的产品，或是购买频率很高的产品。不同的购买频率，会使产品销售量在时间上有所区别。

预测产品一定时期内的销售量以后，就可预算该时期的产品成本和利润收益。产品成本主要包括新产品研制开发费用、市场调研费用、生产费用、销售推广费用等。根据已预测出的销售额和费用额，就可以推算出企业的利润收益以及投资回报率等。

6. 新产品研制

指通过商业分析的新产品概念送交生产部门研制出模型或样品，使产品概念转化为产品实体。同时还要进行包装的研制和品牌商标的设计，对产品进行严格的功能测试和消费者测试。前者主要测试新产品是否安全可靠、性能质量是否达到规定的标准、制造工艺是否先进合理等。后者则是请消费者加以试用，征集他们对产品的意见。在测试的基础上对样品作进一步改进，以确保具有产品概念所规定的所有特征，并达到质量标准。

产品研制是新产品开发程序中最具有实质意义的一个重要步骤。只有通过产品研制，投入资金、设备、劳动力、技术等各种资源，才能使产品概念实体化，可能发现产品概念存在的不足和问题，继续改进设计，才能证明某一新产品概念在技术上和商业上的可行性如何。如果某一新产品概念因技术上不过关或成本过高等原因而被否定，则该项产品的开发过程即告终止。

7. 市场试销

经过测试合格的样品即为正式的新产品，在大批量投放市场之前，还要选择具有代表性的小规模市场进行试销。新产品试销既能帮助企业了解市场的情况，又能检测产品包装、价格、数量、广告的效果，还能发现产品性能的不足之处，为产品正式投入市场打好基础，为企业是否大批量生产该产品提供决策依据。

新产品市场试销的主要决策涉及以下内容。

（1）试销地点。应具有企业目标市场的基本特征，地区范围不宜过大。

（2）试销时间。时间长短要综合考虑产品特征、平均重复购买率、竞争者状况和试销费用等因素决定。再购买率高的新产品，试销时间应长一些，可经历一至二个购买周期，因为只有重复购买才能说明消费者喜欢新产品。

（3）试销应取得的资料。在试销过程中，企业要注意收集新产品的试用率、再购买率以及销售趋势，购买者是谁，消费者对产品质量、品牌、包装的意见等资料。

（4）试销所需要的费用开支。

（5）试销的营销策略以及试销成功后应进一步采取的战略行动。

市场试销需要耗费较多的投资，特别是试销时间如果太长还容易让竞争对手抢占先机。并非所有的新产品都需要试销，当产品的成本很低，新产品由比较简单的产品线扩展而来或是模仿竞争者的产品而生产时，企业可以不进行或只进行少量的试销就批量上市。

8. 商业化

新产品试销成功后，便可批量生产，正式推向市场，实现新产品的商业化。为确保新产品批量上市成功，企业要注意以下几个问题。

（1）正确选择投放时机。一般而言，季节性产品适宜于在使用季节到来之前投放市场；日用消费品适宜于在每年的销售高峰（如五一、十一、元旦、春节等）到来之前投放市场；替代性较强的产品应在企业被替代产品库存较少的情况下投放市场；尚需改进的新产品则应等到产品进一步完善之后再投放市场，切忌匆忙上市而造成初战失利陷入被动。

（2）正确选择投放地区。新产品不一定立即向全国市场投放，可以先集中在某一地区市场开展公关宣传和广告促销活动，以打开销路，拥有一定市场份额后，再逐渐向其他地区拓展。

（3）正确选择目标市场。目标市场的选择以试销或产品的研发以来所收集的资料为依据。最理想的目标市场应是最有潜力的消费者群体，一般具备如下特征：最早采用该新产品的带头购买者；大量购买该新产品的顾客；其购买行为具有一定的传播影响力的消费者等。

（4）制定有效的营销组合策略。新产品批量上市时，还要正确制定消费者愿意接受的价格，选择合适的分销渠道，实施多种多样、行之有效的、富有创意的促销措施，以使新产品能在市场上迅速提高知名度和美誉度，扩大销路。

四、新产品开发的趋势

在现代市场竞争中，新产品开发已经成为企业的生命线。能否快速、成功地研制开发出适销对路的新产品，直接关系到企业的生死存亡和发展。利用并行工程，在市场经济的激烈竞争中根据不同的背景、条件，可更加快速高效地取得更大效益。综观当今世界，新产品开发具有以下趋势。

（1）多能化。即要求新产品具有多种功能，做到一物多用。既可以节省消费者开支，又可以节省使用空间。例如，带有字典、信息存储、翻译、太阳能等功能的手表；既可洗手、洗澡、洗碗，还可供房间取暖之用的多功能热水器。

（2）微型化、轻型化。即要求新产品体积小、重量轻、方便携带。例如，日本在20世纪70年代以后开始的全员质量运动中，成功地实施"轻、薄、短、小"的形象设计战略，把欧美"重、厚、长、大"之类的商品打得"只有招架之功，而无还手之力"，从而使日本的汽车、家用电器、手表等产品成为国际市场的畅销品。

（3）方便化。即要求新产品结构简单，方便使用、方便维修。这是为了适应现代忙碌的生活节奏，节省时间就是节约金钱。例如，方便食品、方便鞋；电器尽量采用插件板，一旦烧坏，更换插件板即可，维修方便。

（4）多样化、系列化。即要求新产品有多个品种规格、多个档次、多种款式，以适应不同场合、不同爱好、不同层次消费者的需要，扩大产品的覆盖面。

（5）健美化、舒适化。即要求新产品有利于身体健康，增强美感，追求舒适。例如，各种保健食品、健身器材、护肤品、防冻防晒品的出现，就是适应这一要求的。

（6）节能化。即要求新产品的使用能耗低，这对消费者、企业、社会都有益。消费者可以减少能耗开支，更好地安排生活；企业可以降低产品成本、降低售价，增强产品的市场竞争力；整个人类社会可以缓解能源紧缺状况，利于可持续发展。

（7）绿色化、环保化。即要求新产品是绿色产品，也就是无公害、低污染、符合环保要求的产品。保护环境，控制、减低甚至消除环境污染，是企业应该担负的社会责任。世界各国的企业都在积极地开发绿色产品，抢占绿色市场。绿色食品、绿色纸尿片、环保汽车、环保电池等，绿色营销方兴未艾。

（8）休闲化。在当今工作紧张、压力倍增的情况下，空余时间追求休闲生活成为人们的选择。例如，旅游市场随着人们的收入增加，旅游者的观念发生了巨大变化，逐步从观光型向休闲度假型转变。他们享受大自然风光的同时,追求逍遥自在,讲究随心惬意。于是,近来"自助游""自驾车游"成为热点。

案例 6-7

肯德基的黑科技产品

作为一家快餐企业,肯德基原本和麦当劳、德克士一样,默默地卖着炸鸡,不过,文化、时尚、科技一样不能少,肯德基爷爷拥有众多黑科技产品!

Gamer's Box 2.0 炸鸡盒蓝牙游戏手柄。为了庆祝 Mountain Dew 与肯德基达成合作,后者设计了一个全新的炸鸡盒,盒子顶部为 Mountain Dew 的罐装苏打水设计了一款支架,为这盒子的左右各加入了半个手柄,顶部的支架也可调节固定手机,这样吃炸鸡的时候就不用怕把手机屏幕上弄得全是油,还可通过蓝牙与智能手机连接,且支持多款游戏。

电玩上校游戏掌机。2002 年年底为了庆贺新年,肯德基除了在国内推出了新年套餐外,还在套餐中附带一个名为电玩上校的游戏机。它是一款黑白屏幕,内置了俄罗斯方块、坦克大战等多个游戏的老式掌机。肯德基除了把上校爷爷作为机身的外壳,还良心地把屏幕做得很大。

蓝牙键盘。2015 年肯德基在德国推出了一款蓝牙键盘,第一眼看上去和普通的托盘垫纸无异。按下左侧的开关按钮,用蓝牙连接手机,这款"托盘垫纸"就可以秒变蓝牙键盘。

全家桶照片打印机。2015 年肯德基为了庆祝入住加拿大 60 周年,推出了一款底部带照片打印功能的外带全家桶,可通过手机 APP 直接打印相片,类似拍立得的效果。

移动电源鸡盒。肯德基还推出过一款带充电宝功能的外带餐盒,可以把汉堡、薯条什么的悉数放进去,盒子的右侧则是一个 6100mAh 的移动电源……包括一个 USB 输出和一个 Micro USB 输入接口。

原味鸡键鼠 U 盘三件套。2014 年肯德基曾经在日本市场推出过原味鸡键盘、鼠标、U 盘的三件套外设。

第五节 产品生命周期理论

一、产品(市场)生命周期概念

(一)产品生命周期的内涵

产品生命周期(product life cycle,PLC),是指产品从准备进入市场开始到被淘汰退出市场为止的全部运动过程,由需求与技术的生产周期所决定。企业开展市场营销活动的出发点,是市场需求。而任何产品都只是作为满足特定需要或解决问题的特定方式而存在,不断会有领先产品出现,取代市场上的现有产品。一个产品的销售历史就像人的生命周期一样,要经历出生、成长、成熟、老化、死亡等阶段。具体可以分为开发期、介绍期、成长期、成熟期、衰退期五个阶段。

产品（市场）生命周期和产品的使用寿命是两个完全不同的概念。前者指的是产品的经济寿命，即产品在市场上销售的时间，它以产品在市场上的销售额和企业利润额的变化为依据进行分析判断，反映的是产品的销售情况和获利能力随时间的演变规律。而后者指的是产品的自然寿命，即产品物质形态的变化、产品实体的消耗磨损。有的产品使用寿命很短，但生命周期却很长，如肥皂、爆竹等；而有的产品生命周期很短，使用寿命却很长，如时尚服装、呼啦圈等。

（二）产品生命周期的形态

在产品（市场）生命周期的各个阶段，销售额随产品推进市场的时间不同而发生变化，通常表现如图6-4所示曲线，即产品（市场）生命周期曲线。

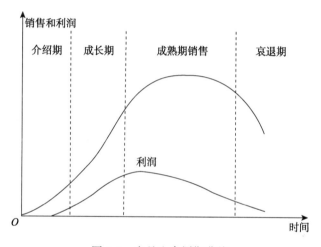

图6-4　产品生命周期曲线

生命周期曲线的特点是：在产品开发期间，该产品销售额为零，企业投资不断增加；在介绍期，销售增长缓慢，初期通常利润偏低或为负数；在成长期，市场销售快速增长，利润也显著增加；在成熟期，市场销售量达到顶峰，但增长率较低，利润在达到顶点后逐渐走下坡路；在衰退期，产品销售量显著衰退，利润也大幅度滑落，产品即将退出市场。

S形产品市场生命周期曲线，适用于一般产品的生命周期的描述，是最典型的表现形态。

并非所有产品的市场生命周期曲线都是标准的S形，而是多种多样的。西方市场营销学者通过研究，确认有6~17种产品生命周期形态。以下简要介绍几种较为常见的不规则的产品生命周期形态。

（1）再循环形态。它又称"风格型"曲线，是指产品到达成熟期后，并未顺次进入衰退期，而是又进入第二个成长期，如图6-5（a）所示。这种再循环生命周期形态往往是厂商成功地进行了产品的多功能开发或投入更多促销费用的结果。

（2）多循环形态。它又称"扇贝型"曲线，或波浪型循环形态，是指产品在市场上的销售量由一个高峰又达到另一个高峰，不断向上攀升，其生命周期持续向前，如图6-5（b）所示。这种生命周期形态的产品往往是发现了产品的新特征、用途或用户。如纸的销售就具有这种扇贝型特征。随着人们要求的多样化和科学技术的发展，纸的用途越来越广泛，更多地用于日常生活，相继有了纸杯、纸桌布、纸鞋垫、纸服装等。

（3）流行形态。它又分为"时尚/流行型"和"时髦/热潮型"两种曲线，主要是指各种流行、热潮产品，一经投放市场便立刻掀起热销高潮，很快进入成熟期，并迅速退出市场，如图6-5（c）、（d）所示。如流行歌曲、时尚服装、呼啦圈等产品的市场销售即是如此。不过"时尚/流行型"产品比"时髦/热潮型"产品的生命周期稍长一些。

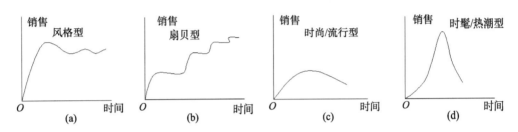

图6-5 风格型、扇贝型和时尚/流行型、时髦/热潮型产品的生命周期曲线

二、产品生命周期各阶段的特点及其营销对策

在产品生命周期的不同阶段，产品的销售额、成本、利润、市场竞争态势及消费者行为等都具有不同的特点。企业应该根据这些特点，制定相应的营销对策。

（一）产品开发期

产品开发期是指从产品开发的设想到产品制造成功的时期。此期间该产品销售额为零，企业投资不断增加（详见本章第四节相关内容）。

（二）介绍期的特点及企业的营销对策

介绍期是新产品进入市场的最初阶段，其主要特点如下。

（1）生产成本高。新产品刚开始生产时，数量不大，技术尚不稳定、不成熟，废品次品率也较高，因而制造成本较高。

（2）营销费用大。新产品刚进入市场时，其性能、质量、使用价值、特征等还未被人们所了解。为了迅速打开销路，提高知名度，需进行大量的广告宣传及其他促销活动，促销费用很大。

（3）销售数量少，销售增长率低。因新产品还未赢得消费者的信赖，未被市场广泛接受，购买者较少，销售量小。

（4）竞争不激烈。因新产品刚进入市场，销路不畅，企业无利可图甚至亏损，生产者较少，竞争尚未真正开始。

在介绍期，企业主要的经营目标是迅速将新产品打入市场，在尽可能短的时间内扩大产品的销售量。可采取以下具体对策。

（1）积极开展卓有成效的广告宣传，采用特殊的促销方式，如示范表演、现场操作、实物展销、免费赠送、小包装试销等，广泛传播商品信息，帮助消费者了解商品，提高认知程度，解除疑虑，培育市场。

（2）积极攻克产品制造中尚未解决的问题，稳定质量，并及时根据市场反馈，对产品进行改进。

（3）采取行之有效的价格与促销组合策略。如图 6-6 所示，可供选择的价格与促销的组合策略有以下四种：①快速掠取策略，即企业以高价格和高促销费用推出新产品。成功地采用这一策略可以使消费者更快地熟悉和了解新产品，迅速打开销路；还可以使企业赚取较大的利润，以尽快回收新产品开发的巨额投资。但企业采用这一策略，要注意必须具备一定的条件：产品有独特的功能或利益；目标顾客的求新心理强，并愿意付出高价；市场需要潜力较大；企业面临潜在竞争对手的威胁，须尽早建立产品的市场地位。②缓慢掠取策略，即企业以高价格和低促销费用将新产品推向市场。高价格和低促销费用的结合有利于企业减少流通费用，降低成本，获取较大的利润。该策略适用于市场规模有限、产品需求弹性较小、潜在竞争威胁不大、能赢得大多数消费者相当程度的信任、适当的高价能被人们所接受的产品。③快速渗透策略，即企业以低价格和高促销费用将新产品推向市场。其目的是抢占先机，以尽可能快的速度将产品打入市场，赢得最大的市场渗透和最高的市场占有率，薄利多销，从多销中获取利润。该策略适用于市场容量颇大、潜在竞争较为激烈、潜在消费者对价格十分敏感、单位制造成本可随生产规模的扩大而迅速下降的产品。④缓慢渗透策略，即企业以低价格和低促销费用将新产品推向市场。低价格有利于消费者接受新产品，使产品较易于渗透市场，打开销路，并扩大销路。低促销费用有利于降低产品成本，树立"物美价廉"的形象。该策略适用面广，适用于市场容量大、促销效果不明显、需求的价格弹性较大、消费者对价格敏感度较高的产品。

价格水平		促销水平	
		高	低
	高	快速掠取策略	缓慢掠取策略
	低	快速渗透策略	缓慢渗透策略

图 6-6　介绍期价格—促销组合策略

（三）成长期的特点及企业的营销对策

成长期是产品在市场上已经打开销路，销售量稳步上升的阶段。其主要特点如下。

（1）购买者对商品已经比较熟悉，市场需求扩大，销售量迅速增加。早期采用者继续购买该产品，其他消费者也开始追随购买。

（2）生产和销售成本大幅度下降，大批量生产和大批量销售使单位产品成本减少。

（3）企业的利润增加。

（4）竞争者相继加入市场，分销网点数量增加，竞争趋向激烈。

在成长期，企业的主要营销目标是进一步扩大市场，提高市场占有率，以实现市场占有率的最大化。可采用以下策略。

（1）进一步提高产品质量，增加花色、品种、式样、规格，并改进产品包装。

（2）广告促销从介绍产品、提高知名度转为突出产品特色，建立良好形象，力创名牌，建立顾客对产品的偏好，提高忠诚度等。

（3）开辟新的分销渠道，扩大商业网点，进一步向市场渗透，拓展市场空间。

（4）在大量生产的基础上，适时适度降价或采用其他有效的定价策略，以吸引更多的购买者。

（四）成熟期的特点及企业的营销对策

成熟期是产品在市场上普及销售量达到高峰的饱和阶段。其主要特点如下。

（1）产品已为绝大多数的消费者所认识与购买，销售量增长缓慢，处于相对稳定状态，并逐渐出现下降的趋势。

（2）整个行业的生产能力过剩，企业利润逐步下降。

（3）竞争十分激烈。

（4）商品销售价格降低。

（5）分销渠道密集。

在成熟期，企业的主要营销目标是牢固地占领市场，保持市场占有率，防止与抵抗竞争对手的蚕食进攻，争取获得最大的利润。可采用的具体策略如下。

（1）从广度和深度上拓展市场，争取新顾客，并刺激老顾客增加购买，以增加现有产品的使用频率和消费数量。如强生企业将婴儿爽身粉、婴儿润肤露等婴儿护肤用品扩展到母亲市场，成功地做大了市场"蛋糕"。

（2）进一步提高产品质量，进行产品多功能开发，创造新的产品特色，扩大产品的多功能性、安全性和便利性，增加产品的使用价值。

（3）改进营销组合策略，如调整价格、增加销售网点、开展多种广告宣传活动或采用以旧换新、有奖销售、竞猜、拍卖等进攻性的促销手段，以及强化各种服务等。

（五）衰退期的特点及营销对策

衰退期是产品销售量持续下降，即将退出市场的阶段。在实践中，有的产品的衰退速度较为缓慢，逐渐地退出市场，如 BB 机；而有的产品则很迅速，如流行产品。有的产品的销售量很快就下降到零，也有的可能在一个低水平上持续多年。其主要特点如下。

（1）消费者对产品已经没有兴趣，市场上出现了改进产品或换代产品，市场需求减少，销售量下降。

（2）行业生产能力过剩较多，同行企业为了减少存货损失，竞相降价销售，竞争异常激烈。

（3）企业利润不断降低。

在衰退期，企业的主要营销目标是尽快退出市场，转向研制开发新产品或介入新的市场。可选用的策略如下。

（1）淘汰策略。企业停止生产衰退期产品，上马新产品或转产其他产品。

（2）持续营销策略。企业继续生产衰退期产品，利用其他竞争者退出市场的机会，通过提高服务质量、降低价格等方法来维持销售。

（3）收割策略。企业尽量减少各方面如厂房设备、维修服务、研制开发和广告、销售队伍建设等方面的投入，同时继续维持产品销售。只要短期内销售量不出现急剧减少，企业就可以从该产品上获得更多的利益，增加现金流量。该策略会使产品的竞争力逐渐削弱而最终失去存在的价值，其适用条件是衰退产品在短期内销售量下降速度比较缓慢，然而从长期来看最终必须放弃。

三、产品生命周期的应用价值

产品生命周期（PLC）理论提供了一套适用的营销策划观点。它将产品在市场上的生命历程分成不同的策略时期，企业营销人员可以通过考虑销售和时间这两个简单易懂的变数，正确分析把握产品所处的生命周期阶段，并针对各个阶段不同的特点而采取行之有效的营销组合策略，尽可能延长产品的市场生命周期，以实现利润最大化。具体来说，企业在应用产品生命周期理论时应把握好以下几点。

1. 重视新产品的研制与开发

产品生命周期理论揭示出任何产品在市场上的生命运动和生物有机体一样，也有一个诞生—成长—成熟—衰亡的过程，世界上没有一个企业的产品可以在市场上长盛不衰，产品被市场所淘汰是社会经济发展、科学技术进步和消费者需求变化的必然结果。"不创新，即死亡"，新产品的研制与开发对企业的生存竞争与发展是至关重要的。因此，企业要做到居安思危，高度重视新产品的研制与开发，不断创新，做到"生产一代，研制一代，构思一代"，为企业可持续发展提供坚实的基础。

2. 正确把握产品生命周期的变化趋势

产品生命周期理论阐明随着产品介绍市场时间的推移，市场销售竞争态势、企业盈利状况等都会发生重大的变化，呈现出显著不同的特点。企业应该通过对市场的观察以及采用科学的方法，分析判断产品处于生命周期的哪一个阶段，推测预见产品在市场上的发展变化趋势，立足于不同阶段的特点，因势利导，实施相应的市场营销组合策略，以有效地增强产品的市场竞争力，提高企业的营销效益。更为重要的是，通过对企业现有产品生命周期不同阶段的正确推断，为新产品的开发和投放市场提供科学依据，强化新产品开发的针对性和时效性，从而提高新产品开发的成功率。

3. 尽量延长产品市场生命周期

研究产品生命周期的目的是尽可能地延长产品生命周期。尤其是在当今社会产品生命周期不断缩短的大趋势下，企业无法改变而只能积极地去适应。因此，企业需要通过各种营销努力，尽可能延长产品生命周期。但延长产品市场生命周期，并不是延长它生命的每一个阶段，而只是延长其中能给企业带来较大销售量和利润的两个阶段，即成长期和成熟期。开发期、介绍期和衰退期不能给企业创造较多的利润，因而不仅不应延长，还应设法加以缩短。要延长产品市场生命周期，可以设法促使消费者提高使用频率，增加购买次数和购买量；对产品进行质量、特性形态改进以吸引新的购买者，使呆滞的销售量回升；开拓新市场，争取新顾客；拓展产品使用的新领域，以新用途来带动新需求。

而产品生命周期理论有以下缺点。

（1）产品生命周期各阶段的起止点划分标准不易确认。

（2）并非所有的产品生命周期曲线都是标准的S形，还有很多特殊的产品生命周期曲线实践中难以把握。

（3）无法确定产品生命周期曲线到底适合单一产品项目层次还是一个产品集合层次。

（4）该曲线只考虑销售和时间的关系，未涉及成本及价格等其他影响销售的变数。

（5）易造成"营销近视症"，即认为产品已到衰退期而过早将仍有市场价值的好产品剔除出了产品线。

（6）产品衰退并不表示无法再生。如果采取合适的改进策略，企业可能再创产品新的生命周期。

案例 6-8

娃哈哈的升级瓶颈

娃哈哈是国内大公司，经常受到关注是正常的；宗庆后作为国内著名企业家，其一言一行也很难不被人注意。娃哈哈业绩下滑是不争的事实，娃哈哈2015年营收比2014年暴跌200多亿元，但由于其一直以来不差钱，没有银行贷款，也就是不存在加杠杆的问题，所以现金流充足，抗风险能力比许多公司要强很多。与其说娃哈哈"遭遇困境"，不如说娃哈哈是老司机碰上了新问题，在产品转型升级上遭遇瓶颈。

娃哈哈的转型升级，首先在于产品。提到娃哈哈，大家耳熟能详的是AD钙奶、爽歪歪、营养快线以及纯净水等。但这些产品在市场上都已营销有年，难免给人一种产品结构老化的感觉。如娃哈哈销售最好的单品营养快线是2004年推出的，至今已经13年了。娃哈哈近年来非但没能推出什么爆款新品，老产品连包装都没怎么换，其产品理念明显滞后于时代。尤其是在更多强调原生态、有机食品的当下，娃哈哈的这些畅销单品确实不能迎合更多中产阶层的需求。

娃哈哈丢掉的还不仅是城市中产市场，随着农村城镇化进程加快，以及网络带来的消费观念普及，娃哈哈还正在失去农村市场份额。对于城市中产来讲，从海淘网站上购买进口食品已是寻常事。澳洲牛奶、北欧三文鱼、南极冻虾，只要点击几下，过几天就能落到自己的碗里来。而在农村市场，随着电商的发展，消费观念以及价格上的差别也已逐渐被抹平。

面对新的消费理念，新的消费需求，娃哈哈应当作出回应，有所动作。这已经不仅是简单推出几款新产品的问题，而是娃哈哈该怎样适应新的消费时代的问题。特别是，娃哈哈作为国内食品行业的领军企业，不能也难以回避这个问题。然而，对要作出最终决策的人，又谈何容易呢？

关键概念

核心产品	形式产品	期望产品	附加产品
潜在产品	非耐用品	产业用品	选购品
特殊品	非渴求品	产品线	产品项目
产品形式	品牌产品	产品组合	产品组合的长度
产品组合的宽度	产品组合的深度	产品组合的关联度	
产品生命周期	新产品开发	商业化	

本章内容小结

1. 市场营销学认为产品不仅是指有具体物质形态的有形的物品，还包括非物质形态的服务、事件、人员、地点、观念、经历、体验、组织或这些因素的组合。

2. 整体产品由核心产品、形式产品、期望产品、附加产品和潜在产品五个层次组成。全面理解整体产品概念对企业在设计和开发产品时找准产品的核心利益，重视产品的非功能性利益开发，以及围绕产品的多个层次赢得竞争优势具有重要的指导意义。

3. 产品可以根据多种不同的标准进行分类。根据耐用性和有形性，可以将产品划分为耐用品、非耐用品和服务。根据其购买者和购买目的，可以划分为消费品和产业用品。消费品根据购买习惯又可划分为便利品、选购品、特殊品和非渴求品。产业用品又可以划分为材料和部件、资本项目以及供应品和服务。对不同类别的产品需采用不同的营销策略。

4. 产品组合是指企业生产或经营的全部产品线和产品项目的有机结合方式。对产品组合的分析可以从广度、长度、深度和关联度四个维度进行。产品组合的优劣将直接关系到企业的销售额和利润水平，企业必须对现行产品组合进行分析和评价，制定相应的产品组合策略，并根据市场状况、企业资源状况等对产品的组合进行调整，使产品组合始终保持在最佳状态。

5. 市场营销学所定义的新产品不仅指科技发展所推动的全新产品，更主要指在整体产品中任何部分的创新、变革、改进的产品。新产品包括全新产品、换代新产品、改进新产品、仿制新产品和品牌新产品。开发新产品应遵循的基本原则是：根据市场需求选择产品开发的重点，根据企业资源和技术实力确定产品开发的方向，要做到有特色、有效益等。

6. 遵循新产品开发的科学程序是新产品取得成功的必要条件。新产品开发的程序包括产生构思、构思筛选、产品概念的形成与测试、初拟营销方案、商业分析、新产品研制、市场试销和商业化八个阶段。当今世界，新产品开发的方向主要有多能化、微型轻型化、方便化、多样系列化、健美舒适化、节能化、绿色环保化、休闲化等，指引着企业更好地进行新产品开发。

7. 产品生命周期是指产品的市场生命周期，即产品从准备进入市场开始到退出市场为止的全过程，通常包括开发、介绍、成长、成熟和衰退五个阶段。产品生命周期的 S 形正态分布曲线图是最典型的形式。企业应用产品生命周期理论时应注意做到：重视新产品的研制与开发；正确把握产品生命周期的变化趋势；尽量延长产品的市场生命周期。

1. 物质产品和服务的组合有哪几种形式？
2. 整体产品概念包括哪几个层次？
3. 怎样理解产品生命周期？
4. 怎么理解市场营销学中新产品的定义和类别？
5. 什么是产品的包装？
6. 什么是产品组合？它可以从哪几个方面进行分析？
7. 如何理解市场营销学中产品的内涵？如何对消费品进行分类？
8. 包装策略如何运用？
9. 开发新产品有哪些方向？

1. 选择一家企业，分析其在产品生命周期各个阶段采取了什么样的营销策略。
2. 通过学习和查阅资料，对麦当劳和肯德基两个品牌作对比分析。
3. 如果你是一家企业的产品经理，你如何经营你的产品？
4. 选择一家大型百货商店，分析其产品组合的合理性。

[1] Aaker DA, Keller KL. Consumer evaluations of brand extensions. Journal of Marketing, 1990 Jan 1: 27-41.

[2] Bitner M J, Booms BH, Tetreault MS. The service encounter: diagnosing favorable and unfavor-

able incidents. Journal of Marketing, 1990 Jan 1: 71-84.

[3] Klepper S. Entry, exit, growth, and innovation over the product life cycle. American economic review, 1996 Jun 1: 562-83.

[4] Narver J C, Slater S F, MacLachlan D L. Responsive and proactive market orientation and new-product success. Journal of product innovation management, 2004 Sep 1: 21(5): 334-47.

[5] Parasuraman A, Zeithaml V A, Berry L L. A conceptual model of service quality and its implications for future research. Journal of Marketing, 1985 Oct 1: 41-50.

[6] 凯文·莱恩·凯勒. 战略品牌管理[M]. 北京：中国人民大学出版社，2003.

[7] 王发明. 基于并行工程的网络式新产品开发研究[J]. 科技管理研究，2008(2): 162-164.

[8] 菲利普·科特勒, 加里·阿姆斯特朗. 营销管理：原理与实践[M]. 14版. 北京：中国人民大学出版社，2015.

第七章 如何制定价格策略：明确价值

本章重点探讨的问题

- 影响企业定价的因素有哪些？
- 企业定价的主要方法有哪些？
- 定价的基本策略有哪些？
- 如何应对价格变动？

企业为什么要把制定有效的价格策略作为竞争优势？这是因为只有制定有效的价格策略才能与竞争对手区别开来，才能实现企业收入，从而为产品进入市场铺路。因此价格策略是企业面对竞争对手的重要手段，是影响需求的关键因素。

价格是营销组合中唯一能够直接创造收益的因素，其他因素都代表着成本。尤其是在如今互联网快速发展的数字化时代，价格是营销组合中最灵活而又难以控制的因素之一，它直接关系着市场需求量的多少和企业利润的高低，影响着营销组合的其他因素。因此，定价和价格调整是许多营销人员所面临的共同难题。通过本章学习，应了解并掌握影响企业定价的因素，熟悉定价的基本程序，掌握企业定价的基本方法和定价策略。

第一节　定价要考虑的因素

价格，是商品价值的货币表现。企业定价，就是企业依据产品成本、市场需求以及市场竞争状况等影响因素，为其产品制定适宜的价格，使其产品在保证企业利益的前提下，最大限度地为市场接受的过程。产品定价是一门科学，也是一门艺术，为自己的产品制定一个合适的价格，是当今每一个企业都面对的问题。虽然随着经济的发展和人民生活水平的提高，价格已不是市场接受程度的主要因素。但是，它仍然是关系企业产品和企业命运的一个重要筹码，在营销组合中，价格是唯一能创造利润的变数。

卡尔·马克思在《资本论》第一卷中提到价值规律：商品的价值量由社会必要劳动时间决定，商品实行等价交换。在商品生产和交换过程中，发生的主要是商品生产技术的对比，优胜劣汰，以此不断促进生产力的不断发展。其表现形式是市场供求影响商品价格，商品价格以价值为中心上下波动。

商品的价格虽然以价值为基础，但还受到多种因素的影响。一般情况下，影响价格变动的最主要因素是商品的供求关系。在市场上，当某种商品供不应求时，其价格就可能上涨到价值以上；而当商品供过于求时，其价格就会下降到价值以下。同时，价格的变化会反过来调整和改变市场的供求关系，使得价格不断围绕着价值上下波动。

影响企业定价的因素是多方面的，包括企业外部因素和企业内部因素，如图7-1所示。

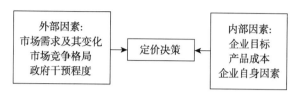

图7-1　影响企业定价决策的因素

一、企业外部因素对定价的影响

（一）市场需求及其变化

从营销理论出发，产品的最高价格取决于产品的市场需求，最低价格取决于该产品的成本费用。

1. 需求价格弹性

所谓的需求价格弹性，是用来衡量价格变动的比率所引起的需求量变动的比率，即需求量变动对价格变动反应的灵敏程度。其公式如下：

$$E = \frac{\Delta Q / Q}{\Delta P / P}$$

式中，E 为需求弹性系数；ΔQ 为需求的变动量；Q 为原有的需求；ΔP 为价格的变动量；P 为原有的价格。

$E>1$，表示需求富有弹性，企业可通过降价、薄利多销以达到增加盈利的目的。一般来说，如果一种产品可以完全被替代品替代，那么这种产品的需求弹性就大。

$E=1$，表示价格变化对销售收入影响不大。定价时，可选择预期收益率为目标，或选择通行的市场价格。

$E<1$，表示需求缺乏弹性，一般采用提价策略，增加盈利。如人们日常使用的生活必需品的需求弹性较小，如调料、牛奶、药品等。

2. 需求收入弹性

所谓的需求收入弹性，是指因收入变动而引起需求相应变动的比率，反映需求量的变动对收入变动的敏感程度。有些产品的需求收入弹性大，这就是意味着消费者货币收入的增加导致该产品的需求量有更大幅度的增加，一般来说，高档食品、耐用消费品、娱乐支出属于这种情况。有些产品的需求收入弹性较小，这就意味着消费者货币收入的增加导致该产品的需求量的增加幅度较小，生活必需品属于这种情况。也有的产品的需求收入弹性是负值，这意味着消费者货币收入的增加将导致该产品需求量下降，如某些低档食品、低档服装等。需求收入弹性反映了消费者收入变化对商品需求的影响程度，它是确定企业产品结构调整方向的重要依据。

3. 需求交叉弹性

需求交叉弹性是因一种商品价格变动而引起的其他相关商品需求量相应变动的比率。同时，一项产品的价格变动往往会影响其他产品项目销售量的变动，两者之间存在需求的交叉价格弹性。交叉弹性可以是正值也可以是负值，如为正值，则这两种产品互为替代品；如为负值，则这两种产品互为互补品。

（二）市场竞争格局

市场需求为其价格规定了一个最高限额，成本为其价格规定了一个最低限额。在上限和下限之间，企业能把产品价格定多高，则取决于竞争者提供的同种产品的价格水平。市场竞争状况不同，企业定价环境就不同，其定价自由度也不相同。根据竞争程度可将市场划分为四种：完全竞争市场、垄断竞争市场、寡头垄断竞争市场和完全垄断市场。在完全竞争的条件下，卖主和买主都只是价格的接受者而不是价格的决定者；在垄断竞争的条件下，卖主已不是消极的价格接受者，而是强有力的价格决定者；在寡头垄断的条件下，少数几家大企业控制市场价格，而且他们相互依存、相互影响；在完全垄断的条件下，卖主完全控制整个市场价格。

（三）政府干预程度

政府会通过制定一系列的政策和法规来对市场价格进行管理与控制，同时对价格的管理体制进行改革，更好地维护国家、顾客的利益以及市场的正常秩序。政府对产品的各项政策，是企业确定产品价格的重要依据。如产品增值税直接影响产品成本，进而影响产品的定价。政府还能对产品价格进行控制，在我国，规范企业定价行为的法律法规有监督性的、保护性的、限制性的，如价格法、反不正当竞争法、明码标价法、关于制止低价倾销行为的规定等。

二、企业内部因素对定价的影响

（一）企业定价目标

定价目标指企业通过特定水平的价格制定或调整所要达到的预期目的。企业一般有以下定价目标。

1. 维持生存

当企业遇到严重的生产能力过剩、经营问题或激烈竞争，致使产品出现销售困难、大量库存积压、危及企业生存之时，生存比利润更为重要。只要价格能够包括变动成本和一些固定成本，企业就可以维持营业。

2. 当期利润最大化

为了实现当期利润最大化，企业估计与替代价格相关的需求和成本，并选择产生最大当前利润、现金流或投资回报率的价格。但是，公司可能会忽略其他营销变量、竞争者的反应和价格的法律约束影响而牺牲长期业绩。

3. 市场占有率最大化

一些公司想要最大化市场份额，相信更高的销售量将导致单位成本降低和长期利润更高。假设市场是价格敏感的，通过渗透定价，公司设定最低价格。在以下条件下，这种策略是适当的：①当市场处于高度价格敏感并且低价格刺激市场增长；②生产和分销成本随着生产逐渐增加而下降；③低价格阻碍现实和潜在的竞争对手进入市场。

公司推出新技术有助于设定高价格来实现市场占有率最大化。撇脂定价，刚进入市场时订高价，随着时间缓慢下降，当出现以下情形时是适用的：①有相当一部分购买者有很高的现实需求；②小批量生产的单位成本不至高到无法从交易中获得好处的程度；③高的初始价格不会吸引更多的竞争对手进入市场；④高价格传达优质产品的形象。

4. 产品质量最优化

一家公司可以树立在市场上占领产品质量领先地位这样的目标。许多品牌努力成为"买得起的奢侈品"——产品或服务的特点是高水平的感知质量、品位和地位，只是价格不能高到超出消费者的范围。

（二）产品成本

企业在定价时，首先考虑的是产品成本，它是产品定价的基础，被视为定价的下限。一般包括固定成本和变动成本，从长期来看，产品的价格不能低于成本，另外，价格低于成本也是反不正当竞争法所不允许的，被定义为是一种倾销行为。

1. 固定成本

固定成本是指不随生产或销售收入的变化而变化的成本，如固定资产折旧、利息、机械设备租金和管理人员费用等。

2. 变动成本

变动成本是指随产量变化而变化的成本，如原材料、直接营销费用和生产一线的人员工资等。产量越大，变动成本就越大。

（三）企业自身因素

1. 企业规模与实力

规模大、实力强的企业在价格制定上余地比较大，可以选择薄利多销或打价格战；而实力较弱的企业在价格制定上往往处于被动地位。

2. 企业的销售渠道

渠道成员有力、控制程度高的企业在价格决策上有较大的灵活度。

3. 企业的信息沟通

信息畅通、与消费者保持良好关系的企业可以适时调整价格并得到消费者的理解和认可。

4. 企业营销人员的素质和能力

拥有熟悉生产经营，掌握市场销售、供求变化等情况，并具有价格理论知识和一定实践能力的销售人员是企业制定出较有利的价格和适当调整价格的必要条件。

第二节 定价的方法

在企业的定价决策中，常用的定价方法主要有三个导向：成本、需求和竞争。

一、成本导向定价法

成本导向定价是指以产品的总成本为中心，分别从不同的角度制定对企业最有利的价格。这是企业最基本、最普遍以及最简单的定价方法。具体分为以下几种。

（一）成本加成定价法

成本加成定价法是在产品单位成本加上一定比率的利润来制定产品销售价格。计算公式为：$P = C(1+R)$，P 为单位产品价格；C 为单位产品成本；R 为预期利润率。

例如：某玩具公司生产智能玩具 1 000 件，总固定成本为 20 000 元，总变动成本为 30 000 元。如果预期利润率为 15%，则销售价格为

$$P = \frac{20\,000 + 30\,000}{1\,000} \times (1+15\%) = 57.5(元)$$

成本加成定价法具有以下特点：

优点：①计算方法简便易行，资料容易取得。②根据成本加成定价，能够保证企业所耗费的全部成本得到补偿，并在正常情况下能获得一定的利润。③有利于保持价格的稳定。当消费者需求量增大时，按此方法定价，产品价格不会提高，而固定的加成，也使企业获得较稳定的利润。④同一行业的各企业如果都采用成本加成定价，只要加成比例接近，所制定的价格也将接近，可以减少或避免价格竞争。

现代市场需求瞬息万变，竞争激烈，产品花色品种日益增多。只有那些以消费者为中心、不断满足消费者需求的产品，才有可能在市场上站住脚。因此，完全成本加成定价法在市场经济中也有其明显不足之处：①成本加成法忽视了产品需求弹性的变化。不同的产品在同一时期，同一的产品在不同时期（产品生命周期不同阶段），同一的产品在不同的市场，其需求弹性都不相同。因此产品价格在完全成本的基础上，加上一固定的加成比例，不能适应迅速变化的市场要求，缺乏应有的竞争能力。②以成本作为定价基础缺乏灵活性，在有些情况下容易作出错误的决策。③不利于企业降低产品成本。为了克服成本加成定价法的不足之处，企业可按产品的需求价格弹性的大小来确定成本加成比例。

（二）目标利润定价法

目标收益定价法，又称作投资收益率定价法，是根据估计的销售量来确定价格，保证企业达到预期利润的一种定价方法。如通用汽车公司就是使用目标利润定价法，把汽车的价格定在使它的投资能取得15%~20%的利润。在采用目标利润定价法定价时，首先应明确所要实现的目标利润为多少；其次，再根据产品的需求弹性来考虑各种价格及其对销售量的影响；最后，将价格定在能够使企业实现目标利润的水平上。其基本步骤如下：

1. 确定目标收益率

目标收益率公式如下。

$$目标收益率 = \frac{1}{投资回收期} \times 100\%$$

2. 确定单位产品的目标利润额

单位产品的目标利润额公式如下。

$$单位产品的目标利润额 = \frac{投资总额 \times 目标收益率}{预期销售量}$$

3. 计算单位产品的价格

单位产品的价格如下。

$$单位产品的价格 = 单位产品成本 + 单位产品目标利润$$

例如，假设K电视机公司总投资额为800万元，投资回收期为5年，固定成本为400万元，每台电视的变动成本为1 500元。当电视的销售量为2 000台时，按目标利润定价法制定价格，每台电视的价格为多少？

$$目标收益率 = \frac{1}{5} \times 100\% = 20\%$$

$$单位产品的目标利润额 = \frac{8\,000\,000 \times 20\%}{2\,000} = 800(元)$$

$$单位产品的价格 = \frac{4\,000\,000}{2\,000} + 1\,500 + 800 = 4\,300(元)$$

即K电视机公司只有在每台电视机价格为4 300元时，才能获得预期的利益。

目标利润定价法有一个严重的缺陷，即企业是以估计的销售量来求出应制定的价格，殊不知价格恰恰是影响销售量的重要因素，颠倒了销量与价格之间的因果关系，忽略了市场需求及市场竞争。但对于需求比较稳定、需求价格弹性较小的产品，目标利润定价法仍然是一种行之有效的方法。

（三）盈亏平衡定价法

盈亏平衡定价法也称为保本点定价法、收支平衡定价法。这种方法是企业按照生产某种产品的总成本和该产品的销售收入确定盈亏平衡点，实现收支平衡。这种定价方法关键是确定盈亏平衡点,即盈利与亏损的转折点,超过此点则实现盈利,不足此点则亏损。如图 7-2 所示。

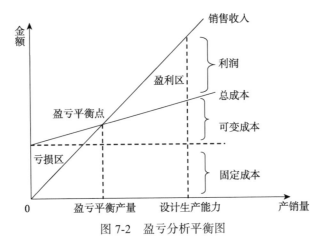

图 7-2　盈亏分析平衡图

计算盈亏平衡点的公式如下:

销售收入=总成本单价×销售量=固定成本+变动成本=固定成本+单位变动成本×销售量

若 P 为价格,Q 为盈亏平衡点时的销售量,AVC 为单位变动成本,FC 为固定成本,则盈亏平衡点时的销售量可用公式表示为

$$Q = \frac{FC}{P - AVC}$$

当企业的销售量(产量)达到损益平衡点 Q 时,企业收支平衡,处于保本经营状态。保本定价的计算公式为

$$P = \frac{FC}{Q} + AVC$$

例如:某企业的固定成本为 10 000 元,单位变动成本为 0.7 元/件,预计产品销量 20 000 件,那么保证企业盈亏平衡的产品售价应当是多少?

$$P = \frac{10\ 000}{20\ 000} + 0.7 = 1.2(元)$$

以盈亏平衡点确定的价格只能使企业的生产耗费得以补偿,而无法得到收益。因此,这种定价法只适用于企业的产品销售遇到危机,或市场竞争激烈,企业为避免更大损失时使用。

二、需求导向定价法

需求导向定价法是一种以市场需求状况及消费者对产品的感觉差异来确定价格的定价方法,包括顾客认知价值定价法和逆向定价法。

(一)顾客认知价值定价法

顾客认知价值定价法将顾客的价值感知作为定价的关键,其指导思想是认为决定商品价格的关键因素是顾客对商品价值感知水平,而不是产品的成本。在定价时企业首先运用各种营销策略和手段，影响顾客在其心目中建立起来的认知价值，然后根据顾客对商品的认知价值制定出商品的价格。如奔驰汽车、劳斯莱斯汽车等，如果按照成本法推算，而后加上一般汽车的销售利润，售价也许会拦腰斩断，但这一销路不仅不会提升，反而会下跌，因为这类车的价值不是本身的安全设施、真皮座椅、高档音响或外观设计，而是其代表拥有者身份、地位的价值。

国际知名品牌派克钢笔就犯过这样的错误，派克钢笔以其优秀的品质，稳居高端钢笔市场老大位置，后来见低端市场火爆，为了分得一杯羹，便推出了仅为高端派克钢笔 1/7 价格的低端派克钢笔。因其对低端市场不熟悉，市场运作并不理想。一直以昂贵与高级定位在高端市场的派克笔，因其不当的降价行为损伤了其高档的品牌形象，使高端消费者不再购买派克笔，市场份额丧失了近七成。所以，定价前先认清自己产品的价值是最关键的。

采用这种定价方法，关键有两点。

（1）充分运用营销组合中的非价格变量的影响，提高消费者对商品的认知价值，特别是与竞争对手的同类产品相比较的认知价值。如一瓶法国香水，成本不过几十法郎，售价却高达几百法郎，并且购买者认为值得购买，正是因为名牌的声誉大大提高了购买者的认知价值。

（2）准备充分的营销调研，尽量准确地估测购买者对商品的认知价值。估测过高，会造成定价过高而使消费者觉得企业漫天要价从而抑制购买，估测过低又会造成定价太低而使消费者怀疑产品的质量也不愿购买，而且，定价过低还会影响企业收益。

我们购物时也常遇到这样的情况，如某样商品很便宜就会听到这样的声音："这么便宜能用住吗？""这么便宜是不是假货啊？"这些声音证明，我们产品价格定得不恰当，不仅赚不到应得的利润，还影响销售。

（二）逆向定价法

逆向定价法是指企业依据消费者能够接受的最终销售价格，计算自己从事经营的成本和利润之后，逆向推算产品的批发价和出厂价。这种定价方法不以实际成本为主要依据，而是以市场需求为定价出发点，力求价格能为消费者所接受。分销渠道中的批发商和零售商多采取这种定价方法。例如，某种商品的市场零售价为 100 元，零售商加成率为 15%，即加成额为 15 元（100×15%=15）；批发价为 85 元（100-15=85）；批发商加成率为零售价的 10%，即 10 元（100×10%=10），则出厂价为 75 元（85-10=70）。

三、竞争导向定价法

企业在制定价格决策时，主要根据竞争者的战略、成本、价格以及产品和服务来制定价格。这种定价方法，产品的价格不与成本或需求形成直接关系，而是随着竞争对手的价格变动而变动，主要包括随行就市定价法和密封投标定价法。

（一）随行就市定价法

为了避免竞争特别是价格竞争带来的损失，大多数企业都采用随行就市定价法，即企业按照行业的平均价格水平来定价。在特定情况下往往采取这种定价方法，如难以估算成本；企业打算与同行和平共处，如果另行定价，很难了解购买者和竞争者对本企业的价格反应等。

在完全竞争市场中，销售同类产品的各个企业在定价时没有多少选择余地，只能按照行业的现行价格来定价。如果企业定价高于时价，产品就卖不出去，就会失去部分顾客；反之，如果把价格定得过低，容易引起其他企业的降价竞销。

在垄断性较强的市场中，企业之间也倾向于和竞争对手制定相近的价格。不论市场结构是完全竞争的市场，还是完全寡头竞争的市场，随行就市定价法都是同质产品市场的惯用定价法。其优点：简单易行，无须进行详细的分析；避免行业内的价格战；反映了行业的公平报酬水平，符合所有企业追求合理利润的要求；行业平均价格常常被认为是"合理价格"，易于被消费者所接受。但是容易形成行业中的垄断行为；当市场领导者率先变动价格时，使用此方法的中小企业很难应付。

（二）密封投标定价法

密封投标定价法是指事先公布招标内容，各竞标者按照招标内容和对产品或劳务的要求，以密封投放的方式参与投标。竞标企业要想在投标过程中取胜，就必须制定比其他竞争企业更低的价格，所以企业在投标时必须充分权衡竞争对手情况以及自身综合实力进行报价。此法普遍应用于单位采购、建筑施工、设备制造、政府大宗采购等方面。

第三节 定价的策略

价格策略就是根据购买者各自的购买能力及需求情况，结合产品进行定价，从而实现最大利润的定价办法。一般情况下，价格是购买者作出购买决策的决定性因素，不过在最近十几年里，价格的决定性地位正在下降，非价格因素的地位相对变得更加重要了。但是，价格依然是体现企业盈利能力的重要因素之一。在营销组合中，价格是唯一能产生收入的因素，其他因素表现为成本。

消费者普遍认为定价策略是"卖家之佳肴，买家之毒药"，认为卖家通过定价策略运用各种手段将价格提升上来，不明就里的买家则会纷纷落入陷阱。但是，这一观点存在误解。事实上定价策略的本质在于改变买家的参照系，让他们在新的参照系下觉得物超所值。

一、两种常见的定价策略

（一）通过诱饵选项引导消费者的选择

消费者在进行商品消费时一般会关注两个维度：价格及质量。当消费者在面临这两个维度的重要性博弈时往往会无法抉择，这就是商家进行诱饵选项的时刻。当一个产品（甲）价格低质量差，另一个产品（乙）价格高质量高时，两个维度各有优劣，消费者很难判断，这时如果商家想让消费者选择第一个产品，就可以推出一个明显低于甲但又无法与乙产品进行比较的丙产品作为引诱。

案例 7-1

杜克大学教授 Dan Ariely 曾做过一个关于杂志订阅的实验。《经济学人》杂志推出三种订阅选择。

选项 A：网络版杂志 59 美元；选项 B：印刷版杂志 125 美元；选项 C：网络版杂志+印刷版杂志 125 美元。

面对这样的订阅选择，100 个 MIT 学生中 16 个选了 A，84 个选了 C，无人选择 B。既然没人选 B，那么把选项 B 去掉，是否影响学生选择 A 和 C 的比例呢？教授找了另外 100 个 MIT 的学生，给了他们 A 和 C 两个选项。

选项 A：网络版杂志 59 美元；选项 C：网络版杂志+印刷版杂志 125 美元。

结果 68 个选了 A，32 个选了 C。

对比两个实验的结果，可以发现选项 B 的出现，导致了更多人选择了 C。其原因很简单，没有 B 时，人们很难比较 A 和 C 哪个性价比更高，因为 A 是价格便宜内容少，C 是价格高内容多。但有了 B，比较突然变简单了，因为 C 和 B 价格一样，却比 B 多了内容 A。横竖比，都是 C 更划算。这里 B 就是 C 的诱饵选项。通过提供诱饵选项，商家改变了消费者的购买选择。

（二）通过价格锚定影响消费者的价值评估

消费者很多时候不知道某件东西到底值多少钱，购买时难免要对其价值进行猜测和评估。这种猜测和评估容易受到无关数字的影响。

案例 7-2

心理学家 Amos Tversky 和 Daniel Kahneman 让学生猜测非洲国家在联合国所占的百分比。猜测之前，他们先转动一个幸运转盘，转盘上的数字从 0 到 100。指针所指的幸运数字是 10，他们首先让学生猜测非洲国家所占的百分比是否大于 10，然后让学生写下自己的猜测。同样的实验，换一组学生，这次指针所指的幸运数字是 65，他们同样先让学生猜测这个百分比是否大于 65，然后让学生写下自己的猜测。结果第一组学生所写百分比大约是25，第二组学生所写百分比大约是 45。

一个无关的数字无形中左右你的猜测，这被称作锚定效应。该效应应用到商业中，卖家可以应用可见的数字影响消费者对商品的评估。一件衣服原价 1 000 元，你对其价值的估计一般不会离 1 000 元太远。所以，当你看到原价 1 000、现价 500 的标签，顿时觉得物超所值，非买不可。现实中，我们常常会看到采用此策略的例子。

实例一：先提价再降价，这个策略商家屡试不爽。从"双 11"的淘宝电商，到常年打折的折扣店。

实例二：引入一个超级贵的产品，在该商品的对比下，其他商品的价格就显得比较便宜。

二、新产品定价策略

产品要上市,要在市场实现价值交换,要尽可能地兼顾到企业和消费者两方的利益,就必然要求产品管理者为产品制定一个合理、科学的价格策略。

(一)基于现有产品线的其他产品定价策略

如果某个新产品是基于某条产品线(群)的,那么在定价的时候,我们可以借鉴产品线上其他产品的价格策略来定价。

(二)基于竞争品的定价格策略

这是很多新产品最习惯用的一种价格制定策略思路,对于企业来说,除了定价思路的"简单"外,还有一点,即"风险小"。竞争对手的价格策略已经在市场上经过了一段时间的考验,这对于企业来说,就意味着市场至少目前是接受了这样的价格策略。

(三)基于目标消费者对产品价值的关注点的定价策略

完全全新的产品,对于企业来说,对内对外都是缺乏参照物的,因此,在价格的制定上往往更要动一番脑筋,但是对于目标消费者来说,他们却不会有企业这样的想法,因为对于他们而言,他们会用自己的思路去思考这个产品应该是什么样的价格,什么样的价格是他可以接受的。

也就是说,他们会在市场中寻找类似的替代品作为评判企业价格是否合理的重要依据。因此,我们在为这类全新的产品制定价格策略时,要充分依照消费者的价值关注点来制定,而这种思路的关键是,你得充分了解消费者对于你的产品的认知是什么,或者说,你的产品定位是否符合消费者的利益诉求。

第四节 如何应对价格调整

"价格战"在目前的市场营销活动中屡见不鲜,这一手段往往被很多商家认为是最为直接、最具有竞争力的营销手段。值得肯定的是,一次合理的价格调整往往能够为企业的营销活动带来意想不到的效果,但是失败的价格调整,也会导致销售的失败,并且还有可能给企业带来毁灭性的大打击,甚至破坏整个行业的良好风气。那么如何进行价格调整呢?

一、价格调整的目的

企业在制定价格调整决策之前必须明确一点,就是本次价格调整的目的是什么?涨价是为了什么?不涨价是为了什么?降价是为了什么?是为了增加市场份额?还是为了打击或跟风竞争对手?一般来说,企业处于不同的产品生命周期需要选择不同的定价策略,那么价格调整的目的也是不一样的。价格调整的目的需要从现实情况入手,充分考虑该目的可以达到的可能性及其阻碍因素等,但是通常情况下,价格调整的目的扩大企业的竞争力。根据是否主动,竞争是价格调整必须考虑的因素,它包括我们对竞争对手市场运作状况的了解，对我们自身和对手竞争能力的评估可以分为以下两类：

（一）主动竞争

倘若企业利用自身的产品或成本优势，主动地对价格予以调整，将价格作为竞争的利器，这称为主动调整价格。

（二）迎合竞争

价格的调整出于应付竞争的需要，即竞争对手主动调整价格，而企业也相应地被动调整价格。

二、价格调整的形式

无论是主动调整还是被动调整，其形式不外乎是降价和提价两种。

（一）降价

降价是定价者面临的最严峻且具有持续威胁力量的问题。调低价格对企业来说具有相当的风险。

企业降价的原因很多，有企业外部需求及竞争等因素的变化，也有企业内部的战略转变、成本变化等，还有国家政策、法令的制约和干预等。这些原因具体表现在以下几个方面。

（1）竞争压力。企业迫于市场竞争压力，为提高市场占有率，减低产品价格。

（2）公司产能过剩。企业产能过剩，需要扩大销售。

（3）具有成本领先优势。成本低于竞争对手，以降低产品价格的方式扩大市场占有率，提高市场竞争力。

（4）需求曲线弹性大。采用降低价格的方法，薄利多销，扩大产品市场占有率。

（5）政治经济环境影响。政府宏观调控影响产品价格。

降价必然影响利润。降价与利润的关系如图 7-3 所示。

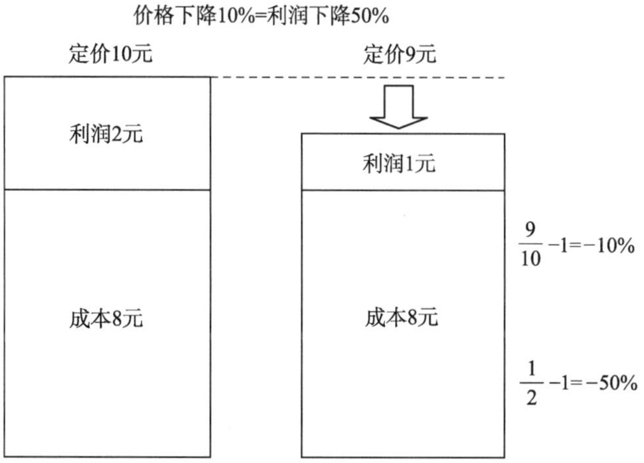

价格下降10%=利润下降50%

定价10元　　　　定价9元

利润2元　　　　利润1元

$\dfrac{9}{10}-1=-10\%$

$\dfrac{1}{2}-1=-50\%$

成本8元　　　　成本8元

图 7-3　价格下降与利润关系

（二）提价

企业在决定上调价格时必须谨慎。提价确实能够增加企业的利润率，但却会引起竞争力下降、消费者不满、经销商抱怨，甚至还会受到政府的干预和同行的指责，从而对企业产生不利影响。虽然如此，在实际中仍然存在较多的提价现象。其主要原因如下：

（1）产品成本增加。这是所有产品价格上涨的主要原因。企业为了保证利润率而提价。

（2）适应通货膨胀。在长时间通货膨胀的条件下，企业的利润会呈现下滑趋势。为了减少损失，为减少损失，企业会选择提价策略。

（3）应对产品供不应求。当某些产品需求过剩，但是产量无法达到要求时，可以通过提价来遏制需求，同时又可以取得高额利润。

（4）利用顾客心理。作为一种策略，企业可以利用涨价营造名牌形象，使消费者产生价高质优的心理定式，以提高企业知名度和产品声望。

三、市场对价格调整的反应

价格是市场的信号灯，当价格调整后，市场也会对价格作出适当的反应。

（一）消费者对价格调整的反应

将产品的价格作为横坐标，将顾客对产品认可的价值作为纵坐标，然后将企业可能的竞争选择在这一平面上用八种途径表现出来，如图7-4所示。

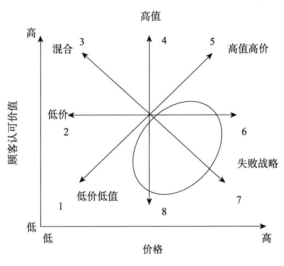

图 7-4　战略钟模型

消费者对产品调价的反应与该产品的价值及消费者心理有关。

低价低值的产品看似没有竞争力，但是不可否认，在现实中低价低值对于消费者是非常具有吸引力的，对于低值的产品，消费者对降低价格一般是保持积极的态度。而当低值产品价格上升时，消费者是拒绝的。

对于高价高值的产品，消费者在心理上已经将高价作为其价值保证的条件之一，消费者一方面期望其价格降低，一方面对价格降低抱有怀疑的态度。

（二）竞争者对价格调整的反应

企业处于一个不断变化的环境中，为了生存和发展，需对竞争者的变价作出适当的反应。通常情况下，竞争者对价格调整的反应分为以下几种：

（1）同质市场：随之降价。

（2）异质市场：竞争者对价格的调整反应自由度比较大，一般分为以下几种类型。

①维持原有价格及营销策略不变：依靠顾客对产品的忠诚度来抵御价格进攻。

②维持原有价格，但是调整现有营销策略：加强非价格竞争，调整优化营销战略。

③跟随价格调整：采用一样的价格变动方法，以稳妥的竞争策略巩固市场地位。

④优化价格调整，相应地调整营销策略：强调成本领先及差异化，以较强的经济实力或研发实力应对价格调整。

适应竞争者降价的价格反应模型如图 7-5 所示。

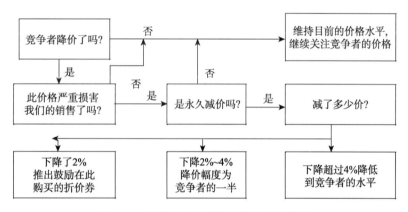

图 7-5　适应竞争者降价的价格反应模型

四、价格战

价格战是现代企业的重要营销手段之一，在市场运作中合理利用价格杠杆作用，但是在市场竞争中，频繁的价格战则是违背市场和经济规律的非正常竞争手段，是过度恶性竞争行为，往往使企业在竞争中陷入严重亏损的境地。

对于价格战，无论是发起者、参与者还是规避者，都应该根据具体情况采取不同的策略，而不是盲目地降价或不降价。在企业要遭遇或将要遭遇价格战时，首先要充分了解竞争对手的能力、动机及策略，这样会使企业对对手的降价进行有效的反应；其次对消费者行为的研究能使企业避免价格战的爆发；最后企业应对短期损失与长期得益进行权衡，必要之时应该进行防守并承受一定的损失，以保住应有的市场领地以求得长远发展。

作为国内的企业来讲，要想走出"价格战"的困扰，应该学会从国外企业应对价格战的实践中汲取经验,更新市场观念,创新企业的经营策略,从根本上摆脱市场过度竞争的困扰。在产品结构调整和品牌创新、新产品开发上多下功夫,尽快上升到以技术竞争取代价格竞争的高度。要坚持不懈地实施创品牌、创名牌。提高企业产品品质,创造优良产品,以名牌战略取得市场突破。在市场销售中主动调整产品市场的销售主攻方向,积极开拓新的销售区域和销售渠道。例如,加速产品从一级市场走向二、三级市场,紧抓国内市场的同时考虑开拓国外市场,以避开目前国内同行业的恶性竞争等。同时,还要把"售后服务管理"提升到一个新的层次,把"服务营销"作为企业竞争的核心动力。这样,企业就可以有效避免价格战带来的不利困扰,在市场上不断获得新的发展空间。

案例 7-3

4月9日,滴滴外卖在无锡上线,无锡许多餐厅的外卖订单直接爆单,纷纷暂停营业!原因是美团与滴滴在骑手招募、商家合作等方面正式展开正面较量。

先是滴滴外卖推出下午茶20元减18元的优惠,美团随即给出20元减15元的红包,上演到最后,甚至都出现1分钱的外卖,简直是点外卖不要钱的节奏!

除了打价格战之外,滴滴和美团更是投入了大量的资源。

先是滴滴高薪聘请骑手,后有知情人士爆出美团从苏州派遣200名骑手来支援无锡市场。但双方即使是做足了准备,在这种大幅度的满减优惠之下,还是出现了部分外卖系统的瘫痪。先是不少餐厅爆单,暂停营业。后又有不少外卖骑手和顾客爆出外卖爆单,未能成功送达的情况。

这场价格大战的火爆程度可见一斑!经过一天的酣战,滴滴外卖宣布当日订单达33.4万单,市场份额跃升至第一。但马上美团外卖就反击称:"你!又不是个演员,别设计那些第一的情结,没意见,我只是想看看你怎么圆。美团外卖无锡市场稳居第一!"

滴滴外卖和美团正式交火后,虽然比不上美团和滴滴外卖的优惠力度,但饿了么也紧随其后,加入到价格大战之中。

这一次在无锡由滴滴外卖主动发起的外卖补贴大战,又将会带来哪些影响?是不是会从无锡发展至全国,掀起第二轮外卖补贴大战呢?这场补贴大战将会带来哪些影响?

无锡市工商局副局长苏益玲:近期接到举报,商户被美团和饿了么平台下线,经初步调查显示,发现存在不正当竞争行为和垄断经营行为,不利于市场机制的高效运营。

对相关平台经营者提出以下整改要求:立即停止实施违法行为,积极主动地协助配合执法部门开展调查。相关执法调查如实提供相关资料,迅速对经营行为自查。主动纠正其他可能影响市场经营秩序的情况,维护消费秩序的合法行为。接下来无锡工商局将进行深入执法调查,不正当竞争等一旦查实,将依法处理。

滴滴表态:坚决响应政府相关部门号召,维护商户、用户、骑手合法权益,保证平台食品安全。

美团表态:热爱无锡市场,积极响应工商局政策。

饿了么表态:为消费者提供服务,提供便利。我们愿意与滴滴一起为商户服务,我们也将配合执法部门维护市场秩序。

 **关键概念**

价格弹性　　定价目标　　成本导向　　盈亏平衡　　需求导向
竞争导向　　定价策略　　价格调整　　成本导向定价　　成本加成定价法
目标收益定价法

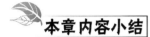 **本章内容小结**

1. 影响定价的因素主要包括企业定价目标、市场需求状况、产品成本、竞争者的价格水平以及政府的政策法规等。

2. 企业定价目标主要有维持生存、当期利润最大化、市场占有率最大化、产品质量最优化。

3. 定价方法有三种导向，即成本导向定价法、需求导向定价法及竞争导向定价法。两种常见的定价策略为通过诱饵选项引导消费者需求以及通过价格锚定影响消费者的价值评估。

4. 新产品定价可以基于现有产品线的其他产品、基于竞争品以及基于目标消费者对产品价值的关注点进行定价。

5. 企业在采取降价策略或提价策略进行价格调整时，必须考虑消费者及竞争者对调价的反应。

 思考题

1. 影响企业定价的因素有哪些？
2. 企业定价目标主要有哪几种？它们对于正确定价有什么作用？
3. 如何看待：薄利一定多销？
4. 可供企业选择的定价方法有哪些？简述各方法的优缺点及适用条件。
5. 客户询价时按照量大的价格进行询价，在下单时却只下了一个小订单，但是却要求你按照量大时的价格进行结算，遇到这种情况你该如何应对？如果你为了留住客户，同意了该客户意见，最后在签订合同时，客户再次试图降价，该如何处理？
6. 一个客户看中了两个相似的房型，一个在北四环价格 1 000 万元，另一个在北六环价格 800 万元。客户希望房子价格越低越好，地理位置越靠市中心越好。作为房产中介的你，该如何推销北四环的房子？

 实训题

1. 以小组为单位，各小组选定一种商品，查阅资料讨论该商品是如何进行定价的？其定价的依据是什么？你认为该产品目前的定价策略是否合理？各小组讨论评析调查内容，以翻转课堂的形式进行探讨。

2. 调查两家大型商场，了解它们是如何进行商品定价的。

参考文献

[1] 菲利普·科特勒，凯文·莱恩·凯勒. 营销管理（全球版）[M]. 14版. 北京：中国人民大学出版社，2012.

[2] 杨洪涛，等. 市场营销学[M]. 北京：机械工业出版社，2017.

[3] 孟韬. 市场营销学[M]. 北京：中国人民大学出版社，2018.

[4] 菲利普·科特勒，加里·阿姆斯特朗. 营销管理：原理与实践[M]. 14版. 北京：中国人民大学出版社，2015.

第八章 如何制定渠道策略：交付价值

企业不仅要不断开发出好产品，而且要构建通航能力强劲的渠道分销自己的产品或服务。没有渠道，好产品就没办法送达顾客。渠道好比致富之路一样，渠道建设的好坏直接影响到产品或服务的销售业绩。高效且便利的分销渠道是企业保持竞争优势的重要源泉。

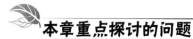

本章重点探讨的问题

- 如何理解分销渠道？
- 如何设计分销渠道？
- 如何开展数字分销？
- 如何管理分销渠道？

大多数生产者都不直接向最终用户出售商品，在生产者和最终用户之间存在一个或更多的分销渠道，它们是执行着不同功能的营销中间机构。分销渠道决策是管理层面临的最重要的决策。公司所选择的渠道将直接影响其他所有营销决策。

公司利用中间机构是因为它们缺乏直接营销的财力资源，或直接营销并不可行，或它们在做更赚钱的其他事情。利用中间商的目的就在于它们能够更加有效地推动商品广泛地进入目标市场。中间商执行的重要功能有：信息、促销、谈判、订货、融资、承担风险、占有实体、付款和所有权转移。

第一节　如何理解分销渠道

一、分销渠道的概念

分销渠道是一种将产品从生产商转移到消费者的通道，起点是生产者，终点是消费者（生活消费）和用户（生产消费），也称销售通路。其成员包括产品或服务从生产者向消费者转移过程中，取得这种产品或服务的所有权或帮助所有权转移的所有企业和个人。因此，分销渠道包括商人中间商（取得所有权）和代理中间商（帮助所有权转移），还包括处于渠道起点和终点的生产者和最终消费者（用户），但是不包括供应商和辅助商。

而市场营销渠道则不仅包括分销渠道的所有成员，还包括供应商和辅助商（如物流、广告代理、金融等机构）。因为市场营销渠道是指配合起来生产、分销和消费某一生产者的产品或服务的所有企业构成的通道。从价值创造和传递的角度来说，市场营销渠道网络也是价值网络，因此市场营销渠道的管理也是对价值创造与传递的管理。

二、分销渠道的职能

企业通过分销渠道的管理实现了产品从生产者到顾客的转移，避免了产品与使用者之间的分离。这是分销渠道的基本职能。除此之外，还包括以下职能。

（1）研究。渠道成员通过收集信息以研究客户需求的变化、竞争者经营的动态、行业发展的态势，来制订合宜的经营计划。

（2）接洽。渠道成员作为沟通生产者和消费者的中介桥梁，为生产者寻找顾客，同时也为顾客寻找生产商，并通过接洽、谈判与签约，促进和实施他们之间的产品交易活动。

（3）促销。开发和传播具有说服力的沟通信息，采取整合的传播策略与有力措施，组织有吸引力的销售促进和人员推销活动。

（4）物流。通过对产品的运输、存储，根据顾客的需要将产品合理搭配并运送到顾客手里。

（5）融资。通过渠道成员的专业化与规模化经营，能加速资金在渠道中的周转，减少生产商的资金压力，使资金能产生更大的效益。

（6）分担风险。由于各级渠道成员的加入，生产商可集中精力进行产品研发和生产，渠道的专业化分工提高了企业的经营效率，降低了生产商的市场风险。

（7）服务。渠道成员为顾客提供各种附加的服务支持，如信用、交货、安装、修理等。

三、分销渠道的类型

（一）根据分销渠道的层级来划分

分销渠道可根据其渠道层次的数目分类。凡是对产品拥有所有权或负有推销责任的机构，都可视为一个渠道层次。产品从制造商到消费者手中，所经过的中间环节的形式和数量不同，从而形成了长短不同的分销渠道类型。如图8-1所示。直销企业的分销渠道最短，为零层渠道，企业的直销人员和消费者建立联系促成交易，减少中间环节从而节省流通时

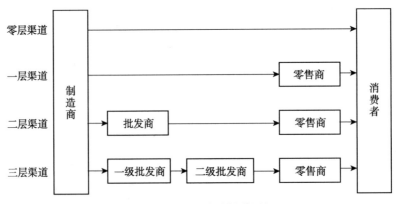

图8-1　消费品分销渠道层级

间和费用,如戴尔电脑的直销模式。传统企业娃哈哈集团的分销渠道主要为三层渠道,通过该长渠道的间接分销模式,将其产品系列渗透到广大城市和农村的各个角落。

(二)根据分销渠道的宽度来划分

分销渠道的宽度是指渠道中的每个层次使用的同种类型中间商的数目。如企业利用较多的批发商和大量的零售商,在广泛的市场上销售,则企业的分销渠道相对较宽,反之则称为分销渠道较窄。企业根据产品的类型、生产规模和目标市场的特点等情况,可以采取独家分销、选择分销、密集分销三种分销策略。

(1)独家分销。独家分销是指制造商对某一产品在某一区域内仅选择一家中间商来经销自己的产品。采取独家分销时,制造商需同经销商签订独家经销协议,明确双方的权利和义务,保障厂家和经销商的权益。

(2)选择分销。选择分销是指制造商在某一区域精心挑选少数的最合适的中间商来经销产品。相对而言,消费品中的选购品和特殊品较宜采用选择分销策略。

(3)密集分销。密集分销是指制造商尽可能通过许多负责任的、适当的批发商和零售商来经销产品。消费品中的便利品和产业用品中的供应品采取密集分销更方便顾客购买。

 案例 8-1

小米线下新零售开启新征程

2019年12月28日,根据多家科技媒体的消息,小米线下新零售将在全国百店同开。目前,小米线下终端数量已超过6 000家。

小米手机,一开始主打的是互联网手机模式,也即主要销量来自于线上渠道。但是,仅仅依赖于线上渠道,显然不利于和华为、OPPO、VIVO等厂商竞争。于是,在近几年,小米之家等线下门店得以在全国范围内不断开设,以此帮助小米手机扩大线下渠道的销量比重。

小米自2015年发力线下渠道,于当年9月份开设了全国第一家小米之家线下门店。在小米之家,手机销售只是其中很小的一部分。小米通过生态链企业,将其他空间开放给诸如净化器、电饭煲、插线板等家电产品。通过大量长尾流量形成高客单价,弥补单台手机的利润不足。这是光卖手机的其他品牌门店往往不具备的优势。

2016年2月24日,小米之家正式转型为新零售,也即小米之家将与线上渠道之间协同,而不仅仅是线下门店。在此基础上,小米之家等线下门店在近年来保持着快速增长的趋势。在全国范围内,不管是一二线城市,还是三四线城市,几乎都至少会有一家小米之家门店。

在2019年年初的时候,雷军宣布正式启动"手机+AIoT"双引擎战略,并称"这就是小米未来五年的核心战略"。对于"手机+AIoT"的产品来说,线下门店不仅是销量的重要渠道,也是用户体验产品的重要渠道。小米开始聚焦新零售渠道的拓展,更加聚焦核心客户的培养。无独有偶的是,华为、OPPO、VIVO等智能手机厂商,也非常重视新零售渠道的拓展。比如 OPPO 和 VIVO 就对曾经的线下门店进行升级,以此将线下门店打造为用户体验、粉丝交流的重要空间。

对于小米来说,从此次开业的百家门店名单中也可以看出,除了抢占大型 shoppingmall 的小米之家之外,核心渠道合作伙伴门店占比 80%以上,也即在线下渠道的建设,小米不仅在推进直营的小米之家,也非常重视和第三方渠道之间的合作。

不过,在线下渠道的数量上,小米依然和华为、OPPO、VIVO 存在较大的差距。有统计资料显示,OPPO 和 VIVO 的线下门店数量,都在 20 万家以上。小米因为线下终端数量依然有限,覆盖密度上相对较低。所以,在线下渠道的销量上,小米自然和 OPPO、VIVO、华为存在一定的差距。

在"手机+AIoT"双引擎战略驱动下,小米线下新零售必将开启新征程。

第二节　分销渠道设计策略

一、影响分销渠道设计的因素

分销渠道的有效设计是以企业确定进入的目标市场为起点,结合产品、顾客和企业自身实力等具体情况,在综合分析的基础上作出选择。影响渠道设计的主要因素有以下几个。

1. 顾客因素

企业渠道设计时要考虑以下顾客因素。

(1)顾客的人数与地理分布。如果顾客的数量较大,并且地理分布范围较广,就适用长而宽的分销渠道,通过多层级的中间环节和众多同级中间商来进行广泛分销和满足市场需求。如果顾客的数量较大且集中在一定地理区域内,就适用短而宽的分销渠道。如果顾客数量少且在地理上集中或不太分散,就适用直接分销渠道。

(2)顾客购买行为。顾客购买频率、平均购买数量以及习惯的促销方式影响企业渠道的选择。如果顾客经常性小批量购买,则需要较长的分销渠道通过多级中间商供货。如果购买量较多、购买频率较低的产品,则应该选择较短、较窄的分销渠道。如果顾客对产品价格较敏感,企业就应当选用较短的分销渠道供货,以降低渠道运营成本。另外,随着网上购物成为很多消费者的购物习惯,线上分销渠道的构建成为传统企业的新型渠道选择。

2. 产品因素

企业渠道设计时要考虑以下产品因素。

(1)产品价格。一般来说,产品价格昂贵,其分销渠道大多较短、较窄;产品价格较低,其分销渠道大多较多、较宽。例如,日用百货商品的生产企业经常把自己的产品经由批发商转卖给零售商,再由零售商卖给最终顾客。而高级服装的生产企业,则一般把自己的服装直接交由大型百货公司或高级服装商店出售给顾客。

（2）产品品质。对于质量好、品牌知名度较高和收藏价值高的产品，其顾客群体较少且较为稳定，宜采用短而窄的分销渠道。而对于一般产品，则可以采用宽而长的分销渠道。

（3）产品的重量和体积。较轻较小的产品，由于运输和储存比较便利，物流费用比较少，可选择较长、较宽的分销渠道。若产品的重量很大或体积很大，为便于运输和存储，节约运输费用和保管费用，一般应尽量缩短分销渠道。如机床、大型机电设备等，企业一般直接与客户签订购销合同进行销售。

（4）产品技术复杂性。若产品的使用需要复杂的技术支持，企业常常采用与用户直接分销的方式，由企业营销人员或技术人员对客户进行技术辅导，如飞机、精密仪器、大型通信交换设备等。

（5）产品质地特征。一般而言，易腐、易损、易燃、易爆产品应尽量缩短分销渠道。

（6）产品是否是定制化生产。定制产品一般直接面向客户，如船舶制造企业和部分汽车制造商，面向最终客户进行产品定制，为客户打造个性化产品。

3. 企业因素

企业渠道设计时要考虑企业以下自身因素。

（1）企业实力。企业在生产能力、人力、财力、物力和品牌声誉等方面显现的综合实力强，可选择较短的分销渠道，在选择中间商上有更大的自由度与主导权，甚至可考虑自建渠道。而实力偏弱的企业，一般则选择较长的分销渠道，并尽量将运输、存储及融资等职能交由中间商分担，甚至采用"佣金制"激发中间商经销的积极性。

（2）企业销售能力。企业如果有足够的销售能力与经验、服务能力与资源支持，可以选择较短的分销渠道，少用或不用中间商。否则反之。

（3）产品组合的状况。企业的产品组合宽度大且关联性强的话，则越应使用性质相同或相似的渠道，分销的规模经济性就越好，在渠道中的权力也就越大。产品组合的深度越大，使用专售或选择性代理商就越有利。

（4）营销政策。企业根据目标市场营销战略与市场定位所制定的营销政策，会影响企业的分销渠道设计与管理，如 ZARA 品牌为了满足收入较高并有着较高学历的年轻人对快时尚服装的需求，采取了直营零售店分销的模式。

4. 中间商因素

企业渠道设计时要考虑以下中间商因素。
（1）中间商的资质、商誉、合作意愿、信用状况。
（2）中间商的网点数目、地点、规模大小和市场运作管理能力。
（3）中间商承担分销中的服务能力，如执行运输、仓储与其他支持性服务的能力。

5. 其他因素

企业渠道设计时还会受竞争者与经济政治等外部因素的影响。
（1）竞争者的分销渠道。竞争对手分销渠道的密度、性质、类型、成员及结构等，是企业设计分销渠道要考虑的。当企业希望与竞争者品牌抗衡展开销售竞赛时，则往往选择与竞争者相同或相近的分销渠道方式。

（2）经济政治等因素。当经济不景气时，生产者往往倾向于使用较短而窄的分销渠道来降低分销成本，让最终顾客能廉价地购买。政策法则也可能会对分销渠道有明显影响，如我国的烟草专卖制度、汽车厂家授权方能销售汽车的政策，对我国烟草与汽车的分销渠道模式产生了深刻性的影响。

由于没有任何一种渠道可以适应所有的企业、所有的产品，尽管是性质相近，甚至是同一种产品，有时也不得不采用迥然不同的分销渠道。

二、分销渠道设计

一般来说，一个新企业在确定面向全国市场或先在某个地区开始销售时，就需要进行分销渠道设计。在设计时，企业需要分析目标市场的顾客需求、制订渠道目标、设计渠道备选方案和评估方案。

1. 分析目标市场的顾客需求

首先要了解目标市场的消费者购买什么商品、在什么地方购买、为何购买、何时购买和如何买。营销人员必须了解目标顾客从渠道中购买一个产品时所期望的服务水平和类型，理解顾客期望的渠道状态。

（1）购买批量大小。批量是指顾客一次从渠道中购买的产品单位数量。如在购买服装时，消费者只需要至少能买到一件衣服的店铺，而卖家偏好能够大批量购买的渠道。

（2）等候时间。等候时间是指渠道的顾客等待收到货物的平均时间。顾客一般喜欢快捷的分销渠道。

（3）便利性。便利性是指渠道为顾客购买产品所提供的距离远近上的方便程度。如娃哈哈产品分销渠道的长度、宽度、密度都达到了非常高的水平，因此顾客可以很方便地买到娃哈哈的产品。

（4）选择性。选择性是指渠道为顾客所提供的产品品类及规格型号的丰富性，即产品组合的宽度与长度。顾客一般喜欢选择性大的渠道，进行一站式购物，这样可以节省选购的时间成本、精力成本与交通成本。

（5）服务支持。服务支持是指渠道为顾客提供的配套服务或附加服务，如信贷、送货、安装、修理等。顾客往往喜欢服务支持力度大的渠道。

分销渠道的设计者必须从以上五个方面来理解目标市场所期望的服务水平和类型。

2. 制订渠道目标

分销渠道目标的制订是渠道设计的基础。分销渠道的总目标是使渠道系统能以最低的成本有效地传递目标市场要求。根据该总目标，企业首先要确定目标顾客所期望的分销服务水平区间，然后测算为实现该服务水平区间所需要的渠道成本开支范围，再结合企业的实力、产品、竞争者以及环境等因素，并依据对渠道竞争力的预期在一定的服务水平区间与相对应的成本区间之间进行权衡，从而最终来选定渠道系统合理的服务产出水平。因此，渠道目标制订的关键是确定渠道系统合理的服务产出水平。

3. 设计渠道备选方案

明确了目标顾客期望的分销服务水平、企业的渠道目标和渠道设计的影响因素后，企业就可以设计几种渠道方案以备选择。一个渠道方案主要确定两大方面。

一是中间商的类型与数目，即在批发商、零售商、代理商中选定适宜的类型与数目。中间商的数目问题，即渠道的长度与宽度问题，也即分销中介机构的层次数目与同一个层次的成员数量。

二是渠道成员的责任，即生产企业与中间商就合作条款和每个渠道成员的责任达成一致，包括各方遵守的价格政策、销售条件、区域特权和具体服务等，以书面的方式明确。

4. 评估渠道备选方案

企业需要评估所设计的几个备选渠道方案优劣，希望从中挑选一个能最好满足其长期经营目标的方案。评估标准有三个：经济性标准、控制性标准和适应性标准。

（1）经济性标准。经济性标准主要是评估每个渠道方案可能达到的销售量及销售成本水平，从而确定在特定的销售量水平上选择何种渠道方案的成本更低，即更具经济性。由于企业是追求利润的，希望能获取最佳经济效益，所以，经济性标准被认为是三项标准中最为重要的。

（2）控制性标准。控制性标准主要是评估生产企业对渠道的控制能力。生产企业只要借助中间商来分销，就会减弱其对渠道的控制力。渠道越长，中间商的数量越多，生产企业对渠道的可控性就越小。因此，生产企业对直销渠道、短渠道、窄渠道的可控性较大，而对间接分销渠道、长渠道和宽渠道的可控性较小。在各种中间商类型中，企业对代理商的可控性相对偏小。

（3）适应性标准。适应性标准主要是评估企业选用某个渠道方案后适应环境变化的能力。由于分销渠道成员之间会通过签订合同，来允诺在一个特定长的时期内维持特定的合作关系和履行分销相关的义务，在此期间，生产企业不能随便解除合同，而一旦环境发生较大的变化可能会使其分销渠道结构呈现出缺乏所需的适应性和灵活性。因此，生产企业要选择适应性更强的分销渠道结构和策略，尤其是处于迅速变化和充满不确定性的市场环境时。

三、对中间商类型的选择

中间商是指介于生产者与顾客之间，参与商品交易业务，促使买卖行为发生的经济组织或个人。按其在分销渠道中的地位和作用主要分为批发商和零售商两大类。

（一）批发商

批发商可分为经销批发商和代理批发商。

（1）经销批发商。经销批发商简称批发商，是独立从事批发购销业务，拥有商品所有权的中间商。批发商的经营收入主要通过向其他中间商或生产企业提供商品销售或技术服务，而赚取进销差价及部分服务费。

（2）代理批发商。代理批发商简称代理商，是接受企业委托从事批发购销业务，但不拥有商品所有权的中间商。代理商主要通过为生产企业寻找顾客和代表企业进行购销活动而赚取佣金或手续费，与生产企业之间不是买者和卖者的关系，而是被委托和委托的关系，通常双方的合作关系由代理合同确定。

（二）零售商

零售商是把产品销售给个人或家庭等最终消费者，并在销售过程中提供服务的商业企业。零售商按有店铺与否可分为店铺零售和非店铺零售。

（1）店铺零售。店铺零售根据规模和专业性质可分为便利店、百货店、超级市场、大型综合超市、专业店、仓储式商店、折扣店、购物中心等。不同的店铺零售类型在服务水平和产品组合上满足不同消费者的偏好。企业根据产品特点、消费者需求和市场竞争的具体情况进行选择。

（2）无店铺零售。无店铺零售包括直复营销（电话营销、电视营销、网络营销、目录营销）、直接销售、自动售货和购物服务四种。直复营销是以非个人方式诸如电话、电视、目录、信函等向消费者推销产品。而直接销售是以个人方式向顾客推销商品。购物服务是专门为某些特定顾客，如学校、医院、工会和政府机关等大型组织的员工提供购物服务。

四、对渠道联合形式的选择

（一）分销渠道的纵向整合

分销渠道的纵向整合是指生产企业用一定方式将分销渠道中各个环节的成员整合在一起协调分销活动，以提高产品分销活动的整体效益。所形成的渠道系统也称作垂直渠道系统。主要有公司型、契约型和管理型。

（1）公司型垂直分销系统（corporate vertical marketing system）。公司型垂直分销系统是指生产企业通过独资、控股、参股的方式取得管理渠道的全部或部分权力以协调分销活动的渠道系统。该系统融制造、批发、零售为一体，形成一体化的产销结合，大大加强了对分销渠道的控制。选择建立这种分销系统，需要拥有巨大的经济实力。如贵州茅台通过构建直营店网络来建设自营分销系统以加强对分销活动的控制；又如格力电器和经销商建立的股份制销售公司，相互持股，利用资本的力量强化分销合作关系，建设联营分销系统。

（2）契约型垂直分销系统（contractual vertical marketing system）。契约型垂直分销系统是指各自独立的、不同层次的制造商和批发商、零售商通过所订立的契约为基础进行协同分销的渠道系统。主要有特许经营、批发代理、厂店直供等契约类型，形成契约型的产销结合体。

特许经营契约主要分为三种：一种是制造商倡办的批发商特许经营系统，如美国可口可乐公司与某些批发商签订合同，授予在某一地区分装和批发经营可口可乐的特许权。这是大制造商与独立批发商联营。第二种是制造商倡办的零售商特许经营系统，如沃尔沃利用发放许可证的方式以许可经销商经销沃尔沃汽车的分销系统。第三种是服务公司倡办的零售商特许经营系统，如肯德基作为特许方提供品牌、管理和培训以及集中统一的原料、服务体系，受许方利用统一的品牌、服务来经营，最后双方按照约定来分享商业利益。

批发代理型契约是指生产企业和代理商签订委托代理合同，由代理商代理自己产品的批发业务，生产企业专注于产品的研发和生产。

厂店直供型契约是指生产企业和零售企业或专业商店建立供销关系。如家电生产企业和国内苏宁、国美等家电商城建立起厂店直供关系。

（3）管理型垂直分销系统（administer vertical marketing system）。管理型垂直分销系统是指企业利用自身在市场地位、品牌知名度、信誉等方面的优势来管理或协调其他渠道成员行为的分销系统。例如宝洁、格力、茅台等公司不仅可以对渠道成员的定价、促销、库存管理等方面进行有效的协调指导，而且在产品陈列、提供最佳货架、主动采用各种促销手段等方面与经销商一起商定，更容易获得支持配合。这种分销系统被许多企业认为是最理想的分销渠道形式。

（二）分销渠道的横向整合

分销渠道的横向联合也称作建立水平渠道系统，是指处在同一层次的两家或多家企业为联合开发市场所建立的渠道系统。企业建立横向分销联合是基于共同的市场机会，或市场互补或分销技术互补，通过将财务、产能和营销资源优势进行整合利用，降低渠道经营风险，提高分销活动的整体效益。企业可以根据营销战略选择短期松散型联合或长期固定型联合两种模式。

（三）多渠道系统

多渠道系统是企业为有效占领多个细分目标市场而主动设计构建的组合多种营销途径和组织的渠道系统。随着消费者细分市场多样化和渠道形式不断增加，仅依靠单一分销渠道不可能覆盖整个市场需求，因此，为有效占领多个细分目标市场，越来越多的企业开始使用多渠道分销系统。

多渠道系统主要有两种形式：一种是生产企业通过两条以上的竞争性分销渠道销售同一品牌的产品；另一种是生产企业通过多条分销渠道销售不同品牌的差异性产品。多渠道分销系统，为那些面对大规模且复杂的市场的企业分销带来了很多好处，如能有效扩大市场覆盖面，让细分市场顾客的购买地点便利需求得到更好的满足；降低渠道成本；通过定制化分销渠道可以更好地满足日益个性化、多样化的顾客需求。

越来越多的企业也注重使用数字分销策略，即直接建立公司的网上商城或者通过有网店的电商向顾客销售，企业的渠道不再只是商品所有权的流通途径，更加强调渠道间信息的共享，如此一来，更多的公司就开始寻求全渠道营销，使全渠道间的信息流通更加畅通，实现全渠道间的无缝衔接、相互协作。

第三节　电子商务渠道

一、电子商务渠道的含义

电子商务渠道是指以互联网为基础，以电子商务平台为支撑，将产品从生产者转移给顾客的中间环节，涉及信息沟通、资金转移和产品转移等。一方面，它要为顾客提供产品信息，方便顾客进行选择；另一方面，在顾客选择产品后要能完成一手交钱一手交货的交易手续，即使交钱和交货不一定同时进行。

电子商务渠道同传统的分销渠道一样，起点是生产企业，终点是最后的顾客。电子商务渠道的中介模式为电子交易市场，即在线中间商，它们为买卖双方收集信息，同时利用其各地的分支机构发挥批发商和零售商的作用。电子商务渠道既可能是在线中间商，也可能是企业的直销平台。使"时尚、轻奢"概念席卷全球的著名珠宝品牌潘多拉在正式进入中国市场前，不仅有企业概念介绍和产品销售的官网，还通过天猫、聚美优品等其他电子商务平台进行分销。

二、电子商务渠道的功能

一个完善的电子商务渠道应具有网上谈判、订货、结算和物流配送这四个功能。

1. 网上谈判功能

电子商务能够实现供需双方的在线洽谈和咨询，以及订货前的商务谈判。谈判的内容大致包括产品的价格、规格与质量要求、付款结算方式、供货方式与时间、售后服务等。

2. 订货功能

企业在网上订货与传统方式订货有相同之处，即都要下订单。不同之处在于网上的订单具有网络的特征。订货系统要能够为顾客提供产品信息，与此同时，让商家了解顾客的需求信息，以求达到供需平衡。一个完善的订货系统可以最大限度地减少库存，降低销售费用。

3. 结算功能

顾客购买商品后，可以运用多种方式进行付款，商家也应有多种结算方式。

4. 物流配送功能

物流是指将产品以最低的成本并符合顾客要求的服务从供应地向接受地进行实体流动的过程。物流配送主要是解决有形产品的配送问题。

三、电子商务渠道的类型

电子商务的发展改变了分销渠道的结构。电子商务渠道既可能是中间商，即第三方商务平台，也可能是企业的直销平台。因此，从总体上可以将电子商务渠道分为网络直接分销渠道和网络间接分销渠道两种。

1. 网络直接分销渠道

网络直接分销渠道与传统的直接分销一样，都没有分销中间商，商品直接从生产者转移给顾客或用户。网络直接分销渠道也有订货、支付和配送功能。在网络直接分销中，生产企业可以通过建设官网或在电商平台上开设官方旗舰店等站点，让顾客直接从网上订货；可以通过与一些电子商务服务机构的合作，如支付宝、微信等，直接提供支付结算功能，解决资金流转问题；还可以跟一些专业的物流公司进行合作，借助电子商务物流配送体系完成配送。网络直接分销渠道一般适用于大型商品和生产资料类商品的交易。

品牌官网是网络直接分销渠道最具代表性的体现，海尔、联想、茅台、三只松鼠、优衣库、苹果、兰蔻等国内外知名品牌都通过自己的品牌官网直接将商品销售给消费者。

2. 网络间接分销渠道

采用互联网技术的中间商提供网络间接分销渠道，把企业生产的商品销售给顾客或用户。传统间接分销渠道可能有多个中间环节，而网络间接分销渠道只需要新型电子中间商这一个环节即可。间接分销渠道一般适用于小批量商品和生活资料类商品的交易。

网络间接分销渠道包括：以日常消费品（如化妆品）为主的聚美优品、唯品会等；日益综合的京东商城；以家用电器、电子设备为主的苏宁易购、国美在线等；以旅游休闲服务为主的携程、去哪儿、途牛等。

案例 8-1

特殊时期传统零售转战线上：导购变微商，卖货靠直播

受新冠病毒疫情影响，2020 这个春节的商场"有点冷"。不仅营业时间缩短，甚至有的被迫歇业，营业的商场也是人流稀少。据有关测算，在农历春节延迟复工期间，商场开业率约为 40%；在开业商场中，商铺开业率为 20%~30%。

特殊时期，为减少疫情对经营的影响，除了减免部分租金，商场也在通过帮助商户自救而自救，纷纷转战线上，搭建线上商城、建社群、开直播，导购线上卖货。

北京西单大悦城正通过小程序和直播带货的方式，帮助品牌商户向线上转型。"我们在

春节前就推出了小程序线上商城,让消费者实现了足不出户就能在手机上'逛'大悦城。"西单大悦城相关负责人表示,小程序线上商城并非只是开通购物中心线上销售渠道,而是在资源整合的基础上挖掘粉丝经济的价值,同时引导消费者实现线上线下循环消费。

目前,第一批有超40家场内的商户都已成为入驻西单大悦城小程序商城的商户。第二批近60家商户品牌也将线上营业。

商场会员通过登录西单大悦城官方微信小程序,即可进入小程序商城,挑选产品;特殊时期,大部分产品都将通过快递的方式送达用户。线上小程序商城的开通,打破了场景限制,也让西单大悦城在这个特殊时期赢得了不少营收。自上线以来,西单大悦城小程序商城已产生超150万元交易额,日活量过万。

为了增强消费者黏性,让品牌商户在疫情期间能够维持经营,西单大悦城还启用了商城+品牌联合在线直播的方式拓展用户。具体来说,他们通过邀请各大品牌的金牌导购在线分享,完成种草,然后将消费者引导至小程序线上商城和店长微信群等渠道,进行商品售卖和服务。目前,品牌商已有系列直播节目在抖音上线。品牌商户的自救工作也在如火如荼地展开。朝阳大悦城MG女装导购张子怡提到,特殊时期,他们把店铺搬到了朋友圈,建群卖货都是应公司或商场的统一布置要求而推进的,目标主要是"保住销量"。由于秒杀价已低至平时的3-5折,目前他们的秒杀群销量已经跟平时门店业绩差不多。

一些来不及上线小程序的商城则鼓励商家用最简单直接的方式"营业"。安徽巢湖百大商场的某品牌导购员称,疫情发生后,他们在公司和商场的共同要求下建立了微信社群。他们的微信社群主要通过老会员发散和朋友圈宣传的方式拉新,由导购负责社群运营。每天下午三点,他们会在社群推出一次秒杀活动,秒杀产品不一,品类基本控制在三类(含有明星单品),每类共十件商品。群内用户下单后,直接向导购进行微信/支付宝转账付款,次日由导购前往商场拿货,并通过顺丰、邮政两大物流公司发货。社群运营期间,老会员订单量总体上与之前持平,但客流量和新增会员远不及线下门店。"我们希望在店里售卖,因为和顾客面对面说,成交的客单价会更高。群里每日秒杀单品有三款,很多人仅购买其中一款,但如果是到店,可能就会买走一套产品。"她说。

与传统零售一样,线下的餐饮、健身房、教育机构也都纷纷转型线上。如西贝餐饮在董事长贾国龙带领下开启了一场线上"自救",线上激活会员,重点发力外卖、在线商城以及团餐三大业务。其中,最核心的是外卖业务。

20120年新冠肺炎疫情不仅强化了用户"线上"下单的习惯,还可能推动"线下"商业模式的转型升级与变革。很多企业正在积极尝试中,有可能如2003年"非典"促进了京东、淘宝、起点中文网、前程无忧等的转型新生或加速发展,危机中酝酿着新希望新未来。

第四节 如何管理分销渠道

对分销渠道的管理主要是指生产企业对其与中间商之间的关系进行管理,主要包括三个方面:确定渠道成员的条件和责任;选择、激励和评价渠道成员;管理渠道冲突。企业选择渠道结构方案后,必须对分销渠道进行有效管理,以达到提高渠道绩效的目的。

一、确定渠道成员的条件和责任

生产企业必须明确每一个渠道成员的条件和责任,并提供给渠道成员足够的盈利机会,有差别地对待每个渠道成员。

1. 价格政策

生产企业要制定明确的价目表和折扣明细单,而且要保证中间商有利可图,从而能够将产品迅速转移到顾客手中。

2. 销售条件

销售条件是指生产企业对中间商制定的付款条件,以及对市场产品价格水平变化的担保。大多数生产企业对于符合付款条件的中间商会给予现金折扣,有的生产企业还提供产品价格下跌时的担保,以让中间商放心地增加产品的采购量。

3. 地区权限

生产企业应该明确在特定地区使用哪些中间商,或者是中间商分销其产品的地区权限。中间也要清楚自己所获得的分销地区范围及特许条件。

4. 服务和责任

生产企业和中间商双方的服务与责任也要十分谨慎地予以确定,并且要认真执行。尤其是在采用特许经营和独家代理等分销方式的时候,要求双方对服务和相关责任作更完备、更详尽的明确规定,并且在运营过程中严格按照服务标准、产品质量、设备技术水平等执行。

二、选择、激励和评价渠道成员

1. 选择渠道成员

选择渠道成员是渠道管理的重要工作内容,应做好以下两方面工作。

首先,要发掘潜在渠道成员。企业可以通过当地的销售队伍、行业资源、合作伙伴、分销商调查、顾客、广告、银行、电话黄页簿、咨询公司、商业数据库和互联网资源等发掘潜在渠道成员。

其次,企业应该明确具有哪些特质才是好的中间商,评估和分析中间商的因素包括:从业年限、经营产品的能力、地理区位优势、合作意愿与声誉、财务状况及管理水平、综合服务能力等。

另外,还要重点考察批发商或代理商经销其他产品大类数量与性质、推销人员的素质与数量,还要考察零售商店的位置、发展潜力和顾客类型。

渠道成员的选择是双向互选的过程。这意味着生产企业在实际选择时往往有些妥协与折中。

2. 激励渠道成员

为了更好地实现销售目标，生产企业必须采取各种政策措施给予中间商适度的激励，以调动经销其产品的积极性，并与中间商的合作、合伙、分销规划等工作一起，建立和发展更紧密的关系。激励渠道成员的工作要从以下几个方面展开。

（1）了解中间商的需求。要达到较好的激励效果，生产企业就必须了解：中间商的兴趣与行为特征；中间商对顾客及生产企业的看法和理念；中间商对各种激励的态度；中间商对生产企业的产品、价格、促销计划的评价；中间商的实力、问题和弱点等。

（2）选择激励方式。激励中间商的方式方法有很多，不同企业、不同地区、不同产品所采取的激励方法会不同。生产企业可以采用正面的激励有提高毛利率、放宽信用条件、特殊优惠、各种奖金、合作性广告补助、提供培训、陈列津贴及推销竞赛等；可以采取的负面的激励有放慢交货或减少供货、减少优惠、收紧信用条件、收缴保证金、终止关系等。总结起来，生产企业可以通过强制力、报酬力、法律力、专业技术等方式进行激励。

（3）建立伙伴关系。生产企业在处理与中间商的关系时，常依据不同的情况采取三种方式：合作、合伙或分销规划。生产商努力尝试与中间商在库存、市场开发、寻找客户、市场信息等方面进行不同程度的合作，甚至是合伙或分销规划，如帮助中间商提升信息管理水平，利用客户关系管理（CRM）软件系统来协助进行重要客户关系管理，与中间商共同制订生产经营计划与分销规划等，将合作关系提升到更高水准。

3. 评价渠道成员

生产企业必须定期评价渠道成员，这需要制定相应的评价标准。评价指标主要包括：销售指标的完成情况、顾客服务质量、促销和培训计划的配合度、销售政策的执行情况、平均存货水平、交货时间、信用和财务状况、声誉、合作态度、管理能力等。生产企业可以在与中间商签订的契约中明确有关评价或绩效标准。生产企业对每一项指标赋予一定权重，对渠道中各环节的中间商进行综合评价，并按一定标准排列名次。

生产企业还可将中间商的销售绩效与上期的绩效进行比较，并以整个中间商群体的升降百分比作为评价标准。对于低于群体平均水平以下的中间商，必须加强评估和调查，找到绩效下降的原因，按照契约的规定采取相应的惩罚或淘汰措施。

三、渠道冲突管理

（一）渠道冲突的概念

渠道冲突是指分销渠道系统中渠道成员之间的不和谐，有渠道成员从事的活动阻碍或者不利于其他成员实现自身的目标而表现出的不相容。虽然生产企业希望渠道成员之间携手合作，以获得更好的协同效应，但渠道成员在合作的过程中，由于利益目标不一致，容易产生利益冲突和竞争，致使关系变得紧张甚至濒临破裂，渠道冲突就产生了。

（二）渠道冲突的类型

渠道冲突的类型主要有三种：水平渠道冲突、垂直渠道冲突和多渠道冲突。

1. 水平渠道冲突

水平渠道冲突是分销渠道同一层次中间商之间的冲突，常常通过窜货的形式体现出来。窜货是经销商置经销协议和生产企业长期利益于不顾而进行的产品跨地区降价销售行为。生产企业可以通过与经销商签订不窜货乱价协议、对产品外包装进行区域差异化、建立科学的地区内部分区业务管理制度、加强市场监督等措施对经销商窜货进行整治。

当存在以下情况时渠道窜货的可能性加大。

（1）某些地区市场供应饱和。

（2）广告拉力过大而渠道建设没有跟上。

（3）企业在资金、人力等方面不足导致不同区域之间渠道发展不平衡。

（4）企业给予渠道优惠政策各不相同，分销商在不同地区之间的价格差异大。

2. 垂直冲突

垂直渠道冲突是同一分销渠道内不同层次的中介机构之间的冲突。如零售商抱怨生产企业的产品品质不良，或者批发商不遵守生产企业制定的价格政策。经销商和生产企业由于利益之争的冲突时常发生。

例如，2004年2月，国内家电连锁老大国美开展"空调大战"计划，成都国美分公司几乎对所有空调品牌进行大幅度促销，其中两款格力空调为降价之首，降幅高达40%。此举使格力经销商产生极大的混乱。格力认为国美擅自降低格力空调品牌价格，破坏了格力空调在市场中长期稳定、统一的价格体系，并有损其一线品牌良好形象，要求国美立即中止低价销售行为。在交涉未果后，格力于2月底决定正式停止向国美供货。而国美要求绕开格力区域股份制销售公司直接由厂家供货并要求格力给12个点的利润和45天的账期。厂家与经销商之间的冲突通常表现为要挟、淘汰、退网等行为。

3. 多渠道冲突

多渠道冲突是指一个生产企业建立了两条或两条以上的分销渠道，这些分销渠道在向同一市场销售产品时产生的冲突。例如，某生产企业决定通过大型综合商店出售产品，这会招到该生产企业原有的独立专卖店的不满。

（三）渠道冲突的常见原因

虽然渠道冲突在渠道运营中是不可避免的一种客观存在，但是生产企业必须弄清渠道冲突的原因，只有这样才能找到妥善解决渠道冲突的办法。渠道冲突的常见原因如下。

（1）目标差异。由于所有权差异，渠道成员作为各自独立的经济主体，其利益目标必然不一致。这是造成渠道冲突的根本原因。例如，生产企业希望通过低价格策略迅速占领市场，但中间商为了获取更高利润却希望实行高价政策。

（2）依赖性差异。这种差异是指生产企业和中间商之间互相依赖的程度存在差别。例如，采用独家分销的汽车经销商，对汽车制造商的依赖性就比制造商对它的依赖性大很多，而我国《汽车品牌销售管理办法》中对汽车品牌经销商行为规范的有关规定，更增添了汽车经销商对汽车生产企业的依赖性。这种依赖性差异，使得渠道权力不均衡，权力的争斗易引发渠道的冲突。

（3）知觉的差异。渠道成员认识的差异可能会引发冲突。例如，生产企业可能认为未来一段时间内的经济前景比较好，因而要求中间商多准备存货，而中间商却对经济前景并不看好。而信息来源差异、信息传递过程中的偏差（沟通和反馈）、信息处理方式的不同、信息的非对称性都会加剧渠道成员的认知差异。

（4）激励制度不健全。除了利益需要以外，渠道成员还有成就需要、权力需要、归属需要，激励制度的不健全及渠道绩效考评缺乏公允，往往会使渠道成员产生不公平感，进而导致冲突的发生。

（5）渠道的变革。外部技术环境、政治经济环境及法律环境发生变化时，渠道会发生相应的变革，在变革过程中会有冲突的发生。

（四）渠道冲突的管理

1. 渠道冲突的治理

企业应该在分析渠道冲突原因的基础上，找到合适的解决方法。根据以上的原因分析，分销渠道冲突的解决方法主要有如下五种。

（1）加强协调与管理。一是通过建立垂直分销渠道系统，使渠道成员通过契约或资本纽带联合起来，实行有计划的管理，以减少成员内部的冲突。二是成立分销渠道管理的协调机构，定期商议并决定分销渠道内部的管理事项，以增进相互理解和减少冲突。

（2）完善激励制度。生产企业对渠道成员的适度激励可以在一定程度上解决渠道冲突。企业需要在了解中间商需求的基础上完善激励制度，如对较懒散的渠道成员，可采用提高利润、补贴、展示宣传津贴，组织销售竞赛，销售奖励等方法达到缓和与解决渠道冲突的目的。

（3）强化合作。生产企业要主动争取与中间商的合作，可通过援助中间商的促销活动、协助中间商进行市场调研、协助经营管理、加强广告宣传、延长付款期限、提供适销对路的产品等方法，强化合作的力度；同时，中间商也要及时向生产企业反馈市场信息，采取有效的促销方式，积极推销产品，搞好市场调研等，相互配合支持，这样才能减少渠道冲突。

（4）说服协商。这种方法是指分销渠道成员相互将问题找出来，共同协商和沟通意见，寻求大家接受的冲突解决方案。渠道成员各方也可以通过找出共同点，签订一个各方都接受的基本目标的协议。

（5）适当处罚。在激励和协商不起作用的情况下，可利用团体规范，通过警告、减少服务、减低经营帮助，甚至取消合作等方法，迫使冲突某一方放弃不合作行为。

企业要及时发现渠道冲突，通过感知各种潜在冲突的可能，对不同水平的冲突进行评估，及时通过说服、谈判等方式解决冲突。还可以通过建立渠道冲突"预报警系统"制度，实施渠道一体化、扁平化策略，渠道成员约束合同化，产品包装差别化，价格体系化等策略和手段降低渠道冲突水平。

渠道冲突作为一种客观存在，适当的冲突水平有利于提高渠道成员积极性，激发渠道模式的创新，由于渠道冲突的存在，一种新的渠道运作模式或将取代旧有模式，同时，通过冲突还可判断冲突双方的实力和商品的热销程度，这将成为企业制定营销战略的重要参考。

2. 渠道协同

"协同"一词起初由物理学家提出，后来协同效应应用于企业经营管理的多个环节，其中渠道协同便是企业避免渠道冲突、提高企业渠道绩效的有效手段。渠道协同是指各个渠道成员搁置彼此可能互不相容的目标，而共同致力于实现整个渠道的目标。传统渠道间的关系主要表现为"你"与"我"的关系，而营销渠道成员间形成的协同关系则是"我们"的关系。渠道协同强调要改变过去渠道间的各自独立性，所有渠道之间需要融合与合作，及时沟通交换市场、销售信息，提高信息的使用率，减少时间成本，提高销售效率，以此不断提升企业绩效。

为了减少渠道间的冲突，达到 1+1>2 的协同效应，企业应该在寻求避免冲突的有效解决办法的同时找到提升企业渠道协同的途径，做到从两方面来共同解决渠道中遇到的问题，从而提升企业整体竞争实力。

关键概念

| 分销渠道 | 零售商 | 中间商 | 批发商 | 渠道冲突 |
| 渠道控制 | 多渠道系统 | 电子商务渠道 | | |

思考题

1. 企业在设计分销渠道时应考虑哪些因素？如何有效地管理分销渠道？
2. 分销渠道对于企业市场营销有何意义？
3. 简述分销渠道的职能。
4. 企业渠道冲突产生的原因有哪些？
5. 渠道冲突有哪几类？企业如何对渠道冲突进行管理？
6. 电子商务渠道种类有哪些？企业如何开展电子商务渠道？
7. 如何看待：渠道管理是"剪不断、理还乱"？

实训题

1. 选择一家大型企业,分析其分销渠道有哪些。如果你是这家企业的渠道经理,你会如何设计该家企业的分销渠道?

2. 如果你是宝洁公司的 CEO,你会如何处理企业与渠道成员之间的利益冲突?

3. 选择一家生产和经营企业,对其渠道进行梳理,分析其合理性和存在的问题,并提出改进意见。

参考文献

[1] 菲利普·科特勒,凯文·莱恩·凯勒. 营销管理(全球版)[M]. 14 版. 北京:中国人民大学出版社,2012.

[2] 李怀斌. 市场营销学[M]. 北京:清华大学出版社,2007.

[3] 沃伦·J. 基根. 全球营销管理[M]. 7 版. 北京:清华大学出版社,2004.

[4] 菲利普·科特勒,加里·阿姆斯特朗. 市场营销:原理与实践[M]. 16 版. 北京:中国人民大学出版社,2015.

[5] 孟韬. 市场营销:互联网时代的营销创新[M]. 北京:中国人民大学出版社,2018.

客观题

自学自测　扫描此码

第九章 如何制定整合营销传播策略：沟通价值

在媒体不断细分化的市场环境中，如何有效整合营销传播是营销人员面临的重要挑战。企业的营销，不仅比拼产品、价格和渠道，更比拼营销传播。只有传播沟通价值，不断地亮出产品与品牌的闪光点，努力与用户建立更多的利益和情感的连接点，才能不断地塑造、提升品牌价值并让品牌始终保持热度。企业的营销力，有时特别体现为企业的传播与沟通能力。

通过本章的学习，应理解营销传播及其组合的相关概念、营销传播的基本方式，理解营销传播、营销整合传播的核心思想，掌握整合营销传播的基本程序、整合营销传播活动的主要决策方法和运作技巧。

第一节 如何制订整合营销传播方案

一、营销传播的概念与作用

（一）传播的基本过程

传播（communication）是传播者与受传者之间的传递和分享信息的过程，是人与人、人与群体、群体与群体之间借助于语言和非语言工具直接或间接地对信息进行传播、接收和反馈的过程，也称为沟通。传播的基本过程如图9-1所示。

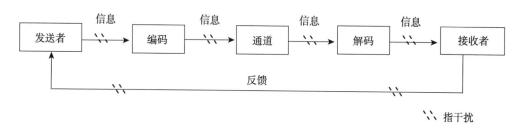

图9-1 传播的基本过程

从传播过程可以看出，发送者首先将信息转换成信号形式（编码），然后通过媒介物（通道）传送至接收者；接收者将收到的信息转换回来（解码）；就这样信息从一方传送到了另一方。因此，信息的传播是由发送者、信息符号、编码、传播通道、解码、信息接收者、信息反馈及干扰等因素组成的。

（1）发送者。发送者又称为信息源，是指拥有信息和沟通意愿的个体，他们选择要沟通的对象和目的，是沟通过程的发起者。

（2）信息。信息指由信息源发送的一组信号，包含了信息发送者试图传达的思想、感情、意见和观点等。

（3）编码。编码指信息发送者将抽象的信息转换为具体的符号形式的过程。为了便于交流，发送者必须选择使用某种接收者能够理解的符号来代表其试图表达的内容。根据接收者和外界的不同情况，选择不同的编码形式，如文字、图片、音频、视频等。

（4）通道。通道指信息传达的渠道和途径。通道可以是人员方式，也可以是非人员的方式。在面对面的人际沟通中，接收者通过视觉、嗅觉、听觉、触觉等接收外界信息；在非人员的沟通方式中，各种传播媒介都可以成为信息传播的通道，如报纸、杂志、广播、电视、网络等。

（5）解码。解码指信息接收者对信息的理解过程。即接收者通过自身的思想和感受对接收到的信息符号的含义加以解读，从而产生自己的理解。

（6）接收者。接收者指信息源所发出信息的最终接收对象，也称为传播对象。

（7）反馈。反馈指接收者向信息源发送回信息的过程。在沟通过程中，信息源和接收者都在不断地将信息回馈给另一方。反馈可以帮助信息源理解信息接收者的状态，并及时根据反馈信息调整沟通方式。

（8）干扰。干扰指传播过程中存在于外界的各种非相关信息。事实上，在所有的传播过程中都存在各种干扰。没有干扰的沟通过程是不存在的。外界的干扰会影响信息传播的效果，导致接收者对信息理解不正确，或者反馈效果减弱。

对于企业营销人员而言，必须把握好传播过程的每一个环节，善于按照目标受众的需求与偏好进行信息的编码，选择适当的传播媒体，并引导目标受众进行解码，避开各种噪声，确保所有受众能接收到连续一致的信息。这需要真正有效地整合营销传播，将各种传播整合成完整、协调一致的计划，并能有效地接触到目标受众。

（二）营销传播的概念

营销传播（marketing communication）是指企业通过人员和非人员的方式，沟通企业与顾客及社会公众之间的信息，引发、刺激顾客的购买欲望和兴趣，使其产生购买行为的活动，也称为促销。从这个概念不难看出，营销传播具有以下几层含义。

（1）营销传播工作的实质与核心是沟通信息。没有信息的传播沟通，顾客就无从认知企业的产品与品牌，自然就不会购买；同时企业也难以全面准确地理解顾客需求。企业只有将信息传递给顾客，才有可能引起注意、刺激需求，顾客才有可能产生购买欲望。

（2）营销传播工作的目的是吸引顾客、促进交易并留住顾客。企业既要通过营销传播，沟通理解需求与价值，不断地亮出产品与品牌的不同闪光点或活动的利益点，提升品牌形象，引发、刺激顾客的购买欲望，吸引顾客并努力创造交易；还要通过营销传播，努力与用户建立更多的利益和情感的连接点，加强理解共鸣，不断地塑造、提升品牌价值并让品牌始终保持热度，维系并巩固提升与顾客的关系。

（3）营销传播的方式主要有人员传播与非人员传播两种方式。人员传播，是指通过人际沟通的方式来传播信息，主要有人员推销、互动营销与直销、口碑营销等。非人员传播，是指通过非人员沟通的方式来传播信息，主要有广告、公共关系、营销推广、事件营销等。

（4）营销传播作为市场营销基本组合之一，同样需要围绕目标市场的顾客需求来展开，以传播营销价值为主要内容，从而达到吸引顾客、促进交易并留住顾客的目的。

（三）营销传播的作用

1. 传递信息，强化认知

通过营销传播活动传递信息，是产品顺利销售的保证。一方面，卖方（生产企业或中间商）通过信息传递，向买方（中间商或消费者）介绍有关企业现状、产品功能特点、价格、服务方式或服务内容等信息，以此来诱导买方对产品或服务产生需求欲望并采取购买行为；另一方面，买方向卖方反馈对产品价格、质量和服务内容、方式是否满意等有关信息，促使卖方改进以更好地满足买方需求。通过视觉形象识别、宣传口号等使消费者对公司产品形成差异化的认知。

2. 突出特点，诱导需求

企业通过营销传播活动，宣传说明本企业产品的特色或品牌的特质，不断地亮出产品或品牌的不同闪光点或活动的利益点，便于顾客了解本企业产品在哪些方面优于其他同类产品，让顾客认知到本企业产品或品牌或本次活动所带来的利益较大，促使顾客乐于认购。

3. 指导消费，扩大销售

在营销传播活动中，营销者一方面循循善诱地介绍产品知识，一定程度上对顾客起到教育指导作用，有利于激发顾客的需求欲望，另一方面通过多种传播手段的应用，刺激市场潜在需求，将潜在需求转化为现实需求，预计需求转化为即期需求，从而扩大销售。

4. 培育偏爱，稳定销售

企业通过开展适当有效的营销传播，努力与用户建立更多的利益和情感的连接点，加强理解共鸣，才能不断地塑造、提升品牌价值并让品牌始终保持热度，维系并巩固提升与顾客的关系，培育顾客的偏爱，进而巩固本企业的市场地位，达到稳定销售的目的。

二、如何进行整合营销传播设计

有效的整合营销传播设计，要求营销者必须按照如图 9-2 所示流程依次作出决策：确定目标受众、确定营销传播目标、设计营销传播信息、选择营销传播渠道、编制营销传播预算、确定营销传播组合、管理营销传播过程、评估营销传播效果。

（一）确定营销传播的目标受众

设计有效的营销传播计划的第一步，是准确地界定目标受众，即明确"向谁说"的问题。营销传播的对象，可能是企业产品的潜在购买者或现实使用者，也可能是购买决策过

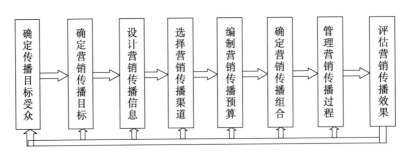

图 9-2　整合营销传播设计的流程

程的决策者或影响者，还可能是特殊公众或一般公众。确定目标受众是传播沟通的基础，目标受众的特点与需求，在相当程度上决定了企业传播信息应该说什么（信息内容）、怎么说（信息结构和形式）、什么时间说（信息发布时间）、通过什么说（传播渠道）和由谁说（信息来源）。

（二）确定营销传播目标

确定营销传播目标就是确定传播活动要求达到的预期效果，也称为促销目标。即明确"为何说"问题。传播者应当在了解受众对象的需求、偏好、接触媒体的习惯，及其对企业产品或品牌的识别、认知和倾向性的基础上，确定一系列具体的传播目标。常见的营销传播目标有推介产品、改变顾客信念或态度、促进购买行为、鼓励重复购买、提高品类需求、增加客流量、塑造品牌形象、建立品牌知名度、提高品牌或公司形象、提高市场份额、提高销量、强化购买决策等。

确定营销传播目标时，应了解目标受众处于购买过程的哪个阶段，并将促使顾客进入购买过程的下一个阶段作为营销传播目标的重要组成部分。

顾客在决定购买某一产品前，大多会经过以下六个阶段。

（1）知晓。当目标受众还不知晓产品时，传播沟通的首要任务是引起顾客的注意并使其知晓。这时传播的简单方法是反复重复企业或产品的名称。

（2）认识。当顾客对企业和产品已经知晓但所知不多时，企业应将建立顾客对企业或产品的清晰认识作为沟通目标。

（3）喜欢。当顾客对企业或产品的感觉不深刻或印象不佳时，传播沟通的目标是着重宣传企业或产品的特色和优势，使之产生好感。

（4）偏好。当顾客对企业或产品已比较喜欢但还没有特殊的偏好时，传播沟通的目标是建立受众对企业或产品的偏好，这是形成顾客忠诚的前提。这需要特别宣传企业或产品较其他同类企业或产品的优势。

（5）确信。顾客对企业或产品已经形成偏好，但还没有确定购买它的信念，这时传播沟通的目标就是促使他们作出或强化购买决策，并确信这种决策是最佳决策。

（6）购买。当顾客已决定购买但还没有立即购买时，传播沟通的目标是促进购买行为的实现。

（三）设计营销传播信息

营销传播信息必须根据传播目标来设计，即明确"说什么"与"怎么说"。实现营销传播目标的信息设计才是有效的。有效的传播信息设计，会引起目标受众注意，激发其兴趣，刺激其欲望，诱导其行动。设计营销传播信息需要解决以下四个问题。

1. 确定信息内容

确定信息内容即企业确定针对传播对象的诉求内容。即明确"说什么"。企业必须了解对消费者、用户或社会公众说些什么才能产生预期的认识、情感和行为上的反应。企业的诉求主要有以下三种。

（1）理性诉求。理性诉求以购买者可以感知的主要利益作为说服理由。作为理性诉求的信息内容一般强调产品的功能、质量、性能、价值、价格或顾客可感知的其他利益等。顾客在购买选购品时较为理性，通常会收集大量信息并进行比较和选择。此时，理性诉求最为有效。如京东强调的"多快好省、正品行货"的广告，它充分展示了京东商城能够为消费者带来的实际利益。

（2）感性诉求。感性诉求通过诱发喜好、肯定或否定等情感类因素以促使顾客确信或购买。对于许多产品，如床上用品、起居用品、日常用品（如时装、饮料）等，感性诉求的效果更明显。当产品比较同质时，或买者不易把握其质量或差异时，感性诉求常常是比较好的选择。如脑白金的"今年过年不收礼，收礼只收脑白金"，传递送礼首选的感性诉求。

感性诉求还包括恐惧性诉求和肯定性诉求。前者指传播引发恐惧、羞愧等的信息，促使人们去做该做的事情（如刷牙）或停止不该做的事情（如酒后驾车或吸烟）。适当强度的恐惧性诉求在短期内可能有显著效果。肯定性诉求指传播包含幽默、喜爱、愉快、欢乐等内容的信息。幽默的信息可以吸引更多的关注，产生较多好感。

（3）道义诉求。道义诉求主要用来引导受众对正义或错误、公益或公害等事物或行为的正确态度。道义诉求在公益广告或企业希望淡化商业广告气息的传播活动中较多采用。如央视播出的讲文明树新风公益广告，呼吁广大公民建设精神文明。

2. 确定信息结构

企业要在是否给出结论（是提出明确结论还是由受众自己得出结论）、是单面论证还是双面论证（是只宣传产品的优点还是既说优点也说缺点）、表达次序（沟通信息中把重要的论点放在开头还是结尾）上作出选择，即通过信息结构的确定，来有效地说服传播对象，即明确"怎么说"。

（1）是否给出结论。一种是不给出明确的结论，而是由受众自己得出结论，即先提出问题，后提供有关数据、事实或分析，通过启发让受众自己得出结论。该方法主张尊重顾客，启发积极思考，面对主动性受众时更为适用，缺陷是吸引受众注意的作用较弱，应与吸引注意力的辅助手段结合使用。另一种是给出明确的结论，让受众知晓或认同、信服某结论。该方法观点明确突出，受众容易接受。

（2）是单面论证还是双面论证。单面论证是仅展示产品优点或结论的单面信息，强调先入为主。在产品具有明显的优势特征，或传递与受众已有认知倾向较为一致的信息时采用。而双面论证是同时传递包含优点和缺点的双面信息，强调信息的真实性和可信性。在受众教育程度较高，或受反面宣传影响较多时，双面论证往往更有效。

（3）表达次序。在给出明确的结论时，是一开始就提出强有力的结论，然后再陈述问题，并给出有关数据、事实或分析以佐证结论；还是先陈述问题，然后给出有关数据、事实或分析，最后才给出结论。一般先提出结论，更有助于吸引注意力和引起兴趣，但可能有忽视受众智商或认知之嫌。

3. 确定信息形式

企业需要设计有吸引力的信息形式来表达信息内容和信息结构，仍然是明确"怎么说"。有吸引力的信息形式应当在遵循目标受众接受规律或习惯的基础上，在具有不同刺激强度的信息内容、布局和配置，以及主信息和辅助信息之间进行合理的设计与安排。

4. 确定信息源

企业要确定营销传播中的信息由什么样的人作为发布者或直接传播者，即明确"由谁说"。在人际和非人际沟通中，受众对沟通者的看法也会影响其信息的接受程度。有吸引力的信息源能将受众的注意力恰到好处地吸引到产品或品牌上。来源可靠的信息、创意足的信息往往更具有吸引力。

（四）选择营销传播渠道

企业所设计的营销传播信息，需要通过有效的传播渠道到达目标受众，即要确定"通过什么说"。企业需要在人员传播渠道和非人员传播渠道这两大类传播渠道中进行选择搭配组合。

1. 人员传播渠道

人员传播渠道是指两人或多人相互之间直接进行信息沟通的方式。他们可能面对面，或通过电话、互联网、电视媒介或通过邮寄个人函件等方式进行信息沟通。这是一种双向信息沟通，能立即得到对方的反馈，并能够与沟通对象进行情感渗透，因此效率较高。一线的服务人员在生产提供服务时，往往会借机主动沟通推介自己企业的产品或服务，即互动营销，往往有较好的效果；工业品的销售人员需要主动电话或拜访客户来积极推销，即人员推销。

2. 非人员传播渠道

非人员传播渠道是指无须通过人与人的直接接触来传递信息的方式，是一种单向信息传播方式。主要有大众传播媒体、事件和氛围。大众传播媒体包括印刷媒体（报纸、杂志、直邮）、电子媒体（广播、电视、互联网）和展示媒体（广告牌、显示屏、招牌）等；事件是为了吸引受众注意、向目标受众传递特定信息而特别设计或利用的具有一定新闻价值的活动，如举办新闻发布会、开业庆典等。氛围是指设计营造良好的环境氛围，以加强购买者对购买产品的了解或刺激他们的购买欲望而设计的环境，如商品陈列、POP广告、喜庆节日氛围的营造等。

人员传播渠道通常是工业品企业的主要信息传播渠道，而对大多数消费品企业来说，非人员传播渠道可能是最重要的传播渠道。

（五）编制营销传播预算

营销传播预算是企业为开展营销传播活动而编制的费用预算，也称为促销预算。它保障着营销传播活动的实施，影响着沟通活动效果的好坏。营销传播预算一方面可以为营销传播提供强有力的支持；另一方面是检验营销传播活动合理性、促使降低成本和提高效果的重要管理方法之一。行业之间、企业之间的传播预算差别相当大。在化妆品行业，传播费用可能达到销售额的20%~30%，甚至30%~50%，而在机械制造行业中仅为10%~20%。企业编制营销传播预算常用的方法主要有以下几种。

（1）量力支出法。企业以本身的支付能力为基础确定传播活动的费用。这种方法简单易行，但忽略了传播与销售的因果关系，而且企业每年财力不一，从而传播预算也经常波动。

（2）销售额百分比法。按照销售额的一定百分比来制定传播预算。如企业今年实现销售额1 000万元，如果将今年销售额的15%作为明年的传播费用，则明年的传播费用就为150万元。

（3）竞争对等法。根据主要竞争者的传播费用来确定企业自身的传播预算。

（4）目标任务法。企业首先确定传播目标，然后确定达到目标所要完成的任务，最后估算完成这些任务所需的费用，这种预算方法即为目标任务法。

（六）确定营销传播组合

营销传播组合是指企业需要根据营销传播目标，结合目标受众和产品的特点，综合各种影响因素，对多种传播方式进行灵活的选择、编配和运用，以实现最佳的传播效果，也称促销组合。

传播方式可分为大众传播方式和人员传播方式。广告、公共关系、营业推广、事件营销、体验营销属于大众传播方式，也称为非人员促销方式；人员推销、直销与互动营销、口碑营销属于人员传播方式，也称为人员促销方式。企业在营销传播时，需要把这些传播方式有机组合起来，综合运用。

企业营销传播组合的运用应当是一种整体行为，在实现营销传播目标的前提下追求整体传播活动的高效率和低成本。企业通常会采用增加高效率传播方式的投入，而减少低效率传播方式，来改善传播组合的效率。当以最少的费用实现了预期的传播活动总体效果时，或一定的传播费用实现了整体最大的传播效果时，传播组合就达到了最佳状态。选择先进的决策技术有助于这种最佳状态的实现。

营销人员在设计和管理一个全新的传播组合，或者对一个低效率的传播组合进行大幅调整时，需要了解影响传播组合的主要因素并掌握必要的行业经验。这些因素主要有：营销传播目标、产品因素、推式和拉式策略、传播预算、购买行为阶段、产品的市场地位等。

1. 传播目标

企业在不同时期或不同地区，经营的目标不同，营销传播目标也不相同。营销传播组合要根据传播目标来确定。如果传播目标重心是旨在获取短期利益（如提高销量，加快市场开发，促进购买行为等），则往往会采用以营业推广、人员推销与广告的传播组合；如果传播目标是旨在获取长期利益（如建立品牌形象，提高知名度，提升顾客忠诚度等），则传播的重点应是广告与公共关系的传播组合。

2. 产品因素

1）产品的类型

消费品与工业品的产品性质不同，购买者购买目的差异大，各种传播工具的重要程度是完全不一样的。如广告在工业品市场上要比在消费品市场的作用次要些，不过它在提高企业及品牌知名度、克服销售人员与用户接触的障碍上仍然起着重要作用。一般来说，人员推销多用于销售昂贵的、有风险的产品以及少数大买主市场，因此，人员推销对工业品营销就适用性更好些，也就更重要些。

消费品与工业品的营销要采取差异化的传播组合。经营消费品的企业一般会把大部分资金用于广告，接下来是营业推广、人员推销、直复营销、公共关系等。而工业品企业通常会把大部分资金用于人员推销，其次是营业推广、直复营销、广告和公共关系等。

2）产品生命周期阶段

在产品生命周期的不同阶段，用户对产品的认知和态度有很大差别，企业的传播目标也不同，因而各种传播工具的成本效应也有较大差异，传播组合也不同。下面以消费品为例进行详细阐述。

在导入期的产品知名度较低，因此最主要的目标就是扩大产品知名度，以使顾客认识产品、产生购买欲望。所以应加大广告攻势，提高潜在顾客对产品的知晓程度，同时配以免费试用等营业推广的手段等刺激顾客购买。

在成长期，由于已有相当多的顾客已知晓并接受了新产品，产品销量增长迅速，但竞争者也随之出现，这一时期广告依然是主要促销方式，但广告内容从宣传品牌名称逐渐转换为宣传产品竞争优势，以培养顾客偏好，提高顾客对产品的兴趣；营业推广和公关关系在这一阶段也应当配合使用，进一步巩固顾客的忠诚度。

进入成熟期，销售呈现"滞涨"状态，市场销售几乎接近饱和状态，而竞争也最激烈。这一时期传播目标以增进购买兴趣为主，除了利用提醒性广告和营业推广留住老顾客以外，也还应利用公共关系塑造良好的企业形象和品牌形象，提升顾客忠诚度。

在衰退期，营销传播目标应为获取尽可能多的最后利润，传播规模应明显缩减，营业推广的传播效应相对较强，应继续成为主要的传播手段，广告和公共关系则要显著降低，而人员推销的传播效应最低。

3. 推式和拉式策略

推式策略是主要通过人员推销配合营业推广等手段，着力说服中间商购买企业产品，通过中间商的力量层层往下渗透，最后说服消费者购买。推式策略中用于人员推销和营业推广的费用要多于广告支出。推式策略一般适合于单位价值较高的产品，性能推荐、需要做示范的产品，根据用户需求特点设计的产品，流通环节较少、流通渠道较短的产品，市场比较集中的产品等。工业品营销一般多采用推式策略。

拉式策略是主要通过强大的广告和营业推广攻势等方式，着力刺激最终顾客的购买需求，来层层拉动各级分销商的订货需求。在拉式策略中，广告与营业推广的适当配合更为重要，更加注重和利用品牌效应。拉式策略一般适合于单位价值较低的日常用品，流通环节较多、流通渠道较长的产品，市场范围较广、市场需求较大的产品。日用消费品一般多采用拉式策略。

多数公司往往会采取两种策略混合使用的方式，即推拉结合的营销传播策略。

4. 传播预算

企业能够用于营销传播活动的费用总是有限的。传播预算的高低，在很大程度上决定着传播方式的选择与搭配。在满足传播目标的前提下，所搭配的营销传播组合要力求做到效果好而费用省。正因为如此，以互联网为载体，以符合网络传播的方法和理念来实施的传播活动，如社群传播、互动传播、口碑传播、病毒式传播等方式，日益被企业所重视，成为企业延伸品牌的公信度与品牌影响力、增强经济效益的有效途径。

5. 消费者购买行为阶段

新产品的消费者采用和购买过程大致包括知晓、兴趣、评价、试用和采用五个阶段。在前两个阶段，即知晓和兴趣阶段，广告的传播效应往往最大，其次是人员推销。在评价和试用阶段，广告的传播效应减弱，人员推销和营业推广的效应变得更大。在正式采用或重复购买阶段，广告的提醒效应和与之密切相关的品牌效应会变得相对重要。

6. 企业产品的市场地位

企业产品的市场地位越高，品牌效应越强。随着市场地位的下降，品牌效应也会下降。因此，对于强势品牌，广告支出的比重要大一些；而市场地位处于中间或稍后的品牌，营业推广的支出比重通常要高一些。

（七）管理营销传播过程

企业越来越注重运用整合营销传播的理论来管理营销传播过程，力求让传播效果最佳化。整合营销传播的基本思想类似于现代战争，它强调要围绕传播目标，将一切传播方式与活动一体化，打一场立体化的传播战，如同现代战争中将空军（广告）、战略导弹（有冲击力的社会公关活动）、地面部队（现场促销与直销）、基本武器（产品与包装）等一切消费者能够感受到的武器整合为一体，使企业想传播的信息与价值形象以最快的时间更有效地传达给消费者。

整合营销传播是根据营销传播目标,结合目标受众和产品的特点,综合协调地使用各种形式的传播方式,以统一的目标和统一的传播形象,有力地传递清晰一致的产品与品牌信息的活动,以更有效地实现与消费者的双向充分沟通,迅速树立产品品牌在消费者心目中的地位,建立产品品牌与消费者长期密切的关系,更有效地达到传播信息和销售产品的目的。整合营销传播被称为"speak with one voice"(用一个声音说话),即营销传播的一元化策略。

整合营销传播主要可从几个方面着手。

1. 信息内容的整合

所有与顾客有接触的企业活动,无论是人员传播还是非人员传播方式,都是在向顾客传播一定的信息。企业必须对所有这些信息内容进行整合,根据企业所想要的传播目标,对顾客传播高度清晰一致的信息。即"多种媒体,一个声音"。

企业在品牌形象塑造时,既需要对品牌识别的三大基本要素——名称、标志、基本色进行整合,以建议统一的品牌形象,也需要对品牌传播信息内容进行整合,以更利于塑造丰满有张力的品牌内涵。

2. 营销传播方式的整合

为达到信息传播效果的最大化,节省企业的传播成本,企业有必要对种种传播方式进行整合。所以企业要根据不同类型顾客接收信息的途径,衡量各个传播方式的传播成本和传播效果,找出最有效的传播组合。企业日益重视借助互联网媒体中的新媒体如微博、微信、视频网站等传播活动,与受众展开高效迅速的个性化互动交流,日益注重整合线下传播和网络传播的策略与活动。小众媒体如楼宇电视、电脑桌面媒体、卫生间媒体等这些另类媒体的出现与发展,为企业在营销传播方式的组合与整合方面提供了更大的选择空间。

3. 营销传播要素资源的整合

企业的一举一动、一言一行都是在向顾客传播信息,应该说传播不仅仅是营销部门的任务,也是整个企业所要担负的责任。所以有必要对企业的所有与传播有关联的资源(人力、物力、财力)进行整合,做好内部的沟通协调,这种整合也可以说是对接触管理的整合。

不少企业都选择使用广告代理公司来制订传播方案,如宝洁使用八家主要代理公司以及两家大型媒介购买公司,这需要企业不仅要协调好企业内部各部门间的传播活动,还需要设计合理的内外部沟通协调机制,整合好内外部的传播资源与活动。

(八)评估营销传播效果

企业需要经常评估营销传播效果的好坏,以诊断问题从而不断地改进优化。企业在评估营销传播时,主要关注两类结果:传播效果、销售和利润效果。传播效果评估是判断企业信息传播是否有效的一种方式,是评估传播的过程效果,一般通过传播测试来评估受众的认知、态度层次上的效果。在所传播的信息推出前，企业可以向受众展示相关信息，询问他们的感觉，并且测量信息的回忆程度或态度的前后变化。在信息发布后，企业可以测试这些信息如何影响顾客回忆或产品认知，也可以对整个信息传播进行沟通效果的事前评估和事后评估。销售和利润效果评估是与过去的广告费用和销售、利润额作比较的一种方法，这种方法能够直观地比较、判断企业所采用的传播和促销方案是否使企业获利，从而评估受众行为层次上的效果，评估传播的最终效果。

企业通过及时评估传播效果会发现问题，从而思考如何改进优化。例如，通过实施某传播方案，有82%的目标受众知晓产品的有关信息，其中58%的人有试用经历，但试用的人中仅有13%的人对产品感到满意。上述数据说明，信息传播方案在创造产品的知名度方面是有效的，但传递的信息则可能使消费者产生了超出产品实际特性的消费预期。企业可通过进一步验证以确认问题，再反省导致此问题出现的原因，并寻求解决问题的有效措施。

案例 9-1

农夫山泉牵手故宫打造高颜值"故宫瓶"

2018年8月，赶在《延禧攻略》《如懿传》热播的时候，营销高手农夫山泉与故宫合作推出了一系列"故宫瓶"，蹭了一波热度，引起消费者的广泛关注。"故宫瓶"共九款，以康雍乾三代帝王的人物画像以及后妃画像为设计主体，并配以对应的人物独白文案，例如你是朕写不完的诗、朕打下的一瓶江山、本宫天生丽质等等，短短几句话就将高高在上的帝王、妃子拉下神坛，成为与你我一样，有着平常悲喜的"凡人"。

其实在这之前，农夫山泉还曾跨界联合网易云音乐推出了30款不同的限量"乐瓶"，30条精选的用户乐评被印在了矿泉水的瓶身包装上，让每一瓶水都有了故事性，尝试以产生共鸣的形式打动消费者。

第二节 如何进行广告营销

一、如何理解广告

广告是广告主有偿使用各种传播媒体，有计划地传递产品、服务、观念等信息，以影响目标受众认知、态度与行为从而使广告主得益的一种大众传播活动。广告主体、广告客体、广告媒体、广告内容和广告费用是构成商业广告的基本要素。

由于广告是一种能够以相对较低的单位成本接触到大量受众的高效沟通方式，在营销传播活动中，无论是建立对某种产品的品牌偏好，还是展示企业独特的经营理念和文化，广告都是一种有效的传播手段。它是企业营销活动中使用最多、花费最多、十分重要的促销工具之一。Wind资讯的数据统计显示，截至2017年我国1 837家上市公司的广告宣传推广费用累计达到1 633.94亿元，上汽集团以136亿元位居榜首，苏宁易购以及恒瑞医药分别以 47 亿元和 46 亿元分居第二位、第三位。由企业对广告的大量支出可见广告策略的重要性。

有人说不做广告是等死。产品如果不做广告，就好像一个少女在黑暗中向你暗送秋波。市场早已走出了"酒香不怕巷子深"的时代，没有广告，产品肯定不会成为知名名牌。成功的广告可使默默无闻的企业和产品名声大振，家喻户晓，广为传播。

不过，有人抱怨说："我知道我们投放的广告费有一半是浪费的，但不知道是哪一半！"甚至有人说：做广告是找死。下列数据似乎也在佐证这一点：2017 年全年广告费 10 亿元以上且同比增幅较大的上市公司，似乎未能从广告加码的行动中获得太多的业绩提升。广告费排名前十的 10 家公司，其中半数上市公司广告费占营业利润的比例超过了 100%。高昂的广告费用侵蚀着上市公司的净利润水平。

二、如何进行广告决策

如何进行科学的广告决策，是广告传播的关键所在。广告传播主要有五个重要的决策步骤，简称"5M"：广告目标（mission）、广告预算（money）、广告信息（message）、广告媒体（media）和广告效果（measurement）。

（一）确定广告目标

企业广告决策的第一步是确定广告目标。广告目标是指在一定期限内对特定的目标受众完成特定的传播任务，并获得目标受众的预期反应。广告目标需要根据当前企业的目标市场、定位和营销组合决策来确定，明确它在整个营销传播计划中的地位和作用。企业的广告目标既可以是有具体数值的定量目标，如提升销售量、销售额等，也可以是描述性的定性目标，如普及商品知识、创造流行时尚、提升品牌形象等。广告目标一般分为告知、劝说和提醒这三类。

1. 告知性广告

告知性广告主要用于新产品的导入期，目标是促使顾客产生初始需求。广告的主要内容是通过介绍新产品的新功能、特点、使用方法、新用途等向市场推介新产品、宣传产品的价格变动、新企业的开张及推广企业新增的服务等。

2. 劝说性广告

劝说性广告主要用于产品成长期和成熟期，目标是建立顾客的选择性需求，建立品牌形象和品牌偏好，诱发顾客的购买欲望和购买行为从而促进销售等。广告的主要内容一般强调产品的特殊品质、特色用途或用户利益，改变消费者对产品属性的认识，劝说顾客购买自己的产品，鼓励竞争对手的顾客转向自己，以及使顾客有心理准备乐于接受人员推销等。劝说性广告一般通过权威证明、现身说法、比较等手法说服消费者。

3. 提醒性广告

提醒性广告主要用于产品的成熟期和衰退期，目标是提醒顾客关注产品品牌并促进习惯性购买。广告内容突出企业或产品品牌形象，强化顾客对产品品牌的情感，让顾客一直记住该品牌产品并提示顾客继续购买，帮助企业维持顾客关系。如脑白金广告"今年过节不收礼，收礼还收脑白金"就是提醒性广告。

（二）制定广告预算

广告预算是企业在制订广告方案时安排广告预期支出的金额，是广告管理的一项重要内容。确定广告预算的方法，主要也是前述的量力支出法、销售额百分比法、目标任务法和竞争对等法四种。在确定广告时，还必须考虑充分考虑以下因素。

1. 广告生命周期的阶段

在产品生命周期的不同阶段，广告投入量及侧重点都有所差别。在导入期，为提高广大顾客对新产品的认知度和记忆度并争取顾客的试用，需要投入较多的广告；在成长期，广告主要任务是提升品牌知名度，建立品牌形象和品牌偏好，广告的频率可以放慢点；在成熟期，广告的主要任务是维持产品的市场地位，因此广告内容应突出企业或产品品牌形象，强化顾客对产品品牌的情感，提醒顾客关注并促进习惯性购买，需要投入一定的广告；在衰退期，一般应大量削减广告费用。

2. 产品的差异性

高度同质的产品，广告效果不明显，广告预算一般较低。高度差异性的产品，具有一定的垄断性，不做广告也会取得较好的销售效果，广告预算也不用太高；而具有一定的差异性，但这种差异又不足以达到垄断地位的产品，因为竞争激烈，广告预算反而比较多。

3. 目标市场状况

目标市场上顾客对产品的认知及熟悉程度、顾客的地域分散程度，都会影响广告的投入。

4. 市场占有率的高低

市场占有率高，广告预算的绝对额也高，但平均到单位产品的广告费用却比较低；市场占有率低的品牌，广告预算的绝对额也较低，但平均到单位产品的广告费用却比较高。

5. 竞争的激烈程度

广告预算的多少受主要竞争对手的广告策略影响，与竞争激烈程度的强弱成正比。当竞争者众多时，企业需要做大量广告才能吸引顾客的注意。

6. 促销组合

广告是促销组合系统中的一个组合部分，广告预算的多少应由促销组合的总体安排来决定。

（三）设计广告信息

广告的效果并不主要取决于企业投入的广告费用，更关键的是在于广告表现的内容和创意。广告主题决定广告表现的内容,广告创意决定广告表现的形式和风格。只有广告内容迎合目标受众的需求,广告表现新颖独特,广告才能引人注意,并给目标受众带来美好的联想,从而促进产品的销售。

广告的信息决策一般包括以下三个步骤。

1. 设计广告主题

广告主题是广告所要表达的中心思想,要起到为顾客创造购买产品理由的作用。因此,广告主题应当显示产品品牌的独特利益点来吸引目标顾客,即解决广告定位问题。找准利益点就是告诉顾客你的产品品牌能提供什么独特利益,即必须向消费者说出"独特销售主张"(unique selling proposition),俗称卖点,从而让产品品牌在顾客心中占据一个优先位置。如何找到一个利益诉求点,去说服顾客采取购买行动,是广告创作中的难题所在。

广告主题的确定,最关键的是要找出产品相对于竞品存在明显差异化的地方并转化成品牌的差异,要深刻洞察目标顾客对产品需求的独有理解和潜伏心底的情愫,要理解目标顾客崇尚的价值观、个性、生活方式、审美情趣、人文追求,找寻到与之对应的产品品牌独特利益点并概括成一句精练的广告语。对于同一类产品,可以从不同角度提炼不同的广告主题,以满足不同顾客的需要和同一顾客的不同需要。

2. 评估与选择广告信息

广告信息要简练有力。一个好的广告总是聚焦于一个核心主题,而不要涉及太多的产品信息。"怕上火,就喝王老吉""农夫山泉有点甜"等,就以异常简洁的信息在受众心目中留下深刻的印象。信息过多过杂,会让受众不知所云。

广告信息的载体是广告文案。对广告文案的评价标准有许多,但一般要符合以下三点要求。

其一,具有吸引力,即广告信息首先要使人感兴趣,引人入胜。这要求广告不仅要有清晰的产品品牌独特利益点与相应的支持点,并通过直击人心的一句精练广告语来呈现与强化,还要用有创意的叙述方式和表现形式感染说服顾客。

其二,具有独特性,即广告信息要与众不同,独具特色,而不要人云亦云。独特性要求广告有创意,即广告内容叙述方式和表现形式要独特。广告创意一定要基于产品本身的特征、基于事实,通过最能代表、体现目标顾客对产品需求理解的创作元素,如一个场景、一个音符、一个生活片段、一个记忆,甚至是一份朦胧的向往,采取直陈式、悬念式、明星式、比较式、实证式等叙述方式,通过戏剧化、娱乐化、幽默化、拟人化、奇幻化等艺术化手法放大,突出产品品牌的利益点,形成对目标受众的强烈吸引与震撼,让产品品牌过目难忘。

其三,具有可靠性,即广告信息必须从实际出发,实事求是。广告要将真实的事情艺术地告诉大家,是基于科学调研、理性分析后的智慧的创作。广告信息中要提供产品利益点的支持点,即要有关于产品的基本事实,也可以是科学验证、权威机构的技术鉴定,才能增加广告的可信度和劝说力,才能打动顾客购买并建立企业和品牌的信誉。支持点一般作为辅助性文案出现。若有多个支持点要求主次分明,一定要可信,有说服力。如果把广告中的利益点比作树干,那么支持点就是广告中的枝叶部分,好的广告就应该做到枝叶并茂。

广告信息不仅要有利益点、支持点与记忆点,还要创设沟通点,就是要建立广告活动与消费者进行双向信息沟通的通道。最普通的就是给一个沟通的联系方式,如电话号码、QQ号、微信公众号。平面广告中以设立赠品、有奖问答的形式强化受众与企业沟通的热情。还可以通过建立会员俱乐部之类的客户联谊组织、举办公益讲座等方式来有效增加主客双方沟通接触的频度和深度。沟通所带来的收益是多方位的,通过沟通能使企业更好地改进产品,调整营销策略,更深入回应消费者所关注的问题。

3. 信息的表达

广告信息的效果不仅取决于"说什么",更在于"怎么说",即广告信息的表达。信息表达的叙述方式主要有以下几种。

(1)直陈式。在广告中直接说明产品的品牌、特点、用途、价格、生产者以及操作要领等。

(2)实证式。现身说法,展示产品使用后顾客的评价及获奖情况,从实际效果上证明产品的品质和价值。由值得信赖的权威人士推荐或普通用户的"现身说法",以证明产品的功能和用途,或者借助于科学研究成果或调查证明,表现产品的优越之处。

(3)示范式。通过展示产品的操作过程以及使用后使顾客获得的利益,来说明产品功能和作用。

(4)明星式。聘请演艺界、体育界等社会名流作为产品形象代言人,利用明星效应宣传和推荐产品。

(5)比较式。将产品与同类产品进行比较,彰显产品自身的优势和特色,不过,目前有很多国家的广告法明确规定,企业在进行广告宣传时,不得贬低其他生产经营者的产品或服务。

(6)悬念式。营销有关悬念,激发顾客的好奇心,引起社会的广泛关注,进而推出答案,给顾客留下深刻印象。

(7)幽默式。通过幽默人物或幽默情节推介产品。

(8)恐惧式。利用顾客恐惧不利于自身身心健康,追求美好生活的心理,推广有利于身心健康的产品。

广告表现的手段包括语言手段和非语言手段。

广告的语言要从顾客的视角说话,要用顾客容易理解的语言交流,简洁明了、朗朗上口的易形成记忆点,重复、对比易形成记忆点,越是创新的内容越易形成记忆点。语言在广告中的作用是其他任何手段所不及的,因为语言可以准确、精练、完整、扼要地传达广告信息。如红牛饮料的"汽车要加油,我要喝红牛"、统一润滑油的"多一份润滑,少一份摩擦",利郎服饰的"简约而不简单",德芙巧克力的"牛奶香浓,丝般感受",戴比尔斯钻石的"钻石恒久远,一颗永流传"等,既简明扼要,又朗朗上口,都取得了意想不到的效果。

非语言就是语言以外的、可以传递信息的一切手段,主要包括构图、色彩、音响、体语等。一般来说,动感比静态更能形成记忆点,大面积图形易形成记忆点,富有戏剧性、幽默性的造型易形成记忆点。

广告表现要做到图文并茂,善于根据不同产品的不同广告定位,把语言手段和非语言手段有机地结合起来。

在具体产品的广告表达设计中,往往是根据媒体的特征、广告预算的要求,进行多种方式的综合运用。

(四)选择广告媒体

广告表现的结果就是广告作品。广告作品只有通过恰当的广告媒体投放才能实现广告传播的目标。因此,做好媒体决策就很关键。广告媒体的决策主要包括:确定广告到达率、频率和效果;选择主要的媒体类型;选择特定媒体载体;确定媒体时段。

1. 确定广告到达率、频率和效果

为了选择传播媒体,企业需先确定达到广告目标所需要的广告到达率、频率和效果。到达率是在给定时间段内,目标市场中接触到广告活动的人数所占的比例。频率衡量的是目标市场中一般人接触到广告的次数。企业不仅要以一定的频率接触到顾客,还必须确定期望的媒体效果,即通过某一特定媒体展示的信息价值。

2. 选择媒体类型

企业使用多种广告媒体进行广告信息传播并达到公司预定的广告目的,必须首先充分了解各种广告媒体特性,然后再综合考虑产品的特征、目标市场的特征、媒体费用等因素,在此基础上对广告媒体的选用及组合进行决策,尽可能以最小成本产生更好、更有效的宣传效果。

1)明确广告目的

如果是让销售人员有拜访客户的机会,企业可能会采用直接信函;如果是以扩大市场销售额为目的的广告应选择时效性快、表现性强、针对性强的媒体;树立形象的广告则适合选择覆盖面广、有效期长的媒体。

2)明晰广告媒体的特性

目前使用频率较高的广告媒体主要是传统四大媒体(报纸、杂志、广播、电视),以及一些新兴媒体(包括户外广告、短信广告、网络广告、直接邮寄广告、交通广告等)。这些媒体各有优点和缺点,见表9-1。

表 9-1 主要媒体类型的优缺点比较

媒体	优 点	缺 点
电视	广泛覆盖大众市场，综合视觉、听觉和动作，声形合一、感染力强，表现形式多，更易吸引注意，注目率高，起效速度快	绝对成本高，展露时间短暂，很难选择受众，易受干扰，难以互动沟通
广播	播出和制作成本低，制作便利，听众群体较明确，传播迅速且传播面较广，灵活性强，随时可修改，通俗易懂	只有听觉效果，不易留下深刻印象，展露时间短暂，信息量有限，遗忘率较高，收听率难以测定
报纸	发行量大，传播范围广，读者群稳定，有较高的覆盖率，可承载信息量大，灵活，及时，可信度高，费用较低	有效期短，注目率低，印刷效果会极大减弱广告的表现力，难以互动
杂志	读者群稳定，读者的专业性和针对性更明确，可信，有威望，保存时间长，印刷效果好，时效长，传阅性好	发行周期长，灵活性弱，成本高，受众范围有限，不能保证刊登位置，难以互动
网络媒体	覆盖范围广，表现形式丰富，可采用多媒体，信息量大、起效快，易于统计，交互性强、成本低于传统媒体	信息量过大，可信度不高，顾客易选择性忽略
直邮	针对性强、灵活、易于控制，可以直接获得反馈，传播较为隐蔽，在同一媒体中没有广告竞争者	每次展露成本相对较高，传播面较窄，有"垃圾邮件"印象
户外广告	灵活、高重复展露、地理选择性好，位置优越，巨大醒目、成本低、信息竞争少、费用比较适中	信息量有限，受众选择性小，创意受限
交通广告	暴露时间长，重复率高，流动性强，成本较低	受众范围狭窄，针对性较差，信息量有限

为了更好地针对特定的目标客群，精准深入进行广告信息传达，从而提高广告效益和效果，广告主开始考虑分众媒体投放。电梯广告、网络广告、会员短信广告迅速发展，成为其重要代表。在新科技日益发展的今天，手机的互动传播性也被广泛挖掘利用。

为了更好地传播，广告主还自己创造广告载体，涌现出了大量的自有媒体，如海报、手提袋、房地产项目楼书、售楼处看板、概念样板房、工地围墙及户外、企业自己发行的书籍杂志，如 SOHO 中国的《杂碎》等。

3）产品的种类与特点

只有适应产品的特点，广告媒体才能取得较好的信息传播效果。一般生产资料适合选择专业性的报纸、杂志、产品说明书；而生活消费品则适合选择生动形象、感染力强的电视媒体和印刷精美的彩色杂志等媒体。如化妆品、珠宝等需要依靠产品自身的外观、颜色、光泽等吸引消费者产品，使用图像表现力较强的媒体（如电视、杂志等）进行广告传播可以取得较好的效果，吸引消费者的眼球；对于服装类产品，除了静态图片效果以外还需要动态展示，因此通过电视播放视频广告可以获得更好的效果；而那些需要对产品信息进行详细介绍的广告，如书籍广告、房地产广告、机械器材广告等则通常可以采用承载文字信息量较大的报纸、杂志作为媒介。

4）目标市场的特征

为了使广告媒体达到最高效的影响力，企业应当根据目标市场的特点来选择广告传播媒体，越适宜目标市场特点的媒体，广告的针对性就越强。

（1）目标市场的范围。所选媒体的传播范围应与目标市场范围一致。全国性市场适合选择全国性媒体，如中央电视台、《环球时报》、《参考消息》等；区域性市场适合地区性媒体，如《扬州晚报》、扬州电视台等。

（2）目标市场的地理区域。所选媒体的传播范围应与目标市场的地理区域一致。农村市场需要选择适合农民的媒体，如《南方农村报》等。城市市场则适合选择都市类媒体，如《扬子晚报》等。

（3）受众的媒体使用习惯和偏好。媒体的传播范围应与目标受众的媒体使用习惯和偏好一致。每类消费者都有自己的媒体习惯，不同的媒体能够影响到的顾客阶层和数量也是不同的。广告的目的是让目标顾客准确接收产品信息。因此，能够有效将信息传递给目标顾客群体的媒体才是好媒体。例如，对于青少年进行广告传播时，通过网络和手机短信的渠道效果会优于传统媒体；而面对在校学生，广播媒体会是不错的选择；对于幼童，适合在电视台的儿童频道或者儿童节目时段播出广告，而如果使用网络媒体针对老年群体宣传则几乎不会收到效果；如果针对中产阶级，适合选择《新快报》等时尚类媒体。

5）媒体的费用

媒体的费用也是企业必须考虑的重要因素。不同广告媒体的收费标准不同，即使是同一种媒体也因传播范围和影响力的大小而有价格差别。同样作为电视媒体，中央电视台和地方电视台每秒的广告费用差别是很大的；而同样作为覆盖全国的媒体，中央电视台的广告费和《人民日报》的广告费用也是不可比拟的。对企业而言，考虑媒体成本，更多也应该考虑相对成本而不是绝对成本。在现代广告理论中，常常使用千人成本（CPM）来作为计算依据，即在广告媒介计划中，载体每到达一千人次的受众量所需要花费的成本。其计算公式为

$$CPM = \frac{广告费用}{受众人数} \times 1\,000$$

3. 选择特定媒体载体

企业在选择媒体载体时需要考虑媒体各自的特点，评估媒体载体的受众质量（受众是不是产品的目标受众）、受众的涉入度（受众是否会认真阅读观看）、载体的编辑质量（媒体载体是否可信赖、有权威性）以进行媒体选择。

4. 确定媒体时段

企业在制定广告策略时还需要考虑其投放广告的时间。原因有二：一是不同时间段的广告受众不同，例如周一到周五电视的受众以老年消费者居多，因此是保健品广告投放的主选时间。二是产品消费或使用的时间有所差异，如生产冰淇淋的企业可能会根据季节来进行广告的投放；生产床上用品的企业可能会选择在傍晚投放广告。

在选择评价广告媒体时，还应适当考虑媒体的覆盖率、视听率、接触率、阅读率等多项指标。企业在选择时，应当从广告目标的要求出发，综合各广告媒体的优缺点以及其他各种影响因素，选择既能起到良好的宣传效果，又经济节省的广告宣传媒体。

（五）评估广告效果

为了解投放的广告是否达到了企业的预期目标，对广告投放进行有效的计划和控制，企业还需要对广告的传播效果进行衡量与测定，通过多种手段了解广告接收者的反应情况。广告效果的评估，是营销传播效果的组成部分，两者在效果评估的内容上有较大的相似性。在测定广告效果时，主要针对以下三方面进行衡量。

（1）广告传播效果。确定广告沟通效果的方法主要有广告事前测定与广告事后测定。

广告事前测定是在广告作品没正式发布之前针对广告作品的主题、创意、表现手法、文案等进行测定，评价广告作品的吸引力、易读性、好感度、认知力、感染力和号召力等，通过多次对不同广告案的对比，了解消费者对广告案的偏好，以便对今后的广告文案策划起到指导作用，创造更佳的广告传播效果。针对广告作品效果的测量方式包括：实验室测定法、意见评定法、评分法和实地访问调查法。

广告事后测定主要用来评估广告出现于媒体后所产生的受众认知、态度层次上的效果，重在考察对目标受众心理的影响效果。广告的目的并不是一定要直接获得销售效果，也可以是从消费者心理上起作用，包括改变消费者对品牌的态度、增加消费者对品牌的认知度、好感度、培养消费者的品牌忠诚度等。常用的测量方法主要有：回忆测试法、识别测定法、实验室控制法。回忆测定是由接触广告的目标顾客加快所接触到的广告，并复述广告中出现的企业及产品名称的内容，借以测量广告的注意度和记忆度。识别测定是由目标顾客辨认并指出所接触过的广告，以测量广告的影响力度。

（2）广告销售效果测量。主要是测量广告播出后，对产品销售和利润额度的促进效果。通过测量广告销售效果，比较广告前后，或对比做广告的甲地与不做广告的乙地之间的销售额及利润额之间的差别，可以得到广告投入与销售增长之间的比例，帮助企业更科学地制订广告预算和广告投放计划。常用的广告促销效果测定方法包括：广告费用占销率法、广告费用增销率法、单位广告费用促销法、单位广告费用增销法、弹性系数测定法。

（3）广告社会效果测量。广告社会效果的评估主要评定广告的合法性以及广告对社会文化价值观念的影响。一般可以通过专家意见法和消费者评判法进行。

案例 9-2

故宫主动发声，塑造新 IP

2014年，一篇名叫《雍正：感觉自己萌萌哒》的文章横空出世，刷爆了互联网，同时，也让人们记住了一个俏皮、可爱的雍正动漫形象。一扫大众对故宫固有和固化的认知，开启了故宫走向青春有趣化 IP 的第一步。自此以后，故宫博物院不断搞事，频繁亮相，主动发声，大胆跨界，与媒体积极互动，有力地塑造了全新形象。

2016 年播出了故宫纪录片《我在故宫修文物》，通过"修复文物"这一动作展开，让用户了解了修复文物的艰难和历史遗产的珍贵。

2016年，故宫和腾讯推出一款 H5 "穿越故宫来看你"，朱棣唱着 RAP，跳着舞蹈，刷着朋友圈,给了网友们形象上的反差,让这款 H5 迅速刷爆互联网。

2016 年,故宫征集创意表情包,首月开放下载便突破了 4 000 万。

2017 年,故宫又出品纪录片《故宫新事》,这部纪录片又采用创新的播出形式——一共五集,每年只播出一集,专门用来记录五年里修缮养心殿的过程。

前后两部纪录片都收获如潮好评,让大众、尤其是年轻人群从全新的视角,对故宫文化有了更深度的感知。

2017 年,《奇迹暖暖》推出故宫特别版,4 000 万游戏用户可以为游戏人物换上服装,体验故宫服饰的美。

2017 年,推出了《清明上河图 3.0》,不同于传统布展形式,这场艺术展融合了 4D 动感影像等多媒体技术和沉浸互动戏剧等艺术形态,给观众带来全方位沉浸式的互动体验。

2018 年,故宫上线了三个电视节目,除了《国家宝藏1》《国家宝藏2》,还有文化创新类真人秀节目《上新了·故宫》邀请来邓伦、周一围等明星做主持,大众跟随着镜头,近距离感受故宫历史文化底蕴,并与顶尖跨界设计师和高校设计专业的学生联手,每期诞生一个引领热潮的文化创意衍生品。同时引入观众投票与淘宝众筹的模式,让年轻人参与到节目生产与传播的全过程中来。

2018 年,故宫联合腾讯地图,共同打造"玩转故宫"小程序。

2018 年中秋,故宫和抖音合作,推出"抖转星移共团圆"宫廷月饼吉盒。推出 H5 动画视频,用故宫的历史背景,结合多个抖音火爆音乐,带给用户非常有趣的体验。

2018 年,故宫借势大火的宫廷剧《延禧宫略》,发布了延禧宫内灵沼轩的虚拟现实体验二维码,游客可通过手机全景观看灵沼轩修复后的样子,给予游客更好的游览体验。

2018 年 11 月,故宫将总长为 135 米的"故宫雪景长卷图"搬到了北京国贸地铁站。

从 2018 年开始,故宫接连在北京、上海、成都打造快闪店,让观众在紫禁城之外,能够近距离地接触故宫文化。

2019 年,开始尝试大型的传统节日主题展览,不断给全民带来惊喜。故宫农历春节期间,"紫禁城里过大年"系列展览活动让故宫穿越回清代,让游客亲身体验传统文化习俗。沉浸式的观展体验,迅速引来关注与传播,整个春节假期,故宫每天游客都达到限流上限 8 万人。"紫禁城上元之夜"建院 94 年来首次夜间对公众免费开放,正月十五赏灯游园,瞬间点燃了网友们的热情。

现在,故宫每个星期至少有一次的媒体发布会,让社会公众知道故宫的一举一动。

在主动发声的同时,故宫出品了各种有趣的文创产品,2016 年达 9 170 种,如推出的口红刷屏了整个互联网,携手农夫山泉推出农夫山泉故宫瓶,将瑞幸咖啡引进故宫,吸引了众多关注与购买,进一步获得广大人民群众的喜爱,2016 年文创营收达 15 亿元。

故宫的新 IP 形象,就这样逐渐被打造出来。

第三节　如何进行营业推广

一、如何认识营业推广

营业推广(sales promotion),又称销售促进,指企业运用各种短期诱因鼓励顾客购买企业产品的促销活动，如折扣优惠、样品赠送、产品陈列与现场表演、产品展销、包装、优待券、奖售、展览会等。营业推广比较适合于对消费者和中间商开展促销工作，一般不适用于产业用户。

营业推广是企业重要的促销方式之一，它具有刺激性、即期性、非连续性、针对性、辅助性等特点，在企业市场营销活动中广泛运用。

（1）刺激性强，以现实的利益诱导为核心。任何一种形式的营业推广活动，都包含某种程度的利益诱因。人们参加营业推广活动通常也是为了得到现实利益。这是营业推广本质的特征。

（2）即期性。营业推广与广告、公共关系不同，不需要较长时间的推广，它的效果迅速、明显、直接，在短期内就可以大量促销产品。

（3）非连续性。广告、人员推销、公共关系的促销，往往是一个长期的、连续的过程，而营业推广则往往是短期专门开展的一次性促销活动。

（4）针对性强。在实践运用中，营业推广往往表现为"商业竞争"，用来在短期内对抗竞争对手，具有很强的针对性。

（5）辅助性。多数情况下，营业推广是非经常性，只能作为企业产品促销的辅助手段，与其他促销方式配合使用。如若经常使用营业推广会使消费者对企业及产品质量产生怀疑，破坏企业形象。

二、营业推广方式

营业推广的具体方式多种多样，主要可分为七大类。

1. 免费推广

免费推广对促销对象的刺激最大，特别是新产品上市、促使顾客购买新品牌时，作用比较明显。免费推广的方式包括赠送一定期限的免费使用权、免费赠品、免费样品、赠品印花等多种。如雀巢公司通常会在雀巢咖啡的包装上附赠咖啡搅拌器，在其奶粉包装上附赠学生用杯等。

2. 优惠推广

优惠推广是企业采用频率最高的营业推广方式。它的具体做法丰富多样，主要有优惠券、折扣优惠、交易印花、抽奖推广、付费赠送等。

（1）优惠券。赠送给消费者的一种购货券，可按优惠价格购买某种产品。这种优惠券可直接寄给消费者，也可附在其他产品或广告中。发放优惠券，有利于刺激消费者使用该产品。

（2）折扣优惠。为了刺激、鼓励中间商购买本企业的某种产品，对其第一次或大量购买给予一定的折扣优待，购买量越大，折扣越多。这种方法可鼓励中间商更多地经营本企业产品。

（3）交易印花。在营业过程中向购买者赠送印花。当购买者手中的印花积累到一定数量时，可以兑换现金或产品。这种方法可吸引顾客长期购买本企业的产品。

（4）抽奖销售。抽奖销售是一种比较流行的营业推广方式，它是举办企业制订一定的活动规则，请消费者参加带有某种碰运气性质的活动。它通常的做法是要求消费者填好抽奖券送到指定地点，参加随机抽奖活动，或刮开产品包装中的刮刮卡，即奖券卡等。例如，光明牛奶的包装上附有刮刮卡，消费者刮开后当场兑奖，未中奖的刮刮卡可用作优惠券，可在下次购买光明牛奶时抵作 2 元现金。又如，海信空调曾先后在《北京晚报》上刊登了 8 期广告，并在其广告上附印了"海信空调有奖问答题"，要求读者根据已刊登的 8 期广告内容，填写问答题，然后寄往指定地点，就有可能中奖，以此来刺激读者对本企业产品的关注。

（5）付费赠送。企业为吸引消费者而采取的只要消费者在购买某种特定商品的同时支付赠品的部分费用即可获得赠品的销售促进方式。

3. 会员制推广

它是一种稳定消费者的有效手段。会员制促销活动通常会要求目标消费者提交申请表及相关证明，有时需要交纳一定数量的会费，成为该会员团体成员后可在一定时期内在指定地点享受低价购物的优惠或是其他优惠服务等。航空公司、酒店、餐饮、零售商、美容院、休闲娱乐中心等企业经常采用会员制促销，使其拥有大量稳定的客源，提前锁定一部分收益，获得客户的预付款。

4. 竞赛推广

这种方式既可对消费者，又可对中间商和推销人员运用。在对消费者运用时，可让其进行某种比赛或做游戏，向优胜者发奖。在对中间商和推销人员运用时，让中间商或推销人员开展销售产品的竞赛，对有突出成绩的中间商或推销人员给予奖励。这种方法能有效刺激经销或销售人员努力工作，积极主动地开展销售业务。例如，美国企业就经常会给国外表现突出的代理商以免费旅游美国的奖励。

5. 促销资助推广

企业为中间商提供陈列产品、支付部分广告费用或运输费用等补贴或资助。主要有广告津贴和陈列津贴两种形式。广告津贴是对中间商出资为本企业产品作广告，给予一定资助。陈列津贴是对中间商陈列展出本企业产品，给予一定资助。

6. 示范推广

示范推广主要有陈列、示范、会展。陈列，即企业通过橱窗、柜台或流动设施，突出展示特定商品的特色以促进产品的销售。示范，即企业通过对产品的操作示范，打消顾客的疑虑，展示产品的独特性能，刺激顾客购买。会展，即企业通过展览会、订货会，陈列产品并进行操作示范，挖掘新顾客，维系老顾客，达到促销的实际效果。

7. 组合推广

组合运用多种推广的因素和手段，主要方式有联合推广、按揭推广、服务推广、俱乐部推广等。

三、如何进行营业推广决策

营业推广的主要决策过程包括确定目标、选择工具、制订方案、测试方案、实施控制、评价结果等几个环节。

（一）确定营业推广的目标

对消费者进行营业推广的目标主要有：刺激消费者的购买，以扩大销售量；促使其试用新产品；吸引竞争品牌的消费者，提高市场占有率；对付竞争者的促销活动，减少顾客的流失。对中间商进行营业推广的目标主要有：吸引中间商经销本企业的产品；进一步调动中间商经销产品的积极性，使中间商参与制造商的促销活动；劝诱其购买更多的产品等。对销售员来说，推广目标就是激发推销员的推销热情，激励其寻找更多的潜在顾客。

（二）选择恰当的营业推广工具

1. 塑造适宜的商业氛围

商业氛围对于激发消费者的购买欲望具有极其重要的作用。因此，商店布局必须精心构思，营造出一种能够激发目标消费者购买激情的氛围，从而使消费者乐于购买。可以从营业场所设计和商品陈列设计两方面营造商业氛围。

（1）营业场所设计。当代，购物环境的好坏已经成为消费者是否光顾的重要条件。优美的购物环境体现在视觉、听觉、嗅觉等多方面。当我们走进一家大型购物中心，富有特色的店堂布置、宽敞宜人的购物空间、井井有条的商品陈列、轻松悦耳的音乐，总使消费者流连忘返。一位女士这样描绘她心中的购物环境：空气像大自然一样清新，环境像五星酒店一样优雅，购物像海边散步一样轻松……

（2）商品陈列设计。商品陈列既可以将商品的外观、性能、特征等信息迅速地传递给顾客，又能起到改善店容店貌、美化购物环境、刺激购买欲望的作用。商品陈列设计要达到以下要求：其一是要引起顾客的注意和兴趣；其二是具有亲和力，一般来说，允许顾客自由接触、选择和观看；其三是具有美感，独特的造型和色彩搭配容易给人赏心悦目之感，从而激发顾客的购买欲望；其四是传达的信息简单、明确，使顾客容易理解；其五是品种丰富，增加消费者的挑选余地，丰富的陈列可以制造气势。

商品陈列可以采用以下一些方法。

一是便利型售点陈列。例如，少儿用品的陈列高度要控制在 1~1.4 米，以便少儿发现和拿取；而老人用品则不能放得太低，因为老人下蹲比较困难。

二是集客型售点陈列。如百事可乐的售点展示往往以大型的产品堆头为主，各种各样的 POP，还摆放譬如百事流行鞋、陆地滑板、个性腕表、背包等时尚用品，整个售点显得时尚、个性，吸引少男少女趋之若鹜地光顾其售点。

三是档次提升型陈列。如服装厂商巧妙地运用陈列背景、装修氛围、灯光的颜色与照射方向等展示手段，衬托出服装的档次来，使顾客一见就心生喜爱。

四是凸显卖点的陈列。这是一种为了强调产品独特卖点的售点展示方法，如宝洁公司的海飞丝洗发水在夏季促销中为了在其原有的"去屑"的卖点上加以"清凉"的概念，在终端展示的方法上采用了用冰桶盛放海飞丝的方式，非常直观地给消费者"去屑又清凉"的感觉。

五是热点比附型陈列。运用这种策略可以拉近品牌与热点事件的关系。如在世界杯期间，很多厂商在售点现场精心设计各种各样的与世界杯有关的宣传品，向顾客诉求其品牌与世界杯的联系，譬如世界杯期间广州的很多卖场的可口可乐售点除了装帧以很多球星的海报之外，还在现场用木箱放置了许多足球以衬托气氛。

2. 选择营业推广形式

企业可以根据市场类型，营业推广目标，各种营业推广工具的特点、成本及效果，竞争环境，国家政策等因素，作出适当选择，经常使用的推广形式包括以下几类。

一是生产商对消费者的推广形式。如果企业以抵制竞争者的促销为推广目的，企业可设计一组降价的产品组合，以取得快速的防御性反应；如果企业的产品具有较强的竞争优势，企业促销的目的在于吸引消费者率先采用，则可以向消费者赠送样品或免费试用样品。

二是零售商对消费者的推广形式。零售商促销的目的是吸引更多的顾客光临和购买。因此，选择的促销工具必须能够给顾客带来实惠。实惠就是吸引力。在推广中，零售商经常采用商品陈列和现场表演、优惠券、特价包装、抽奖、交易印花、免费样品、游戏、赠品以及会员制等推广形式。

三是生产商对中间商的推广形式。生产商为了得到批发商和零售商的合作与支持，主要运用购买折扣、广告折让或合作广告、赠送促销设备、推销竞赛、商品陈列折让和经销奖励、举办产业会议或是商业展览会等方式进行推广。

四是生产商对推销员的推广形式。生产商经常运用销售竞赛、销售提成、奖金、提拔重用、免费旅游或带薪休假、奖品等工具对推销员进行直接刺激，鼓励推销人员大力推销新产品，开拓新市场，寻找更多的潜在顾客，大力推销积压产品等。

（三）制订合理的营业推广方案

一个完整的营业推广方案必须包括以下内容。

（1）确定诱因规模。确定使企业成本/效益最佳的诱因规模。诱因规模太大，企业的促销成本就高；诱因规模太小，对消费者又缺少足够的吸引力。因此，营销人员必须认真考察销售和成本增加的相对比率，确定最合理的诱因规模。

（2）找准目标对象。推广对象既可以是目标市场中的所有顾客，也可以是部分顾客。一般来说，企业应以那些现实的或可能的长期顾客为其目标对象。企业还需要对促销对象的条件作出明确规定，如赠送礼品，是赠送给每一位购买者还是只赠送给购买量达到一定要求的顾客等。

（3）促销媒体选择。选择促销选择即决定如何将促销方案告诉给促销对象。如果企业将要举行一次赠送礼品的推广活动的话，可以采用以下方式进行宣传：一是印制宣传单在街上派送；二是将宣传单放置销售终端供顾客取阅；三是在报纸等大众媒体上做广告；四是邮寄给目标顾客。

（4）促销时机的选择。企业可以灵活地选择节假日、重大活动和事件等时机进行促销活动。

（5）确定推广期限。推广期限要恰当，不可太短或太长。因为期限过长，会使消费者认为企业是在对产品进行变相大拍卖，难以激发顾客的购买欲望，甚至对产品产生怀疑，致使推广效果欠佳；期限过短，又会使部分消费者对某种产品未能及时接受营业推广的好处，同样也收不到预期的促销效果。根据专家研究，比较理想的推广期限是 3 个星期左右。

（6）确定促销预算。一般有两种方式确定预算：一种是全面分析法。即营销者对各种推广方式进行选择，然后估算它们的总费用。一种是总促销预算百分比法。这种比例经常按经验确定，如奶粉的推广预算占总预算的 30%左右，咖啡的推广预算占总预算的 40%左右等。

（四）测试营业推广方案

为了保证营业推广的效果，企业在正是实施推广方案之前，必须对推广方案进行测试。测试的内容主要是推广诱因对消费者的效力、所选用的工具是否恰当、媒体选择是否恰当、顾客反应是否足够等。发现不恰当的部分，要及时进行调整。

（五）执行和控制营业推广方案

企业必须制订具体的实施方案，实施方案中应明确规定准备时间和实施时间。准备时间是从准备到正式公布实施的时间；实施时间是推广始末的时间间隔，它应是 95%的推广产品已经售完的时间。营业推广的实施，要把握好这两个实施时机。

（六）评估营业推广的效果

营业推广的效果体现了营业推广的目的。企业必须高度重视对推广效果的评价。评价推广效果的主要有比较法、顾客调查法和实验法等方法。比较法是将营业推广之前、推广期间以及推广之后的销售额或市场占有率加以比较，从其升降变化的比较中来评估不同推广方式的效果。

第四节　如何进行人员推销

一、如何理解人员推销

人员推销是企业派出销售人员，通过销售人员的个人知识和推销技能，与目标顾客或潜在顾客进行直接接触、介绍、推销企业产品的促销方式。它是人类最古老的促销方式。推销主体、推销客体和推销对象构成推销活动的三个基本要素。商品的推销过程，就是推销员运用各种推销术,说服推销对象接受推销客体的过程。

人员推销作为促销组合的基本工具之一,具有如下特点。

(1)沟通直接,具有双向性。人员销售最基本的特点是销售人员和顾客可以进行面对面的直接沟通,是双向性的信息传播。销售人员可以通过口头产品介绍和实际产品演示等手段向顾客详细展示产品信息。同时,销售人员也能够直接观察到顾客的反应,可以在第一时间回应顾客的任何异议;能够获取市场对该产品的评价意见以及顾客偏好等市场情报。

(2)过程灵活效率高。在准确筛选目标顾客的基础上,销售人员可以针对目标客户的背景和消费需求特点制定差异化的推销说服策略,进行有针对性的说服,并在销售过程中根据顾客的反应,灵活调整销售策略,予以及时反馈,迎合顾客的需要,及时促成购买。

(3)销售关系的长期性。在销售人员和顾客直接的接触和沟通过程中,推销员可以和顾客建立良好的友谊和长期的密切关系。这种商务友谊关系能够增加顾客的转换成本,提升顾客忠诚度。

(4)营销功能的多样性。推销员在推销商品过程中,承担着寻找客户、传递信息、销售产品、信息咨询、收集客户情报、市场调研、开发网点、提供服务等多重功能,这是其他促销手段所没有的。

这些特点充分说明人员推销是一种非常有效的促销方式,它和广告是互为补充的两大重要促销工具。但是人员推销也有许多不足之处。

(1)人员推销成本较高。有研究表明,广告、公共关系、营业推广接触到一个潜在消费者的花销相对较低,而人员推销要接触到一个潜在消费者的费用往往要高出几十倍甚至几百倍。

(2)人员流动性较大。流动性是销售工作不可避免的问题。在美国,平均每年的销售人员流动率为27%。这意味着公司在花费了大量金钱和时间培养提升销售人员素质以后,却并不一定能获得相应的汇报,甚至会有销售人员投向竞争对手的企业,为公司带来巨大损失。

(3)高素质销售人才难得。销售的职业门槛较低,导致了销售团队中从业人员素质参差不齐,而优秀的销售人员更是需要在实践中历练。有限的高素质销售人才使人员推销的应用范围和程度也受到局限。

由于有上述的优缺点,人员推销有自己的适用条件,一般来说具备下列条件可以考虑使用人员推销的促销手段:市场高度集中;单次购买量较大;面向组织市场销售;产品功能较复杂,需要现场操作示范;顾客异议较多,购买阻力较大;产品对服务的要求较高。

二、人员推销的基本过程

人员推销其实就是销售人员向顾客传递产品信息并说服顾客购买的过程,通常包括以下步骤。

1. 寻找潜在顾客

潜在顾客是一个"MAN",即具有购买力(money)、购买决策权(authority)和购买欲望（need）的人。寻找潜在顾客线索的方法主要有：向现有顾客打听潜在顾客的信息；向供应商、经销商打听潜在顾客的信息；参加有关行业交流活动；加入潜在顾客所在的组织；从事能引起人们注意的演讲与写作活动；查找各种资料来源（工商企业名录、电话号码黄页等）；用电话或信件追踪线索；通过广告来搜寻，等等。

2. 访问前准备

在正式接触目标顾客之前，销售人员必须做好必要的准备，具体包括：充分了解顾客的基本信息，了解和熟悉推销品；了解竞争者及其产品；确定推销目标；制订推销的具体方案；准备好各类说明书、样品等。不打无准备之仗，充分的准备是推销成功的必要前提。

3. 接近目标顾客

销售人员可以通过电话、信函、介绍人等多种方式与目标顾客进行预约，并在约定的时间登门拜访。在拜访顾客的时候，一方面要注意整理自身的着装、仪态、语言、态度等，给目标顾客一个良好的印象；另一方面要验证在准备阶段所得到的信息，为推销洽谈打下基础。

4. 洽谈沟通

这是推销过程的中心。推销员向准客户介绍商品，不能仅限于让客户了解你的商品，最重要的是要激起客户的需求，产生购买的行为。有效的洽谈沟通要点有：一要强调企业的实力、声望和经验；二要表明对产品和对方情况有深刻了解，熟练掌握商品推销的 AIDA 法则、FABE 法则、JEB 法则，能让推销变得非常有说服力；三要注意倾听顾客对产品的需求，及时回答顾客提出的问题，然后针对顾客需求灵活调整销售方案；四要扩大自己与对方共有的特性、利益和心得体会；五要向对方提供个人的善意表示，以加强感情；要在对方心目中建立良好的形象。

5. 应对异议

推销员应随时准备应付不同意见。顾客异议表现在多方面，如价格异议、功能异议、服务异议、购买时机异议等。有效地排除顾客异议是达成交易的必要条件。一个有经验的推销员面对顾客争议，会采取不蔑视、不回避、注意倾听的态度，保持极好的耐心，通过沟通技巧和推销技巧的运用，诱导顾客说出异议的真实原因，并对症下药，消除顾客异议，获取顾客信任。

6. 把握时机，达成交易

达成交易是推销过程的成果和目的。即使消除了顾客异议，顾客在销售谈判过程中也往往不会主动提出成交的要求。在这一阶段要求销售人员能够察言观色，通过顾客的肢体、表情、提问、评论等各种信号，判断顾客内心是否已经产生购买意向。一旦捕捉到顾客的购买意向，销售人员应当把握机会，运用巧妙的语言提出成交要求，或者是打动犹豫不决的顾客立即购买。为了达成交易，推销员可提供一些优惠条件。

7. 售后跟踪服务

现代推销认为，成交是推销过程的开始。为了使顾客在使用产品以后感觉满意并由此产生二次购买，销售人员必须注重为顾客提供良好的售后跟踪服务，如及时亲切的回访，帮助顾客解决产品使用中的问题，了解顾客反馈等。通过这些方式与顾客沟通，保持销售人员和顾客之间的良好关系，并提升顾客满意度和忠诚度。

三、人员推销决策

企业进行人员推销，必须做好以下决策。

1. 确定推销目标

人员推销的目标，取决于企业面临的市场环境及产品生命周期的不同阶段。主要包括以下几个：①发现并培养新顾客；②将企业有关产品和服务的信息传递给顾客；③将产品推销给顾客；④为顾客提供服务；⑤进行市场调研，搜集市场情报；⑥分配货源。

2. 选择恰当的推销方式

企业可以根据实际灵活选择以下推销方式：①推销员对单个顾客。推销员当面或通过电话等形式向某个顾客推销产品。②推销员对采购小组。一个推销员对一个采购小组介绍并推销产品。③推销小组对采购小组。一个推销小组向一个采购小组推销产品。④会议推销。通过洽谈会、研讨会、展销会或家庭聚会等方式推销产品。

3. 确定推销队伍的组织结构

一般来说，可供选择的推销组织形式有以下几种。

（1）区域性结构。每一组（个）推销员负责一定区域的推销业务。这适用于产品和市场都比较单纯的企业。主要优点是：第一，推销员责任明确，便于考核；第二，推销员活动地域稳定，便于与当地建立密切联系；第三，推销员活动范围小，节约旅差费用；第四，容易熟悉当地市场，便于制定有针对性的推销策略；第五，售后服务能做得比较到位。

（2）产品型结构。每个推销员（组）负责某种或某类产品的推销业务。其最大优点是能为顾客提供相对比较专业的服务。这种结构比较适用于产品技术性比较强、工艺复杂、营销技术要求比较高的企业。

（3）顾客型结构。主要根据不同类型的顾客配备不同的推销人员，其主要优点是能更深入地了解顾客的需求，从而为顾客提供差异化的服务。

（4）复合式结构。即将上述三种结构形式混合运用，有机结合。如按照"区域—产品""产品—顾客""区域—顾客"，甚至"区域—产品—顾客"的形式进行组合，配备推销员。其优点是能吸收上述三种形式的优点，从企业整体营销效益出发开展营销活动。这种形式比较适合那些顾客种类复杂、区域分散、产品也比较多样化的企业。

4. 建立推销队伍

1）确定推销队伍的规模

销售队伍的规模既受市场营销组合中其他因素的制约，又会影响企业的整个市场营销战略，影响着销售量和销售成本的变动。因此推销队伍的规模必须适当。企业设计销售规模时通常用以下三种方法。

一是销售百分比法。企业根据历史资料计算出销售队伍的各种耗费占销售额的百分比以及销售人员的平均成本，然后对未来销售额进行预测，从而确定销售人员的数量。

二是分解法。这种方法是把每一位销售人员的产出水平进行分解，再同销售预测值相对比，就可判断销售队伍的规模。

三是工作量法。这种方法首先是根据年销售量的大小将顾客分类，其次确定每类顾客所需的访问次数，然后计算每类顾客的数量乘以各自所需的访问次数就是整个地区的访问工作量，再确定每位销售代表每年可进行的平均访问次数，最后将总的年访问次数除以每位销售代表的平均年访问资料，即得到所需销售代表数。设某企业有250位客户，若每个客户每年平均需要20次登门推销，则全年就需要5 000次登门推销。若平均每个推销员每年能上门推销500次，则该企业就需要10名推销员。

显然，工作量法相对而言较为实用。

2）选拔、培训推销员

企业的推销员主要有两个来源，即企业内部选拔和向外部招聘。不管推销员来自何方，一个合格的推销员都要具备良好的思想道德品质、文化修养和较强的实际工作能力，以及适宜的个性素质。优秀的销售人员应当具备较高的综合素质，才能在推销产品之前先销售自己。著名的调查公司盖洛普管理咨询公司采访了成千上万的销售人员，认为最好的销售人员应当具备四种特征：①强大的内在动力。无论是竞争型、成就型、自我实现型或关系型的销售人员，都拥有极高的工作热情和很强的责任感。②严谨的工作作风。对产品知识有深刻的了解，能够制订详细而周密的工作安排并按计划执行。③娴熟的推销技巧。思想灵活，反应灵敏，能在不同的情况下熟练应用销售技巧，善于把握时机，迅速行动。④建立关系的能力。能够敏锐地洞察到顾客需求所在，运用丰富的知识和优秀的人际沟通能力帮助顾客解决问题并与之建立良好关系。

招聘销售员时应针对该销售岗位的能力要求进行多方面考评。一般来说，销售类岗位多会考察应聘者的人际关系能力、语言沟通能力、团队合作精神、敬业精神、领导能力等。具体的测试方法包括笔试、面试、心理测试等。

企业必须对推销员进行专业培训，训练有素的销售人员所取得的销售业绩要远大于培训成本。推销员培训的一般内容包括：企业历史、现状与发展愿景，经营理念与企业文化，企业基本构架、企业相关政策制度，产品知识，市场情况，推销技巧，法律常识，有关产品的生产技术和设计知识等。

3）推销员的评价和激励

对推销员的合理评价可以激发推销员的积极性。企业必须建立一套合理的评估指标体系,并注意通过销售报告、销售管理者观察、顾客调查等收集有关的信息和资料,实施正式评估。评估指标要能反映销售人员的销售绩效,主要有:销售额增长情况、毛利率、回款率、销售费用占成本的百分比、销售政策及规范制度的遵循情况、每天平均访问次数及每次访问的平均时间、每次访问的平均费用、每百次访问收到订单的百分比、一定时期内新客户的增加数及失去的客户数、客户满意度等。评估的过程要求相关部门有明确的业绩评估标准并做到及时沟通,评估目的是为销售人员提供建设性的反馈并激励他们更努力地工作。

企业应建立完善的激励制度,将物质激励和精神激励有机地结合起来,以促使销售人员努力工作。物质的激励要通过制定合理的薪酬制度来实现。确定推销员的薪酬应以推销绩效为主要依据。薪酬由固定报酬、浮动报酬、费用津贴和附加福利组成。固定报酬一般是工资,是销售人员的固定收入;浮动报酬可能是佣金或奖励,根据销售业绩而定,旨在激励销售人员更努力工作并取得更好的业绩。只有固定报酬或只有浮动报酬,都不尽合理。因此企业常常将销售人员的固定报酬与浮动报酬进行合理的组合设定。除了薪酬的物质激励外,企业还可以通过组织气氛、职位的提升、培训机会、表扬及旅游度假、荣誉称号、传播典型事迹等精神激励销售人员。

案例 9-3

一个享受做销售的 VIVO 乡镇业务员的销售经

2016 年 12 月,小刘被派往自己的家乡——扬州市邗江区刘集镇,作为手机品牌 VIVO 的乡镇业务员,管理辖区的经销商、导购员,并主导区域的线下促销活动。

此时小刘入职 VIVO 还不到 3 个月,但斐然的销售业绩已经让他迅速得到了上级的赏识,因此被派去"打硬仗"。刘集全镇 12 月份 VIVO 销量为 200 余台。他 1 月份的销售目标是 480 台。领导要求任务不变,办法自己想。小刘的销售开拓有四个要点:

1. 凝聚团队

刘集镇全镇共有 20 个 VIVO 授权经销商门店,其中 6 个门店有 VIVO 派驻的导购员。这些导购员直接受雇于 VIVO 及其代理商,由业务员(乡镇)或督导(县城)领导。面对经验丰富的导购员和经销商老板时,小刘并没有得到多大的欢迎和支持。

小刘从员工关怀做起,设法得到导购员和经销商的认可,才能凝聚团队一起奋斗。当时正值 VIVO X9 上市,小刘应景地将每个月的 9 号定为 VIVO 刘集镇的家庭日,向上级申请了一些预算,旨在"增强导购员的归属感"。每月 9 号这天,小刘便早早起来,为导购员们送早餐。圣诞节送精心包装好的苹果。经销商也是小刘实施员工关怀的对象。

小刘时常去门店帮导购、经销商卖手机,甚至擦柜台、打扫卫生。在小刘的暖心攻势下,被感动的不仅有经销商,还有经验丰富、自视清高的导购员。"当他小孩子生病,我给他买了感冒药;接他小孩上学、放学。他生日的时候买个蛋糕送给他。"小刘认为,"你做了几件小事,他就慢慢地觉得你这个人还是蛮用心的。在这样的领导手下做事还是蛮好。"

2. 加强培训

在乡镇，经销商一般都没有受过专业、系统的销售培训，纯凭经验卖。他们认为VIVO的特点无非是质量好，设计好，价格统一。以VIVO X9为例，以小刘的观察，"很多老板都不知道它的前置双摄是干什么的，只知道它有两个摄像头，广告也是这么说的。"

为了让经销商的门店发挥最大价值，到店内对经销商老板和店员展开一对一的培训非常重要。若恰逢有客户过来看手机，就现场演示给他们看。不求能做到导购的专业程度，但是起码VIVO最大的卖点，他们需要知道。长此以往，老板们的销售技能得到提升的同时也能感受到VIVO对他们的重视。"他心存感激，就会主推你的VIVO。"小刘说。

店里时常人来人往，培训需要"聊"出来。多聊几次，自然就听进去了。小刘强调，"我们销售的不是产品，客户购买的也不是产品，而是一套能解决问题的方案"。要帮每位用户判断这个产品是否适合他，购买这个产品能否实现利益最大化，帮助他们花最少的钱解决问题。通过"聊"功，理念更认同，销售更专业；通过"聊"功，也更了解市场。

3. 加强品牌宣传

为完成业绩，小刘向上级申请了经费，加强宣传促销。他准备了4车的帐篷、拱门，让全镇都是一片VIVO蓝。准备了8个VIVO人偶，在主街宣传VIVO，边走边喊"买手机选VIVO，买品质选VIVO"。连续三天的活动，共售出129台VIVO手机，创下纪录。

4. 扶持无导售点

年后在公司的支持下，小刘通过投入物料和礼品等扶持无导购的经销商，让老板们颇为受宠若惊，有力推动了经销商老板在日常经营中更支持VIVO。成效斐然。

小刘他很享受做销售，"赢"的感觉，比赚钱更爽。在小刘的销售哲学里，每一个人都是客户，每一个人时时刻刻都在"销售"。销售让他洞察世事人情，丰富人生阅历，全面磨砺自己。他坚信做销售是永远不会被淘汰的，"你卖的不是产品，而是你自己。没有卖不出去的产品，只有卖不出去产品的人。"

第五节 如何进行公共关系

一、如何理解公共关系

公共关系（public relations）是组织通过大众媒体传播组织的相关信息，改善与社会公众关系的管理活动与职能，促进公众对组织的认识理解及支持，以树立良好的组织形象，实现组织与公众的共同利益与目标。

公共关系是一种信息沟通，是创造"人和"的艺术。公共关系是企业与其相关的社会公众之间的一种信息沟通交流活动。企业从事公关活动，能沟通企业上下、内外的信息，建立相互间的理解、信任与支持，协调与改善企业的社会关系环境。公共关系追求的是企业内部和企业外部人际关系的和谐统一。

（一）公共关系的构成要素

从定义中可知，公共关系的构成要素分别是社会组织、传播和公众，它们分别作为公共关系的主体、中介和客体相互依存。

（1）社会组织是公共关系的主体，如企业、机关、团体等。营销中的公关主体主要指企业。

（2）公众是公共关系的客体，既包括企业外部的顾客、竞争者、新闻界、金融界、政府各有关部门及其他等外部公众，又包括企业内部职工、股东等内部公众。

（3）传播是社会组织利用各种媒体，将信息有计划地与公众进行交流的沟通过程。公关媒介是各种信息沟通工具和大众传播渠道。

作为公关主体的企业，借由公关媒介与作为公关客体的社会公众进行传播沟通。

（二）公共关系的目标

公共关系的目标是为企业广结善缘，在社会公众中创造良好的企业形象和社会声誉。良好的形象和声誉是企业富有生命力的表现，也是公关的真正目的所在。企业以公共关系为促销手段，利用一切可能利用的方式和途径，通过公共媒介向社会公众传播企业的使命、价值观及经营宗旨，让社会公众熟悉企业的产品和服务等情况，增加公众对企业的产品或服务的公信度，使企业在社会上享有较高的声誉和较好的形象，促进产品销售的顺利，进一步帮助企业达成战略目标。在现代企业营销活动中，公共关系已成为提升企业形象与品牌形象的有力武器。

（三）公共关系的特征

（1）注重长期效应。公共关系是营销传播组合中注重长期效应的间接促销手段，因为通过公关活动帮助企业树立的良好社会形象，能为企业的经营和发展带来长期的促进效应。公共关系必须着眼于长远发展，要连续地、有计划地努力，着眼于平时努力，追求长期的稳定的战略性关系。不拘泥于一时一地的得失。急功近利，只会适得其反。

（2）注重双向沟通。在营销传播组合中，公共关系是以非付费的方式，通过新闻发布等手段来吸引大众媒体传播企业及产品品牌信息，也把公众的信息向企业传播，注重双向的沟通。

（3）可信度高。因为公关活动是公共宣传以不涉及商业利益的形式出现，通过广播、电视等各类大众媒体进行的信息报道和宣传，公信力更强，更容易获得目标受众的信任。公共关系是营销传播组合中用来建立公众信任度的工具。

（4）新闻性强。公共关系活动是经过特别策划的公关事件，本身具有话题性和新闻性，容易成为公众关注的焦点，有助于吸引消费者的眼球，传达力更强；它可信度高，易消除目标受众对企业和产品的抵触心理，让消费者的注意力集中到公关活动本身。

（四）公共关系的基本原则

公共关系的活动以真诚合作、平等互利、共同发展为基本原则。公共关系主体与客体双方必须均有诚意,平等互利,并且要协调、兼顾企业利益和公众利益。这样,才能满足双方需求,以维护和发展良好的关系。否则,是不可能构成良好关系的。

二、公共关系的职能

公共关系基本的目的是让社会公众更了解企业和品牌,塑造品牌形象,其职能主要表现在以下几方面。

1. 信息监测

企业通过公共关系活动收集到与企业和产品品牌形象相关的各种信息,形成监测体系。

产品品牌形象信息包括公众特别是用户对于产品价格、质量、性能、用途等方面的反应,对于该产品优缺点的评价以及如何改进等方面的建议;公众对企业服务质量的评价,如对服务态度、服务质量及责任感方面的评价。

企业形象信息包括公众对企业组织机构的评价,如机构是否健全、办事效率如何等;公众对企业管理水平的评价,如对经营决策和营销管理的评价等;公众对企业人员素质的评价,如对决策者的战略眼光、决策能力、创新精神及员工的专业化水准及敬业精神等方面的评价。

另外,还要收集内部公众员工的意见和建议,甚至包括企业外部营销环境信息,如国内外在政治、经济、文化等方面的大趋势,企业竞争者的动向,消费者需求的潮流及购买行为的特征变化等。

2. 决策参考

通过实施公共关系,企业可以将收集的各种信息充分利用起来,进行综合分析后,对企业的决策和行为在公众中产生的影响效果进行考察,评估社会公众的态度,从而判断企业决策和行为是否符合公众可能的意向,确认与公众利益相符合的个人或组织的政策与程序,以达到帮助企业进行下一步营销决策的目的。

3. 舆论宣传

公共关系能够将企业信息及时、有效、准确地传递给社会公众,为企业树立良好形象创造良好的舆论氛围。加深公众对企业品牌和产品信息的正面了解,给公众留下良好的形象,并能引导公众舆论朝着有利于企业的方向发展,使企业的知名度和美誉度得到提升。与广告相比,公关宣传更加真实可信,更易为公众接受,能使公众留下难忘的印象,但费用却微乎其微。

4. 沟通协调

无论是对外部公众还是对内部员工,企业内外各要素都需要相互进行联系和沟通。一般来说,企业对内部员工主要是进行情感交流,做好上情下达与下情上达工作,并为各职能部门之间的沟通当好"桥梁",增加内部员工的归属感和认同感,提升企业的凝聚力;对外部公众则是以争取理解和信任为主。一旦出现矛盾和纠纷，应设法及时进行有效的沟通，防止矛盾扩大，消除不良后果。交流沟通是公共关系的基础，任何公共关系活动的实施都依赖于公共关系主客体之间的交流沟通。

5. 危机处理

企业环境监测是公共关系部门的重要职能之一。信息监测工作的一个重要任务，就是通过合理的工作机制进行危机预警管理。

一旦企业爆发某种危机，或是面临某种突如其来的负面信息，公共关系可以帮助企业在第一时间作出迅速回应，表达出处理危机的诚意和与公众进行沟通的意愿。正确地进行危机公关能够让企业化"危机"为"机会"，消除不良的负面信息，改变消费者对企业的负面评价。

三、公共关系的工作程序

开展公共关系活动，其基本程序包括调查、计划、实施与评估四个步骤。

（一）公共关系调查

它是公共关系工作的一项重要内容，是开展公共关系工作的基础和起点。通过调查，能了解和掌握社会公众对企业决策与行为的意见。据此，可以基本确定企业的形象和地位，可以为企业监测环境提供判断条件，为企业制定合理决策提供科学依据等。公关调查内容广泛，主要包括企业基本状况、公众意见及社会环境三方面内容。

（二）公共关系计划

公共关系是一项长期性工作，合理的计划是公关工作持续高效的重要保证。制订公关计划，要以公关调查为前提，依据一定的原则，来确定公关工作的目标，并制订科学、合理而可行的工作方案，如确定公关目标、确定公关对象、选择公关方式、选择公关媒介、选择具体的公关项目等。下面简介如何来确定公关目标、确定公关对象、选择公关方式。

1. 确定公关目标

进行公共关系活动要有明确的目标。目标的确定是公共关系活动取得良好效果的前提条件，是确定公关对象、选择公关方式和公关媒介的依据。企业的公关目标因企业面临的环境和任务的不同而不同。一般来说，企业的公关目标主要有以下几类。

（1）协助新产品上市。如苹果的每一次新产品发布会都是引人注目的。

（2）开辟新市场之前，要在新市场所在地的公众中宣传企业的声誉。

（3）转产其他产品时，要树立企业新形象，使之与新产品相适应。

（4）参加社会公益活动，增加公众对企业的了解和好感。

（5）开展社区公关，与组织所在地的公众沟通。

（6）本企业的产品或服务在社会上造成不良影响后，进行公共关系活动以挽回影响。

（7）创造一个良好的消费环境，在公众中普及同本企业有关的产品或服务的消费方式。

2. 确定公关对象

公关对象的选择就是公众的选择。公关对象决定于公关目标，不同的公关目标决定了公关传播对象的侧重点不同。如果公关目标是提高消费者对本企业的信任度，毫无疑问，公关活动应该重点根据消费者的权利和利益要求进行。如果企业与社区关系出现摩擦，公关活动就应该主要针对社区公众进行。选择公关对象要注意两点：一是侧重点是相对的。企业在针对某类对象进行公关活动时不能忽视了与其他公众沟通。二是在某些时候（如企业出现重大危机等），企业必须加强与各类公关对象的沟通，以赢得各方面的理解和支持。

3. 选择公关方式

公共关系的方式是公共关系工作的方法系统。企业应当根据公关目标、自身特点、发展阶段、公关对象和公关任务来选择最合适、最有效的公关方式，以便有效地实现公共关系目标。一般来说，供企业选择的公关方式主要有以下两类。

1）战略性公关方式

战略性公关方式是指针对企业面临的不同环境和公关的不同任务，所选择的公关方式对企业形象、产品品牌形象和社会公众关系具有整体性、指导性的影响。其主要有以下五种类型。

（1）建设性公关。建设性公关适用于企业初创时期或新产品、新服务首次推出之时，主要是为了扩大知名度，树立良好的第一印象，打开市场局面而采取的公关方式。

（2）维系性公关。维系性公关适用于企业稳定发展之际，是用以巩固良好企业形象的公关模式。通过开展多样化的优惠服务吸引公众，同时通过各种传播活动把信息持续不断地向公众传播，使组织的良好形象始终保留在公众的记忆中。

（3）进攻性公关。进攻性公关是企业与外部环境发生不协调甚至形成某种冲突时所采用的一种公关模式，主要特点是企业以进攻的姿态来主动调整组织政策和相应措施，以改变对原有环境的过分依赖。如当某企业因为广告宣传措辞不当，引起社会舆论的负面评论和媒体的抨击时，企业可以主动出击，采取向社会公众征集广告词修改方案的方式，协调与公众环境的关系。

（4）防御性公关。防御性公关是企业为防止自身公共关系失调而采取的一种公关模式，适用于企业与外部环境出现了不协调或摩擦苗头的时候，主要特点是防御与引导相结合。这种模式的关键在于对可能发生的公关纠纷进行预测，以提前做好应对预案，并积极弥补自身的不足，以争取公关活动中的主动地位。

（5）矫正性公关。矫正性公关是企业遇到风险时采用的一种公关模式，适用于企业公共关系严重失调，从而企业形象严重受损的时候，主要特点是及时。矫正性公共关系模式的任务就是及时发现问题，纠正错误，并努力消除在公众心中留下的负面印象，也就是通常说的危机公关。

2）策略性公关方式

策略性公关方式是指企业开展公共关系具体业务类型的策略技巧。主要有以下五种类型。

（1）宣传性公关。这种模式一般用在企业需要提升知名度的时候，包括公益广告、形象广告、新闻发布会、新产品展览、领导人演讲等多种形式。其重点在于充分调动大众传播媒体和企业内部沟通渠道进行信息的宣传和沟通，向社会公众宣传企业有关信息，以形成有利于企业形象的社会舆论，创造良好气氛。

（2）交际性公关。通过人际交往开展公共关系的模式，目的是通过人与人的直接接触，进行感情上的联络。其方式是开展团体交际和个人交往，具体可采用宴会、座谈会、招待会、谈判、专访、慰问、电话、信函等形式。

（3）服务性公关。以提供优质服务、提升服务质量为主要手段的公共关系活动模式，如消费指导、消费培训、售后服务等，目的是以高质量的增值服务获得社会公众的好评和认同。这种方式最显著的特征在于实际的行动。

（4）社会性公关。利用举办各种社会性、公益性、赞助性活动开展公关，带有战略性特点，着眼于整体和长远利益对企业的公众形象进行塑造。这种方式往往影响力大，但成本较高。具体有三种类型：一是以企业本身为中心开展的活动，如周年纪念等；二是以赞助社会福利事业为中心开展的活动；三是资助大众传播媒介举办的各种活动。

（5）征询性公关。以提供信息服务为主的公关模式，如开展市场调查、开办咨询业务、设立热线电话、聘请兼职信息人员、举办信息交流会等，了解社会公众舆论和消费者动向，逐步形成效果良好的信息渠道网络，再将获取的信息进行分析研究，为经营管理决策提供依据。

（三）公关方案实施

实施公共关系方案的过程，就是把公关方案确定的内容变为现实的过程，是企业利用各种方式与各类公众进行沟通的过程。实施公关方案是企业公关活动的关键环节，是整个公关活动的高潮。再好的公关方案，如果没有实施，都只能是镜花水月，没有任何价值。

实施公关方案，需要做好以下工作。

（1）做好实施前的准备。任何公共关系活动实施之前，都要做好充分的准备，这是保证公共关系实施成功的关键。公关准备工作主要包括公关实施人员的培训、公关实施的资源配备等方面。

（2）消除沟通障碍，提高沟通的有效性。公关传播中存在许多影响因素，如方案本身的目标障碍，实施过程中语言、风俗习惯、观念和信仰的差异，传播时机不当、组织机构臃肿等多方面形成的沟通障碍，突发事件的干扰，等等。消除不良影响因素，是提高沟通效果的重要条件。

（3）加强公关实施的控制。企业的公关实施如果没有有效的控制，就会产生偏差，从而影响到公关目标的实现。公关实施中的控制主要包括对人力、物力、财力、时机、进程、质量、阶段性目标以及突发事件等方面的控制。公关实施中的控制一般包括制定控制标准、衡量实际绩效、将实际绩效与既定标准进行比较和采取纠偏措施四个环节组成。

（四）公关效果评估

公共关系评估，就是根据特定的标准，对公共关系计划、实施及效果进行衡量、检查、评价，以判断其成效。需要说明的是，公共关系评估并不是在公关实施后才评估公关效果，而是贯穿于整个公关活动之中。评估的内容包括以下几方面。

（1）公共关系程序的评估。对公共关系的调研过程、公关计划的制订过程和公关实施过程的合理性和效益型作出客观的评价。

（2）专项公共关系活动的评估。主要包括对企业日常公共关系活动效果的评估、企业单项公共关系活动（如联谊活动、庆典活动等）效果的评估、企业年度公共关系活动效果的评估等方面。

（3）公共关系状态的评估。企业的公共关系状态包括舆论状态和关系状态两个方面。企业需要从企业内部和企业外部两个角度对企业的舆论状态和关系状态两个方面进行评估。

通过评估，明确公关计划实施的成效，发现新问题，为制定和不断调整企业的公关目标、公关策略提供重要依据，也为使企业的公共关系成为有计划的持续性工作提供必要的保证。

四、危机公关

企业在经营过程中，可能由于自身管理失误、行业内恶意竞争或者是外界突发意外事件的影响，而导致企业名声下滑、品牌形象受损。所谓危机公关，是企业为避免或者减轻危机所带来的严重损害和威胁，为了挽回形象、重振声誉，而有组织、有计划地学习、制定和实施一系列管理措施和应对策略，包括危机的规避、控制、解决以及危机解决后的复兴等活动的过程。企业的危机公关活动，包括消除负面影响、恢复企业形象、赢回公众信任以及澄清不实传言等。

（一）企业危机的四大特点

企业危机一旦爆发，则具有意外性、聚焦性、破坏性、紧迫性四大特点。

（1）意外性。危机的爆发往往是出乎所有人意料的，其发生的时间、规模、形态、影响范围都是企业所始料未及的。

（2）聚焦性。危机一旦爆发，则特别容易吸引社会公众的注意力。尤其是在现代媒体高度发达的信息时代，关于危机的信息传播速度，往往数倍于危机本身发展的速度。

（3）破坏性。"好事不出门，坏事传千里"。在危机信息传播中，人们总是会夸大危机的负面信息，而忽略危机中所蕴含的正面信息，从而给企业的信誉和名声来带不同程度的损害。而企业在面对快速的危机蔓延时，极容易因为形势紧迫而作出仓促的决策。一旦决策失误，就可能给企业造成重大损失。

（4）紧迫性。在现代信息社会中，信息的传递和蔓延是十分迅速的。尤其在面临企业危机的时候，各种真假难辨的信息会以极快的速度在社会公众中蔓延。因此企业必须以极快的反应速度，在危机爆发的第一时间作出反应，并控制事态发展的主动权。否则，危机可能进一步恶化,并使事态失控,从而陷企业于险地。

由于企业危机的不可预见性和极大的潜在破坏性,企业必须未雨绸缪,提前设立危机预警措施,并针对可能发生的危机制定紧急预案,以确保企业在面临危机时,能够快速反应,有条不紊地进行危机公关。

(二)危机公关处理的 5S 原则

为了妥当处理好危机,危机公关需要遵循一定的原则。5S 原则是指危机发生后为解决危机所采用的原则,具体如下。

(1)承担责任原则(shouldering the matter)。这是指危机事件发生后,企业必须勇于承担自己该负的责任。否则企业的信誉就会受损,形象也会大打折扣,甚至会使企业从此一蹶不振。作为组织,一旦遭遇公关危机事件,就应该坦然面对,勇敢地承担起自己的责任,切忌遮遮掩掩、闪烁其词;如能坦然面对,把事实说清楚,公众可能会理解的。同时,企业需要站在消费者的角度来感受和思考问题,站在受害者的立场上表示同情和安慰,并通过新闻媒介向公众致歉,解决深层次的心理、情感关系问题,从而赢得公众的理解、信任和支持。

(2)真诚沟通原则(sincerity)。当危机事件发生后,企业与公众的真诚沟通至关重要。此时的沟通必须以真诚为前提,否则是无法平息舆论压力的。企业应当诚实地面对公众,表现出诚恳的态度,并拿出最大的诚意与公众进行沟通。企业应主动向媒体及时提供相关信息,并通过媒体引导舆论,处理危机事件过程中取得的每一步进展都及时让媒体了解。

(3)速度第一原则(speed)。危机发生时,企业一定要争取在最短的时间内,用最快的速度作出反应,在第一时间准确地把危机事件的真相告诉公众和媒体,及时稳定人心,掌握处理危机事件的主动权,这样才能在第一时间赢得公众的理解和支持,为后面的工作开创有利局面。若迟迟不作反应,容易滋生谣言和猜测,组织形象可能会因此而元气大伤,若想再恢复到原有状态,则需付出十倍甚至更多的努力,其效果也往往不尽如人意。

(4)系统运行原则(system)。在进行危机管理时,企业必须注重系统运作,组成专门的团队来进行统筹安排,按照应对计划全面、有序地处理危机公关各项事宜。危机处理工作环环相扣,一个环节出现问题,必然影响到其他环节。所以,一定要坚持系统运行原则,不能顾此失彼,才能保证及时、准确、有效地处理危机事件。

(5)权威证实原则(standard)。由于公众的防备心理,企业在证实自己的无辜和清白时,自说自话是没有用的。正确的做法应当是请出有公信力的权威第三方为自己做证,从而消除公众的戒备心态,重新赢得公众的信任。

第六节 事件营销与体验营销

一、事件营销的概念

事件营销是指企业通过策划、组织和利用具有新闻价值、社会影响以及名人效应的人物或事件，吸引媒体、社会团体和顾客的兴趣与关注，以求提高企业或产品的知名度、美誉度，树立良好品牌形象，并最终促成产品或服务的销售的手段和方式。简而言之，事件营销就是制造或利用具有新闻价值的事件，并使事件得以广泛传播的活动。

现如今，事件营销正在以将产品融入受众生活的方式扩大并加深广告与目标市场的关系，集新闻效应、广告效应、公共关系、形象传播和客户关系于一体，为新产品推介、品牌展示创造机会、建立品牌识别和品牌定位、快速提升品牌知名度与美誉度提供了有力的营销手段。互联网的飞速发展更是给事件营销带来了巨大契机。通过网络，一个事件或者一个话题可以更轻松地进行传播和引起关注，借助社交媒体、APP等新媒体，成功的事件营销案例大量涌现。

二、事件营销的基本模式

企业事件营销运作的模式可归结为两类：借势营销和造势营销。

1. 借势营销

借势营销是企业借用已有的社会热点事件或话题，结合企业或产品在销售或传播上的目的而展开的一系列活动。借势要实现好的传播效果，企业必须遵循相关性、可控性和系统性的原则。

（1）相关性。事件的核心点要与公众的关注点、企业的诉求点、品牌的核心理念有相关性。事件的核心点必须与企业的自身形象定位密切相关，与产品品牌的目标市场密切相关。运动鞋本土品牌匹克赞助"神舟六号"并没有成功，其关键原因就是相关性太低，人们不会相信宇航员好的身体素质源于匹克运动鞋，但人们会相信是喝蒙牛牛奶造就了宇航员强壮的体格。

（2）可控性。企业利用热点事件进行的传播能够在企业控制的范围内。如果不能够在组织的控制范围内有可能不能达到期望的效果。

（3）系统性。企业借助外部热点话题进行传播时，必须策划和实施一系列与之配套的公共关系策略，整合多种手段，实现外部议题与企业议题相结合，促使公众从对外部议题的关注转向对企业议题的关注。

2. 造势营销

造势营销是指企业通过策划、组织和制造具有新闻价值的事件，整合自身资源，以吸引媒体、社会团体及消费者的兴趣和关注而展开的一系列活动。造势要得到好的传播效果，必须遵循创新性、公共性和互惠性的原则。

（1）创新性。企业所策划的事件或制造的话题必须新颖。事件的新颖性是获得公众关注的前提条件。正所谓狗咬人不是新闻，人咬狗、人狗互咬才是新闻。如茅台酒在1915年的世界博览会上酒瓶一碎酒香四溢事件，摔出了世界名酒。

（2）公共性。企业策划的事件或话题必须是公众关注的，符合公众的价值观和利益要求。如海尔张瑞敏砸冰箱事件，完全符合公众的价值观和利益要求，砸出了今天的全球大型家电第一品牌。

（3）互惠性。要想使事件获得人们持续地关注，必须实现双赢。如海尔张瑞敏砸冰箱事件。

三、事件营销的步骤

事件营销必须为不同的目标选择合适的事件，将产品和品牌的特性与事件形成良好的匹配度，并且要选择合适的时机。

1. 监测关注新闻事件

企业要借用事件营销的话，就需要有新闻敏感性的人员有意识地去关注社会环境和市场环境的变化，要善于捕捉、挖掘和利用热点事件或话题。

2. 研究分析可用事件

企业在热点事件或话题中筛选甄别出可用事件时，要把握三点：热点事件或话题能否吸引目标消费者注意力，事件或话题与企业或产品品牌形象有多大契合度，是否能够从事件或话题中找到与企业、产品品牌合适的结合点。即事件的核心点要与公众的关注点、企业的诉求点、品牌的核心理念相契合。只有品牌形象、品牌个性与事件的联结自然流畅，才能让消费者把对事件的热情转移给产品，事件营销的目的才能初步实现。

3. 策划制订整体方案

在利用事件或制造事件进行营销时，首先需要制订明确的目标。这对事件营销有指导作用，也是事件营销成功的重要前提。在确定目标时，要考虑产品类型、目标顾客等因素。依据产品生命周期的不同阶段，事件营销的传播目标主要有三类：向受众提供企业或产品品牌的相关信息，告知或提醒受众；使受众产生购买欲望，劝说受众购买；强化品牌形象。

事件营销的目标确定后，要根据目标来设计主题鲜明的传播主题；然后紧紧围绕目标受众的特点，根据事件与品牌或产品的结合点，筛选出有影响力的活动创意及展现方式；接着要制订事前、事中、事后全程完整的传播计划，确定传播渠道和方式；还要编制事件营销的预算；最后，细化事件操作流程，明确时间安排、人员分工、预算保障等。

在制订方案时还要注意三点，一是要与事件的各相关方做好沟通协调，包括企业内部沟通、外部沟通，如果是借助第三方事件，要与事件发起方保持密切沟通；二是准备好风险控制措施与危机应对办法，要有专人负责媒体沟通、舆论监控；对可能的危机来源，如政策法规、社会舆论预先要考虑到并有所准备；三是要做好效果评估方案，明确效果衡量标准和方法。

4. 组织实施

调动相关资源，按方案执行。

事件与其他传播手段协同作战,包括新闻、电视广告、网站专题、售点海报等,形成围绕事件传播的一个集团军,开展全方位的宣传。

案例 9-4

涪陵榨菜借势营销

2019 年夏天,被台湾"名嘴"黄世聪嘲讽大陆人吃不起的涪陵榨菜,借势营销大火了一把。

先来回顾黄世聪的"榨菜经济论":8 月 7 日,在台湾的一档政论节目中,黄世聪说大陆人吃泡面都要配榨菜,当榨菜销量上涨,说明人民生活水平高;但最近连榨菜都吃不起了,所以涪陵榨菜的股价下跌了。更让人啼笑皆非的是,黄世聪还错将"涪(fú)陵榨菜"念成"培(péi)陵榨菜"。

继大陆人吃不起茶叶蛋之后,榨菜也吃不起了。这段视频传到大陆之后,迅速登上微博热搜,不到两天,微博的话题阅读量就接近 7 亿。网友们纷纷以"吃不起榨菜"和"吃榨菜炫富"这两个十分具有互动性和参与感的主题,开始了自己的创作:"最近日子太好了,榨菜都能随便吃了"、"是涪(fú)陵榨菜,不是培(péi)陵榨菜"、"土豪标配——涪陵榨菜"……引发了大量网友的自嘲和转发。

当事件已经发酵到白热化的阶段之后,涪陵榨菜出来表态:①我们不但吃得起,还送得起;②你叫错我名字了;③我们还给马拉松赞助。

随后,涪陵榨菜官微晒出快递截图,称已在 8 月 11 日将两箱"贵重"榨菜寄往台北,并称"感谢您以幽默、诙谐、自嘲的方式教授了汉语'涪'的读音。我们吃得起,也能让节目组人人吃得上。再次对您为中国千年榨菜文化的普及、汉语言文化的推广做出的贡献表示感谢!"

"吃榨菜炫富"就十分具有互动性和参与感,引发了大量网友的自嘲和转发。涪陵榨菜立足正确的价值观,在第一时间把握天降的热点话题,回应及时有力,吸引一大波关注。涪陵榨菜既为自己的品牌做了广告,又表达了爱国之心,借势营销品牌,一举两得!

案例 9-5

一场破世界纪录的事件营销:小米希望在美国成为新潮流

对于每个品牌来说,12 月都是全年品牌营销的"必争之月",尤其是圣诞前的周末,可谓是全年品牌宣传的"高光时刻"。如何在众多品牌中脱颖而出?

为宣传推广在美国市场最新推出的小米盒子 S 系列,小米经过前期细致的市场调研、精心策划和活动预热,于 2019 年 12 月 21 日,在纽约著名地标 Oculus 旁举办了一次 703 人同时"Mi-Stery BOX",一举打破了之前阿根廷电子商务公司 Mercado Libre 年初创下的 643 人同时开箱的吉尼斯世界纪录。

此次活动被包括 Campaign、NY1、Ad Weekly、福克斯电视台、纽约最大电台 Z100 等在内的美国众多知名媒体报道，在美国引起了广泛关注。

在活动正式开始前一周，Campaign 就本次活动采访了小米，并同步在 Campaign 美国、英国、亚洲的各分站上发布题为"Xiaomi jumps on unboxing train with Guinness world record attempt(小米跳上开箱火车，试图打破吉尼斯世界纪录)"的专题文章中提到小米希望"充分利用节日送礼带来的兴奋，以一种非传统的方式来推广小米的 Mi Box S。通过结合 #MiSteryBOX 社交媒体宣传和打破世界纪录的活动，希望提高人们对 Mi Box S 的认识。"

此外，小米还在 Ad Weekly360、The Media Post 上发布专题文章对此次活动思路进行梳理介绍，纽约著名电台 Z100 也在活动前一晚为本次活动预热。

活动开始前，小米就开始在网上为本次创造世界纪录的活动征集参与者。每人仅有一次机会参与注册，注册成功后便有机会在活动现场就有机会免费收到一个名为 MiSteryBOX 的箱子。活动的规则为，参与拆箱的人员将有五分钟的时间来拆解其面前的 Mi-SteryBOX，成功打开后参与者就将拥有盒子里的神秘礼物。网站共放出 5000 个名额，在不到 48 小时内就全部爆满。

通过在 YouTube、Instagram 上发起 #MiSteryBOX 的活动，在众多美国 KOL 的带领下，充分互联网平台上"病毒式传播"的特质，吸引了大量的网络关注，受到了电子爱好者和拆箱狂热者的热烈追捧，该活动在网络上取得了超过 5000 万次的曝光。网友们纷纷表示想要参与到这次打破世界纪录的活动中，对这个神秘的橙色箱子充满了期待。

此次小米的圣诞礼盒可谓是诚意满满。除了本次活动要着重推广的小米盒子 S 系列外，还有包括激光电视、米家电动滑板车、米兔机器人、米家智能摄像机在内的各种小米明星科技产品。而不到打开箱子的那一刻，你不会知道面前的箱子里到底装的是哪一款礼物。

当拆箱的信号发出，703 位参与者争分夺秒地打开盒子，现场气氛热烈而欢乐。

参与此次活动的人们纷纷表示，这次小米的百人开箱活动来的真是太值了！除了收获小米送出的礼物之外，自己还亲身参与了一项世界纪录的创建，而对小米这个中国品牌也有了更深的认识和喜爱。

小米的本次事件营销，活动创意好，策划周密，组织有力，宣传立体高效，向美国的消费者充分展示了一个更为丰富、更具创意的中国科技品牌形象。

四、体验营销的概念

体验营销是指企业着力设计并打造一种体验产品品牌魅力的情境，通过让消费者亲身参与，通过观摩、聆听、品闻、触摸、使用的方式来刺激并调动消费者的感官和情感，从而满足消费者体验需求的一切营销活动。其主要的研究内容是在充分了解消费者内心期望的基础上，综合利用现代科技、美学、文化、自然风貌等多种手段营造良好的体验氛围和丰富的体验内涵，从而给消费者带来具有震撼性的冲击力的亲身体验，在情境当中让顾客感受到产品品牌所带来的好处。体验营销突破了传统上"理性消费者"的假设，认为消费者消费时是理性与感性兼具的，消费者在消费前、消费中和消费后的体验才是购买行为与品牌经营的关键。

体验的形式可以划分为以下五种类型。

（1）知觉体验。企业通过视觉、听觉、触觉、嗅觉、味觉等感官渠道使消费者获得良好的体验感受，从而增强产品认知，增加消费者对产品的正面印象，并留下强烈的产品记忆。

（2）思维体验。企业以意想不到的创意表达对消费者进行精神层面的刺激，引起消费者情绪和思维上的变化如惊讶、喜悦等，也可以是引发消费者对某一类话题的思考、启迪等；通过为消费者带来思维上的冲击，在表达自身价值观的同时，也可树立品牌个性和品牌形象。

（3）行为体验。消费者通过身体行为的体验，学习到平时生活中对事物处理的其他替代方法，使消费者接触到更多的生活形态，从而引导消费者的生活观、价值观等。

（4）情感体验。企业以感性诉求的方式和消费者进行沟通，其关键是对消费者内在情感和情绪的把握，让消费者参与到对爱情、友情、亲情等多种情感的诠释中，以情动人，使消费者在体验中产生共鸣。

（5）相关体验。消费者通过体验企业产品，达到自我改进的目的，并获得他人的认同，从而使消费者将企业与自我成功联系起来，进而建立品牌偏好。

例如，当咖啡被当成"货物"贩卖时，一磅卖300元；当咖啡被包装为商品时，一杯就可以卖25元；当其加入了服务，在咖啡店中贩卖，一杯要35~100元；如能让顾客体验咖啡的香醇与生活方式，一杯可以卖到150元甚至好几百元。星巴克（Starbucks）真正的利润所在就是"体验"。

案例 9-6

故宫的用户体验优化

2012年，单霁翔院长上任，提出了"服务观众为中心"的经营理念与核心价值观，强调故宫要围绕参观需求的本质，从用户角度出发，采取了一系列高效、精准的用户体验优化措施，将故宫博物院不断升级换代。

单霁翔强调：要有同理心，以社会公众需求为导向，一切从用户角度出发。要研究人们的生活，研究人们生活中需要什么东西，做一些实用性强的东西。对故宫客户/用户的需求做到细致、甚至是体贴入微的洞察，然后，不断做出优化用户体验的动作。

故宫用心修补文物。制定了一个7年的修缮计划，建立了全世界第一所文物医院，每一件文物都要用原工艺、原材料、原技术进行修身。加强建筑的修缮和环境的整治，强化日常的零修、维修，使建筑保持常态的健康状态。

用户嫌夏季高峰期入宫排队时间太久，想早一点进去参访，单霁翔让团队加设30多个窗口买票，确保每一位用户3分钟内都可以买到票。

用户在广阔的故宫里动不动就迷了方向，单霁翔让团队做了数百块标示牌，于是，见者知其路。

用户在故宫里找不到可以休息的座位，后来，故宫里又有了实木材质、坚实可靠的定

第九章 如何制定整合营销传播策略：沟通价值

制座椅。

故宫卫生间外,女性用户总是排起长队,他做了两个月数据调查,最后,故宫按照 2.6:1 的比例增加女性卫生间。

用户想要看到一个开放的紫禁城,单霁翔就让故宫开放,开放,再开放!

过去紫禁城只开放 30%,而 2014 年开放超过 50%,2015 年达到 65%,2017 年达到 76%;现在已经开放超过 80%。大量过去非开放区,如今,都变成了展区、展馆、展场。

用户想看到更多的藏品,那么,他就让沉睡的文物出来见客人。

过去,故宫 186 万文物藏品中 99%以上都"沉睡"在库房里,展出的只有 0.9%。而如今,故宫展示的文物已达到 8%以上。

故宫还联合腾讯、央视、农夫山泉、高校等主体,通过向大众征集创意、联合设计与淘宝众筹、快闪等形式,融合 4D 动感影像等媒体新技术和沉浸互动戏剧等艺术形态,推出纪录片、展览、游戏、H5 动画、故宫瓶、形式多样有趣实用的文创作品及推广活动,让公众充分体验故宫的深厚历史文化底蕴的精彩,将一个古老文化 IP,以用户体验为引领,以中华文化为素材,"烹饪加工"成一道老少咸宜的"新菜",让更多的人爱上文物,爱上故宫。

五、体验营销的特点

近年来,居民的收入水平迅速提高,生活品质也得到了极大的提升,根据马斯洛需求层次理论,此时消费者会更多地关注精神层面的享受而非单一的物质层面消费。对心理上的效益的看重导致消费者的价格敏感度进一步降低,而体验营销的几大特点正好可以满足消费者在这方面的需求。

1. 消费者主动参与

体验营销必须有消费者的主动参与和配合,这也是体验营销区别于其他营销方式的重要特征。如果消费者没有主动参与的欲望,体验就变成了强迫,无法使消费者获得良好的参与体验。同时,消费者的积极性也与体验的质量密切相关。一般来说,主动参与性越高的消费者,越能获得正面积极的体验感受,而不够主动的参与者,则往往不会获得丰富的体验。

2. 消费者体验需求是关键

随着商品经济的不断发展,消费者在关注产品质量的同时,更看重在整个消费过程中是否获得良好的体验感受和体验的满足。在这一前提下,企业应当充分了解消费者的消费心理和体验需求,以消费者的体验需求为中心,设计各种购买服务流程和购买体验流程,使得消费者获得购买过程中的体验满足。

3. 感性与理性相结合

消费者并不总是时刻理性的。在体验营销的观念中,消费者是一个既理性又感性的综合体。因此,体验营销的直接参与能够更好地与消费者建立情感上的联系,从而打动消费者作出购买决策。

六、体验营销的实施要点

1. 目标市场调研

体验营销强调顾客心理需求分析和产品心理属性的开发。企业必须深入目标群体进行以情感、心智内容为主的针对性、实用性调查,列出尽可能多的接触要点,以访问等直接沟通方式去发掘消费者内心的渴望,厘清消费者的体验需求。

2. 界定体验主题

对体验进行准确界定,形成体验活动与价值创造的主题线索,不仅给消费者关于体验感受的概括表达,同时也提供同类供给者所不具有的差异性特点,并明确了特色体验主题强大的诱惑力,能够推动需求,这是实施体验营销的关键一环。成功的体验主题应具备以下特征:诱惑性,容易引起相关消费者的参与和共鸣;精练性,即必须简明扼要,差异要点明确;复合性,让消费者切身感受到的体验能影响其对现实存在的体会。

3. 开发体验产品

在市场调研的基础之上,借鉴应用心理学、消费者行为学等理论,分析并测量构成消费者体验的因素,进而明确产品心理属性的开发倾向,即着力营造与目标顾客心理需要相一致的心理属性。

明确实体产品中的体验利益。产品不仅要有功能利益,还要具备能满足使用者视觉、触觉、审美等方面需求的感知利益。产品体验利益必须和顾客的感官体验相联系,让顾客的视觉能看到、听觉能听到、嗅觉能闻到、味觉能尝到、感觉能感知到,和目标顾客的经历和情感能产生共鸣,和顾客所能接受的文化环境能有共通之处。

例如,喜之郎敏感地抓住目标顾客传达爱意的心理需求,推出了"水晶之恋"。心形的盒子里面装着若干颜色不同的心形果冻,每种颜色的果冻均有一个独特的名字,赋予了不同的爱的含义,封盖上两个漫画人物相拥而望。水晶之恋不再是单纯的果冻,它成了人与人交流感情的介质,成了表达感情的载体。围绕"亲情无价"这一品牌特有的价值观,喜之郎坚持不断地塑造亲情、温馨的品牌形象。针对中国人"亲情"体现最突出的传统节日做文章,不断推出节日系列的"新年篇""中秋篇"等广告。

服务中传递附加体验感受。在信息传播现实条件下,实体产品间的借鉴和跟进越来越容易,其调整周期也越来越短。用优质服务增加附加体验已经成为现代营销中明显的激励性因素,因此更多的企业把目光投向了传递体验的天然平台即服务。服务的突出特点在于其生产和消费的不可分割性,企业除了完成基本的服务外,还应该有意识地向顾客传递他们所看重的体验,使顾客形成有利于企业的情绪资本。

4. 营造体验场景,丰富顾客体验需求

为了支持和强化体验主题,企业需要在销售中以目标顾客的感受为中心设计具有互动的体验场景。体验场景的成功营造不仅能使身处其中的顾客明了体验主题，还能提升其对体验的感知价值。这就是所谓的"接触管理"思想，即某一个时间、地点或某种状况下的沟通。为此，企业必须有意识地调集产品展示、空间环境、电子媒介等不同类型的资源进行全方位的组合运用，让消费者充分暴露在企业提供的氛围中，引导其主动参与到预设的事件环境中来，从而完成"体验"生产和消费过程。

有款运动型手表非常坚固、耐用，在销售的时候为了向目标顾客展示"安全"这个卖点，企业设计了一个15米的攀岩场景，然后鼓励目标顾客带着该款手表去攀岩，攀到10~15米高的位置时要把手表取下来，再摔到地上。当顾客看到这个手表压根就没有坏，就会产生买下这款手表的冲动。

5. 获取体验反馈信息，改善和创新体验产品

消费者不会长时期地对某一种体验产品保持新鲜感，他们希望企业不断地推出新产品。但究竟推出什么样的新产品，何时推出产品，以什么样的方式推出新产品，则要求企业跟踪调查消费者需求，了解消费者体验的变化。企业唯有这样做，才能让消费者保持体验兴趣，留住老顾客。如美国迪士尼公司体验创新模式，迪士尼公司为了改善和创新其体验，每年都会针对游客进行200多项的调查与咨询项目，以此来确定游客对未来娱乐项目的期望、游玩热点和兴趣转移，并决定体验创新的方向，推出新的体验产品。

英国的路虎汽车登陆台湾地区市场时也为顾客创设了体验场景。一般推销汽车都是设定一个车场，当有顾客光顾的时候，销售人员会给顾客介绍车辆的性能、价格。然后，如果顾客感兴趣，就让顾客去试车。试车都是在城市的道路上进行，顾客满意了，生意也做成了。路虎车是越野汽车，路虎的顾客群和普通小轿车的顾客群是完全不同的两个群体。陆虎在登陆台湾的时候，也使用了试驾的活动体验。当顾客开着路虎车，在城市道路上试车的时候，找不到感觉，所以成功率很低，销售量很差。

新的总裁上任后，改用全新的方式，设了一个主题——"越野体验学院"。由专业教练指导，设定了一整套课程。顾客今天驾车在山路上，明天驱车飞驰在浅海的沙滩上，后天沿着崎岖的河道逆流而上。这种设计给了顾客一个理想的越野环境，路虎车优越的越野性能在这里尽显无遗，顾客当然爱不释手，路虎的销量也大幅度上升。陆虎的越野体验学院不但直接给潜在顾客体验，而且为顾客提供了一起交流的场所，路虎的老车主以及未来的车主可以一起探讨对路虎的体验，以及进一步改进的期望。

第七节 直复营销与网络传播

一、直复营销的概念

直复营销（direct marketing）即直接回应的营销，是指使用邮寄、电话、传真、网络、电子和其他非人员传播的工具进行沟通或征求特定顾客与潜在客户的直接回复的一种营销方式。直复营销起源于 20 世纪 80 年代后期，由于它强调通过媒体手段与大量顾客直接沟通，企业在实际操作时能够以较低成本覆盖顾客，因此得到快速发展。

传统直复营销形式是在互联网发展之前出现的，主要包括直接邮寄营销、购物目录营销、电话营销、电视直销、自动售货等。网络传播和营销是现代直复营销的主要形式。

二、直复营销的特点

（1）目标顾客选择更精确。直复营销的人员可以从顾客名单和数据库中的有关信息中，挑选出有可能成为自己顾客的人作为目标顾客，然后与单个目标顾客或特定的商业用户进行直接的信息交流。从而使目标顾客准确，沟通有针对性。

（2）是一个互相作用的体系。直复营销人员和目标顾客之间是以"双向信息交流"的方式进行联系的。营销者通过特定的媒介（电话广播、电话、互联网、目录、邮件、印刷媒介等）向目标顾客传递信息，顾客通过邮件、电话、在线等方式对企业的发盘进行回应，订购企业发盘中提供的产品或服务，或者要求提供进一步的信息。

（3）激励顾客立即反应。直复营销通过集中全力的激励性广告接受者立即采取某种特定行动，并为顾客立即反应提供了尽可能的方便和方式，使人性化的直接沟通即刻实现。每位顾客都可通过多种方式（如打电话、邮购等）将自己的反应回复给营销人员。

（4）效果容易测定。在直复营销中，营销人员能很确切地知道何种信息交流方式使目标顾客产生了反应行为，并了解反应的具体内容，从而使自身的营销活动具有很强的针对性和实效性。尤其是网络营销作为一种有效的直复营销策略，其效果是可测试、可度量和可评价的。

（5）强调与顾客建立长远的关系。直复营销根据每一个顾客的不同需求和消费习惯进行有针对性的营销活动，通过一对一的双向沟通，与顾客形成并保持良好的关系，不断将从目标顾客的反应中得到的信息存入数据库，这些数据成为下一次制订直复营销计划和策略的依据。通过完善的客户服务和深入的客户分析来满足客户的需求，关注和帮助顾客实现终生价值。

三、直复营销的类型

直复营销有以下几种类型。

1. 直接邮寄营销

直接邮寄营销是指营销人员把宣传单、样品或者广告直接邮寄给目标顾客，以引起顾客对商品的兴趣，再通过信函或其他媒体进行订货和发货，最终完成销售行为的营销过程。这是最古老的直复营销形式，也是应用最广泛的形式。在互联网时代，电子邮件营销的应用越来越广泛。目标顾客的名单可以租用、购买或者与无竞争关系的其他企业相互交换。如每天给你家里送来的报纸里，有时候会加入一些超市或店铺的传单和海报。

2. 目录营销

目录营销是指营销人员给目标顾客邮寄目录，或者备有目录随时供顾客索取，从而获得目标顾客直接反应的营销活动。目录营销实际上是从邮购营销演化而来的，两者的最大区别就在于目录营销适用于经营一条或多条完整产品线的企业。如红孩子、麦考林等。

目录营销的优点在于：内容含量大，信息丰富完整；图文并茂，易于吸引顾客；便于顾客作为资料长期保存，反复使用。其不足之处在于：设计与制作的成本费用高昂；只具有平面效果，视觉刺激较为平淡。

3. 电话营销

电话营销是指以电话作为信息沟通的媒介，以获得目标对象直接反应的营销活动。电话的普及，尤其是 800 免费电话的开通使消费者更愿意接受这一形式。现在许多消费者通过电话询问有关产品或服务的信息，并进行购买活动。保险公司、房产公司等经常采用此种营销方式。

电话营销的优势在于：能与顾客直接沟通，可及时收集反馈意见并回答提问；可随时掌握顾客态度，使更多的潜在顾客转化为现实顾客。电话营销的劣势也相当明显：因干扰顾客的工作和休息所导致的负效应较大；由于顾客既看不到实物，也读不到说明文字，易使顾客产生不信任感等。

4. 电视营销

电视营销是指营销人员通过在电视上介绍产品，或赞助某个推销商品的专题节目，使顾客产生购买意向并最终达成交易行为的营销活动。由于电视是最普及的媒体，电视频道也较多，有许多企业在电视上进行营销活动，比较突出的有快乐购、东方购物、中视购物、央广购物等。

电视营销的优点是：画面与声音的结合，使商品由静态转为动态，直观效果强烈；通过商品演示，使顾客注意力集中；接收信息的人数相对较多。电视营销的缺点是：制作成本高，播放费用昂贵；顾客很难将它与一般的电视广告相区分；播放时间和次数有限，稍纵即逝。

5. 自动售货

自动售货是指通过自动售货机向顾客销售商品的方式。自动售货机是自动售货的常用设备，它不受时间、地点的限制，能节省人力、方便交易。自动售货根据其销售产品的类型分为三种：饮料类自动售货、食品类自动售货、综合类自动售货。随着移动支付的流行，自动售货增加了移动支付功能，更加方便顾客购买。

除了以上的类型外，企业还可以在杂志、报纸和其他印刷媒介上做直接反应广告，鼓励目标成员通过电话或回函订购；或者利用广播作为直接反应的主导媒体，也可以配合其他媒体，使顾客对广播进行反馈。广播电台的专业化，为直复营销者寻求精确目标指向提供了机会。上述几种直复营销方式可以单一运用，也可以结合运用。

6. 网络营销

网络营销指营销人员通过互联网、传真等电子通信手段开展营销活动。上述几种直复营销方式可以单一运用，也可以结合运用。

四、直复营销的决策

（1）建立顾客数据库。顾客数据永远是直复营销最重要的资源，是开展直复营销活动的前提。没有精准的客户数据，创意再精美的直邮广告也不知道寄给谁。因此，数据库是直复营销成败的关键。目标顾客数据库，一般要经历数据采集、数据存储、数据处理、寻找理想的目标对象、使用数据和完善数据库六个阶段。企业一般是先搭建一个 CRM 系统，然后如何采集数据就成了关键。企业采集数据的途径是多种多样的，既可通过直反式广告获得，从接触到的顾客身上收集，从展会、营销活动中收集，通过抽奖、优惠券等方法收集，也可从合作组织获取，或者购买现成的符合我们目标人群数据。在营销过程中，还要注重目标顾客数据库的完善、维护及更新。

（2）选择目标市场。确定目标市场是直复营销的重点。企业要在明确营销目标的前提下，充分利用客户数据库这个宝藏，多作深入的挖掘分析，多发现目标顾客的画像特征，多发现购买行为的规律，精准认识每位目标顾客的需求，选择最合适的客户和潜在客户，确定目标市场。

（3）选择恰当的直复营销方式。直复营销包括前述的多种营销方式，每种方式都有自身的优势和不足。企业要根据各种营销方式的特性、自身条件和目标市场的特点选择效益最佳的营销方式。企业选择的营销方式也会随着营销环境的变化而改变。

（4）创造性地设计直复营销方案。选择营销方式后，企业必须创造性地设计营销的实施方案。企业要想在与顾客双向信息的交流后激起顾客的有效反应，就必须对交流或展示的信息和互动的过程进行精心的设计。

（5）恰当地选择直复营销的时机。时机选择是指营销人员与目标顾客沟通和发布信息的时间、频率等方面的决策。例如，营销信息是作为一个整体的信息，还是化整为零以多个信息同目标顾客进行沟通；一项直接回应广告是脉冲式投放，还是连续性投放，以及信息需要重复的资料和时间间隔等。一个良好的时机选择决策应该是能够以最经济的投入产生最大的回应率的决策。

（6）提供满意的顾客服务。直复营销的成功主要依靠顾客的重复购买，因此，能否留住顾客是能否盈利的关键。建立顾客忠诚度的主要途径就是向其提供满意的顾客服务。因此，许多成功的直复营销者都努力为客户提供满意的服务，将在顾客服务上的开支视作一种无形资产投资，将顾客本身看作公司最大的无形资产。

五、网络传播的概念与类型

网络传播是企业在互联网上进行信息传播活动的过程，包括借助公司网站、网络广告、电子邮件、在线视频和博客、微信、论坛社区等方式进行传播。网络传播融合了大众传播（单向）和人际传播（双向）的信息传播特征，呈现一种散布型网状的传播结构。与传统传播方式不同，网络传播具有很好的交互性、即时性、权利平等性、多元性、隐蔽性、随意性和个性化，通过借助flash、视频、音频等多媒体技术使传播的表现形式立体化，吸引力强，传播成本低，信息内容丰富，信息量大但良莠不齐。

由于消费者上网的时间越来越多，许多企业将更多的营销支出投向网络广告，以期提高品牌销售量或吸引顾客访问其网站。网络展示广告可能出现在顾客屏幕的任何位置，并与其正在浏览的网站内容相关。例如，当你在腾讯视频观看某部剧的时候，你的屏幕上会跳出一个与此剧相关的小广告；或是在你看剧前播放的广告里，会有你所看剧集演员代言的广告。这种内容丰富有趣的广告可能只有短短的十几秒，或者只是出现在你屏幕的一个小方块里，但却能产生很大的影响。

无论是哪一种传播方式，企业都需要考虑如何吸引顾客。作为网络传播的平台，如公司网站、博客、微信公众号、论坛社区等，如何持续地吸引顾客非常关键，因为通过其他网站的广告和链接、电子邮件或传统媒介大力推广自己的平台，虽然在短期可能会带来流量，但今天的网络使用者很容易抛弃那些不合格的平台。黏住顾客的关键是传播平台本身与所传播的内容要给用户带来高价值和良好的体验。一个有效的平台，不仅应当便于使用、外观设计专业且内容具有吸引力，还应该包含更多深入和有用的信息，帮助用户发现和评估感兴趣的产品的互动工具，与其他相关平台的链接，不断更新的促销优惠，具有一定的娱乐性。

六、社交媒体营销

1. 社交媒体营销的概念

社交媒体营销是指企业利用消费者在社交网站、在线社区、QQ、博客、论坛、微博、微信、播客等媒体中的互动交流、空间的个人档案及用户创作的图片、视频文件等来做营销推广的营销方式。它是网络传播的一种。社交媒体是人们彼此之间用来分享意见、见解、经验和观点的工具与平台，聚集了大量的用户，成为企业进行营销的理想途径。它作为企业和顾客或顾客与顾客之间互相沟通的平台，便于企业或顾客在其中传递、发布、管理自己的相关信息。

在数字技术和设备的迅猛发展下，社交媒体和数字社区产生并不断壮大。第42次《中国互联网络发展状况统计报告》显示，即时通信应用类，其中微信、QQ、陌陌作为主要代表，由于其满足了用户的生活、社交、情感、资讯等多种需求而培养了大规模忠实用户，目前是我国第一大移动应用，使用率高达95.2%。此外，微博使用率也达到了42.1%，还有各种各样的用户群加入相同的论坛。社交媒体在互联网的沃土上蓬勃发展，爆发出令人炫目的能量，其传播的信息已成为人们浏览互联网的重要内容，不仅制造了人们社交生活中争相讨论的一个又一个热门话题，更进而吸引传统媒体争相跟进。

2. 社交媒体的特征

作为个体交流的网上渠道，社交媒体具有公开、参与、交流、对话、社区化与连通性六大特征。社交媒体具有很好的即时性、很强的参与性、很好的分享性、强大的交互性、较强的针对性和较高程度的个性化。因为用户的参与性、分享性与互动性的特点让企业产品与品牌的信息传播更迅捷、更可信、更精准，传播效果好而成本却较低。社交的互动、裂变，让许多网络平台能够以更低的成本获客，也得到了极大的曝光率。

3. 社会媒体营销的优点

（1）企业可以通过社交媒体为顾客提供个性化的、有针对性的营销活动，营销更精准。

（2）社交媒体具有即时性。企业可以密切关注实时发生的动态信息，根据品牌事件和活动、社会热点事件创造即时、重要的营销内容，随时随地接近和影响顾客。

（3）作为与顾客互动的平台，企业可以利用社交媒体通过网络焦点调查、与顾客对话、舆论监测等，更便利地倾听顾客的心声。

（4）企业可以根据社交媒体的这个特性来创建品牌社区，为顾客交流提供有效的空间。

在支付宝十一出境游的营销活动中，信小呆成为全民盖章确认的中国锦鲤。支付宝这条"祝你成为中国锦鲤"的微博不到 6 小时转发量破百万，周累计转发破 300 万，惊人的数据成就了其企业社会媒体营销史上的巅峰地位：最快达成百万级转发量以及总转发量最高的企业传播案例。不用评选，"锦鲤"由此提前锁定成为 2018 年度热词。

作为最活跃的即时通信工具，微信凭借其更精准的目标定位，以及多样化的功能和强有力的社交关系链获得了大批企业的青睐。微信支持跨通信运营商、跨操作系统平台，通过网络快速发送免费（需消耗少量网络流量）语音短信、视频、图片和文字，同时，也可以共享流媒体内容的资料和基于位置的社交插件"摇一摇""漂流瓶""朋友圈""公众平台""语音记事本""小程序"等服务插件。根据腾讯 2018 第一季度财报，微信在全球月活跃用户数达 10.4 亿，微信已经覆盖中国 95% 以上的智能手机，新兴的公众号平台拥有 1 000 万个。截至 2018 年 1 月，腾讯已推出 58 万个小程序，日活跃账户超过 1.7 亿个。

4. 社交媒体营销的挑战

社会媒体营销也面临诸多挑战。首先，社交化网络在很大程度上由用户掌控，企业不能简单生硬地进入网络，与消费者进行数字化互动，即使看起来无害的社交媒体活动也可能事与愿违，企业需要自然地将品牌融入顾客的社交生活中。企业必须通过不断地开发具有吸引力的内容，使其成为消费者体验中有价值的部分。其次，社交化可以低成本获取客户，可以更接近互联网的消费者，但仍存在规范化不足的问题，导致用户信任度不足，限制了营销的发展。所以加强规范化,提升消费者的信任度比费尽心思推广更重要。另外,许多企业仍然在探索如何才能有效地利用社交媒体,成果很难度量。

5. 社交媒体营销的 4I 原则

社交媒体营销作为新兴的营销传播方式,目前并没有特别规范的营销策略,但是营销界内有一些公认的能够提高社交媒体营销绩效的参考原则,即 4I 原则,同时,也有几种常见的社交媒体营销策略——病毒式营销、内容营销、视频营销、游击营销等。

与传统的营销不同,互联网环境下的营销具有"集市"的特征,信息多向传播,顾客之间或顾客与企业间进行互动式交流。在这种信息多元、嘈杂的情况下,社交媒体能够传播更多草根消费者的信息与意见。因此,企业要实现信息的有效传播,需求激发消费者的兴趣,满足消费者的兴趣,满足消费者的需求,遵从趣味(interesting)、利益(interests)、互动(interaction)、个性(individuality)四个原则,简称 4I 原则。

(1)趣味原则。在互联网这个"娱乐圈"中混,广告、营销也必须是娱乐化、趣味性的。互联网为消费者提供了无数可供选择的信息,消费者的注意力就成为互联网时代的稀缺资源,因此,当企业无法向消费者说"这是我给你的讯息,快去看看"的时候,企业就必须通过一些趣味性的、娱乐化的方式让消费者观看或阅读其传播的信息。

(2)利益原则。营销的本质就是向顾客传递价值,在互联网时代更是如此。企业能否向消费者传递有效的信息,往往依赖于这条信息能否为消费者创造利益。在社交媒体为消费者创造的利益中,消费者不仅关注实际创造的物质或金钱利益,还会关注该信息能否给自己带来好处、能否为自己的生活提供便利、能否给自己带来心理上的满足。因此,在发布社交媒体信息的时候,企业应当遵从利益原则,考虑自己的信息能够为消费者带来什么。

(3)互动原则。互联网营销与传统营销的不同之处在于,网络传播缺乏传统媒体所具有的强制性,而在这种缺乏强制性的背景下,如果仅采取与传统媒体相同的单向传播策略,企业的信息传播对消费者而言就没有多大吸引力。因此,在互联网时代,企业可以利用社交媒体向消费者传递具有更强互动性的信息。消费者参与这种互动性强的传播过程,会留下更深刻的品牌印象。因此,互动原则也是社交媒体营销传播的策略之一。

(4)个性原则。互联网带给企业更强大的接触消费者的能力,同时也使消费者变得更加挑剔。在这样的环境下,能否满足消费者个性化的需求成为企业成败的必要因素。而社交媒体的盛行为企业提供了接触消费者、管理消费者、分类消费者的可能性。企业可以通过对用户在社交媒体上的资料以及消费者与企业社交媒体。

6. 社交媒体营销的策略

1)病毒式营销

病毒式营销是指通过病毒式的传播,利用已有的社交网络去提升品牌知名度或者达到其他市场营销目的。病毒式营销由信息源开始,依靠用户在社交媒体上的自发口碑宣传,形成滚雪球式的传播。由于这种传播方式像病毒一样,能够快速复制,将信息传向数以万计的受众，因此称为病毒式营销。

病毒式营销作为网络营销方式中性价比最高的方式之一，能够深入挖掘产品卖点，制造适合网络传播的舆论话题，达到很好的传播效果。病毒式营销作为一种通过公众的人际网络传播信息的营销方式，有以下几个特点。

（1）有吸引力的病原体。病毒式营销作为一种高效的营销传播方式，主要利用目标受众的参与热情。目标受众受到企业的信息刺激后自愿参与到后续的传播过程中，原本应由企业承担的广告成本转嫁到目标受众上。这一过程的关键是激发受众的兴趣，即企业要创造有吸引力的病原体。

（2）几何倍数的传播速度。大众媒体发布广告的方式是一点对多点的辐射状传播，实际上无法确定广告信息是否真正到达目标受众。病毒式营销是自发的、扩张性的信息推广，并非均衡、无差别地同时传达给社会上的每一个人，而是由消费者将产品和品牌信息传递给他们有着某种联系的个体。例如，目标受众看到一个有趣的动画，他的第一反应或许是将这个动画转发给好友、同事，于是"转发大军"构成传播的主力。

（3）高效率的接收。采用大众媒体投放广告有一些难以克服的缺陷，如信息干扰强烈、接收环境复杂、受众抵触心理严重。以电视广告为例，同一时段的电视有各种各样的广告投放，其中不乏同类产品"撞车"现象，这大大降低了受众的接收效率。而那些"病毒"是受众从熟悉的人那里获得或是主动搜索而来的，在接收过程中自然会有积极的心态；接收渠道也比较私人化，如手机短信、电子邮件、论坛等。以上优势使病毒式营销克服了信息传播中噪声的影响，增强了传播的效果。

（4）更新速度快。网络产品有自己独特的生命周期，一般都是来得快去得也快。病毒式营销的传播过程通常呈 S 形，即在开始时很慢，当扩大至受众的一半时速度加快，而接近最大饱和点时又慢下来。针对病毒式营销传播力的衰减，只有在受众对信息产生免疫力之前，将传播力转化为购买力，才可达到最佳销售效果。

企业进行病毒式营销通常会经历制造病毒、繁殖病毒、传播病毒三个阶段。

①制造病毒阶段。在制造病毒阶段，企业应当充分挖掘能够"感染"消费者的引爆点，让更多的网民关注、讨论、评论。但引爆点的设置必须能够激发消费者的兴趣，这样才能让其自愿告诉身边的朋友，分享到社交媒体上。这种引爆点可以是一种情绪（如愤怒/惊喜）、一种情感（如同情/悲伤）、一种心态（如娱乐/看客）、一种寄托（如期望）等。例如，动画电影《大圣归来》就满足了网民对国产动画创新的期望以及对文化象征回归的期望。

②繁殖病毒阶段。企业制造好病毒之后，就要开始繁殖自己的病毒，让病毒拥有更大的接触面。繁殖病毒是病毒式营销信息在消费者群体中传播的前一个步骤，在繁殖病毒的过程中，企业可以与微博大 V 或者微信公众号等意见领袖合作，根据其所能够接触到的用户群与自己信息传播目标的一致性来寻找合适的合作者，例如，宝马中国就联合罗辑思维的官方微博传播其产品信息。在繁殖病毒阶段，企业也可以通过雇用网络"水军"实现产品信息的第一轮传播。

③传播病毒阶段。企业通过各种方式接触到目标消费者后，就开始了病毒式营销传播的第三阶段——传播病毒。在这一阶段，病毒信息吸引消费者观看并促使消费者转发，实现广泛的信息传播。在这一阶段，除了信息本身有趣，企业还可以设置一些奖励（如抽奖、赠送门票等）来促进消费者的传播。

2）内容营销

内容营销指的是以图片、文字、影音等方式传达有关企业的内容，获得目标受众关注。在互联网环境下，内容所依附的载体是网页、微博、微信等。内容营销可以在动画、视频、音频等载体中呈现出来，对目标受众产生吸引力，并引发购买等行为。内容营销在"人人都是自媒体"的时代显得愈发重要。在网络上如果给客户的是些空洞的内容、雷同的内容，甚至是抄袭的内容，不但不能起到营销的效果，还会有相当大的反作用。在内容营销的基础上产生了场景营销。

3）视频营销

视频营销即用视频来进行营销活动。在网络中，企业可以通过广告、视频、宣传片、微电影等各种方式进行营销信息的传播。受众喜爱的视频能够便捷地通过社交媒体进行转发、分享。网络视频营销具有更高的互动性、主动传播性，且传播速度快、成本低廉，目前已经成为企业网络传播中不可缺少的工具。例如，益达邀请彭于晏和桂纶镁拍摄的酸甜苦辣微电影广告，就是很好的视频营销。

4）游击营销

"游击营销"的理念由美国资深营销专家杰伊·莱文森首创，原本是教导中小企业如何用微薄的营销预算"以小博大"，吸引消费者目光，许多大型企业也摆脱传统的营销方法，开始采用游击营销。游击营销经过近 20 年的理论发展和实践，已经成为"非传统和反传统营销"的代名词，并且衍生出一系列的反传统营销策略，与传统营销方法分庭抗礼。传统营销主要以电视、报纸、大型户外广告等大的媒体来建立品牌知名度，而游击营销则重视品牌与消费者之间的互动，善于创造独特的传播模式。

游击营销的信条是，通过非传统的营销方法（投入更多精力做营销，而非仅仅投入更多资金），仍旧可以达到传统营销的目标（销售量和利润增长）。在莱文森看来，游击营销的制胜秘籍不过就是：只把概念具体写下来是不够的，落实计划才更重要。许多从事营销工作的人花大量时间等待未来的大好时机，却不知，行动才最重要。只要投入精力、热情和热忱，就足以弥补你在营销知识方面的不足。

案例 9-7

火遍全网的支付宝"中国锦鲤"

2018 年 9 月 29 日下午，作为国庆小长假的预热，支付宝在其微博宣布"十一出境游的朋友，请留意支付宝付款页面，可能一不小心就会被免单"的微博，称将在 10 月 7 日抽取转发这条微博的一名粉丝为"中国锦鲤",领取一份中国锦鲤全球免单大礼包。该礼包由200多家支付宝全球合作伙伴组团提供,价值约合50万,礼单长到视频展示要花40多秒。这条微博刚刚发布,200多家支付宝合作品牌蓝V积极参与互动,在不到一小时之内,就全部完成评论转发。

该条"祝你成为中国锦鲤"微博消息一经发布,"中国锦鲤""三百万分之一""40多秒的礼单展示视频""下半生不用工作"等等自带病毒的热词纷纷霸占各大社交媒体的话题榜。诸多大V和明星大V例如高晓松、李现等借势转发,几度冲上微博头条。诞生了锦鲤"信小呆"后,活动一度推向高潮。形成了病毒式传播,一时间无数人加入"拜锦鲤教"。

该条微博一不小心就破了两项新纪录:不到6小时转发量破100万,周累计转发破300万。超高的热度话题讨论引发亿级的曝光量,迅速占据微博热搜第一和第三位,相关关键词的微信指数日环比更是大涨288倍。

支付宝官方微博关注数仅在该十一期间涨了1 000多万,成为企业营销史上最快达成百万级转发量,是迄今为止总转发量最高的企业传播新案例。在这一场营销中,支付宝无疑是最大赢家。

关键概念

营销传播	信息源	非人员传播渠道	营销传播组合	营业推广
人员推销	公共关系	危机公关	事件营销	造势营销
体验营销	直复营销	病毒式营销	游击营销	

思考题

1. 企业在进行营销活动时,为什么要开展营销传播,以及如何开展营销传播?
2. 简述企业如何进行整合营销传播设计?
3. 企业在何种情况下可以采用推式和拉式的营销策略?
4. 广告设计应遵循哪些原则?
5. 公共关系活动的方式有哪些?
6. 向消费者进行营业推广的方式有哪些?
7. 你觉得一个合格的推销员应该具备哪些素质?
8. 试比较分析各种促销方式的优缺点,如何选择这些促销方式?

实训题

1. 以小组为单位,分析海底捞发生卫生安全隐患时的做法,如果你是海底捞CEO,你会如何进行危机公关?
2. 请你为苹果最新款手机设计一套完整的传播方案。

3. 选择一家企业近期的宣传广告，谈一谈该广告的独特之处以及存在的不足。
4. 参加一次促销活动，和同学们一起谈谈感受。

参考文献

[1] 唐·舒尔茨，海蒂·舒尔茨. 整合营销传播：创造企业价值的五大关键步骤[M]. 北京：清华大学出版社，2013.

[2] 卫军英. 整合营销传播理论与实务[M]. 北京：首都经济贸易大学出版社，2009.

[3] 特伦斯·A. 辛普. 整合营销传播：广告与促销[M]. 8版. 北京：北京大学出版社，2013.

[4] 奥蒂斯·巴斯金，克雷格·阿伦诺夫，丹·拉铁摩尔.公关关系：职业与实践[M]. 北京：中国人民大学出版社，2008.

[5] 菲利普·科特勒，凯文·莱恩·凯勒. 营销管理（全球版）[M]. 14版. 北京：中国人民大学出版社，2012.

[6] 格雷格·W.马歇尔，马克·W.约翰斯顿. 营销管理精要[M]. 北京：北京大学出版社，2015.

[7] 吴健安，聂元昆. 市场营销学[M]. 5版. 北京：高等教育出版社，2014.

[8] 刘治江. 市场营销学教程[M]. 北京：清华大学出版社，2017.

[9] 杨洪涛. 市场营销：超越竞争，为顾客创造价值[M]. 2版. 北京：机械工业出版社，2019.

[10] 菲利普·科特勒，加里·阿姆斯特朗. 市场营销：原理与实践[M]. 16版. 北京：中国人民大学出版社，2015.

[11] 孟韬. 市场营销：互联网时代的营销创新[M]. 北京：中国人民大学出版社，2018.

[12] 曹虎，王赛，等. 数字时代的营销战略[M]. 北京：机械工业出版社，2017.

第五模块
管理营销：管理顾客价值

　　顾客价值是指企业传递给顾客，且能让顾客感受得到的实际价值，它一般表现为顾客购买总价值与顾客购买总成本之间的差额。这是顾客之所以成为现实顾客和忠诚顾客的根本原因，所以，在营销管理中保持和实现顾客价值甚至提升顾客价值是营销管理的根本。如果顾客感觉不到公司传递的价值或感觉到的价值在下降，顾客的流失将成为必然。在实际营销过程中，顾客价值并不是固定不变的。由于各种因素的影响，顾客价值可能会被放大或削减。如果顾客感觉购买总价值超过顾客购买总成本则表现为正价值，反之则为负价值。

　　事实上，在营销持续的条件下，顾客价值可以看成是一种持续的价值流量，长期保持顾客价值的正流量是公司兴旺发展的关键。这种持续的正流量的积淀正是顾客给公司带来的核心价值所在。正流量的积淀会带来顾客的满意度提高和顾客忠诚的稳固，而顾客满意、忠诚会带来公司经营业绩的持续改善和提高，最终保证企业发展的良性循环。

第十章 如何进行营销管理

本章重点探讨的问题

- 市场营销计划是什么？有哪些类型？
- 如何制订一份完整的市场营销计划？
- 营销组织架构的建立和调整需要考虑的因素有哪些？
- 如何监督、评估营销过程和效果，从而进行有效的营销控制？

营销管理是对营销活动过程的管理，也是对顾客价值实现过程的管理，具体来说是对顾客价值的创造、发现、选择、明确、挖掘、提升和获取过程进行分析、评价与控制，以期公司形成的顾客价值的正流量源源不绝、不断壮大成长的过程。在市场营销管理的过程中，营销计划是指导和协调市场营销各阶段活动、实现顾客价值的核心文件，为了实现营销计划，必须建立有效的组织架构，安排合适的人员实施营销活动。营销控制则通过对营销活动的监督、评估，确保各阶段营销计划顺利完成。在营销管理的过程中，计划是基础、核心，组织和控制是计划得以有效实现的保障。由于计划必须根据环境的变化适时调整，保障计划完成的组织和控制手段也应发生相应的变化。

第一节 市场营销计划

一、什么是市场营销计划

（一）市场营销计划的概念

计划是管理的第一职能，营销计划是营销管理的开端。如果将营销管理看成实现顾客价值过程的管理，则营销计划就是对实现顾客价值过程的规划，一般包括确定为实现顾客价值所进行的各项活动的目标、实现路径和具体实施方案。从逻辑上讲，营销计划可分为营销管理计划和营销运营（业务）计划。营销管理计划超脱具体的业务形式，从持续提高顾客价值的正流量的角度着重提高营销管理的效率，关注的是对顾客价值的创造、发现、选择、明确、挖掘、提升及获取过程的效率及效果，如现阶段顾客价值是正价值还是负价值，形成正（负）价值的原因是什么，本公司选择要实现的顾客价值是否需要改变，有没有更好的挖掘、提升现有顾客价值的方法与途径，等等；营销业务计划更多地体现在营销实践中具体业务形式的规划与统筹。如今年的产品线如何规划，几种不同品牌如何协调，本年度的销售总额是如何确定，目前的营销推广效率如何，现有的各品种的广告预算如何确定，等等。在营销实践中，营销管理计划更多地表现为对营销业务计划本身的完善与协调上。

我们在编制营销业务计划时往往将营销管理的要求作为目标编入营销业务计划，营销管理计划既是营销业务计划的起点又是营销业务计划执行的终点。所以，这两个计划又是协调统一的。两者的关系如图10-1所示。

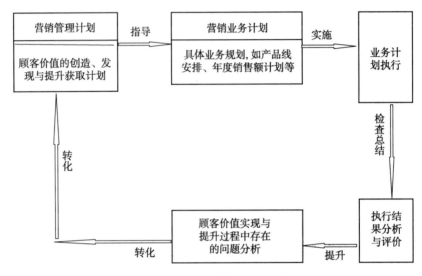

图 10-1　营销整体计划的构成

综上所述，营销管理计划与营销业务计划都是整体市场营销计划的组成部分，两者相辅相成，共同构成市场营销活动的依据。营销实践中的市场营销计划往往更多地偏向营销业务计划，即对公司及其业务单位的营销目标以及实现目标所采取的策略、措施和步骤的明确规定与详细说明。因为营销业务计划更为具体，往往带有明确的指标，在实践更容易考核与衡量。而营销管理计划由于操作较为复杂，尤其是顾客价值难以客观衡量常常被忽视。

市场营销计划一般应包含两个最基本的问题：一是企业的营销目标，二是实现目标所采取的具体手段和方法。制订市场营销计划有利于企业加强对营销活动的有效控制，保证营销目标的实现。离开市场营销计划的企业营销行为是盲目的，也将是混乱的和低效率的。

（二）市场营销计划的分类

从不同的角度可以将市场营销计划进行分类，除了上述的市场营销管理计划与市场营销业务计划外，市场营销计划还可以分为整个企业层面的营销战略规划和各个战略业务单位操作层面的具体计划。科特勒曾列出企业的八种计划：公司计划、事业部计划、产品线计划、产品计划、品牌计划、市场计划、产品/市场计划、功能计划等。企业实际的市场营销活动中，营销计划往往表现为以下类型。

1. 企业营销战略规划

企业营销战略规划是一种长期计划，时间跨度长，层次高，涉及面广，与企业的战略管理相适应，是企业战略管理层面在营销职能中的反映。主要提出企业的战略营销目标、目标市场、市场定位和相应的营销组合等，它需要考虑哪些因素将会成为今后市场驱动的力量、可能发生的不同情景、企业希望在未来市场占有的地位以及应当采取的措施等。战略型计划需要根据市场环境的演变进行年度审计和修订。

2. 业务单位营销计划

战略业务单位的营销计划是在企业整体战略规划的指引下，对企业的每一项业务、产品线或品牌的具体营销方案。战略计划决定了各项战略业务单位的目标和方向，然后，每项业务还需要制订一个具体营销工作计划。例如，战略计划认为某一个品牌更具有增长潜力，应发展该品牌，这时就需要制订该品牌的具体营销计划以实现战略目标。各个战略业务单位的营销计划更强调其内容的具体性和可操作性，如品牌计划、产品类别营销计划、区域市场计划、客户计划等。这些不同层面的营销计划，相互之间需要协调、整合。

3. 市场营销项目计划

市场营销项目计划通常针对市场营销工作的某个具体层面、某个特定对象，内容集中度高，如品牌形象策划、市场推广计划、促销计划、公关计划、渠道计划等。

另外，市场营销计划按照计划执行和完成的时间跨度不同可分为长期计划和短期计划，长期市场营销计划是企业对其营销活动在相当长时期的活动安排，也就是整体战略计划，短期计划是企业对当前经营活动制定的更为具体的行动措施，如某化妆品公司的年度营销计划等，项目计划一般是短期计划。

二、营销计划的主要内容

商业计划提供关于整个公司的组织使命、目标、战略和资源分配的整体框架，营销计划的范围则有限得多。营销计划的主要作用是编制具体的营销策略及战术来实现组织的战略目标。但即使范围有限，营销计划也是公司整个战略目标实现的重要支撑。尤其是对公司的营销活动来说，科学合理的营销计划是保证营销效率不可或缺的。一个科学合理的市场营销计划具体包含哪些内容呢？正常情况下一般包括如下方面。

（一）现行营销系统运行的执行总结

除非是一个全新的公司，正常条件下的营销计划的起点都是从对现有营销系统的执行效果进行分析开始的。针对现有营销系统来说，现有营销系统的每一个环节都是可以被优化的，优化的起点往往是现有系统中薄弱环节，如产品线的设置不合理、售后服务跟不上、广告效果不理想等，新的营销计划是从改进现有营销系统中存在的核心问题开始的，通过不断地改进，达到提升顾客价值、提高顾客满意度的目的。所以，从现有营销系统的运行中找到存在的关键问题是至关重要的,只有找到这个关键的问题,新的营销计划才能形成一个基点,并围绕着解决这个基点来展开营销系统各环节的计划。如果找不到这个基点,营销系统就失去了持续改进的动力。虽然乍一看没有找到这个基点可能并不会对现有营销体系的效益产生太大的影响,甚至在短期内公司效益还会有较大程度的提高,但从长期来看,重复上一年效益较好的计划而不重视营销体系的改进,早晚会被其他企业所超越。

(二)对目前的营销状况调研

对目前营销状况的调研分为两部分。

1. 营销管理状况的调研

(1)公司现有的营销系统的运行目标——顾客价值的具体体现。如你想让顾客感觉到的相对于竞争者提供的特有的顾客价值包括哪些方面?这些体现特有顾客价值的领域在上一个经营周期中是否发生变化,这种变化是增加了顾客价值还是削弱了顾客价值?等等。

(2)顾客价值的提升模式。如是否出现或能够创造出新的顾客价值?如果有这种新的顾客价值,公司发现、创造或挖掘这种新顾客价值的机制是如何形成的?如何让你的目标顾客以何种形式能够感觉得到?在现有顾客价值的表象下有没有持续增长顾客价值的思路及途径?等等。

(3)顾客价值体系与现实经营层面的协调。核心是现实经营层面与顾客价值体系存在效益和经营战略的错位时如何进行协调等。

2. 营销业务经营状况的调研

它包括宏观环境、市场、产品、竞争、分销的背景资料等。

(1)宏观环境。这一部分要对影响企业产品前途的各种宏观因素进行分析,包括人口的、经济的、技术的、政治的、法律的、社会的和文化的影响。

(2)市场状况。这里提供的是有关目标市场的主要数据。包括市场的规模和成长方式,通常分析若干年的总销售量及各细分市场、各区域市场的需求数据。要从这些数据中找到反映顾客的需求、观念和购买行为的发展趋势。

(3)产品状况。要反映过去若干年中主要产品的销售量、价格、边际收益和净利润,从中找到顾客在产品性能、款式、外观、结构及产品的象征意义等出现的新变化与新趋势。

(4)竞争状况。要识别主要的竞争对手,他们的规模、目标、市场份额、产品质量,分析其营销战略,了解其发展意图、行动方向和具体的竞争行为。通过分析市场竞争状况为本企业制定相对应的策略打好基础。

(5)分销状况。要对企业的销售渠道和物流的规模、地位、策略、管理能力的现状进行描述。

(三)SWOT 分析

通过对外部环境的分析,识别企业可能会出现的机遇或可能会面临的危机;通过对企业内部条件分析明确企业主要优势及不足，进行 SWOT 分析，为营销目标的确定指明方向。

1. 机会（opportunities）

要求从外部环境现状分析中寻找新的市场需求，结合企业内部经营资源中的有利条件如资金、技术、生产、分销等，决定企业发展方向和努力目标，使之成为营销计划的突破点。如市场规模的扩大、国家政策的有利调整、生产技术的创新、顾客对企业品牌的认同度提高等。

2. 危机（threats）

要求从外部环境分析中找出不利于企业发展的因素或问题，以便在营销计划制订过程中及早采取有针对性的措施。如新的竞争者加入、替代品行业的快速发展、消费者偏好的改变、不利的国家政策导向等。

3. 优势（strengths）

优势和劣势是相对于竞争者而言的。任何一个组织都有自己的优势，如比竞争对手更快的市场反应能力、更具有成本优势的生产规模、独有的生产技术储备、比竞争对手具备更好的经营管理能力或优于竞争对手的更好的资源等。

4. 劣势（weaknesses）

劣势指与竞争对手相比显露出的企业资源或者能力不足之处，如相比竞争对手更高的生产成本、技术的不成熟和不稳定、金融资产的不足、品牌的影响力差等。

（四）确定目标

通过市场营销现状分析和 SWOT 分析，企业可以对营销计划的目标作出决策。通常这里的目标指业务经营目标，包括财务目标和营销目标两部分。

（1）财务目标。一般用销售额、投资收益率、利润和现金流量等指标来表示计划所要达到的财务目标。

（2）营销目标。财务目标必须转化为营销目标，才具有可操作性。一般用市场份额、产品知名度、分销范围、创新与品牌形象等体现营销目标。营销目标要尽量具体化和数量化。

（五）营销战略

企业必须选择有利于实现目标的营销战略。一般包括：目标市场选择，明确企业准备进入的细分市场；市场定位，如最好的质量，最可靠的性能；营销组合策略，根据目标市场的特征，合理配置资源，从策略上分别制定产品、价格、分销和促销方案等。

（六）选择行动方案

市场营销战略说明了企业营销管理人员为了实现业务目标所采取的主要营销行动的总体内容，但这种总体安排必须具体化才能操作，形成配套的战术或具体行动。行动方案主要解决以下问题：应该做什么？什么时候做？何时完成？谁来做？成本是多少？等等。

（七）预测损益

在营销计划中，要编制计划的预算。损益报告根据目标、战略和行动方案来编写，包括收入与支出两个模块。收入涉及预计的销售量以及平均可实现价格；支出反映研发成本、生产成本、分销成本、物流成本及管理成本和各项营销活动费用。收入与成本之差就是预计的利润。

（八）组织执行与控制

这是营销计划的最后一个环节，是对整个营销计划过程的管理。一般包括如下内容。

（1）建立灵活而适用性强的组织架构。

（2）制定人员激励机制，形成规章制度体系，用规章制度来规范企业营销人员的行为。

（3）协调各方关系。营销计划虽然是针对企业营销活动的计划，但营销计划也是企业整体计划的重要组成部分，要保证营销活动顺利正常进行，就必须协调营销部门与相关部门的关系，确保计划的执行有条不紊地进行。

（4）设计监控的指标体系及对计划执行的监督机制，主要用来监测计划的进度和执行结果与计划的偏差程度，以便及时进行干预，保证计划顺利。通常目标和预算是按月或季度来制定的，企业要对计划的执行结果进行核查，出现问题要及时弥补和改进。对预先难以作出预测的因素，要制订应急计划。

三、市场营销计划编制的思路与方法

市场营销计划的编制是一个系统工程，前文主要阐述了业务计划编制的主要内容，而营销管理计划由于顾客价值难以量化衡量从而很难进行具体界定。事实上，现代管理科学已经发展出一整套的方法体系来解决这一系列问题。

（一）价值工程分析

价值工程又称为价值分析，是 20 世纪 40 年代起源于美国的一门的管理技术，麦尔斯是价值工程的创始人。麦尔斯逐渐总结出一套解决采购问题行之有效的方法，并且把这种方法的思想及应用推广到其他领域，例如，将技术与经济价值结合起来研究生产和管理的其他问题，这就是早期的价值工程。1955 年这一方法传入日本后与全面质量管理相结合，得到进一步发扬光大，成为一套更加成熟的价值分析方法。

1. 价值工程的基本原理

价值工程是一种用最低的总成本可靠地实现产品或劳务的必要功能，着重于进行功能分析的有组织的活动。价值的表达式为

$$V=F/C$$

式中，V 为价值；F 为功能；C 为成本。

这里所讲的价值是指某种产品(劳务或工程)的功能与成本（或费用）的相对关系，也就是功能与成本的对比值。功能是指产品的用途和作用，即产品所担负的职能或者说是产

品所具有的性能。成本指产品周期成本，即产品从研制、生产、销售、使用过程中全部耗费的成本之和。衡量价值的大小主要看功能（F）与成本（C）的比值如何。人们一般对商品有个"价廉物美"的要求，"物美"实际上就是反映商品的性能、质量水平；"价廉"就是反映商品的成本水平，顾客购买时考虑"合算不合算"就是针对商品的价值而言的。

要进行价值工程分析首先需要选定价值工程的对象。一般来说，价值工程的对象是要考虑社会生产经营的需要以及对象价值本身被提高的潜力。例如，选择占成本比例大的原材料部分如果能够通过价值分析降低费用、提高价值，那么这次价值分析对降低产品总成本的影响也会很大。当我们面临一个紧迫的境地，例如生产经营中的产品功能、原材料成本都需要改进时，研究者一般采取经验分析法、ABC 分析法以及百分比分析法。选定分析对象后需要收集对象的相关情报，包括用户需求、销售市场、科技技术进步状况、经济分析以及本企业的实际能力等。价值分析中能够确定的方案的多少以及实施成果的大小与情报的准确程度、及时程度、全面程度紧密相关。有了较为全面的情报之后就可以进入价值工程的核心阶段——功能分析。在这一阶段要进行功能的定义、分类、整理、评价等步骤。经过分析和评价，分析人员可以提出多种方案，从中筛选出最优方案加以实施。在决定实施方案后应该制订具体的实施计划，提出工作的内容、进度、质量、标准、责任等方面的内容，确保方案的实施质量。为了掌握价值工程实施的成果，还要组织成果评价。成果的鉴定一般以实施的经济效益、社会效益为主。作为一项技术经济的分析方法，价值工程做到了将技术与经济的紧密结合，此外，价值工程的独到之处还在于它注重与提高产品的价值，注重研制阶段的工作，并且将功能分析作为自己独特的分析方法。

2. 价值工程的分析程序

价值工程已发展成为一门比较完善的管理技术，在实践中已形成了一套科学的实施程序。这套实施程序实际上是发现矛盾、分析矛盾和解决矛盾的过程，通常是围绕以下七个合乎逻辑程序的问题展开的。

（1）这是什么？
（2）这是干什么用的？
（3）它的成本多少？
（4）它的价值多少？
（5）有其他方法能实现这个功能吗？
（6）新的方案成本多少？功能如何？
（7）新的方案能满足要求吗？

按上述顺序回答和解决这七个问题的过程，就是价值工程的工作程序和步骤，即选定对象，收集情报资料，进行功能分析，提出改进方案，分析和评价方案，实施方案，评价活动成果。

3. 价值工程分析对提升顾客价值的意义

价值工程的核心以提高价值为目的。要求以最低的生命周期成本实现产品的必要功能，它以功能分析为核心，以有组织、有领导的活动为基础，以科学的技术方法为工具。提高价值的基本途径有以下五种。

（1）提高功能，降低成本，大幅度提高价值，即 $F\uparrow C\downarrow = V\uparrow\uparrow$。

（2）功能不变，成本降低，提高价值，即 $F\rightarrow C\downarrow = V\uparrow$。

（3）功能有所提高，成本保持不变，从而提高价值，即 $F\uparrow C\rightarrow = V\uparrow$。

（4）功能略有下降，成本大幅度降低，从而提高价值，即 $F\downarrow C\downarrow\downarrow = V\uparrow$。

（5）以成本的适当提高换取功能的大幅度提高，从而提高价值，即 $F\uparrow\uparrow C\uparrow = V\uparrow$。

以价值工程分析的基本逻辑来分析顾客价值的提升路径，我们发现这两者有着惊人相似，虽然顾客感知价值（customer perceived value，CPV）是顾客购买总价值（TCV）与顾客购买总成本（TCC）的差，即 CPV= TCV- TCC，但从提高顾客价值的思路上来讲，两者则是完全一致。

（1）提高顾客购买总价值（TCV↑），降低顾客购买总成本（TCC↓），大幅度提高顾客价值，即 TCV↑TCC↓=CPV↑↑。

（2）顾客购买总价值（TCV）不变，顾客购买总成本（TCC）降低，提高价值，即 TCV→TCC↓=CPV↑。

（3）顾客购买总价值（TCV）有所提高，顾客购买总成本（TCC）保持不变，从而提高价值，即 TCV↑TCC→=CPV↑。

（4）顾客购买总价值（TCV）略有下降，顾客购买总成本（TCC）大幅度降低，从而提高价值，即 TCV↓TCC↓↓=CPV↑。

（5）以顾客购买总成本（TCC）的适当提高换取顾客购买总价值（TCV）的大幅度提高，从而提高价值，即 TCV↑↑TCC↑=CPV↑。

很显然，从提升顾客价值的角度来看，价值工程分析法是完全适用的，这为营销管理人员制订营销管理计划提供了一个新的视角和分析框架。

（二）因果分析法

营销计划的起点是对现行营销系统运行的执行总结，而执行总结的核心是找出导致营销管理效率不佳的原因或可持续提高管理效率的机会，而这是整个营销计划制订中的难点。要解决这个难点，因果分析分析法可以给我们提供一个较好的分析路径。

鱼骨图（又名因果图）由日本管理大师石川馨先生所发明，又名石川图。因果分析法又名鱼骨图法，指的是一种发现问题"根本原因"的分析方法，现代工商管理教育将其划分为问题型、原因型及对策型鱼骨图等几类。鱼骨图的特点是简捷实用、深入直观。它看上去有些像鱼骨，问题或缺陷（即后果）标在"鱼头"。在鱼骨上长出鱼刺，上面按出现机会多寡列出产生问题的可能原因，有助于说明各个原因之间是如何相互影响的（图10-2）。

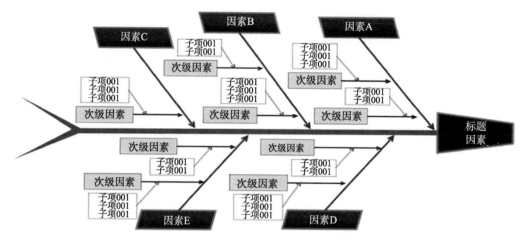

图 10-2 因果分析图

使用该法首先要分清因果地位,其次要注意因果对应。任何结果由一定的原因引起,一定的原因产生一定的结果。因果常是一一对应的,不能混淆。最后,要循因导果,执果索因,从不同的方向用不同的思维方式去进行因果分析,这也有利于发展多向性思维。

按事物之间的因果关系,知因测果或倒果查因。因果预测分析是整个预测分析的基础。

因果分析法(技术)广泛运用于各类项目管理中,就是以结果作为特性,以原因作为因素,逐步深入研究和讨论项目目前存在问题的方法。因果分析法的可交付成果就是因果分析图。

一旦确定了因果分析图,项目团队就应该对之进行解释说明,通过数据统计分析、测试、收集有关问题的更多数据或与客户沟通来确认最基本的原因。确认了基本原因之后,就可以开始制订解决方案并进行改进了。

我们在制订营销计划时,可以利用因果分析法找到计划出现偏差的原因,这样就可以有针对性地制订下一阶段的营销计划了。

(三)5W1H 分析法

5W1H(WWWWWH)分析法也叫六何分析法,是一种思考方法,也可以说是一种创造技法。该方法在企业管理、日常工作生活和学习中得到广泛的应用。1932 年,美国政治学家拉斯维尔提出"5W 分析法",后经过人们的不断运用和总结,逐步形成了一套成熟的"5W+1H"模式。

所谓 5W+1H,是指对选定的项目、工序或操作,都要从原因(何因 why)、对象(何事 what)、地点(何地 where)、时间(何时 when)、人员(何人 who)、方法(何法 how)六个方面提出问题进行思考。通常这也是形成计划的六个必备基本要素。

5W+1H 就是对工作进行科学的分析,对某一工作在调查研究的基础上,就其工作内容(what)、责任者(who)、工作岗位(where)、工作时间(when)、怎样操作(how)以及为何这样做(why),进行书面描述,并按此描述进行操作,达到完成职务任务的目标(表

10-1）。5W1H 分析法为人们提供了科学的工作分析方法，常常被运用到制订计划草案上和对工作的分析与规划中，并能使我们工作有效地执行，从而提高效率。目前，5W1H 分析法广泛应用于企业管理、生产生活、教学科研等方面，这种思维方法极大地方便了人们的工作、生活。

表 10-1　5W1H 分析法思路

	现状如何	为什么	能否改善	该怎么改善
对象（what）	生产什么	为什么生产这种产品或配件	是否可以生产别的	到底应该生产什么
目的（why）	什么目的	为什么是这种目的	有无别的目的	应该是什么目的
场所（where）	在哪儿干	为什么在那儿干	是否在别处干	应该在哪儿干
时间和程序（when）	何时干	为什么在那时干	能否其他时候干	应该什么时候干
作业员（who）	谁来干	为什么那人干	是否由其他人干	应该由谁干
手段（how）	怎么干	为什么那么干	有无其他方法	应该怎么干

1. 对象（what）——什么事情

公司生产什么产品？车间生产什么零配件？为什么要生产这个产品？能不能生产别的？我到底应该生产什么？如果这个产品不挣钱，换个利润高点的好不好？等等。

2. 场所（where）——什么地点

生产是在何处进行？为什么偏偏要在这个地方进行？换个地方行不行？到底应该在什么地方运行？这是选择工作场所应该考虑的。

3. 时间和程序（when）——什么时候

这个工序或者零部件是在什么时候干的？为什么要在这个时候干？能不能在其他时候干？把后工序提到前面行不行？到底应该在什么时间干？

4. 人员（who）——责任人

这个事情是谁在干？为什么要让他干？如果他既不负责任，脾气又很大，是不是可以换个人？有时候换一个人，整个生产就有起色了。

5. 为什么（why）——原因

为什么采用这个技术参数？为什么不能有变动？为什么不能使用？为什么变成红色？为什么要做成这个形状？为什么采用机器代替人力？为什么非做不可？

6. 方法（how）——如何去做

我们是怎样干的？为什么用这种方法来干？有没有别的方法可以干？到底应该怎么干？有时候方法一改，全局就会改变。

编制营销计划时，可以通过 5W1H 分析法保证计划的全面性，另外通过确定计划的各个具体环节，保证计划编制的整体协调性与计划性的可操作性的统一。

（四）5why 分析法

所谓 5why 分析法，又称"5 问法"，也就是对一个问题点连续以 5 个"为什么"来自问，以追究其根本原因。虽为 5 个"为什么"，但使用时不限定只做"5 次为什么"的探讨，必须找到根本原因为止，有时可能只要 3 次，有时也许要 10 次，正如古话所说，要打破砂锅问到底！5why 法的关键所在：鼓励解决问题的人努力避开主观或自负的假设和逻辑陷阱，从结果着手，沿着因果关系链条，顺藤摸瓜，直至找出原有问题的根本原因。

这种方法最初是由丰田佐吉提出的，丰田汽车公司在发展完善其制造方法学的过程之中也采用了这一方法。作为丰田生产系统（Toyota production system）的入门课程的组成部分，这种方法成为其中问题求解培训的一项关键内容。丰田生产系统的设计师大野耐一曾经将 5why 分析法描述为："……丰田科学方法的基础……重复五次，问题的本质及其解决办法随即显而易见。"目前，该方法在丰田之外已经得到了广泛采用，并且现在持续改善法（Kaizen）、精益生产法（lean manufacturing）以及六西格玛法之中也得到了采用。

5why 分析法常常从三个层面来进行询问或追问：第一个层面，为什么会发生？这常常是从"制造"的角度进行询问的。第二个层面，为什么没有发现？从常常是"检验"的角度来进行追问的。第三个层面，为什么没有从系统上预防事故？一般是从"体系"或"流程"的角度来询问。一般来说，每个层面都可以连续 5 次或 N 次的询问，得出最终结论。只有以上三个层面的问题都探寻出来，才能发现根本问题，并寻求解决。

大野耐一曾举了一个例子用 5why 分析法来找出停机的真正原因和解决问题的思路。针对机器停了这件事，提出了一连串的问题，最终找到了真正的原因，也找到了解决问题的方法。

问题一：为什么机器停了？
答案一：因为机器超载，保险丝烧断了。
问题二：为什么机器会超载？
答案二：因为轴承的润滑不足。
问题三：为什么轴承会润滑不足？
答案三：因为润滑泵失灵了。
问题四：为什么润滑泵会失灵？
答案四：因为它的轮轴耗损了。
问题五：为什么润滑泵的轮轴会耗损？
答案五：因为杂质跑到里面去了。

经过连续五次不停地问"为什么"，才找到问题的真正原因和解决的方法。

上述问题最终的解决思路是在润滑泵上加装滤网。如果员工没有以这种追根究底的精神来发掘问题，他们很可能只是换一根保险丝就认为解决了问题，草草了事，并没有找到真正的原因，也没有真正地解决了问题。下一次问题还是会出现。

其实，在营销计划的编制过程中经常需要找到企业在营销过程中真正存在的问题及原因才能编制有针对性的计划，5why分析法也不失为一种行之有效的方法。

除了上述提到的这四种分析方法外，还有一些方法也能有效地解决问题，如因素分析法、头脑风暴法等往往也是很有效的分析手段。但在现实中具体运用哪些方法，还需要根据具体的分析需要，灵活地掌握，重点是解决问题，提高管理效率。

案例 10-1

某超市 2018 端午节超市促销活动计划

一、活动主题

品味端午传统佳节，体验"多彩"新鲜生活

二、活动前言

端午节当天，超市将以全新的活动板块及其内容，为您及家人提供一个温馨的购物场所，让您感受一个难忘的端午佳节。

三、活动时间

2018年6月14日—6月21日

四、活动目的

（1）营造节日气氛，从而吸引××××市民。

（2）提升品牌形象。

（3）提高占有率，促进销量。

（4）使经销商、消费者、本超市达成"三赢"。

（5）直击竞争对手。

五、活动地点

×××（店名）超市现场

六、具体活动内容

1. 猜靓粽

凡在6月14日—6月21日促销时间内，在××超市一次性购物满28元的顾客，凭电脑小票均可参加猜靓粽活动。

活动方式：

在商场入口处或冻柜旁边设促销台不打折价格或不易分辨的厂商粽子，让顾客进行粽子品牌及价格竞猜。

商品由采购部落实价格，一定要相当低，以顾客意想不到的价格出售给顾客，使顾客感受到真正的实惠，为节日下一步的销售立下口碑、打下基础。

2. 包粽赛

（1）操作步骤：采购部洽谈粽子材料—材料到位—活动宣传—各店组织比赛。

（2）参赛奖品：获得自己所包粽子，多包多得。获得前三名的顾客可以获取超市200~300元不等的购物券。

3. 与"粽"不同

（1）活动时间：6月14日—6月21日

（2）活动内容：凡在6月14日—6月21日促销时间内，在×××（店名）超市一次性购物满38元的顾客，凭电脑小票均可在付款处获取一对塑料制的小粽子，凭此参加粽内有奖活动。此活动奖品总价值为10 000元。

（3）奖项设置。

一等奖：热水器1台/5台；二等奖：自行车1辆/15辆；三等奖：精装粽子1盒/50盒；四等奖：价值20元的精美礼品/80份；五等奖：价值10元的精美礼品/120份。

4. 现场粽子促销

活动方式：卖场堆头陈列、捆绑销售、够买搭赠、免费品尝、现做现卖

（1）当天购物金额数每满20元可获赠超市提供的优质粽子一个，以此类推，多买多送。

（2）结合端午节特点，粽子、皮蛋、盐蛋、绿豆糕等食品提供特价销售，刺激消费者购买欲望。单品80个左右，其中食品40个，非食品15个，生鲜20个。部分商品限时限量抢购。粽子、盐蛋、皮蛋礼盒端午节前三天采取"大甩卖"销售。

（3）由粽子供应商提供相关专业粽子制作人员现场制作、现场品尝、现场销售。

七、其他相关活动

1. 针对特定人群：学生和教师；直接享受一定的购物金额折扣或赠送礼品。

具体内容：凭学生证、教师证购买多彩促销产品可以有8折优惠或送指定的礼品，每张学生证、教师证只能使用一次。

2. 针对普通消费者：赠送礼品；具体内容：购买多彩促销产品9折优惠或送指定的礼品。

3. 具体方式也可根据不同区域特点而定。

八、相关宣传

1. 两款端午粽子宣传旗卖场悬挂宣传；

2. DM快讯宣传（分配数量见附件）；DM快讯第一期、第二期各40 000份，第三期单张快讯40 000份平均每店1 800份（距离较近的店从成本角度出发可以适当减少数量）；

3. 场外海报和场内广播宣传。

九、相关支持

物质支持：

1. 采购部联系洽谈1 000只粽子做顾客赠送；

2. 采购部联系洽谈200斤粽子材料，举行包粽比赛；

3. 采购部联系洽谈200只塑料粽模；

4. POP：风格：喜庆、时尚、年轻、有活力，主体用红色；内容：另外说明；数量：每个经销商柜台、专柜根据具体情况而定；x架：同POP；包装：采用促销专用装，风格同POP。

人员支持：

人员职责分工：

1. 负责人：统筹、领导、计划、实施、监督、协调、评估此次活动；

2. 物资采购：负责此次活动所需物资的筹备工作，保证准时交货；

3. 业务市场人员：负责协调经销商、培训促销员、做好终端铺货陈列及POP、X架、宣传资料的及时准确的到位；

4. 设计部门：和业务部商讨设计风格、内容，具体负责POP、货架的设计，准时予以交货。

九、费用预算

1.《端午节靓粽，购物满就送》活动：靓粽每店限送1 000只；

2.《×××（店名）猜靓粽，超级价格平》活动：（数量价格由赞助商在各店促销决定）；

3.《五月端午节，×××（店名）包粽赛》活动：粽子散装米每店200斤；

4.《与"粽"不同》活动：塑料粽每店200只，奖品由赞助商提供；

5. 现场促销活动部分的物资与人员由供货商自己提供。

费用总预算：

1. 装饰布置，气球、横幅、主题陈列饰物，平均每店500元；

2. 吊旗费用：500元。

十、事务流程

1. 经销商、业务市场人员、其他渠道汇总意见：根据各自情况，提供一份详细的促销计划意见书（6月7日完成）；

2. 确定此次活动负责部门及负责人以及相关合作部门人员（6月9日前完成）；

3. 研究讨论对经销商的折扣方式、促销活动的具体方式、主题等事务，正式启动促销，活动实施进程（6月9日前完成）；

注：经销商折扣：为提高经销商进货铺货陈列，按经销商的销售促销产品业绩予以销售折扣。

4. 物资：POP、货架、包装、其他宣传资料等设计制作于6月5日前到位；

5. 内部人员培训（业务市场人员、促销员）：就产品知识、促销细节、铺货、货品陈列的具体要求、经销商沟通技巧与细节等做详细说明（6月9日前完成）；

6. 经销商协商、沟通工作：落实进货、铺货、陈列、POP、货架、宣传资料等细节6月5日前完成，对经销商相关人员培训（6月9日前完成）；

此次活动为两条线：一是内部物资筹备、人员协调；二是外部经销商沟通协调。

十一、监督评估

1. 对促销的制订、实施、现场、人员、物资等进行有效监督；

2. 对经销商执行促销决议效果进行监督；

3. 评估促销活动的销售业绩、形象等是否达到预期效果；

4. 费用评估；

5. 促销礼品发放的细则监督，预防被经销商截留；

6. 对促销业绩进行数据分析。

十二、备注

1. 包装：采用特定的促销包装，以和其他正常产品区别开来，建议颜色使用红色，以

体现喜庆的节日特点,且红色有很强的视觉冲击力;

2. pop、货架、宣传资料:全部使用红色,进一步增强视觉冲击力;促销信息要简单明确;

3. 所有业务人员、市场人员、经销商业务人员、促销员等要全部进行专题培训,要对进行的促销活动所有细节及相关事项都要掌握;

4. 各事务部门须在规定的时间内完成相关事务;

5. 完善沟通协调机制。

本文来源 | 中国零售网,超市168

第二节　市场营销组织

市场营销计划必须依托其职能组织才能执行和达到目标。市场营销组织,是指企业内部涉及市场营销活动的各个职位及其结构。它是以市场营销观念为理念建立的组织,是企业为了实现经营目标、发挥营销职能内有关部门协作配合的有机的科学系统,是企业内部链接其他职能部门使整个企业经营一体化的核心。它以消费者的需求为中心,把消费者需求置于整个市场运行过程的起点,并将满足消费者的需求作为其归宿点。企业市场营销计划的制订、执行、评估和控制都是由市场营销组织整合而成的。一个有效的市场营销组织是完成企业战略目标的基本保障,应当具有灵活性、自适应性和系统性,必须能够根据营销环境和营销目标的变化适时进行调整,形成能够全面有效地吸引顾客并为之提供良好服务的机制。

案例 10-2

天猫的组织架构调整

2018年对于零售行业而言注定是不凡的一年,开年之初阿里巴巴集团接连做出大动作。1月阿里整合新零售平台事业部,助推新零售行业发展,而3月9日,阿里巴巴旗下的天猫宣布调整组织架构,成立消费电子、美家和平台营运三大事业部。

这三大事业部在涵盖和综合原有事业部、运营部门的基础上,注重在品牌运营、新品孵化、供应链管理等层面全面推动新零售,致力于为消费者带来颠覆以往的全新生活方式的可能。

天猫总裁靖捷明确了2018年天猫三大使命:消费升级主引擎、品牌数字化转型主引擎、阿里新零售主力军。一切的组织保障和战略执行都围绕"一个中心、两个基本点"展开。

伴随着天猫的大幅度部门整合,新的人事变动也为天猫发展带来了更多助力。原电器美家事业组总经理印井将出任阿里巴巴集团CEO助理,依托其丰富的线上运营经验和新零售实践,协助CEO聚焦全球化工作。全球化作为新零售的延伸,能够提高新零售产业发展的多元化。而新零售也是顺应全球化趋势的发展应运而生……

一、市场营销组织的发展与演变

市场营销组织是随着企业经营思想的变化和企业管理经验积累逐渐演化而来的，既反映了经营理念的调整，也反映出组织技术的快速发展。大致经历了以下五个基本阶段。

（一）单纯的销售部门

20世纪30年代以前，西方企业以生产观念作为指导思想，大部分都采用这种形式。一般说来，所有企业业务都是在财务、生产、销售和会计这四个基本职能部门开展的。财务部门负责资金的筹措，生产部门负责产品制造，销售部门负责产品销售。在这个阶段，销售部门的职能仅仅是推销生产部门生产出来的产品，生产什么、销售什么；生产多少，销售多少。产品生产、库存管理等完全由生产部门决定，销售部门对产品的种类、规格、数量等问题，几乎没有任何发言权。

（二）兼有附属职能的销售部门

20世纪30年代经济大萧条以后，市场竞争日趋激烈，企业大多数以推销观念作为指导思想，需要进行经常性的市场营销研究、广告宣传以及其他促销活动，这些工作逐渐演变成为专门的职能，当工作量达到一定程度时，便会设立一名市场营销主任具体负责这方面的工作。

（三）独立的市场营销部门

随着企业规模和业务范围的进一步扩大，原来作为附属性工作的市场营销研究、新产品开发、广告促销和为顾客服务等市场营销职能的重要性日益增强。于是，市场营销部门成为一个相对独立的职能部门，作为市场营销部门负责人的市场营销副总经理同销售副总经理一样直接受总经理的领导，销售和市场营销成为平行的职能部门。但在具体工作上，这两个部门是需要密切配合的。

（四）现代市场营销部门

尽管销售副总经理和市场营销副总经理需要配合默契和互相协调才能有效工作，但在实际工作中由于各自的价值取向不同往往使他们之间的关系走向彼此敌对、互相猜疑。销售部门往往更趋向于短期行为，侧重于取得眼前的销售量；而市场营销部门则多着眼于长期效果，侧重于制订适当的产品计划和市场营销战略，以满足市场的长期需要。销售部门和市场营销部门之间矛盾冲突在很多企业都非常突出，但这也为现代市场营销部门的形成奠定了基础，双方在矛盾中整合，发展成由市场营销副总经理全面负责，下辖所有市场营销职能部门和销售部门的组织形式。

（五）现代市场营销企业

随着竞争的加剧，越来越多的企业意识到营销观念对整个企业发展的影响，现代营销的理念逐步成为企业内部各级管理人员和一般员工的工作准则,"顾客是上帝"不再是一句口头语,而真正成为每个员工工作的指南,"满足顾客需求"深入企业内部各个环节和各级管理层,当市场营销不再仅仅是一个职能部门,而是贯穿整个企业的指导思想时,现代营销企业就形成了。

二、市场营销组织的设计

营销组织设计是营销战略规划的重要内容。再好的战略、策略、计划和人员都必须有一个平台来进行整合,才能发挥最大的效果,营销组织是团队发挥最佳力量的聚合剂和决定基础。

企业对其营销组织进行设计时一般要经历分析组织环境、确定组织内部活动、确立组织职位、设计组织结构、配备组织人员和组织评价与调整等环节。

(一) 分析组织环境

任何一个市场营销组织都是在不断变化着的社会经济环境中运行的,而且要受这些环境因素的制约。外部环境是企业的不可控因素,因此,市场营销组织必须随着外部环境的变化而不断地调整、适应。组织环境包括很多复杂因素,如政治、经济、社会、文化、科技等,而对市场营销组织影响最为明显的主要是市场状况和竞争者状况。此外,市场营销组织作为企业的一部分,也受整个企业特征的影响。

市场状况对企业营销组织的影响主要来源于以下三个方面。

1. 市场产品结构

有些市场,如食品和工业原料市场,在一个较长时期内,消费者购买行为、分销渠道、产品供应等变化不大,它们显得十分稳定;而另外一些市场,例如儿童玩具和妇女流行用品市场,由于产品生命周期较短,技术和消费需求变化快,所以,它们变化多端而不稳定。不难理解,市场越不稳定,市场营销组织就越需要改变,即必须随着市场变化及时调整内部结构和资源配置方式。因此,企业为市场提供的产品类型不同,则它所具有的市场营销组织类型就有所不同。

2. 产品生命周期

在产品生命周期的不同阶段,企业的市场营销战略和市场营销组织也要相应地随之改变。通常,在介绍期,企业冒着很大的风险向市场投放产品,往往建立临时性的组织如销售小组,以便迅速地对市场行为作出反应。在成长期,消费需求增大,利润不断上升,吸引了大批竞争者进入该市场,这时企业要建立有效的市场营销组织,如市场导向型矩阵组织,以确立自己强有力的竞争地位。在成熟期,消费需求稳定,利润开始下降,于是企业必须建立高效率的组织,如职能性金字塔型组织,以获取最大利润。而在衰退期,产品需求减弱,此时,企业为保持原有的利润水平,应精简部分组织机构,如减少销售地点等,有时也可能设立临时机构，帮助产品重新开拓市场。

3. 购买行为类型

不同类型的购买者对企业提供的产品及服务有着不同的要求和侧重点。生产用品购买者和医疗用品购买者相比，前者侧重于产品的技术性能和连续的供应关系；而后者则强调服务和安全保证。侧重点的不同会影响到企业的推销方式，从而要求建立与之相适应的组织类型，以满足顾客需求。

除了市场状况外，竞争者的状况也是企业在设计其营销组织时所必须考虑的一个环境因素。在分析竞争者状况时，企业应从两方面入手：一是竞争者是谁，他们在干些什么？二是如何对竞争者行为作出反应？

为此，企业就要使其市场营销组织结构不断地加以改变和调整。当然，影响市场营销组织的环境因素还有许多，如能源问题、技术进步等。

（二）确定组织内部活动

市场营销组织内部的活动主要有两种类型：一种是职能性活动，它涉及市场营销组织的各个部门，范围相当宽泛，企业在制定战略时要确立各个职能在市场营销组织中的地位，以便开展有效的竞争；另一种是管理性活动，涉及管理任务中的计划、协调和控制等方面。

企业通常是在分析市场机会的基础上，制定市场营销战略，然后再确定相应的市场营销活动和组织的专业化类型。假定一个企业满足下述条件：企业年轻且易于控制成本；企业的几种产品都在相对稳定的市场上销售；竞争战略依赖于广告或人员推销等技巧性活动，那么，该企业就可能设计职能型组织。同样，如果企业产品销售区域很广，并且每个区域的购买者行为与需求存在很大差异，那么，它就会建立区域型组织。不过，在实践中按照上述逻辑有时行不通，很可能企业的市场营销战略被现有的组织机构所制约。

（三）确立营销组织中的职位系统

企业对市场营销组织内部活动的确立有利于企业对组织职位的分析。分析组织职位可以使这些组织活动有所归附。企业在建立组织职位时应考虑三个要素，即职位类型、职位层次和职位数量，从而弄清楚各个职位的权力、责任及其在组织中的相互关系。

1. 职位类型

每个职位的设立都必须与市场营销组织的需求及其内部条件相吻合。通常，对职位类型的划分有以下三种方法。

一是把职位划分为直线型和参谋型。处于直线职位的人员行使指挥权，能领导、监督、指挥和管理下属人员；而处于参谋职位的人员则拥有辅助性职权，包括提供咨询和建议等。事实上，直线型和参谋型之间的界限往往是模糊的。一个主管人员既可能处于直线职位，也可以处于参谋职位，这取决于他所起的作用及行使的职权。

二是把职位划分为专业型和协调型。显然，一个职位越专业化，它就越无法起协调作用。但是各个专业化职位又需要从整体上进行协调和平衡，于是，协调型职位就产生了，像项目经理或小组制都是类似的例子。

三是把职位划分成永久型和临时型。严格地说，没有任何一个职位是永久的，它只是相对于组织发展而言较为稳定而已。临时型职位的产生主要是由于在短时期内企业为完成某项特殊任务，如组织进行大规模调整时，就需要设立临时职位。

2. 职位层次

职位层次是指每个职位在组织中地位的高低。比如，公共关系经理和广告经理的地位孰高孰低，对于不同的企业其情况就大不一样。这主要取决于职位所体现的市场营销活动与职能在企业整个市场营销战略中的重要程度。

3. 职位数量

职位数量是指企业设立组织职位的合理数量。它同职位层次密切相关。一般来说，职位层次越高，辅助性职位数量也就越多。很明显，市场研究经理在决策时就要依靠大批市场分析专家和数据处理专家的帮助。职位决策的目的，是把组织活动纳入各个职位。

因此，设立组织职位时必须以市场营销组织活动为基础。一般来说，企业可以把市场营销活动分为核心活动、重要活动和附属性活动三种。核心活动是企业市场营销战略的重点，所以首先要根据核心活动来确定相应的职位数量，而其他的职位则要围绕这一职位依其重要程度逐次排定。

设计组织职位的最终结果就是形成工作说明书。工作说明书是对权力和责任的规定，它包括工作的名称、主要职能、职责、职权和此职位与组织中其他职位的关系以及与外界人员的关系等。如果企业决定设立新的职位，有关部门主管就要会同人事专家拟出一份关于该职位的工作说明书，以便于对应聘人员进行考核和挑选。

（四）设计组织结构

在确定了组织职位的基础上我们就可以对组织结构进行设计了。具体的组织结构类型比较多，我们将在后面对各种类型的优缺点进行详细的分析。

在这里我们要提到的是企业在设计组织结构时必须注意两个问题：一是把握好分权化程度，即权力分散到什么程度才能使上下级之间更好地沟通；二是确定合理的管理幅度，即确定每一个上级所能控制的合理的下级人数。

一般来说，假设每一个职员都是称职的，那么，分权化程度越高，管理幅度越大，则组织效率也就越高。如果一支20人的销售队伍仅由1~2名经理来控制，那么，这支队伍就有较大的决策自主权，从而可能会取得较好的销售效果。

此外，市场营销组织总是随着市场和企业目标的变化而变化，所以，设计组织结构要立足于将来，为未来组织结构的调整留下更多的余地。

（五）配备组织人员

在分析市场营销组织人员配备时，必须考虑两种组织情况，即新组织和再造组织（在原组织基础上加以革新和调整）。相比较而言，再造组织的人员配备要比新组织的人员配备更为复杂和困难。这是因为，人们习惯性不愿意让原组织发生变化，往往把再造组织所提供的职位和工作看作一种威胁。

事实上，组织经过调整后，许多人在新的职位上从事原有的工作，这就大大损害了再造组织的功效；同时，企业解雇原有的职员或招聘的职员也非易事，考虑到社会安定和员工个人生活等因素，许多企业不敢轻易裁员。但是，不论哪种情况，企业配备组织人员时必须为每个职位制定详细的工作说明书，从受教育程度、工作经验、个性特征及身体状况等方面进行全面考察。而对再造组织来讲，还必须重新考核现有员工的水平，以确定他们在再造组织中的职位。

此外，在市场营销组织中，小组的人员配备也应引起重视。小组往往是企业为完成某项特殊任务而成立的，是组织的一个临时单位，其成员多从组织现有的人员中抽调。如果小组要有效地发挥作用，市场营销组织必须使小组成员与其他成员之间保持协调关系。

由组织下层的人员作为领导来管理来自组织高层的成员构成的小组，肯定是行不通的。同样，小组领导的职位也不应该比该小组所隶属的经理的职位高。还有一点，如果人们意识到参与小组工作将影响其正常工作和晋升机会，那么，市场营销组织就很难为小组配备合适的人员。

（六）组织评价与调整

任何一个组织都存在冲突，在冲突中组织才能不断地发展和完善。因此，从市场营销组织建立之时，市场营销经理就要经常检查、监督组织的运行状况，并及时加以调整，使之不断得到发展。市场营销组织需要调整的原因主要有以下几点。

（1）外部环境的变化。包括商业循环的变化、竞争加剧、新的生产技术出现、工会政策、政府法规和财政政策、产品系列或销售方法的改变等。

（2）组织主管人员的变动。新的主管人员试图通过改组来体现其管理思想和管理方法。

（3）改组是为了证明现存组织结构的缺陷。有些缺陷是由组织本身的弱点所造成的，如管理幅度过小、层次太多、信息沟通困难、部门协调不够、决策缓慢等。

（4）组织内部主管人员之间的矛盾也可以通过改组来解决。所以，为了不使组织结构变得呆板、僵化和缺乏效率，企业必须适当地、经常地对组织结构加以重新调整。

综上所述，企业市场营销组织的设计和发展大体要遵循以上六个步骤，这六个步骤相互联系、相互作用，形成一个动态有序的过程。为了保持市场营销组织的生机和活力，市场营销经理就要根据这一过程进行有效决策。

三、市场营销组织的形式

市场营销组织结构的模式选择受到企业人力资源状况、财务状况、产品特性、消费者及竞争对手等因素的影响。企业应根据自身的实力及发展战略，选择适合自己的营销组织形式，用最少的管理成本获得最大的运营效益。企业的营销组织必须同时适应市场营销活动的四个方面，包括职能、区域、产品和消费对象。市场营销组织的具体形式有很多，而随着因特网技术和电子商务的快速发展，新的营销组织形式也会不断涌现。以下介绍几种较为经典的组织形式，企业可以选择其中一种或若干种综合起来组织自己的营销组织。

（一）功能性营销组织

这是最常见的市场营销机构的组织形式，是在营销副总经理领导下由各种营销职能专家构成的职能性组织。

功能性组织的主要优点是管理简单。但是，随着产品的增多和市场的扩大，这种组织形式会暴露出很大的缺点。由于没有一个人对一项产品或一个市场负全部的责任，因而每项产品或每个市场制订的计划欠完整，有些产品或市场就很容易被忽略。另外，各个职能部门为了各自利益容易发生纠纷。

（二）区域型营销组织

区域型组织是指在企业的销售组织中，各个销售人员被分派到不同地区，在该地区全权代表企业开展销售业务。

在该组织模式中，区域主管权力相对集中，决策速度快；地域集中，相对费用低；人员集中，易于管理。区域负责制提高了营销人员的积极性，激励他们去开发当地业务和培养人际关系。但营销人员要从事所有的销售活动，技术上可能不够专业，不适应种类多、技术含量高的产品。

营销区域可以按销售潜力相等或工作负荷相等的原则加以划定，但每种划分都会遇到利益和代价的两难处境。具有相等销售潜力的地区给每个营销人员提供了获得相同收入的机会，同时也给企业提供了一个衡量工作绩效的标准。如果各区销售额长期不同，则可判定为相关营销人员能力或努力程度的不同所致。

（三）产品型营销组织

企业按产品分配营销人员，每个营销人员专门负责特定产品或产品线的营销业务。

营销人员对产品的理解非常重要，随着产品管理的发展，许多企业根据产品或产品线来建立营销组织。特别是当产品技术复杂，产品之间联系少或数量众多时，按产品专门化构建营销组织比较合适。

在产品型营销组织中，当企业的产品种类繁多时，不同的销售人员会面对同一顾客群。这样不仅使销售成本提高，而且也会引起顾客的反感，产品型组织显示出极大的不足。例如，庄臣公司设有几个产品分部，每个分部都有自己的销售队伍。很可能，在同一天，几个庄臣公司的销售人员到同一家医院去推销。如果只派一个销售人员到该医院推销公司所有的产品，可以省下许多费用。

（四）顾客型营销组织

企业也可以按市场或顾客类型来组建自己的营销部门，形成顾客型营销组织。例如一家计算机厂商，可以把它的客户按其所处的行业（金融、电信等）来加以划分。

近年来，按市场来划分建立营销组织的企业逐渐增多，而产品专业化组织在某些行业已经减少了。这种趋势还在蔓延，因为市场专业化与顾客导向理念一致，都强调了营销观念，施乐、IBM、NCR、惠普、通用食品和通用电气公司等著名公司都是按市场划分销售组织。

按市场组织营销部门最明显的优点是每个营销人员都能了解到消费者的特定需要。有时还能降低人员费用，更能减少渠道摩擦，为新产品开发提供思路。但当主要顾客减少时，这种组织类型会给企业造成一定的威胁。

（五）复合型营销组织

前面几种营销组织建设的基础都是假设企业只按照一种标准划分营销组织，如按区域或产品或顾客。事实上，许多企业使用的是这几种结构的组合。例如，可以按产品和区域划分组织，也可以按顾客和区域来划分，还可以按产品和顾客来划分。

如果企业在一个广阔的地域范围内向各种类型的消费者销售种类繁多的产品，通常将以上几种结构方式混合使用。营销人员可以按区域—产品、产品—顾客、区域—顾客等方法加以组织，一个营销人员可能同时对一个或多个产品线经理和部门经理负责。

正如我们所看到的那样，营销组织专业划分的趋势仍在继续，营销组织划分的基础——区域、产品或顾客或者其组合会因企业而异。

（六）大客户营销组织

大客户（key account, KA）又称为重点客户、主要客户、关键客户、优质客户等，主要是指对企业的价值大的客户。事实上，不同的客户对企业的利润贡献差异很大，20%的大客户可能贡献了企业80%的利润，因此，企业必须高度重视高价值客户以及具有高价值潜力的客户，企业在设计营销组织时必须予以特别关注。大客户营销组织指以客户的规模和复杂性为划分依据的市场专业化营销组织。很多企业为了抓住对企业具有重大价值的大客户，往往会设置专门的机构和配备专门的人员来负责大客户的营销业务，这是企业正常营销组织的一种补充，可能是短期的，也可能是一种长期的组织设置，具体要根据企业情况进行调整。

对大客户的营销核心是产品、服务的定制化，以一对一营销的方式确保大客户的满意度。在业务管理上通常实行营销人员负责制。建立一支独立的大客户营销队伍，由专门的营销人员专门负责对大客户的销售和服务。每位大客户营销人员通常负责一个或多个大客户，他们同时还是大客户与公司之间联系的中介，负有协调企业与大客户关系的职责。

（七）团队营销组织

团队营销理论是基于市场营销的理念，强调营销手段的完整性和营销主体的整体性，尽量为客户创造最大的价值，使客户满意最大化，使企业从中获得长远发展和稳定利润。团队营销组织是基于团队营销理论所形成的组织形式，它通过小而精干的团队内部充满激情的协作取代大型组织内部各职能之间的僵化而机械的配合，让客户更为直观、便捷和高效地获得所需要的整体价值和优质服务。

团队根据组织的目标不同可以是短期的，也可以是长期的甚至是固定的。短期多以完成特定任务要求的项目引领而形成的临时性团队，组成时间视项目开发时间而定，项目开发完成了团队也就解散。长期多依托各具特色的重点专业成立固定的营销团队组合，组合时间较为长久，人员相对比较固定。例如贺卡营销团队、应收账款营销团队等。每个营销团队内有市场调研、文案策划、产品设计、信息技术支持和营销推广的分工。如果一个项目方案只涉及一个专业的营销，只需将项目划分给相关专业的营销团队开展工作即可。项目结束后，根据业绩给予相应的奖励，团队依然存在，开展日常营销工作并策划开发下一个项目方案。遇到涉及多个专业的项目方案，也可以用多团队策略解决，确定一个项目经理总负责，将项目任务计划分解下达给各相关团队，限定期限完成任务，项目方案结束后，递交项目完成情况报告书，根据完成任务的质量和时限给予各营销团队奖励和表彰。

团队营销组织非常灵活，可分可合，根据顾客需要随时进行组合，为顾客提供高效且高附加值的服务，可极大地提高顾客的满意程度。近年来团队营销发展迅猛，一些团队的形成本身就是一种创新，推动了营销效率的大幅度提高。通用电气公司为了更好地为重要客户服务，成立了跨职能和跨公司的大型营销团队，更有公司甚至与客户共同协商设立组织目标，并分享与之有关的成本和盈余。

一个企业在选择采用团队营销组织时，必须考虑很多的因素，诸如确定团队的规模和职能，以及团队整体和个人的报酬机制。一个营销团队必须有一个核心管理层来领导和指导其运行，而管理层必须具备计划能力、分析能力、执行能力、控制能力，并构筑团队的支撑体系来达到设定的目标业绩，领导层的好坏直接决定团队营销活动能否有效开展。企业应该特别注意职业经理人的选拔和培养，注重选拔一批德才兼备的帅才，使团队不会因组织人事的变动而陷于被动局面。

四、营销部门与其他部门的关系

在一个企业中，除了市场营销部门以外，还有其他诸如研究开发、工程技术、采购、制造、存储、财务等相关的职能部门。所有这些部门都是企业价值链的一个环节，缺少哪一个环节，企业价值链就可能失去效率甚至价值链体系整体崩溃。因此，在企业运行过程中，市场营销部门必须处理好与各个部门的相互关系，密切配合、共同协作来完成企业的总目标。但是在实际工作过程中，由于各个部门所处的角度不同，扮演的角色不同，难免会存在一些分歧与矛盾，营销部门应本着协调一致的原则处理好与相关部门的关系，取得最大的整合营销价值。

第三节　市场营销计划的执行

执行市场营销计划，是指将营销计划转变为具体营销行动的过程，即把企业的经济资源有效地投入到企业营销活动中，完成计划规定的任务、实现既定目标的过程。企业要有效地执行市场营销计划，必须建立起专门的市场营销组织。

企业的市场营销组织通常由一位营销副总经理负责，他有两项任务：一是合理安排营销力量，协调企业营销人员的工作，提高营销工作的有效性；二是积极与制造、财务、研究与开发、采购和人事等部门的管理人员配合，促使公司的全部职能部门和所有员工同心协力，千方百计地满足目标顾客的需要，保质保量地完成市场营销计划。

在营销实践过程中，营销部门开展营销工作的有效性，不仅依赖于营销组织结构的合理性，同时还取决于营销部门对营销人员的选择、培训、指挥、激励和评价等活动。只有配备合格的营销管理人员，充分调动他们的工作积极性和创造性，增强其责任感和奉献精神，把计划任务落实到具体部门、具体人员，才能保证在规定的时间内完成计划任务。可见，高效合理的营销组织和德才兼备的营销人员是执行计划的必备条件。

一、市场营销计划执行的基本环节

在市场营销计划执行过程中，往往通过控制循环 PDCA 的方式来实现营销的过程管理。PDCA 的四个要素分别指的是计划（plan）、执行（do）、检（查审）核（check）和完善（action）。企业通过 PDCA 管理循环，可以检核和完善目标，不断总结、不断提升，从而让执行的质量更高，使营销计划能够顺利实施。

分析市场营销环境、制定市场营销战略和市场营销计划是解决企业市场营销活动应该"做什么"和"为什么要这样做"的问题；而市场营销执行则是要解决"由谁去做""在什么时候做"和"怎样做"的问题。

营销执行是一个艰巨而复杂的过程。美国的一项研究表明，90%被调查的计划人员认为，他们制定的战略和战术之所以没有成功，是因为没有得到有效的执行。

二、营销计划执行主要内容

（一）制订详细的行动方案

行动方案包括明确的计划实施关键性目标（指标）和任务，并将执行这些目标和任务的责任落实到相应的个人或小组，同时确定各项任务完成的具体时间表，包括行动的确切开始时间和完成时间。

（二）适时调整组织结构

企业的正式组织在市场营销执行过程中具有决定性的作用。正式组织将战略实施的任务分配给具体的部门和人员，规定明确的职权界限和信息沟通渠道，协调企业内部的各项决策和行动。虽然正式组织在执行过程中至关重要，但也要根据实际执行的需要进行微调，以适应计划执行的实际需要。这一方面使整个任务的执行过程有组织体系作为保障，同时，通过组织职能的协调，使整个执行过程更加有序和高效率。

（三）设计决策体系和报酬制度

为实施市场营销计划，还必须设计相应的决策和报酬制度，这些制度直接关系到计划实施的成败。决策体系规定了每一个岗位在营销活动中的职权运行规则，确定了每个岗位在营销活动中的地位、工作模式和相互协调的机制；而报酬制度则是每个岗位工作的核心动力，规定了每个岗位在营销活动中应当获得的报酬或奖励。决策体系和制度体系的侧重点不同会给员工不同的导向作用，就对管理人员工作的评估和报酬制度而言，如果以短期的经营利润为标准，管理人员的行为必定趋于短期化，他们就不会有为实现长期战略目标而努力的积极性。

（四）合理配备和开发人力资源

市场营销计划最终是由企业内部的工作人员来执行的，所以人力资源的配备及开发至关重要。这涉及人员的使用、考核、选拔、安置、培训和激励等一系列问题。在考核选拔管理人员时，要注意将适当的工作分配给适当的人员，做到人尽其才；为了激励员工的积极性，必须建立完善的工资、福利和奖惩制度。

（五）建设企业文化

由于外界环境变化较快，而内部的制度体系却是相对稳定的。很显然，随时调整制度、调整组织结构事实上是不可能的。但执行的高效率又要求组织体系和制度体系能随时因应执行环境的变化，所以，建设企业文化，用企业文件去整体进行引导和统领营销活动的各个方面就显得非常必要。企业文化体现了集体责任感和集体荣誉感，甚至关系到员工人生观和他们所追求的最高目标，它能够起到把全体员工团结在一起的"黏合剂"作用。因此，塑造和强化企业文化是执行企业战略不容忽视的一环。

为了有效地实施营销计划，企业的行动方案、组织结构、决策体系和报酬制度、人力资源、企业文化这五大要素必须协调一致，相互配合。

三、营销计划执行中存在的问题及原因

营销计划执行中的问题可能来自多个方面，但主要来自计划本身和执行人员等。

（一）营销计划本身可能存在计划脱离实际的问题

企业的营销战略和营销计划通常是由上层的专业计划人员制订的，专业计划人员往往不了解计划执行过程中的具体问题,所定计划脱离实际。此外,企业的专业计划人员可能只考虑总体战略而忽视执行中的细节,没有制订明确而具体的执行方案,结果使计划过于笼统而流于形式。

(二)执行人员对目标计划可能理解不透

企业的营销战略和营销计划一般是由上层的专业计划人员制订的,执行则要依靠市场营销管理人员。由于这两类人员之间往往缺少必要的沟通和协调,且企业在培训方面又流于形式,市场营销管理人员在执行过程中经常会对营销目标及计划的理解产生偏差,而导致执行走样。

(三)营销人员可能选择短期行为

企业的营销战略计划通常着眼于企业的长期全局目标,但具体执行这些战略的市场营销人员通常是根据他们的短期工作绩效,如销售量、市场占有率或利润率等指标进行评估和奖励的,因此,市场营销人员常常会选择短期行为。

(四)营销人员有可能抵制营销计划

新的营销计划如果不符合企业的传统和习惯就会遭到抵制,新旧战略的差异越大,执行可能遇到的阻力也就越大。特别当新的计划危害执行者的既得利益时,营销人员就可能会不执行,或者只选择其中有利的部分执行。当受到上级强制时,就可能会消极应付,甚至乱执行。

(五)营销经理人员可能存在道德风险

有些营销经理不是维护企业的利益,而是倚仗权力谋享乐,有的营销经理人员和经销商联手骗取企业的费用,收受经销商的贿赂,有的干脆自己做经销商,把企业的资源和利润像洗钱一样进行转移。

(六)管理控制不力

管理者在营销计划执行过程中由于各种原因常常会管控不到位,如管控力度时紧时松,不能常抓不懈,甚至自身也不能做好表率。从大的方面讲,管理者对政策的执行不能坚持始终如一,虎头蛇尾;从小的方面讲,管理者对于布置的工作不进行检查,或检查工作时前紧后松,在工作中宽以待己、严于律人,自己没有做好表率等。古人云:己身不正,虽令不行。所以企业要想强化执行力,必须在每个方案出台时引起管理者的高度重视,管理者一定要率先示范,做出表率才行。

第四节 市场营销计划的控制

在执行市场营销计划的过程中可能会出现许多意外情况,企业必须行使控制职能以确保营销目标的实现。即使没有意外情况,为了防患于未然,或为了改进现有的营销计划,企业也要在计划执行过程中加强控制。

一、营销控制

所谓营销控制，概括来说，就是企业跟踪营销活动过程的每一个环节，为确保能够按照计划目标运行而实施的一套完整的工作程序。营销控制主要包括年度计划控制、盈利能力控制、效率控制和战略控制四种类型。

（一）年度计划控制

年度控制是指由企业高层管理人员负责的，旨在发现计划执行中出现的偏差，并及时予以纠正，帮助年度计划顺利执行，检查计划实现情况的营销控制活动。

1. 年度计划控制目标

一个企业有效的年度计划控制活动应实现以下具体目标。

（1）促使年度计划产生连续不断的推动力。

（2）使年度控制的结果成为年终绩效评估的依据。

（3）发现企业潜在的问题并及时予以解决。

（4）企业高层管理人员借助年度计划控制监督各部门的工作。

2. 年度控制计划的内容

一般而言，企业的年度计划控制包括销售分析、市场占有率分析、市场营销费用对销售额的比率分析、财务分析和顾客态度追踪等内容。

（1）销售分析。销售分析就是要衡量并评估企业的实际销售额与计划销售额之间的差异情况。

（2）市场占有率分析。根据企业选择的比较范围可将市场占有率划分为全部市场占有率、目标市场占有率、相对市场占有率等测量指标。

（3）营销费用率分析。营销费用率指营销费用对销售额的比率，还可进一步细分为营销费用率、人力推销费用率、广告费用率、销售促进费用率、市场营销调研费用率、销售管理费用率等。

（4）财务分析。主要是通过一年来的销售利润率、资产收益率、资本报酬率和资产周转率等指标了解企业的财务情况。

（5）顾客态度追踪。企业通过设置顾客抱怨和建议系统、建立固定的顾客样本或者通过顾客调查等方式，了解顾客对本企业及其产品的态度变化情况。

（二）盈利能力控制

盈利能力控制一般由企业内部负责监控营销支出和活动的营销主管人员负责，旨在测定企业不同产品、不同销售地区、不同顾客群、不同销售渠道以及不同规模订单条件下的盈利情况的控制活动。它包括各营销渠道的营销成本控制、各营销渠道的营销净损益和营销活动贡献毛收益（销售收入－变动性费用）的分析，以及反映企业盈利水平的指标体系等内容。

营销渠道的贡献毛收益是收入与变动性费用相抵的结果，净损益则是收入与总费用配比的结果。没有严格的市场营销成本和企业生产成本的控制，企业要取得较高的盈利水平和较好的经济效益是难以想象的。因此企业一定要对直接推销费用、促销费用、仓储费用、折旧费、运输费用、其他营销费用，以及生产产品的材料费、人工费和制造费用进行有效控制，全面降低支出水平。盈利能力的指标包括资产收益率、销售利润率、资产周转率、现金周转率、存货周转率、应收账款周转率、净资产报酬率等。此外费用支出必须与相应的收入结合起来分析，才能真正了解企业的盈利能力。

（三）效率控制

效率控制是指企业从事营销活动的效率，一般可通过销售人员效率、广告效率、促销效率和分销效率四个方面加以分析。

1. 销售人员效率

各销售经理可用下述指标考核和管理销售队伍，提高销售人员的工作效率。

（1）销售人员日均拜访客户的次数。

（2）每次访问平均所需时间。

（3）每次访问的平均收益。

（4）每次访问的平均成本。

（5）每百次销售访问预定采购的百分比。

（6）每月新增客户数目。

（7）每月流失客户数目。

（8）销售成本对总销售额的百分比。

2. 广告效率

为提高广告宣传的效率，经理应掌握以下统计资料。

（1）每种媒体接触每千名顾客所花费的公告成本。

（2）注意阅读广告的人在其受众中所占的比率。

（3）顾客对广告内容和效果的评价。

（4）广告前后顾客态度的变化。

（5）由广告激发的询问次数。

3. 促销效率

为了提高促销效率，企业应注意以下统计资料。

（1）优惠销售所占的百分比。

（2）每一单位销售额中所包含的陈列成本。

（3）赠券回收率。

（4）因示范引起的询问次数

4．分销效率

企业应对分销渠道的业绩、企业存货控制、仓库位置和运输方式的效率进行分析和改进，提高分销的效率。

（四）战略控制

战略控制是由企业的高层管理人员专门负责的。营销管理者通过采取一系列行动，使市场营销的实际工作与原战略规划尽可能保持一致，在控制中通过不断的评价和信息反馈，连续地对战略进行修正。与年度计划控制和盈利能力控制相比，市场营销战略控制显得更重要，因为企业战略是总体性的和全局性的。而且，战略控制更关注未来，战略控制要不断地根据最新的情况重新评估计划和进展，因此，战略控制也更难把握。在企业战略控制过程中，我们主要采用营销审计这一重要工具。

营销审计是对一个企业或一个业务单位的营销环境、目标、战略和活动所作的全面的、系统的、独立的和定期的检查，其目的在于确定存在问题的范围或可能机会的具体领域，提出行动计划，以提高企业的营销业绩。

一次完整的营销审计活动的内容是十分丰富的，概括起来包括以下六个大的方面。

（1）营销环境审计。

（2）营销战略审计。

（3）营销组织审计。

（4）营销系统审计。

（5）营销生产率审计。

（6）营销功能审计。

二、营销控制的模式与适用条件

为了规范销售人员的行为，确保营销计划顺利实施，实现企业营销目标，就必须选择恰当的营销控制模式。但任何一种营销控制模式都不是万能的，不可能适合于所有的管理环境，从一定程度上说，环境特征决定了企业所适用的营销控制模式。我们常常用业绩目标的可量化程度和营销活动过程的透明度这两个重要维度来评价营销环境，形成选择营销控制模式的基础条件（图 10-3）。业绩目标的可量化程度是指用具体量化的值来测度目标的程度，例如销售额、销售量、市场占有率等指标的可量化程度比较高，而顾客对营销活动的认可程度、企业营销活动对目标市场的有效性、客户满意度等指标的可量化程度则比较低。营销活动过程的透明度是指销售主管对营销活动的信息所掌握的范围和程度，例如销售主管是否掌握了所有客户的信息等。当业绩目标的可量化程度很高，而营销活动过程的透明度比较低，例如，当一线销售人员比他的销售主管掌握了更多的市场信息，但是销售主管可以较容易地测定销售额、销售量、利润水平等销售目标时,企业适合选择结果控制模式。当业绩目标的可量化程度很高,同时营销活动过程的透明度也很高时,企业更适合采取自我控制的模式,使销售人员进行自我规范、自我约束,以达到控制与激励相融合的目的。当业绩目标的可量化程度比较低,而营销活动过程的透明度比较高时,企业更适合采取过程控制模式,制定相应的过程规范制度来约束销售人员的行为。当业绩目标的可量化程度与营销活动的透明度都很低时,企业应侧重于他人(同事)控制模式,使销售人员队伍这个非正式的小群体对其成员的行为进行控制。

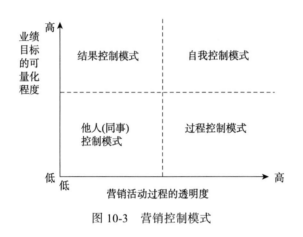

图 10-3 营销控制模式

三、营销计划执行中常用的控制措施

(一)员工参与的营销计划控制实施方案

不能仅靠专业计划人员为市场营销人员制订计划,而应让那些执行此营销计划的有关人员参与制订,如将执行此计划的市场营销人员、将受到计划执行影响的人员、相关专业领域的专家、组织里面高中低层的代表员工等。让他们参与企业的营销计划制订过程,会提高他们的参与感与积极性,会更有利于市场营销计划的执行。同时,还会使战略在未执行前就获得很多感情支持:这是"我们"制订出的战略,而不是"你们"下达的战略。当然让许多人员参与也有特别需要注意的地方:这样的营销战略及计划制订程序可能耗时较长,企业领导可能在试用一两次后就失去了兴趣;制订出的战略因为折中了各方面的方案而易于平庸化。但企业领导绝不能因为遇到这些困难就半途而废,而应耐心地使程序和参与人员不断成熟。一旦跨越了这个阶段,组织的执行能力就会上一个新的台阶。

制订营销计划除了多方参与以保证可行性外,还需要比较具体的实施方案。在这里,5W1H 法就非常值得借鉴。

(二)完善的培训体系提升员工执行力

企业应重视员工的培训,从战略目标到销售计划,从执行方案步骤到素质能力等,都要进行培训。培训包括四大步骤:讲解、示范、演练、巩固。大多数企业的培训可能只做了第一步：讲解，很少有企业能够深入后面的步骤，最终导致培训的成果不能及时转化为员工现实的能力，长此以往，员工慢慢地形成一定的心理定式，培训只是增加一些知识面或学习一些技能，学什么，为什么学，如何运用等并没有成为员工自觉关心的问题，相当部分员工开始以得过且过的心态对待培训，很多企业感到培训效果不佳也就能理解了。培训是一个完整的体系，绝对不能一讲解就完事，要加强对培训各环节的管理，并制订将培训内容落到实处的考核体系，保证培训效果。

对培训内容而言，营销人员除了要求具备上述培训的基本素质与能力以外，还需要一些特殊的能力，这也要在培训中加以体现。例如：对于营销人员个人而言，应训练适应环境的能力，独立作战的能力，关键环节，关键客户的突破能力，对行为的调整能力，等等；对营销经理来说，应忠诚事业，对整个计划了如指掌，在执行过程中保持清醒的头脑，明辨真伪，牢牢把握计划的执行进度，坚定执行，纠正偏离轨道的执行方向，并能果断地处理纠纷。每个企业实际情况千差万别，实际运用过程中要灵活运用，形成自己的培训特色。

（三）严格管理和激励机制是计划顺利执行的保证

严格管理包括两个方面的含义。一是严格执行各项营销计划及方案，二是在评价销售员工的工作绩效和行为，对员工实施奖励、惩罚或提升时，一切照章办事、赏罚分明，而不考虑任何人情面子。

每个公司由于实际情况不同，都会有自己的激励政策和措施。激励政策具有一定的风险性，如果它不能给公司带来正面的影响，就很可能会带来负面的影响。所以，在制定和实施激励政策时，一定要谨慎。激励要因人而异，奖惩要适度且兼顾公平性，注意只奖励正确的事情。只有这样，才能提高激励的效果，较好完成销售计划。

（四）通过企业文化建设，改善员工心志，使员工更务实

企业文化，或称组织文化（corporate culture 或 organizational culture），是一个组织由其价值观、信念、仪式、符号、处世方式等组成的其特有的文化形象，简单而言，就是企业在日常运行中所表现出的各方各面。企业文化包括以下几个核心问题。

（1）如何看待顾客。
（2）如何看待员工。
（3）如何思考和定义竞争。
（4）如何考虑对社会和环境的责任。
（5）如何考虑合作与竞争。
（6）如何认识成本和利润等。

企业应建立一种优秀的企业文化，促进企业全体员工产生认同感和使命感，培育员工奋发向上、求真实务、重执行的精神，确保企业经营业绩不断提高。

（五）率先垂范是标杆

好的执行要求企业领导以身作则。营销管理制度制订后，关键就是执行了。企业领导

应以身作则，自己带头执行。再好的制度，如果没有人去执行，或执行不到位，也是没有用的。管理上切忌只喊口号不做事，有的企业营销制度制订得比较完善，并编制成册，或经常把制度性的标语贴在外面，可是在执行的过程中往往就变了样。因此，制度制订后并不等于达到了管理的目的，关键是领导先率垂范，通过制度管理实现有序管理，使管理有法可依，并在管理过程中不断完善相关的制度。在这样的前提下，员工才会严格按计划执行。

关键概念

营销管理	市场营销计划	价值工程分析	因果分析法
5W1H 分析法	功能性营销组织	区域型营销组织	产品型营销组织
顾客型营销组织	团队营销组织	营销控制	

本章内容小结

1. 营销管理是对营销活动过程的管理，也是对顾客价值实现过程的管理，具体来说是对顾客价值的创造、发现、选择、明确、挖掘、提升和获取过程进行分析、评价与控制，以期公司形成的顾客价值的正流量源源不绝、不断壮大成长的过程。营销管理中保持和实现顾客价值甚至提升顾客价值是营销管理的根本。

2. 实际营销过程中，顾客价值并不是固定不变的，由于各种因素的影响，顾客价值可能会被放大或削减。如果顾客感觉购买总价值超过顾客购买总成本则表现为正价值，反之则为负价值，事实上，在营销持续的条件下，顾客价值可以看成一种持续的价值流量，长期保持顾客价值的正流量是公司兴旺发展的关键。

3. 在市场营销管理的过程中，营销计划是指导和协调市场营销各阶段活动、实现顾客价值的核心文件；为了实现营销计划，必须建立有效的组织架构，安排合适的人员实施营销活动；营销控制则通过对营销活动的监督、评估，确保各阶段营销计划顺利完成。在营销管理的过程中，计划是基础、核心，组织和控制是计划得以有效实现的保障。

4. 营销计划是对实现顾客价值过程的规划，一般包括确定为实现顾客价值所进行的各项活动的目标、实现路径和具体实施方案。

5. 市场营销组织是随着企业经营思想的变化和企业管理经验积累逐渐演化而来的，既反映了经营理念的调整，也反映出组织技术的快速发展。

6. 市场营销计划的执行，是指将营销计划转变为具体营销行动的过程，即把企业的经济资源有效地投入到企业营销活动中，完成计划规定的任务、实现既定目标的过程。

1. 你认为管理顾客价值应当包括哪些内容？

2. 你认为营销计划的主要内容包括哪些？

3. 价值工程分析的基本原理是什么？

4. 你认为促进市场营销组织演变的根本原因是什么？

5. 请分析功能性营销组织、区域型营销组织、产品型营销组织、顾客型营销组织各自的优势及适用条件。

6. 试分析营销计划执行过程中可能出现的问题及原因。

7. 营销控制的主要是什么？

8. 你认为营销控制的主要领域或指标是什么？

1. 调研你身边的一家企业，分析其目前所处的市场环境，为其制定长期战略规划和2020年年度计划。

2. 基于互联网思维和你所学习的知识，你认为大学食堂在营销管理方面应当如何与时俱进？请撰写一份行之有效的方案。

[1] 菲利普·科特勒，凯文·莱恩·凯勒. 营销管理（全球版）[M]. 14版. 北京：中国人民大学出版社，2012.

[2] 菲利普·科特勒，加里·阿姆斯特朗. 市场营销原理（亚洲版）[M]. 3版. 陈振忠，游汉明，译. 北京：机械工业出版社，2016.

[3] 吴健安，聂元昆. 市场营销学[M]. 5版. 北京：高等教育出版社，2016.

[4] 孟韬. 市场营销——互联网时代的营销创新[M]. 北京：中国人民大学出版社，2018.

[5] 徐文蔚. 市场营销学[M]. 2版. 北京：电子工业出版社，2012.

教师服务

感谢您选用清华大学出版社的教材！为了更好地服务教学，我们为授课教师提供本书的教学辅助资源，以及本学科重点教材信息。请您扫码获取。

▶ 教辅获取

本书教辅资源，授课教师扫码获取

▶ 样书赠送

市场营销类重点教材，教师扫码获取样书

 清华大学出版社

E-mail：tupfuwu@163.com
电话：010-83470332 / 83470142
地址：北京市海淀区双清路学研大厦 B 座 509

网址：http://www.tup.com.cn/
传真：8610-83470107
邮编：100084